国際経済学のフロンティア

グローバリゼーションの拡大と対外経済政策

木村福成・椋 寛［編］

東京大学出版会

Frontiers in International Economics:
Expanding Globalization and Policy Issues
Fukunari Kimura and Hiroshi Mukunoki, Editors
University of Tokyo Press, 2016
ISBN978-4-13-040276-7

はしがき

　国家間貿易の増加，直接投資を通じた企業の海外進出，オフショア・アウトソーシングの活発化など，経済のグローバル化が進行する中，国際貿易論を中心とする国際経済学の分析対象は拡大している．現実経済の変化に呼応して，新しい理論分析が多数試みられ，それに追随ないし先行する形で多くの実証研究も蓄積されてきた．中でも，企業特性の違いとそれに起因する企業行動やグローバル化の影響の差異に注目した研究が長足の進歩をみせた．企業の異質性を考慮しつつ体系化された国際経済学のモデルは「新新貿易理論」と呼ばれ，国際経済学研究に大きな変革をもたらした．

　しかし，国際貿易に関わる政策議論や，大学等における教育の場において，最新の研究成果が十分に活用されているとは言い難い．本書の目的は，国際経済学の最新の理論的・実証的な研究成果を解説しつつ，経済のグローバル化の影響と，貿易政策をはじめとした対外政策の影響を再検討し，またその政策含意を考察することを目的としている．

　本書の出版は，東京経済研究センター（TCER）の研究プロジェクトの一環として進められた．TCER には，1963 年から通称「逗子コンファレンス」と呼ばれる研究会議が毎年開催され，その成果が研究書として公刊されるという伝統があった．本プロジェクトも TCER の「旧逗子コンファレンス」事業として実施されたもので，しばらく途切れていた研究成果の刊行も 9 年ぶりに復活させることができた．本プロジェクトの遂行をサポートしていただいたことに深く感謝したい．

　逗子コンファレンスの成果に基づく出版物は多数あるが，その時々の気鋭の若手経済学者が寄稿しているところに共通の特徴がある．なかでも，当時 30〜40 代の年齢であった高名な経済学者，伊藤元重，清野一治，奥野正寛，鈴村興太郎の 4 氏により執筆され 1988 年に出版された『産業政策の経済分析』は，ゲーム理論の発展を背景に生み出された新しい産業組織論や新しい

はしがき

国際貿易論の研究成果を，実際の日本の産業政策と関連させつつ論じた優れた研究書である．その内容は本書の執筆者陣にも大きな影響を与え，同書が研究者を志すきっかけになった者もいる．本書の執筆者もほとんどが30〜40代の研究者で構成されている．我々が先人の研究者による著作物から影響を受けたように，本書が国際経済学や関連する分野において研究を行う大学生や大学院生をはじめとして，多くの読者に知的刺激をもたらすことができたらと願っている．

序章で詳しく述べるように，本書は13名の執筆者による12の章で構成されている．本書の執筆にあたり，国際経済学の分野の一線で活躍する多数の研究者からご協力とご助力をいただいた．各章の初稿の報告が行われた慶應義塾大学におけるTCERワークショップでは，市田敏啓（早稲田大学）・伊藤恵子（専修大学）・乾友彦（学習院大学）・祝迫達郎（大阪大学）・遠藤正寛（慶應義塾大学）・加藤篤行（金沢大学）・清田耕造（慶應義塾大学）・齋藤久光（北海道大学）・神事直人（京都大学）・田中鮎夢（中央大学）・戸堂康之（早稲田大学）・中島賢太郎（東北大学）・柳瀬明彦（名古屋大学）の諸先生方（50音順）に討論者や座長としてご参加いただき，貴重なご指摘やご意見を多数いただくことができた．同じく，浦田秀次郎先生（早稲田大学）をはじめ，同ワークショップにご出席いただいた多くの先生方や大学院生の皆さんから，有用なコメントをいただいた．本書の内容の多くの部分は，討論者と参加者の方々からのフィードバックに負っている．執筆者一同を代表し，厚く御礼申し上げる．しかし言うまでも無く，その責任は編者と執筆者にある．

また，プロジェクトの立ち上げ時に箱根で行われたプロジェクト会合において，ゲストとしてご参加いただいた山下直輝先生（RMIT大学）や渡部雄太氏（ペンシルバニア州立大学・大学院生）には，各章の構成や本書が主に想定する読者層に関する議論を含め，貴重なご意見を多数いただいた．東京大学出版会の大矢宗樹氏には，遅れがちなプロジェクトの進行と原稿の提出を根気よくお待ちいただき，また内容のみならず章タイトルなどに関して非常に有用なご提案をいただいた．木村研究室の田谷まりなさんには，箱根コンファレンスや慶應義塾大学におけるワークショップの開催準備や運営の事務手続きをお引き受けいただき，プロジェクトの円滑な進行の手助けをしていた

はしがき

だいた．その他，すべての方々のお名前を挙げることはできないが，本プロジェクトに関してお世話になった方々に，執筆者を代表して改めて深く御礼を申し上げる．

2016年仲夏

木 村 福 成
椋　　　寛

目　次

はしがき　i

序　章　進化する国際経済学 …………… 木村福成・椋　寛　1
――グローバリゼーションの拡大と貿易理論の発展

1. 21世紀型グローバリゼーション　1
2. 進化する国際経済学　2
3. 本書の構成　5
4. 本書の読み方　11

第Ⅰ部
新新貿易理論の形成と発展

第1章　企業の異質性と国際貿易 ……………… 鎌田伊佐生　15
――メリッツ・モデルと国際貿易研究の新展開

1. はじめに　15
2. 企業の異質性と貿易――最近20年間における貿易研究の概観　16
3. メリッツ・モデル　18
   - 3.1　経済の基本構造と消費者の選好　19　　3.2　企業の生産性と生産技術　20
   - 3.3　企業の国内製販および輸出　21　　3.4　モデルの均衡　23
   - 3.5　貿易の企業間資源再配分効果　25
4. 企業と貿易に関する実証研究　28
   - 4.1　少数の輸出企業と「輸出企業プレミア」　28
   - 4.2　企業の生産性と輸出――自己選別仮説と学習効果仮説　29
   - 4.3　輸出による企業間資源再配分効果と国・産業レベルの生産性　32
   - 4.4　取引レベルデータからの新たな実証的知見　33

目　次

　5. メリッツ・モデルからの理論的発展と拡張　36
　　5.1　企業の異質性と比較優位　36　　5.2　多品種企業と貿易　38
　　5.3　"零細"輸出企業と"大"輸出企業の混在と市場浸透費用　40
　　5.4　企業間の賃金格差と労働市場　41
　　5.5　生産性の内生化——輸出のためのイノベーション　42
　　5.6　企業の生産性とマークアップ　43
　6. 企業の異質性と貿易に関する研究の新たな展開と論点　46
　7. おわりに　49

第2章　比較優位論と重力モデル　………………… 西岡修一郎　15
　　　　——伝統的国際貿易理論の進展

　1. はじめに　57
　2. 比較優位と貿易　57
　3. 比較優位の実証分析　61
　4. クルーグマンモデルと重力モデル　74
　5. 企業の異質性と重力モデル　83
　6. おわりに　87

第3章　多国籍企業と海外直接投資　………………… 松浦寿幸　93
　　　　——企業別データの充実による実証研究の発展

　1. はじめに　93
　2. 海外直接投資の動向と多国籍企業の特徴　95
　　2.1　海外直接投資の世界的な動向　95　　2.2　日本の海外直接投資の特徴　97
　　2.3　多国籍企業の特徴　99　　2.4　海外直接投資の動向——まとめ　100
　3. 直接投資の動機　100
　　3.1　水平的直接投資　101　　3.2　垂直的直接投資　104
　　3.3　垂直的直接投資 vs. 水平的直接投資——知識資本モデル　106
　　3.4　新規投資か M&A か？　109　　3.5　対日直接投資はなぜ少ないか？　110
　　3.6　まとめ——直接投資の動機　112
　4. 海外直接投資と企業の異質性　112
　　4.1　企業の異質性と海外直接投資——理論的枠組み　113

v

目　次

　　4.2　被投資国の市場特性と生産性格差　115
　5.　海外直接投資が投資国・被投資国の経済に及ぼす影響　115
　　5.1　海外直接投資のインパクトの概念整理　116
　　5.2　投資国への影響——輸出と海外直接投資の関係に関する研究　117
　　5.3　投資国への影響——企業データによる雇用に関する研究　118
　　5.4　被投資国の経済成長への影響　120
　6.　おわりに　122

第 II 部
国際貿易の新潮流

第 4 章　アウトソーシングとオフショアリング …… 荒　知宏　133
　　　　——中間財貿易の原動力
　1.　はじめに　133
　2.　不完備契約と多国籍企業の境界　138
　3.　アウトソーシングと垂直統合　143
　4.　オフショアリングとオンショアリング　148
　5.　企業の異質性と組織形態　153
　6.　おわりに　161

第 5 章　空間ソーティング・セレクション ……… 大久保敏弘　167
　　　　——企業の異質性を導入した新たな産業集積の分析
　1.　はじめに　167
　2.　「新しい」空間経済学——企業が異質なもとでの空間経済学　169
　　2.1　国際貿易論の視点——「新新貿易理論」との接点　169
　　2.2　経済地理・都市経済の視点——集積の経済　170
　　2.3　従来の空間経済学との違い　170
　3.　「新しい」空間経済学の展開　171
　　3.1　Baldwin and Okubo モデル　171　　3.2　基本モデル　172

3.3　新新貿易理論との相違点　178　　3.4　様々な拡張理論モデルの紹介　179
　4．実証研究の新展開　181
　5．「新しい」空間経済学と公共政策　183
　　　5.1　法人税　183　　5.2　補助金　185
　　　5.3　テクノポリス・頭脳立地補助金政策　186
　6．空間ソーティング・セレクションの帰結　188
　　　──企業の異質性から地域の異質性へ
　　　6.1　景気変動の地域間の異質性　188
　　　6.2　バブル経済崩壊後の低迷と地域（都道府県）の異質性　191
　7．おわりに　193

第6章　国際貿易と経済成長 ……………………… 内藤　巧　201
　　　──貿易自由化は経済成長を促進するか

　1．はじめに　201
　2．国際貿易と経済成長の実証研究　202
　3．メリッツ・モデルに基づく貿易と成長の理論　206
　4．リカード・モデルに基づく貿易と成長の理論　210
　5．おわりに　219

第Ⅲ部
多国籍企業の経済活動

第7章　多国籍企業の海外進出決定要因 ………… 伊藤由希子　225
　　　──生産性の差異はなぜ重要なのか

　1．はじめに　225
　2．海外進出決定要因の変遷　228
　　　2.1　企業の異質性と海外進出パターンの多様化　228
　　　2.2　企業の異質性と立地条件との関係　232
　　　2.3　生産性に関する理論と実証　239

目　　次

　　3. 多国籍企業の海外展開とグローバル・バリュー・チェーン　241
　　　　3.1　直接投資額か，売上高推移か　241
　　　　3.2　多国籍企業内のネットワーク　243
　　　　3.3　グローバル・バリュー・チェーン　244
　　　　3.4　GVCs の活用による海外進出決定要因の解明　246
　　4. 多国籍企業の生産・流通・販売を捉えるために　247
　　　　4.1　企業間取引関係の説明　247　　4.2　企業間取引関係の付加価値　248
　　5. おわりに　249
　　補論 1　国際産業連関表を用いた GVCs の導出　251
　　補論 2　GVCs における企業の内製・外製の決定　252

第 8 章　多国籍企業の経済効果　　　　　　　　　　　早川和伸　259
　　　　　──投資国・被投資国に対する影響

　　1. はじめに　259
　　2. 投資国に対する影響　261
　　3. 被投資国に対する影響　267
　　　　3.1　クロスボーダー M&A──直接効果　267
　　　　3.2　スピルオーバー効果──間接効果　273
　　4. おわりに　278
　　補　論　傾向スコア・マッチング法　280

第 9 章　多国籍企業の生産ネットワーク　…　木村福成・安藤光代　291
　　　　　──新しい形の国際分業の諸相と実態

　　1. はじめに　291
　　2. 概念枠組みの構築　292
　　　　2.1　フラグメンテーション理論　292　　2.2　第 2 のアンバンドリング　294
　　　　2.3　産業集積の形成　296
　　3. 生産ネットワークの展開とその実証研究の進展　301
　　　　3.1　生産ネットワーク構築の実証的把握　301
　　　　3.2　生産ネットワークの空間構造　308　　3.3　直接投資パターン　315
　　4. 政策的含意と実証　317

4.1　新興国・発展途上国の開発戦略の変貌　317　　4.2　経済統合　320
　　4.3　先進国と企業活動のグローバル化　321　　4.4　ショックへの耐性　324
5.　おわりに　326

第 IV 部
貿易障壁と貿易政策

第 10 章　貿易コストの実証分析　……………………… 武智一貴　335
——経済活動における重要性と変動要因

1.　はじめに　335
2.　貿易コストはなぜ重要か　337
3.　貿易コストの測定・その影響　342
4.　国境効果とインフラ効果　353
5.　財の品質と貿易コスト　360
6.　おわりに　368

第 11 章　地域貿易協定の経済分析　……………………… 椋　寛　375
——RTA の活発化は多国間の貿易自由化を実現するか

1.　はじめに　375
　　1.1　RTA の分類　376　　1.2　基本モデル　377
2.　RTA の域外関税に関する分析　379
　　2.1　理論分析——関税補完効果と外部性内部化効果　379
　　2.2　域外国との関税交渉に与える影響　385　　2.3　実証分析　386
3.　RTA と多国間自由貿易の達成に関する分析　388
　　3.1　多国間の貿易自由化を阻害する RTA　388
　　3.2　多国間貿易自由化を促進する RTA　395
4.　原産地規則　405
　　4.1　FTA の利用　406　　4.2　その他の研究　409
5.　おわりに　410

目　次

第 12 章　貿易救済措置の経済分析　………………… 北野泰樹　421
　　　　　——定量評価による政策効果の検証

1. はじめに　421
2. 貿易救済措置の発動条件と効果　423
　　2.1　貿易救済措置の発動条件　423　　2.2　貿易救済措置の効果　427
3. 貿易政策の定量評価手法　434
　　3.1　生産関数の推定　434　　3.2　需要関数の推定を用いる政策分析　442
4. セーフガード措置の経済分析　452
　　4.1　4つの事実　452　　4.2　セーフガード措置の評価　455
5. おわりに　463

終　章　今後の研究課題　………………… 木村福成・椋　寛　471

1. 各章の延長線上の研究課題　471
2. その他の研究課題　477
3. おわりに　479

付　録　貿易や海外直接投資に関する統計資料 ……… 椋　寛（監修）　481

索　引　489
編者・執筆者紹介　502

序 章

進化する国際経済学
──グローバリゼーションの拡大と貿易理論の発展

木 村 福 成
椋　　　寛

1. 21世紀型グローバリゼーション

　経済のグローバル化あるいは経済統合は，国境を越える取引チャンネルの多様化をもたらし，そしてその帰結として財・生産要素その他の国際間価格均等化を進行させる．我々は，ほんの数十年前まで，基本的にはモノだけが国境を越えて輸出入され，その裏側で国際間決済や貸借がなされるという，比較的単純な世界に住んでいた．しかし近年，モノのみならずサービス，資本，人，技術など様々なものが価格差や収益率の違いを求めて国境を越えて移動する世界への転換が始まった．特に短期資金の国際間移動の爆発的拡大は，マクロ政策論の全面改定を求めるものとなっているが，もう少し足の遅い実物面の変化も激しい．とりわけ，直接投資を通じての企業活動のグローバル化は，技術や経営ノウハウなどの企業特殊資産の移動をも伴うため，世界経済を大きく変貌させつつある．

　ここで注意しなければならないのは，経済のグローバル化が国・地域という意味でも取引チャンネルという意味でも，不均一に進行していることである．1980年代以降，国際的生産・流通ネットワークあるいは第2のアンバンドリングと呼ばれる新しい国際分業形態が形成されてきた．東アジアでは，世界に先駆けて，機械産業を中心とする生産ネットワークが形成され，新興国・発展途上国の工業化が加速された．そこでは，輸送費やコーディネーション費用などのサービス・リンク・コストが低下して，生産のフラグメンテーションが可能となり，一方で，現存する賃金格差等の立地の優位性の違い

がより精緻に利用されるようになってきている．これは，不均一な経済統合を逆手にとり，移動性が高いものと低いものの濃淡を積極的に活用しようとする国際分業形態と言える．

国際通商政策の世界も，現実の経済社会の変化を後追いしながらではあるが，大きく変わってきた．世界貿易機関（WTO）が成立してから20年．経済のグローバル化に伴い，伝統的な関税等モノの貿易についての国境措置に関する規律にとどまらず，より広範な政策モードを含む新たな国際政策規律の必要性が高まっている．中国をはじめとする新興国の台頭は，その活力をいかにして国際秩序の中にうまく取り込んでいくかという難しい問題を提起している．WTOは本来，新たな国際経済秩序作りの中心となるべき存在であるが，その守備範囲の拡大は極めて困難な状況にある．世界の多くの国は自由貿易協定（FTAs）等の地域貿易協定にその活路を見出し，さらにここ数年は，多くの国が参加するメガFTAs，例えば環太平洋パートナーシップ協定（TPP）の形成を通じた国際ルール作りが始まりつつある．

このような激動の時代の中で，国際経済学も大きな変貌を遂げつつある．本書では，特に実物面を取り扱う国際貿易論に対象を絞り，そのダイナミックな歩みを跡づけていきたい．

2. 進化する国際経済学

国際経済学は，貿易や直接投資の増加，産業内貿易の拡大，垂直分業の発達と生産ネットワークの形成，国家間の貿易摩擦や貿易協定の締結など，現実のグローバル経済の変化と対応しながら，絶えず進化してきた．ここで国際経済学（国際貿易論）の発展の歴史を簡単に振り返っておこう．

国際経済学が本格的に発展する以前は，「輸出は善，輸入は悪」とする重商主義論が広く受け入れられ，自由貿易は拒否される傾向にあった．しかし，アダム・スミスの『国富論』が18世紀に出版されて以降，重商主義論の考えが見直され，自由貿易論の教義が拡がった．19世紀初めのリカードの比較生産費説（リカード・モデル）や，20世紀初めのヘクシャーやオリーン，サムエルソンによる生産要素賦存に焦点を当てた理論（ヘクシャー＝オリーン

モデル）の形成を経て，伝統的な国際貿易論が確立された[1]．伝統的な国際貿易論では，国家間の初期条件の違いと機会費用に焦点を当て，比較優位に基づく生産物の特化と交換を貿易利益の源泉とする．第二次世界大戦後には，完全競争を前提とした一般均衡理論による理論の精緻化が進み，現実経済を分析し政策効果を分析する有力なツールとなった．

しかし，伝統的な国際貿易論は，同一産業や同一の製品が国家間で相互に輸出も輸入もされる，産業内貿易と呼ばれる現象を説明できないという欠点を抱えていた．産業内貿易の発生を説明すべく，1980年代前後から収穫逓増や不完全競争に基づく新しい貿易理論が生み出されることとなった．新貿易理論（New Trade Theory）の誕生である．1970年代から急速に発展したゲーム理論や独占的競争理論が，新貿易理論の形成に繋がった．新貿易理論は，国家間に技術や要素賦存などの初期条件の違いがなくても，企業の製品の差別化や企業間の国際寡占競争が貿易を生み出すことを明らかにし，産業内貿易をはじめとした現実に観察される貿易の多くを説明可能なものとした．

また政策面では，輸出奨励と輸入制限という重商主義的な政策にも，一定の理論的な根拠があることが明らかになった．外国企業の利益を自国にシフトする目的で行われる貿易政策は，戦略的貿易政策（Strategic Trade Policy）と呼ばれ，当時の貿易摩擦の高まりと相まって，その有効性や妥当性が議論された[2]．ただし，多くの研究者は戦略的貿易政策を実際に適用することには慎重であり，むしろ各国が協力して自由貿易を維持する必要性が強調されることとなった．

新貿易理論においては，伝統的な交換や特化の利益に加えて，企業間の競争促進による価格の低下効果，生産拡大による規模の経済の活用，および製品差別化による財の種類（variety）の増加が，追加的な貿易利益として生じるとされる．特に，独占的競争モデルを応用した貿易モデルは，産業の集積と分散のメカニズムを論じる新しい経済地理学や，研究開発活動を考慮した動学モデルによる内生的経済成長理論の発展にも大きく寄与した[3]．

---

1) 20世紀以前の自由貿易理論の発展の歴史については，Irwin (1996) に詳しい．
2) 新貿易理論や戦略的貿易政策を解説した書籍としては，Helpman and Krugman (1985, 1989)，石川 (2001) などがある．

序　章　進化する国際経済学

　1990年代後半から2000年代に入り，企業レベルのミクロデータが各国でより整備され広く利用可能になると，輸出や直接投資などの国際化を行っている企業は，実際には国内の全企業の中でごく少数であることが明らかとなった．すなわち，同一国の同一産業に属する企業であっても，その特性には違いがあり，そのため輸出や輸入，直接投資行動の有無が企業により異なるのである．企業に異質性が存在するという現実経済では至極当然のことが，長い間見逃されていたわけではない．それ以前にも，国際寡占理論において企業の費用に差をつける試みや，海外直接投資の決定要因に関して企業特性の違いを重視した実証分析も行われてきた．しかし，それらは汎用性が高い体系的なモデルとは言えず，理論と実証の乖離を埋める新たな理論モデルの構築が求められた．そこで登場したのが，Melitz (2003) による研究である．

　Melitz (2003) は独占的競争に基づいた貿易モデルに，「企業の異質性」と「輸出のための固定費用」を同時に導入することにより，生産性の違いにより同一産業内の企業の輸出行動が異なるモデルを，企業の参入や退出，輸出の決定，労働市場の変化などをすべて内生的に考慮した上で構築した．同研究はメリッツ・モデルと呼ばれ，国際貿易論に再度大きな変革をもたらすことになった．

　メリッツ・モデルでは，貿易の開始により生産性の高い企業のみが輸出を行うことになる．輸出を通じた利潤機会の上昇は企業の市場への参入を促し，労働需要を増大させる．そのため，国内の実質賃金が上昇し，生産性の低い企業は市場からの退出を余儀なくされる．結果的に，貿易は低生産性企業から高生産性企業へと資源を再配分し，産業全体の平均生産性を上昇させるという新たな貿易利益を生むことになる（詳細は第1章を参照）．メリッツ・モデルを筆頭に，企業の異質性を考慮した新しい貿易理論は，従来の新貿易理論よりもさらに新しいという意味で，新新貿易理論 (New-New Trade Theory) と呼ばれている．なお，New-New の和訳を「新新」とするか「新々」とするかはコンセンサスが得られておらず，本書での表記も敢えて統一していない．

3）　新しい経済地理学については第5章，貿易と経済成長については第6章により詳しい解説がある．

メリッツ・モデルは，輸出以外の企業のグローバル活動にも応用される．企業の異質性は，海外に進出するか否かだけではなく，進出形態にも影響を与える．例えば，企業の生産性の違いは，同一産業内で輸出する企業と海外直接投資をする企業が併存する事実を説明する（詳しくは第3章参照）．また，契約理論を応用しつつ，国際アウトソーシングと中間財貿易の発生要因を論じた新しい研究にも企業の異質性が導入され，「どのような企業が国際アウトソーシングを行うのか」という問題の考察も大きく進展することとなった（詳細は第4章参照）．新新貿易理論の形成により，輸出や海外直接投資といったグローバル化の決定要因とその影響を，企業レベルのデータや実証分析との整合性を維持しつつ，より緻密に議論できるようになったのである．

ただし，新新貿易理論が登場したからといって，従来の貿易理論が淘汰されたわけではない．むしろ新旧の貿易理論はその関連性を深めながら発展を続けている．リカード・モデルに輸送費や財ごとの生産性の違いが体系的に導入された Eaton and Kortum（2002）や，ヘクシャー＝オリーンモデルを基礎に各産業に属する企業の生産性の違いを導入した Bernard *et al.*（2007）は，その代表である．また，国際寡占理論に基づいた新貿易理論の分析は，不完全競争下の貿易政策の厚生効果を論じる上では，依然として有用な分析手法である．

グローバル化の影響を適切に理解するためのツールとして，また貿易や直接投資に関わる望ましい政策を立案するための基盤として，国際経済学の役割はますます大きくなっている．本書の目的は，国際経済学の最新の理論的・実証的な研究成果を踏まえつつ，経済のグローバル化の影響と貿易政策をはじめとした対外政策の影響を整理し，その含意を広く世に伝えることである．

3. 本書の構成

本書は総論にあたる第Ⅰ部と，各論にあたる第Ⅱ部〜第Ⅳ部からなる．各部にはそれぞれ3つの章が含まれる．具体的な構成は以下の通りである．

序　章　進化する国際経済学

第 I 部　新新貿易理論の形成と発展

　第 I 部では，近年の国際経済学の発展を，企業の異質性を導入した新新貿易理論の形成，伝統的な国際貿易理論の継続的な進展，海外直接投資に関する研究の進展という 3 つの点から整理する．

　まず**第 1 章「企業の異質性と国際貿易──メリッツ・モデルと国際貿易研究の新展開」**（鎌田伊佐生）は，新新貿易理論形成の契機となったメリッツ・モデルの概要を説明しつつ，企業の異質性と国際貿易の関係に関する理論分析・実証分析を解説している．新新貿易理論に分類される論文や関連する論文はここ十数年で多数発表されているが，本章は最新の研究成果を整理するためのロードマップとなろう．

　新しい貿易理論がスポットライトを浴びる一方で，伝統的な貿易理論に基づいた分析も着実に進展している．**第 2 章「比較優位論と重力モデル──伝統的国際貿易理論の進展」**（西岡修一郎）では，伝統的な国際貿易理論が，国・産業レベルのデータを用いた豊富な実証研究と結びつきながら，現在も発展を続けていることを学ぶことができる．また，国際貿易の伝統的な実証モデルである「重力モデル」が，新旧の貿易理論を取り込みつつ有用な実証ツールとなっていることが説明される．

　グローバル化の進展にはモノやサービスの貿易の拡大のみならず，企業の外国投資の拡大が大きく貢献している．特に，企業がその事業活動の海外拠点を設ける目的で行われる海外直接投資の拡大が顕著である．その一方で，日本では外国企業の直接投資（対日直接投資）が少ないことが問題視されることも多い．**第 3 章「多国籍企業と海外直接投資──企業別データの充実による実証研究の発展」**（松浦寿幸）は，直接投資の動機やその影響など，多様な研究トピックについてその潮流をバランスよくまとめており，同分野の研究に興味がある研究者にとって必読の章である．

　第 I 部の議論は第 II 部から第 IV 部のそれぞれの考察と何かしらの形で関連しており，国際経済学のフロンティアを学ぶ出発点となる．

第 II 部　国際貿易の新潮流

　新新貿易理論の誕生をはじめとした理論分析の進歩，およびミクロデータ

の整備や実証分析の新たな手法の登場により，国際貿易論が分析の対象とする範囲も拡大している．第Ⅱ部を構成する3つの章では，契約理論・空間経済学・経済成長論といった他分野における最新の研究成果を国際貿易論に応用した，新しい研究を学ぶことができる．

近年の国際貿易の特徴として，中間財貿易の拡大が挙げられる．その背景には，企業が国際外部委託（国際アウトソーシング）や直接投資による国際垂直統合を通じた中間財の海外生産（オフショアリング）を盛んに行い，より効率的に中間財を調達していることがある．しかし，オフショアリングを行っている企業の割合や，垂直統合ではなくアウトソーシングを選ぶ企業の割合は，産業ごとに大きく異なる．**第4章「アウトソーシングとオフショアリング——中間財貿易の原動力」**（荒知宏）は，不完備契約の理論を応用した企業のアウトソーシングと垂直統合の選択，および国内生産とオフショアリングの選択に関して，理論的な考察を行っている．

グローバル化の進展により，モノの貿易のみならず，資本や労働といった生産要素も国境を越えて活発に移動している．生産要素の国際移動は，規模の経済性により工業や商業が一部の特定地域に集中する産業集積のダイナミクスが，より広い範囲で生じることを意味する．国境を越えた産業集積と分散に関する分析は，1990年代後半から2000年代にかけて「空間経済学」と呼ばれる新しい経済地理学として発展してきた．近年では，空間経済学に新新貿易理論の考えを導入することにより，企業の異質性と産業集積の関係を分析する「新しい空間経済学」の研究が進んでいる．**第5章「空間ソーティング・セレクション——企業の異質性を導入した新たな産業集積の分析」**（大久保敏弘）では，同分野の最新の研究成果が解説されている．本章により，財の移動により生じる国家間の貿易と，生産要素の移動により生じる産業集積との相互作用が，現実経済を理解するうえで重要性を増していることが理解できる．

持続的な経済成長が，世界各国の大きな政策目標であることに疑いの余地はないだろう．しかし，国際貿易論の分野においては，貿易の自由化が経済成長に与える影響はあまり注目されてこなかった．1990年代に入り，マクロ経済学の分野で発展した内生成長理論と結びつくことにより，国際貿易と

経済成長との相互依存関係に関する研究が進んだ．しかし，理論的にも実証的にも未だ多くの研究課題が残されている．**第 6 章「国際貿易と経済成長——貿易自由化は経済成長を促進するか」**（内藤巧）では，新新貿易理論の代表モデルであるメリッツ・モデルと，伝統的なリカード・モデルに生産性の分布の違いを導入したイートン＝コータム・モデルを動学的に拡張したモデルを用いて，貿易と経済成長の関係が論じられる．

第 III 部　多国籍企業の経済活動

　第 III 部では，海外直接投資に関する第 3 章での概説を踏まえつつ，多数の国で事業活動を行う多国籍企業の経済活動を，進出の決定要因，投資国・被投資国に与える影響，生産ネットワークの形成という 3 つの異なる視点から整理している．

　同種の製品を製造している企業であっても，海外へ進出する企業は一部であり，その進出形態も異なる．しかし，「海外市場の参入方法や活動内容が，なぜ企業により異なるのか」という基本的な疑問に，伝統的な貿易理論や新貿易理論は十分な回答を与えてこなかった．**第 7 章「多国籍企業の海外進出決定要因——生産性の差異はなぜ重要なのか」**（伊藤由希子）では，生産性の差異等の企業の異質性を導入した最先端の分析が，その疑問の解明にいかに貢献してきたかを解説している．また，海外直接投資という多国籍企業の一時点の意思決定のみならず，海外現地法人の売上高など，多国籍企業の継続的な活動成果に注目することにより，国境を越えた生産ネットワークの形成によるグローバル・バリュー・チェーンの拡大とその要因を探る試みを紹介している．本章で紹介された一連の分析は，21 世紀型グローバリゼーションと多国籍企業の関係を紐解く鍵となるものである．

　海外直接投資に関する重要な疑問の 2 つ目は，「多国籍企業の海外進出は良いことか」である．多くの経済学者が自由貿易のメリットには大筋で同意する一方で，直接投資の推進に関してのコンセンサスは，少なくとも自由貿易ほどには得られていない．同疑問に答えるためには，投資国と被投資国に与える経済的な影響を適切に理解する必要がある．**第 8 章「多国籍企業の経済効果——投資国・被投資国に対する影響」**（早川和伸）では，企業の海外進

出が当該企業の活動を通じて与える直接的影響と,自社は海外進出しないが他社が海外進出をすることにより生じる間接的影響とで区別しつつ,海外直接投資が投資国に与える影響に関する研究が整理されている.また,被投資国に与える効果についても,同じく合併・買収などによる直接的影響とスピルオーバーなどによる間接的影響を区別しつつ論じている.

　情報通信技術の発展に伴い,部品・中間財貿易が大幅に拡大しており,国家間の分業は伝統的な比較優位論だけでは説明できなくなっている.その背景には,多国籍企業による国境を越えた生産・流通ネットワークの構築がある.しかし,多数国間にまたがる生産ネットワークの構築とその影響を論じる経済学的な研究は,理論的にも実証的にも未成熟である.**第9章「多国籍企業の生産ネットワーク——新しい形の国際分業の諸相と実態」**(木村福成・安藤光代)は,豊富な概念図や実際のデータを用いつつ,第2のアンバンドリングと呼ばれる生産のフラグメンテーションの進行と,その一方で進む産業集積のダイナミクス,その背景にある多国籍企業の生産ネットワークに構築に関する議論を,東アジア地域の経済統合と絡めつつ説明している.

第IV部　貿易障壁と貿易政策

　保護貿易政策が蔓延していた第二次世界大戦の終結当時から70年を経て,国家間の貿易障壁は大きく低下し,国際貿易の拡大を後押ししてきた.こうした貿易自由化の影響と,国際貿易に関わる様々な政策の是非を議論するためには,貿易障壁や貿易政策の効果を分析することが必要不可欠である.しかし,一口に貿易障壁や貿易政策と言っても,輸送費のように技術的な要因や輸送インフラの整備に影響される貿易障壁もあれば,関税のように各国の政府により人為的に設けられる貿易障壁もある.貿易政策の手段も,伝統的な関税や輸入数量制限のみならず,「貿易救済措置」と呼ばれるアンチダンピング税やセーフガード措置,相殺関税制度が頻繁に用いられ,環境規制などの国内規制が間接的に貿易を縮小させる場合もある.貿易自由化の舞台も,世界の大多数の国・地域が参加するWTOにおける多国間協定が停滞する一方で,特定の国のみで差別的に自由化する地域貿易協定(RTA)の締結が急増している.第IV部では,貿易障壁にまつわる数多くの論点の中でも,重

序　章　進化する国際経済学

要性が高くかつ近年研究の進展が著しい3つの論点を取り上げている．

　従来，貿易政策に関しては理論的にも実証的にも多様な分析がなされてきたのに対し，輸送費に関してはその中身についてほとんど注目されてこなかった．実際，理論分析の多くは輸送費をゼロと仮定するか，外生的にその水準が与えられるものとして扱ってきた．実証的にも，輸送費は国家間の距離に比例するものとして単純化されることが多い．しかし，新新貿易理論の誕生に伴い，貿易コストをより詳細に測定しつつ，その影響を再評価する研究が行われている．第10章「貿易コストの実証分析——経済活動における重要性と変動要因」（武智一貴）では，主に地理的な要因により発生する貿易コストの測定と，その評価に関する最新の研究が解説されている．貿易政策に起因する貿易コストが低下する中，地理的な要因により生じる貿易コストの重要性は相対的に大きくなっており，本研究課題の重要性は今後ますます高まるであろう．

　第二次世界大戦後，互恵的な貿易自由化を達成するために，各国は積極的に貿易協定を締結してきた．近年はWTOのラウンド交渉に代表される多国間交渉が難航する一方で，自由貿易協定や関税同盟といった，少数の国家間のみで特恵的に自由化を行うRTAの締結が活発化している．RTAの研究自体は古くから行われているが，近年のRTA数の急増を背景に再び注目を集め，理論面でも実証面でも数多くの研究成果が得られている．第11章「地域貿易協定の経済分析——RTAの活発化は多国間の貿易自由化を実現するか」（椋寛）では，RTAの締結と多国間の貿易自由化の関係を分析した近年の研究を紹介している．

　アンチダンピング税やセーフガード措置といった貿易救済措置は，WTOのルールの下，その発動は特定の条件を満たした場合のみに限られる．また，措置期間には期限があり，輸入品に対する税率の水準なども，対象製品の価格や国内産業に与えた損害の大きさなどを勘案して決定される必要がある．そのため，貿易救済措置の分析は通常の貿易政策よりも複雑である．第12章「貿易救済措置の経済分析——定量評価による政策効果の検証」（北野泰樹）では，構造推定手法という新しい分析手法を用いて，貿易救済措置の発動条件の妥当性を評価する研究を紹介している．さらに，貿易救済措置が企

業の行動に与える影響について，既存の議論をまとめている．

4. 本書の読み方

本書を活用するにあたっては，まず第Ⅰ部の各章を通じて新新貿易理論，伝統的な貿易理論，海外直接投資論の潮流をつかんで欲しい．特に，第1章で解説されるメリッツ・モデルは，その後の章で繰り返し言及されるため，その理解が必要不可欠である．

一方，第Ⅱ部以降については，必ずしも各章を順番に通読しなくてもよい．各々の章は相互に関連しつつも，各トピックの解説が章内で完結するように執筆されており，読者が興味を持つ章をピックアップして読むことができるように工夫されている．

例えば，理論研究の発展に興味がある読者は，第1章から第Ⅱ部の各章（第4〜6章），および第11章を読むと良いだろう．国際貿易に絡む実証研究の発展に興味がある読者には，第2章，第5章，第10章，および第12章を読むことを勧める．企業の海外直接投資や国際アウトソーシングに興味がある読者は，第3章，第4章，第Ⅲ部の各章（第7〜9章）を読めば，かなりの範囲の研究をカバーすることができるだろう．

また，各章では分析手法の解説もなされており，国際経済学の分野で論文を執筆する研究者にも有用な情報が提供されている．理論分析の手法としては，第1章でメリッツ・モデルが，第4章で契約理論を応用したアウトソーシング・モデルが詳しく解説されている．また，第5章と第6章では最新の空間経済モデルと経済成長モデルが，第9章では国際生産ネットワークの形成を理解するための「2次元のフラグメンテーション」の概念が，第11章では寡占市場下のRTAを分析するための基本モデルが，それぞれ解説されている．実証分析の手法としては，第2章では貿易に体化される生産要素の計測手法や重力モデルが，第3章では海外直接投資の主要研究で用いられた推計式が紹介されている．また，第7章の補論では国際産業連関表を用いたグローバル・バリュー・チェーンの計測方法が，第8章の補論では傾向スコア・マッチング法による海外直接投資の影響の計測方法が，第10章では貿

易費用を計測するための最新の手法が，さらに第 12 章では構造推定による政策評価の手法が，それぞれ説明されている．

終章では，各章の内容を踏まえつつ，本書で取り上げることができなかった研究課題について述べられている．付録では，公的にアクセスが可能なものを中心に，国際貿易や直接投資関連のデータベースを紹介している．

参考文献

Bernard, Andrew B., Stephen J. Redding, and Peter K. Schott (2007), "Comparative Advantage and Heterogeneous Firms," *Review of Economic Studies*, Vol. 74 (1), pp. 31-66.

Eaton, Jonathan and Samuel Kortum (2002), "Technology, Geography, and Trade," *Econometrica*, Vol. 70 (5), pp. 1741-1779.

Helpman, Elhanan and Paul R. Krugman (1985), *Market Structure and Foreign Trade: Increasing Returns, Imperfect Competition, and the International Economy*, Cambridge, Mass.: MIT Press.

Helpman, Elhanan and Paul R. Krugman (1989), *Trade Policy and Market Structure*, Cambridge, Mass.: MIT Press.

Irwin, Douglas A. (1996), *Against the Tide: An Intellectual History of Free Trade*, Princeton University Press, Princeton: New Jersey.

Meritz, Marc J. (2003), "The Impact of Trade on Intra-Industry Reallocations and Aggregate Industry Productivity," *Econometrica*, Vol. 71 (6), pp. 1695-1725.

石川城太 (2001)，「戦略的貿易政策」大山道広［編］『国際経済理論の地平』東洋経済新報社，pp. 287-307.

第Ⅰ部

新新貿易理論の形成と発展

第1章

企業の異質性と国際貿易
―― メリッツ・モデルと国際貿易研究の新展開

鎌田　伊佐生

1. はじめに

　この20年の間に，国際貿易に関する研究は個々の企業とその行動に焦点を当てることで新たな展開と大きな発展を示した．生産や輸出に関する企業レベルのデータの研究への利用可能性が拡がってきたことで，これまでの国や産業レベルの情報からでは見ることのできなかった貿易行動における企業間の違いについて観察できるようになり，そこから様々な重要な事実も発見された．同時に理論面においても，そうした"新事実"を説明すべく生産・貿易主体としての企業とその異質性に着目することで一気に研究の地平が拡大してきた感がある．

　本章は，こうした企業の異質性と国際貿易に関する研究の今日までの発展および現状について，理論・実証の両面における最近の研究も取り上げつつなるべく幅広く概観することを目的とする．まず，次の第2節では企業の異質性と貿易に関するこれまでの研究とその成果を概観する．続く第3節では時に「新新貿易理論」と呼ばれるこの分野における理論モデルの今日の標準型となったメリッツ・モデルについて説明する．第4節では企業の異質性と貿易・輸出に関する実証研究の主要な成果を概説し，第5節ではそうした実証的知見の拡がりを受けて理論的研究がどのように拡張・発展してきたかを概観する．さらに第6節では今後の研究の課題や方向性の一つの指針として，企業の異質性と貿易に関する最近の研究や新しいトピックの一部を紹介する．第7節では結びとして，この分野における研究の成果や現状についてさらに

展望と理解を深める助けとなる内外の論文をいくつか紹介する．

2. 企業の異質性と貿易——最近 20 年間における貿易研究の概観

　言うまでもないことであるが，国際貿易に関する研究の歴史は長い．しかしながらその大命題はこれまで，どのような国がどのような国とどのような商品やサービスを輸出入しているのか，またそうした貿易パターンはなぜ・どのようにして生じるのか，という国と国との貿易に関するものであり，このことは比較優位によって国際貿易を説明する所謂新古典派理論においても，また財の差別化と規模の経済によって（特に先進国間の）産業内貿易を説明する所謂新貿易理論においても一貫していたと言える．

　しかし最近約 20 年の間に，国際貿易研究は一種のパラダイム・シフトとも言えるような新展開を経験した．すなわち，それまでは主に国を貿易の主体として考えてきたものが，貿易の主体として個々の「企業」に焦点を当て[1]，貿易や生産活動に関する企業間の差異やその規則性についてミクロな視点で捉え説明しようとするようになってきたのである．その端緒となったのが，Bernard and Jensen（1995）の研究である．第 4 節で後述するように，彼らは米国の製造業企業のデータから個々の企業の輸出状況を調べたが，そこから浮かび上がってきた事実は，新貿易理論における「代表的企業」(representative firms) に表されるような同質的な企業の姿とは大きく異なるものであった．すなわち，輸出を行っている企業は全体のごく一部であり，それら輸出企業はその他多くの非輸出企業と比べて規模や生産性等様々な点でパフォーマンスが高い，というものであった．また彼らはさらなる研究 (Bernard and Jensen（1999）など) を通じて，こうした現象は主として高パフォーマンス企業のみが輸出企業へと選別されることによって生じていることも明らかにした．こうしたパフォーマンスと輸出活動に関する企業間の差異

---

[1] 従来の貿易理論も生産主体としての企業を考えていなかったわけではない．ただし，新古典派理論においては収穫一定・完全競争の下で企業の境界（boundaries）が意味を持たず，また Krugman（1980）に代表される新貿易理論においては一般に同一産業内の企業は同質的であると考えることで国・産業のレベルでの貿易パターンを主な分析の対象としていた．

は同じ国・地域の同一業種内に限定した場合にも共通して観察されることから，そこには何らかの規則性が示唆されていると考えられたのである．

　この実証的規則性を説明すべく理論的研究も進められた．その代表とも言えるのが，第3節で紹介するMarc Melitz（2003）によるモデル，所謂「メリッツ・モデル」である．メリッツ・モデルは，生産性が互いに異なる多数の企業が共存する経済において，輸出に要求される固定的費用の存在によって生産性の高い一群の企業だけが輸出者に選別されていくメカニズムを描き出すとともに，貿易機会の創出・拡大が生産性の低い企業の縮小・退出と生産性の高い企業の成長を促す結果，生産資源が低生産性企業から高生産性企業へと再配分されることを通じて経済や産業全体の効率性の改善をもたらすことを示した．メリッツ・モデルは，それまで広く用いられてきた新貿易理論の理論的枠組みを維持しつつ企業の異質性を比較的シンプルな形でモデル化していたため，計量分析のベンチマークを提供することで第4節で述べるような実証研究を喚起するとともに，第5節で紹介するような様々な発展型モデルの基礎にもなり，企業の異質性と貿易に関する研究の今日までの拡大・発展に大きく貢献したと言える．

　この分野の研究の発展を促したもう一つの大きな要素は，多くの研究が企業の生産や輸出に関するミクロレベルのデータを活用し，また活用できるようになってきたことである．米国の企業データを用いた前述のBernard and Jensenによる一連の研究は，欧州や南米等の様々な国や地域のデータを用いた類似の研究を喚起したが，それにより企業の異質性と輸出に関する仮説に対する実証的証拠が強化されると同時に，新たな疑問や事実の発見も促されてきた．こうした企業レベルのデータを用いた研究は今やアジアやアフリカの国々についても幅広く行われ，また我が国でも経済産業省の「企業活動基本調査」等を通じて得られた企業レベルのデータを用いた実証研究が多くなされている．さらに最近では，通関統計等を利用して企業の貿易活動を取引レベルで把握したデータの活用も拡がりつつあり，研究対象としてデータ利用が可能な国はまだまだ限られてはいるものの，後述するように輸出相手国や輸出品目に関する企業間の差異についての研究も進展を見せている[2]．こうした企業レベルのデータについては統計上の機密性や守秘義務と

の関係で研究上の利用や公表に困難が伴う点については今日でも変わりはないものの，各国で諸機関による貿易に関する企業レベルの統計整備が進みつつあり，企業の異質性と貿易に関する研究への関心の高さがそうしたデータ整備を促している側面もあると思われる．

3. メリッツ・モデル

前節で述べたように，企業レベルの分析から新たに判明した事実を説明するための理論モデル構築の試みの中で最もよく知られ幅広く用いられているのが，Melitz（2003）によるモデル（以下，メリッツ・モデル）である．メリッツ・モデルが企業の異質性と貿易に関する理論モデルの今日における標準型のような存在になったのは恐らく次のような理由によるものであろう．一つは，このモデルが基本的には Krugman（1980）のモデルの拡張であり[3]，それまで一般的に用いられてきた新貿易理論の理論的枠組みと親和性が高かったことである．もう一つは，このモデルが企業レベルのデータ観察から判明した事実——同一国・産業内での輸出企業と非輸出企業の混在や，輸出企業が非輸出企業と比べて平均的にパフォーマンスが高いという規則性——の背景にあるメカニズムを，これもまた実証的に強く支持されてきた所謂自己選別（self-selection）仮説（高パフォーマンス企業が輸出企業へと選別されていく）の観点から分かり易く説明するとともに，貿易による企業間の資源再配分効果が国・産業全体の生産性を高めるというマクロ的含意も持っていたことである．さらには，このモデルが比較的扱い易く（tractable），さらなる理論的拡張の基礎あるいは定量的・実証的分析の基準モデルとして利便性が高かったということも挙げられよう[4]．

---

[2] また企業による直接投資やアウトソーシングに関する研究や実証分析も進展著しい分野であるが，それらについては本章では扱わず別章（本書第 3，4，5 章）の記述に譲ることとしたい．

[3] 具体的には，Krugman（1980）のモデルに Hopenhayn（1992a, 1992b）による生産性の異なる企業の産業内での選別のメカニズムを取り入れたモデルとなっている．

[4] 企業の生産性の分布関数としてパレート分布（Pareto distribution）を仮定した場合には特に定量化し易い形にすることができるため，重力モデルなどへの応用もなされている（Chaney（2008）や Helpman, Melitz, and Rubinstein（2008）など）．

メリッツ・モデルにおいて同一の産業内の企業が輸出企業と非輸出企業に分かれていく基本メカニズムは，一定の確率分布からそれぞれに異なる生産性を外生的に与えられた企業が，国内市場での製造販売と外国市場への輸出のそれぞれについて固定費用が要求される環境に置かれた結果，それら固定費用をカバーできるだけの収益を得る（ゼロ以上の利潤を得る）のに必要な高さの生産性を持つ企業のみがそれぞれの市場に留まり活動（国内販売や輸出）することになる，というものである．以下ではこのメリッツ・モデルについて説明していく[5]．

3.1 経済の基本構造と消費者の選好

自国およびこれと互いに相等しい（対称的な）n カ国の外国からなる経済を考える（n は任意の正の整数）．この経済では1つの産業しか存在せず，また労働が唯一の生産要素であると想定する．なお各国の労働力賦存は L であるとする．

各国の消費者は互いに差別化された財に対して以下のCES型（あるいはDixit-Stiglitz型）関数で表される選好を有するものとする．

$$C = \left[\int_{\omega \in \Omega} q(\omega)^\rho d\omega\right]^{\frac{1}{\rho}}, \quad 0 < \rho < 1. \tag{1}$$

ここで ω は各差別化財を，Ω は消費者が入手可能な差別化財の集合を，それぞれ表している．この関数が表す選好からは以下のような産業全体の価格指標が導かれる．

$$P = \left[\int_{\omega \in \Omega} p(\omega)^{1-\sigma} d\omega\right]^{\frac{1}{1-\sigma}}, \quad \sigma = \frac{1}{1-\rho} > 1. \tag{2}$$

なお σ は差別化財同士の代替弾力性を表している．このような選好の下では，各国における各差別化財の需要額（生産者にとっては販売収益）は以下のようになる．

---

[5] なお，以下で示すモデル（数式）の表記は Redding (2011) に準拠する．

$$r(\omega) = R\left[\frac{p(\omega)}{P}\right]^{1-\sigma}. \tag{3}$$

なお $p(\omega)$ は差別化財 ω の価格を，R は各国の消費支出総額（すなわち国の総収入）を，それぞれ表すものとする．

3.2 企業の生産性と生産技術

各国には，互いに異なる差別化財を 1 種類ずつ生産する無数の潜在的企業が存在すると仮定する．各企業はまず，参入のための埋没費用を支払いこの経済に存在する唯一の産業に参入する．参入と同時に各企業は，分布関数（あるいは確率密度関数）$g(\varphi)$ で表される一定の分布の中から自社の生産性 φ を無作為に"引く"．以後企業はこの生産性を変えることはできないものとする．

各企業が生産する差別化財の生産技術は共通で，企業の生産性 φ を要素とする以下のような労働投入（q 単位の財を生産するのに必要な労働力 l）の関数として表されるものとする．

$$l(\varphi) = f_d + \frac{q(\varphi)}{\varphi}. \tag{4}$$

ここで f_d は各財を製造するために生産量に関わらず必要となる労働投入であり，各企業の固定生産費用に繋がる．またこの第（4）式から分かる通り，生産性 φ の高い企業ほど労働投入量 l が少なくて済むため生産費用を低く抑えることができる．

さて，次節では各企業の国内市場での製造販売（以下，製販）および外国市場への輸出の意思決定について見ていくが，第（4）式に表されるように各財の製販には固定費用を伴うため，全ての企業が採算を取れるわけではない．つまり，参入時に"引いた"生産性 φ の値が低すぎる場合には製販からの利潤が負になる（損失を出す）可能性があり，そのような企業は市場から退出することになる．本モデルにおけるこうした企業の参入・残留および退出の仕組みを模式化したのが図 1-1 である．

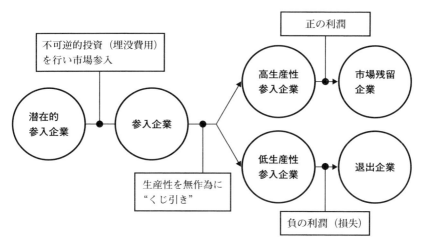

図1-1　メリッツ・モデルにおける企業の参入・退出のメカニズム
出所：Greenaway and Kneller (2007), Figure 1（筆者が和訳した上で転載）．

3.3　企業の国内製販および輸出

よく知られているように，消費者が第 (1) 式で表されるような CES 型の選好を持つ場合，各差別化財 ω の生産者にとって利潤を最大化する価格（最適価格）は生産の限界費用に一定のマークアップ率をかけた額となる．また，輸出の場合は $\tau > 1$ で表される氷塊型貿易費用がかかると想定すると，第 (4) 式の生産技術（労働投入関数）から，各企業が自社製品に対し国内市場で付ける価格 p_d および輸出用に付ける価格 p_x は以下の式のように表される[6]．

$$p_x(\varphi) = \tau p_d(\varphi) = \tau \left(\frac{\sigma}{\sigma-1} \right) \frac{w_d}{\varphi} = \frac{\tau}{\rho \varphi}. \tag{5}$$

なおこれ以降，全ての価格は 1 単位の労働力に対する賃金を基準（$w=1$）として標準化されるものとする．またここでは全ての国が相等しい（対称的）と仮定しているので，賃金は全ての国で同じ（$=1$）となる．上の第 (5) 式

---
[6]　第 (4) 式から，製品 1 単位を生産する限界労働投入は $1/\varphi$ となることに注目せよ．

の最後の等式はこの標準化による.

この第 (5) 式が表す国内価格 p_d と輸出価格 p_x をそれぞれ前出の第 (3) 式に代入すると，各企業の国内製販からの収益 r_d および輸出からの収益 r_x について以下のような関係式が導かれる.

$$r_x(\varphi) = \tau^{1-\sigma} r_d(\varphi) = \tau^{1-\sigma}(\rho\varphi)^{\sigma-1} R P^{\sigma-1}. \tag{6}$$

なおこの式から，生産性の異なる企業間の各市場での収益の差（比率）は次式が示すようにそれら企業間の生産性の差（比率）の関数として表されることが分かる.

$$\frac{r_d(\varphi'')}{r_d(\varphi')} = \frac{r_x(\varphi'')}{r_x(\varphi')} = \left(\frac{\varphi''}{\varphi'}\right)^{\sigma-1}. \tag{7}$$

ここでメリッツ・モデルの特色の一つである輸出のための固定費用が登場する．企業は自社製品を外国市場に輸出する場合，前述の氷塊型貿易費用に加え，例えば輸出先での販売網の整備等に伴う支出のような固定的費用を払わねばならないものとする．この輸出のための固定費用を f_x で表し，かつ $\tau^{\sigma-1} f_x > f_d$ であるとする[7]．第 (1) 式が示す消費者の多様性選好（love of variety）および第 (4) 式が示す規模の経済の存在は，製品を国内で販売せずに輸出（だけ）を行う企業は存在しないことを意味する．したがって各企業は，生産に伴う固定費用 f_d は国内製販収益で，輸出のための固定費用 f_x は輸出収益で，それぞれ補うことになる．よって各企業の国内製販および輸出からの利潤はそれぞれ以下の式によって表される[8]．

$$\pi_d(\varphi) = \frac{r_d(\varphi)}{\sigma} - f_d, \quad \pi_x(\varphi) = \frac{r_x(\varphi)}{\sigma} - f_x. \tag{8}$$

これらの式は，国内製販から損失を出さないために必要な最低限の生産性

---

[7] 後掲の第 (11) 式で見るように，この条件は，輸出企業の方が非輸出企業よりも生産性が高いという実証的知見に整合的な理論的帰結を導くためのものである.

[8] 第 (5) 式が表す最適価格は，国内製販（または輸出）による営業利益（operational profit, 収益から可変費用を引いたもの）は国内（または海外）市場での収益に比例することを示唆することに注目.

（国内生産性閾値）φ_d^* が存在すること，また輸出についても同様に最低限利潤ゼロを確保するために必要な生産性（輸出生産性閾値）φ_x^* が存在することを示している．すなわち，これら2つの生産性閾値 φ_d^* および φ_x^* は，それぞれの市場で利潤ゼロの場合を表す以下の（9）（10）の各条件式を満たす生産性 φ の値として定義される．

$$r_d(\varphi_d^*) = (\rho\varphi_d^*)^{\sigma-1} RP^{\sigma-1} = \sigma f_d, \tag{9}$$

$$r_x(\varphi_x^*) = \tau^{1-\sigma}(\rho\varphi_x^*)^{\sigma-1} RP^{\sigma-1} = \sigma f_x. \tag{10}$$

さらに，これら2式および前掲の第（7）式から，2つの生産性閾値について以下の関係式を導くことができる．

$$\varphi_x^* = \Lambda \varphi_d^*, \quad \Lambda \equiv \tau \left(\frac{f_x}{f_d}\right)^{\frac{1}{\sigma-1}}. \tag{11}$$

前述の仮定 $\tau^{\sigma-1}f_x > f_d$ の下では，上式の Λ について $\Lambda > 1$ が満たされ，よって $\varphi_x^* > \varphi_d^*$ が成り立つ．したがって，輸出生産性閾値 φ_x^* を上回る企業のみが輸出を行い，これを下回る生産性しか持たない企業は国内製販のみを行う非輸出企業となり，さらに国内生産性閾値 φ_d^* をも下回る企業は市場（産業）から退出する，という企業選別が生じるのである．

3.4 モデルの均衡

モデルを解く上で残された仕事は，経済（あるいは産業）全体の均衡における φ_d^*，φ_x^* の2つの生産性閾値を求めることであるが，その決め手となるのは，後掲の第（15）式で表される市場（産業）への自由参入条件（free-entry condition）である．

まず，前掲の第（9）（10）式で定義された2つの生産性閾値に基づいて企業の選別が起こった後（ex-post）の，国内製販を行っている企業（輸出企業を含む）および輸出企業の生産性の分布がどのようになっているかを考えよう．これらの分布はいずれも参入時に企業が生産性を"引いて"くる元の（ex-ante）分布をそれぞれの閾値で切断した（truncated）ものになっている．すなわち，輸出企業を含む国内企業全体の生産性分布 $\mu_d(\varphi)$ および輸出企

業の生産性分布 $\mu_x(\varphi)$ はそれぞれ以下のように表される（なお $G(\varphi)$ は生産性の累積分布関数を表す）．

$$\mu_d(\varphi) = \begin{cases} \dfrac{g(\varphi)}{1-G(\varphi_d^*)} & \text{if } \varphi \geq \varphi_d^* \\ 0 & \text{otherwise} \end{cases}, \quad \mu_x(\varphi) = \begin{cases} \dfrac{g(\varphi)}{1-G(\varphi_x^*)} & \text{if } \varphi \geq \varphi_x^* \\ 0 & \text{otherwise} \end{cases}. \quad (12)$$

市場（産業）への自由参入条件は，各企業の（埋没参入費用を支払って生産性を"引く"前の）市場参入による期待利潤がゼロ，すなわち，市場参入によって期待される毎期の連続利潤の現在価値が参入のための埋没費用と同値であることとして定義される．生産性が φ の企業の現在価値は以下のように表される．

$$v(\varphi) = \max\left\{0, \dfrac{\pi(\varphi)}{\delta}\right\}. \quad (13)$$

ここで { } 内の最初の項はこの企業が市場から退出した場合の価値であり，後の項はこの企業が市場に残留して製販（および輸出）を続けた場合の将来利潤の現在価値である．なお δ は割引率を表している[9]．

参入のための埋没費用を f_e で表すと，自由参入条件は以下の式によって表される．

$$v_e = [1-G(\varphi_d^*)]\dfrac{\bar{\pi}}{\delta} = [1-G(\varphi_d^*)]\dfrac{[\bar{\pi}_d + \chi n \bar{\pi}_x]}{\delta} = f_e. \quad (14)$$

すなわち，参入前に期待される企業価値 v_e は，企業が参入（市場残留）に成功する確率 $1-G(\varphi_d^*)$ に市場残留した場合の期待利潤 $\bar{\pi}$ を乗じたものであるが（等式第2項），この $\bar{\pi}$ は国内製販からの期待利潤 $\bar{\pi}_d$ に加えて市場残留を

---

[9] Melitz (2003) では実際には，活動中の企業はその収益性に関わらず毎期一定の割合で消滅することが仮定されており，δ とはその割合，言い換えれば各企業が毎期直面している消滅の確率として定義されている．なお Melitz (2003) ではモデルの均衡を，この毎期一定割合で消滅する企業数が同じ期に新規参入してくる企業数と同じになることで産業内の企業数が一定に保たれる定常状態として定義し，そのような均衡における各種マクロ変数（産業全体の価格指標，全企業の収益総額＝国民所得，国内企業および輸出企業の総数など）について解いている．

果たした前提で輸出企業となる確率 $\chi=[1-G(\varphi_x^*)]/[1-G(\varphi_d^*)]$ に輸出からの期待利潤 π_x に輸出相手となる外国の数 n を乗じたものであり（等式第 3 項），これが埋没参入費用 f_e に等しくなるということである．

第 (14) 式の自由参入条件は，第 (7) 式および生産性の確率密度関数 $g(\varphi)$ を用いることで，以下のように表すことができる．

$$v_e = \frac{f_d}{\delta}\int_{\varphi_d^*}^{\infty}\left[\left(\frac{\varphi}{\varphi_d^*}\right)^{\sigma-1}-1\right]g(\varphi)d\varphi + \frac{nf_x}{\delta}\int_{\varphi_x^*}^{\infty}\left[\left(\frac{\varphi}{\varphi_x^*}\right)^{\sigma-1}-1\right]g(\varphi)d\varphi$$
$$= f_e \tag{15}$$

さらに第 (11) 式が示すように輸出生産性閾値 φ_x^* は国内生産性閾値 φ_d^* の比例値であることから，この第 (15) 式の中辺は，参入前の期待企業価値が φ_d^* の単純減少関数であることを示している．したがってこれと f_e を一致させる国内生産性閾値 φ_d^* の均衡値は 1 つに定まり，よって輸出生産性閾値 φ_x^* の均衡値も定まるのである．

3.5 貿易の企業間資源再配分効果

最後に，貿易機会の創出・拡大が企業の生産性の分布および経済（産業）全体の生産性に及ぼす影響を考察する．ここでは単純化のため，経済が当初の閉鎖状態（autarky）から国際貿易に対して開放された場合を考えることにするが，貿易費用（可変費用 τ や固定費用 f_x）の低下により貿易機会が拡大した場合についても基本的に以下と同じことが言える．

前掲の第 (15) 式を見てみよう．このモデルでは閉鎖経済は輸出のための固定費用が無限に大きい場合（$f_x \to \infty$）と考えることができるが，その場合この等式の中辺第 2 項の値はゼロとなるため[10]，式の中辺第 1 項の値と埋没参入費用 f_e が等しくなるよう国内生産性閾値 φ_d^* だけが決まることになる（この場合の国内生産性閾値を φ_a^* と表すことにする）．この状態から，この経済に貿易機会が創出された場合すなわち f_x が何らかの有限値に下降した場合を考えると，第 (15) 式の中辺第 2 項の値がゼロから正に増加するため，この

---

10) $f_x \to \infty$ の場合には輸出生産性閾値が無限に大きくなる（$\varphi_x^* \to \infty$）ことに注目．

等式（自由参入条件）を維持するためには，（式の右辺が固定値 f_e であるため）中辺第 1 項の値は第 2 項の増分を相殺するよう減少せねばならず，そのためには国内生産性閾値 φ_d^* が閉鎖経済における値 φ_a^* から上昇せねばならない．この状況を示しているのが図 1-2 である．

このように貿易機会の創出が国内生産性閾値を押し上げる（$\varphi_d^* > \varphi_a^*$）メカニズムを直観的に説明すると次のようになる．貿易機会の創出は，輸出による収益機会を生み出すことで参入前の期待企業価値を上昇させる．これにより企業の参入インセンティブが高まり，より多くの潜在企業が市場参入する．このことが経済全体の労働需要を増大させ，実質賃金を押し上げるが[11]，そのことが企業の実質生産費用を増大させるため，損失を避けるにはより高い生産性が要求されるようになり，国内生産性閾値を押し上げるのである．

こうして，貿易によって国内生産性閾値が上昇することで残留企業の生産性分布はさらに値の低い部分が切断される（値の高い部分に集中する）ため，国内企業の生産性の（単純）平均値は上昇し，結果として経済（産業）全体の生産性が上昇する．企業の規模（収益）を考慮した加重平均生産性で考えるとその効果はより大きい．なぜなら，図 1-2 に示されているように，輸出を開始する生産性の最も高い企業群が貿易により規模を拡大するからである[12]．

このように，貿易により生産性の最も低い企業の退出が促され，国内市場で生き残った企業も生産規模を縮小させる一方，輸出を開始するような生産性の高い企業は総生産規模を拡大する．またそれに伴い，国内の労働力（あるいはその他の生産要素）も退出や規模縮小を迫られた生産性の低い企業から輸出により規模拡大を行う生産性の高い企業に再配分され，経済全体の効率性が向上する．これが企業間の資源再配分効果，すなわち「再配分による利益」（gains from (intra-industry) reallocation）であり，新古典派理論が示し

---

11) 名目賃金は $w=1$ に固定（標準化）されている点に注意．
12) 一方，生産性がそれほど高くなく非輸出企業に留まる企業の規模は閉鎖経済の場合と比べて縮小することに注目せよ．なお，経済開放により輸出企業となる高生産性企業の場合も，外国からの輸入競争により国内市場での収益は閉鎖経済下と比べて減少することになる．ただし輸出により獲得する外国市場での収益が国内での減少分を補って余りあるため，輸出企業の総収益は増加するのである．

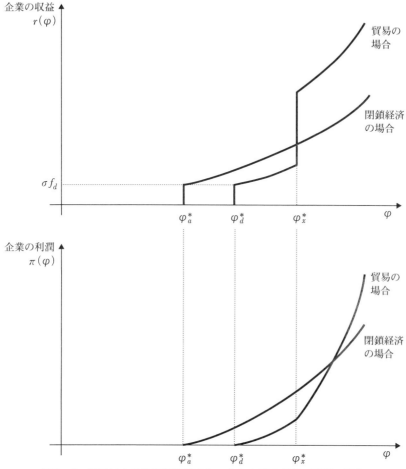

図 1-2　貿易による生産性閾値のシフトと企業の収益・利潤の変化

出所：Melitz (2003), Figure 2（筆者が訳語を加えた上で転載）．

た「特化と交換による利益」，新貿易理論が表した「財の多様化による利益」(gains from variety) と並ぶ新たな貿易利益としてメリッツ・モデルにより示されたものである[13]．

---

[13]　なおメリッツ・モデルにおいても Krugman (1980) と同様に消費者の効用は CES 型関数に基づいているため，新貿易理論が指摘した「財の多様化による利益」は表現されている．

4. 企業と貿易に関する実証研究

本節では，企業の異質性と貿易に関する実証研究とその成果について，主に前述のメリッツ・モデル誕生の背景として，あるいはメリッツ・モデルの理論的予測の検証を通じて，企業と輸出に関する「定型化された事実」（stylized facts）がどのように確認されてきたかという観点から概観する．ただし，このテーマに関する実証研究については膨大な量の文献が存在し，その全てをここで紹介することは不可能であるため，本節では企業レベルのデータを用いたこれまでの研究により何が明らかにされ，またどのような論点について結論や見解が一致していないかに焦点を絞りつつ，代表的な研究（の一部）のみを紹介することとする．また節の最後では，企業の取引レベルのデータを用いた最近の研究とそこから新たに分かってきた事実についても述べておくこととする．

4.1 少数の輸出企業と「輸出企業プレミア」

個々の企業の貿易活動やどのような企業が輸出を行っているのかということについて実際に企業レベルのデータを用いて検証した研究は，Andrew Bernard と Bradford Jensen が 1990 年代後半に発表した一連の研究に始まる．彼らは米国の国勢調査局（Bureau of the Census）が年次製造業調査（Annual Survey of Manufactures: ASM）を通じて収集した個別企業のデータを用い，米国の製造業部門における企業の性質やパフォーマンスと輸出状況との関係について様々な観点から分析を行った．その結果，(i) 輸出を行っている企業は国内で操業している企業全体の一部に過ぎず——Bernard and Jensen（1995）によれば 1987 年時点では米国の製造業企業全体の 14.6%——"同業者"中の言わば少数派であるということ，また (ii) これら輸出企業は規模やパフォーマンスにおいて輸出を行わない同業者企業を上回っていること，が明らかになった．(ii) についてさらに具体的に言えば，輸出を行っている企業とそうでない企業の間には，従業員数（雇用者数），生産規模（付加価値総額や出荷額），賃金，資本集約度，技能集約度等の指標に有意

第1章 企業の異質性と国際貿易

表1-1 輸出企業プレミア

	雇用者数プレミア	付加価値プレミア	賃金プレミア	資本集約度プレミア	技能集約度プレミア
日　本	3.02	5.22	1.25	1.29	1.58
ドイツ	2.99		1.02		
フランス	2.24	2.68	1.09	1.49	
イギリス	1.01	1.29	1.15		
イタリア	2.42	2.14	1.07	1.01	1.25
ハンガリー	5.31	13.53	1.44	0.79	
ベルギー	9.16	14.80	1.26	1.04	
ノルウェー	6.11	7.95	1.08	1.01	

注：日本のデータは2003年，その他の国については Mayer and Ottaviano (2008) からのもの．各指標のプレミアは，輸出企業平均値の非輸出企業平均値に対する比．
出所：若杉 (2011)，表1-5 より転載．

な差が存在し，いずれについても輸出企業の平均は非輸出企業の平均よりも高いことが判明した．こうした企業の各種パフォーマンス指標に関する「輸出企業プレミア」の存在は，その後の研究によって米国以外の国々についても確認されており，例えば Mayer and Ottaviano (2008) が欧州諸国（ドイツ，フランス，イギリス，イタリア，ハンガリー，ベルギー，ノルウェー）について，Wakasugi et al. (2008) が日本について，それぞれ製造業部門における「輸出企業プレミア」の存在を明らかにしている．表1-1 はこれらの研究で示された各国製造業部門における「輸出企業プレミア」をまとめたものである．

4.2　企業の生産性と輸出——自己選別仮説と学習効果仮説

「輸出企業プレミア」の中でも特に注目されたのが，生産性に関するものである．これは，企業の生産性の差が規模や収益性における差の要因になっていると考えられるためである[14]．輸出を行う企業はそうでない企業に比べて総じて生産性——主に付加価値労働生産性（value-added per worker）や全要素生産性（total factor productivity: TFP）として計測される——が高いという事実については，様々な国や産業に関する研究により検証・確認されている．

---

[14]　前節のメリッツ・モデルにおいても企業の収益や雇用（労働投入）の差は生産性の差によって説明される．

輸出企業はなぜ非輸出企業よりも生産性が高いのか？これについては大きく分けて2つの可能性（仮説）が考えられる．一つは，元々生産性や競争力の高い企業がその優位性ゆえに海外市場に進出し輸出企業になる・なれるというものであり，輸出企業に関する「自己選別（self-selection）仮説」と呼ばれる．もう一つは，輸出企業は海外市場での厳しい競争や事業・製品に関する新たな情報・ノウハウの獲得を通じて生産性を高めているというものであり，「学習効果（learning-by-exporting）仮説」と呼ばれる．企業の生産性と輸出行動に関するこれら2つの仮説については多くの実証研究が検証を試みているが，その嚆矢となったのが Bernard and Jensen（1999, 2004）の研究である．彼らは前掲の米国製造業企業に関する自身の研究（Bernard and Jensen 1995）を踏まえつつ今度は各企業の生産性の時系列変化に着目し，輸出を行った企業の輸出開始前後の生産性の変化について輸出を行わなかった企業と比べてどう異なるかを検証した．その結果，表1-2が示すように，輸出企業は非輸出企業と比べて輸出を開始する前の段階で高い生産性とその伸びを示す一方，輸出を開始した後の生産性の伸びについては非輸出企業との間にそれほど大きな差は見られなかった[15]．すなわち，企業の生産性と輸出の関係については，自己選別仮説は実証的に支持されたものの学習効果仮説については明確な証拠は得られなかったのである．

　この Bernard and Jensen の研究に喚起されるようにして，企業の生産性と輸出に関する研究はその後様々な国について展開されていった．いかなる国についても企業レベルのデータが研究に利用可能であるというわけではないものの，既に欧米諸国のみならず中南米やアジア，アフリカなどの様々な国や地域の企業を対象とした研究が行われている[16]．こうした今日までの実証研究では，自己選別仮説についてはほぼ一致して支持する結果を得る一方，学習効果仮説については国や研究により検証結果が一致していない．し

---

[15] また Bernard and Jensen（2004）では，輸出を止め海外市場から撤退した企業の生産性の変化についても検証しており，こうした撤退企業のパフォーマンスがその他の企業に比べて低く，またその傾向は撤退（輸出停止）の前段階においてより顕著であることも示している．

[16] 企業の生産性と輸出に関する様々な実証研究については，Greenaway and Kneller（2007）および Wagner（2007, 2012）が幅広く紹介・要約をしている．

第1章　企業の異質性と国際貿易

表1-2　米国製造業における輸出停止企業，輸出継続企業，新規輸出企業の非輸出企業に対する成長率プレミア（年平均成長率，1984～92年）

(％)

	非輸出企業に対する年成長率プレミア		
	輸出停止企業	輸出継続企業	新規輸出企業
雇用者数	−1.03 (4.11)	4.68 (27.99)	5.64 (23.29)
出荷額	−3.25 (10.10)	4.96 (23.90)	9.11 (29.70)
労働者1人当たり付加価値（労働生産性）	−1.53 (3.56)	0.79 (2.89)	3.14 (7.67)
全要素生産性（TFP）	−2.18 (2.63)	0.05 (0.09)	2.78 (3.26)
平均賃金	−0.30 (2.00)	1.27 (12.62)	2.07 (14.28)
雇用者総数中の非生産労働者比率	0.29 (3.79)	0.37 (7.34)	0.60 (8.06)
生産労働者賃金	0.07 (0.40)	1.07 (8.96)	0.72 (4.19)
非生産労働者賃金	−0.75 (2.78)	0.96 (5.38)	2.85 (11.03)

注：（　）内の数値は t 値．
出所：Bernard and Jensen (1999), Table 8（筆者が和訳した上で転載）．

たがって現時点で我々に分かっていることは，「輸出企業は非輸出企業に比べ総じて生産性が高い」が，それは「輸出を開始する前から生産性の高かった企業が輸出企業になっている」ためであり，「輸出を行うことが企業の生産性向上を促しているかどうかについてはまだ明確になっていない」，ということであると言えよう．ただし近年，企業の投資等の行動の影響を考慮に入れたより精緻な生産性の推計手法を用いた De Loecker の研究（De Loecker 2007, 2013）が学習効果仮説を支持する結果を提示するなどしており，今後研究が進む中で「輸出を通じた企業の生産性向上」の効果についても明らかにされてくるかもしれない[17]．

---

[17]　企業の生産性と輸出の学習効果仮説に関する実証研究については，López（2005）や Silva, Afonso, and Africano（2012）が概観している．

4.3 輸出による企業間資源再配分効果と国・産業レベルの生産性

　このような企業の生産性と輸出の関係に関する実証的知見は，国や地域のマクロ経済についてどのような意味を持つのであろうか？ 国の貿易開放度（openness to trade）とその国の経済成長との間に密接な関係が見られることについてはよく知られているが，前述のように企業レベルでの輸出からの学習効果が実証的には明確になっていないとすれば，個々の企業の輸出促進により国や産業全体の生産性が向上することは期待できないのであろうか？

　この点については，仮に輸出による個別企業レベルでの学習効果がなかったとしても，輸出を通じて国・産業レベルの生産性の向上が促されるメカニズムが存在する，と理解されている．すなわち，前節で解説したメリッツ・モデルが指摘するように，貿易機会の創出・拡大が国内市場における生産性の低い企業の淘汰や輸出企業となる生産性の高い企業への資本や労働といった生産資源の再配分を促す結果，国や産業全体の生産性が向上するという効果である．

　こうした輸出の「（企業間）再配分効果」(inter-firm reallocation) による国・産業レベルの生産性向上の可能性については，実証的にも確認されている．Bernard and Jensen (2004) によれば，1983年から92年にかけて米国の製造業全体の生産性（TFP）は年平均1.42%の成長を示したが，うち4割強にあたる0.59%の成長が，生産性の低い非輸出企業や輸出停止（撤退）企業が産業内でのシェアを落とす一方で生産性の高い輸出企業がシェアを拡大したことによる「再配分効果」によるものであった（表1-3）．また Pavcnik (2002) は，チリの製造業の企業レベルデータを用い，同国が大がかりな貿易自由化政策を導入した直後の1979年から86年までの7年間における製造業全体の生産性（TFP）成長率19.3%のうち約3分の2にあたる12.7%が生産性の低い企業から高い企業へのシェアの移行・再配分によってもたらされたものであることを示した．さらにカナダの製造業に関する Trefler (2004) の研究も，米加FTAによりカナダへの輸入関税が最も大きく引き下げられた産業では，生産性の低い企業における雇用が12%減少する一方産業全体の労働生産性は15%上昇したことを示し，貿易自由化に伴う企業

表1-3 米国製造業における輸出ステータス別企業(工場)レベル生産性成長率とその要因分解(1983～92年)

1. 企業(工場)レベル成長率(年平均) (%)

	企業間再配分効果による分	各自の生産性成長効果による分	全体
輸出停止企業	−0.41	−0.03	−0.44
輸出継続企業	1.23	0.55	1.78
新規輸出企業	0.45	0.14	0.59
非輸出企業	−0.67	0.16	−0.51
全企業	0.59	0.82	1.42

2. 全企業の成長率全体に対する寄与度 (%)

	企業間再配分効果による分	各自の生産性成長効果による分	全体
輸出停止企業	−28.9	−1.8	−30.7
輸出継続企業	86.8	38.7	125.5
新規輸出企業	31.4	10.0	41.3
非輸出企業	−47.3	11.2	−36.1
全企業	41.9	58.1	100.0

出所:Bernard and Jensen (2004), Table 6 (筆者が和訳・一部編集した上で転載).

間での生産要素・資源の再配分を通じた産業全体の生産性向上効果を実証している.

4.4 取引レベルデータからの新たな実証的知見

　上記のような企業の規模や生産性における差異と輸出行動の違いに関する発見や実証的知見の多くは,各国の工業統計調査等を通じて集められた企業レベルのデータに基づくものであった.これに加えて最近では,各国の通関統計等に記録されている「取引レベル」のデータを用いた研究も現れている.こうした取引レベルのデータには,どの企業がいつどのようなものをどこ(どの国)にどれだけ輸出したか(またどこからどれだけ輸入したか)に関する情報が記録されているため,こうした情報を整理しかつ従来の企業レベルの情報と組み合わせることで,企業の輸出行動における違いを輸出の有無や総量のみならず輸出相手国や輸出品目のレベルで詳細に把握することが可能になる.

　Bernard *et al.*(2007)は,米国の製造業企業に関するこのような取引レベルのデータを用いることで,そもそも少数者である輸出企業の間にも大き

表1-4 米国製造業における輸出企業の企業数，輸出額，雇用の輸出製品数および輸出相手国数別分布（全輸出企業における比率，2000年）

A. 企業数の分布（比率） (%)

輸出製品数	輸出相手国数					全体
	1	2	3	4	5以上	
1	40.4	1.2	0.3	0.1	0.2	42.2
2	10.4	4.7	0.8	0.3	0.4	16.4
3	4.7	2.3	1.3	0.4	0.5	9.3
4	2.5	1.3	1.0	0.6	0.7	6.2
5以上	6.0	3.0	2.7	2.3	11.9	25.9
全体	64.0	12.6	6.1	3.6	13.7	100.0

B. 輸出額の分布（比率） (%)

輸出製品数	輸出相手国数					全体
	1	2	3	4	5以上	
1	0.20	0.06	0.02	0.02	0.07	0.4
2	0.19	0.12	0.04	0.03	0.15	0.5
3	0.19	0.07	0.05	0.03	0.19	0.5
4	0.12	0.08	0.08	0.04	0.27	0.6
5以上	2.63	1.23	1.02	0.89	92.20	98.0
全体	3.3	1.5	1.2	1.0	92.9	100.0

C. 雇用の分布（比率） (%)

輸出製品数	輸出相手国数					全体
	1	2	3	4	5以上	
1	7.0	0.0	0.0	0.0	0.0	7.1
2	1.9	2.6	0.1	0.0	0.0	4.6
3	1.3	1.0	0.8	0.0	0.2	3.3
4	0.5	0.4	0.3	0.2	0.2	1.6
5以上	3.5	2.6	4.3	4.1	68.8	83.3
全体	14.2	6.7	5.5	4.3	69.2	100.0

出所：Bernard et al. (2007), Table 4（筆者が和訳した上で転載）．

な違いが存在することを示している．表1-4は2000年時点の米国製造業における輸出企業を各企業の輸出品目数と輸出相手国数別に分類しそれぞれのグループの比率を示したものである．まず企業数比率を示したA表からは，輸出企業の大多数（全体の4割）が1品目のみを1カ国だけに輸出している言わば"零細"輸出企業である一方，5品目以上の製品を5カ国以上の相手

国に輸出している"大"輸出企業も全体数の 12% を占めており，輸出企業数の分布が一種の二極化傾向を示していることが読み取れる．また輸出額の比率を示した B 表および雇用の比率を示した C 表からは，数の上では全体の 1 割強である"大"輸出企業が輸出額では全体の 9 割超を担い，また輸出企業で働く労働者全体の 7 割近くを雇用していることが読み取れる．他方，大多数を占める"零細"輸出企業が輸出額に占める割合は僅か 0.2%，雇用では 7% を占めるのみとなっている．なお，これと同様の傾向がフランスの製造業における輸出企業の間でも見られることが Mayer and Ottaviano (2008) によって示されている．

　また，取引レベルデータを用いた別の研究からは，企業の輸出行動が輸出先市場すなわち輸出相手国によっても異なることが分かってきている．Eaton, Kortum, and Kramarz (2011) は，輸出企業数が相手国の市場規模に伴って増加する傾向があることをフランス製造業のデータを用いて示した．また米国製造業の取引レベルデータを用いた前掲の Bernard et al. (2007) は，米国のその他各国への輸出量を (i) 輸出企業数, (ii) 輸出品目数, および (iii) 1 企業 1 品目当たりの平均輸出額の 3 要素に分け，それぞれの要素が輸出相手国の規模（GDP）および相手国への距離に伴ってどのように変化するかを重力モデルにより推計した．その結果, (i) と (ii) については相手国の規模とともに増加し相手国への距離に伴って減少すること，すなわちより規模が大きく近接した国・市場に対してより多くの企業がより多くの品目を輸出する傾向があることを示した[18]．

　なお，このような取引レベルのデータが利用可能な国はまだごく少数であるものの，欧米先進国を中心に徐々に増えてきている．残念ながら我が国に関しては取引レベルのデータは未だ研究目的での利用には供されていないが，

---

18) なお同研究では, (iii) については (i), (ii) とは逆に相手国の経済規模に伴い減少し相手国との距離に伴って増加するという推計結果を得ている．この理由については明確ではなく，今後の研究における課題とも言えるが，Bernard らは一つの可能性として，輸送費が輸出額ではなく輸出品の数量や重量によって決まるとすれば，遠く離れた規模の小さい市場への輸出については企業は輸出品目を減らし単価の高い品目に絞ることで輸出費用をカバーするのに十分な高収益を確保しようとしているのかもしれない，と推論している．

我が国企業の貿易や投資を通じた国際化の実態に関する分析の拡大・深化のためにも，今後このようなデータが利用可能になることが待たれるところである．

5. メリッツ・モデルからの理論的発展と拡張

前節で述べたような実証的研究の成果や知見を踏まえ，企業の異質性と貿易に関する理論モデルについてもメリッツ・モデルをベースに様々な拡張・発展が試みられてきている．本節ではそうしたモデルの主なものをいくつか紹介しながら，この分野の理論面における研究の展開について概観することとしたい．

5.1 企業の異質性と比較優位

第3節で解説したメリッツ・モデルは基本的に，産業内での企業の異質性と輸出行動の違いに着目するため，国や産業間の違いについては捨象されていた．それに対して，伝統的貿易理論の中核である国や産業間の差異に基づく比較優位の観点からメリッツ・モデルを拡張する理論的研究が試みられている．

その代表的なものは Bernard, Redding, and Schott（2007）の研究である．この研究では，2国2産業2要素（2×2×2）のヘクシャー＝オリーンの理論的枠組みを基礎とし，各国の各産業内では生産性の異なる企業が混在する経済をモデル化している[19]．このモデルによると，各産業内における企業の国内および輸出市場への参入・退出や生産性による選別のメカニズムはメリッツ・モデルと同様であるが，国内市場残留および輸出企業化のために要求される生産性閾値は比較優位のメカニズムによって産業間で異なるものになる．具体的には，それぞれの国が比較優位を有する産業では，比較優位の存在ゆえに潜在的参入企業が増加し競争が激化する結果比較優位のない産

---

[19] これはちょうど，Krugman（1980）による同質国・1産業のモデルを Helpman and Krugman（1985）が2×2×2のヘクシャー＝オリーンの理論的枠組みを用いて拡張したのとよく似ている．

表1-5 製造業における輸出企業の割合：米国、チリ、コロンビア、インドの比較

SIC	業種名	米国 (1992年)			チリ (1990～96年平均)			コロンビア (1981～91年平均)			インド (1997年度)		
		総企業数	輸出企業数	輸出企業比率(%)	総企業数	輸出企業数	輸出企業比率(%)	総企業数	輸出企業数	輸出企業比率(%)	総企業数	輸出企業数	輸出企業比率(%)
20	食料品	20,641	4,563	22.1	1,523	301	19.8	1,332	98	7.4	4,690	353	7.5
21	たばこ	114	67	58.8	3	2	66.7	15	3	20.0	600	27	4.5
22	繊維	5,868	1,613	27.5	358	77	21.5	466	65	13.9	3,489	615	17.6
23	衣服・その他繊維製品	22,935	2,801	12.2	322	44	13.7	983	87	8.9	644	349	54.2
24	木材・木製品	35,245	3,266	9.3	355	83	23.4	179	12	6.7	718	16	2.2
25	家具・装備品	11,620	2,058	17.7	144	19	13.2	202	9	4.5	111	3	2.7
26	パルプ・紙・紙加工品	6,401	1,840	28.7	74	27	36.5	142	21	14.8	680	54	7.9
27	出版・印刷	65,349	4,495	6.9	210	22	10.5	358	31	8.7	722	29	4.0
28	化学	11,982	5,502	45.9	257	116	45.1	421	102	24.2	2,314	513	22.2
29	石油・石炭製品	1,961	416	21.2	22	11	50.0	27	4	14.8	262	14	5.3
30	ゴム・プラスチック製品	15,819	5,806	36.7	306	76	24.8	390	62	15.9	1,344	158	11.8
31	皮革・皮革製品	2,032	677	33.3	209	45	21.5	356	68	19.1	373	170	45.6
32	窯業・土石・ガラス製品	16,001	2,116	13.2	188	28	14.9	393	42	10.7	2,239	197	8.8
33	一次金属	6,500	2,139	32.9	65	31	47.7	93	11	11.8	1,534	195	12.7
34	金属製品	36,360	8,211	22.6	405	57	14.1	566	68	12.0	1,312	111	8.5
35	産業用機械	53,849	13,990	26.0	172	28	16.3	316	59	18.7	1,933	341	17.6
36	電子・電気機械	16,890	8,306	49.2	59	17	28.8	198	37	18.7	1,425	246	17.3
37	輸送用機械	11,249	3,711	33.0	105	18	17.1	226	27	11.9	1,068	192	18.0
38	精密機械器具	11,331	6,716	59.3	19	6	31.6	65	16	24.6	284	69	24.3
39	その他製造業	16,998	4,260	25.1	63	11	17.5	157	35	22.3	385	90	23.4
	製造業全体	369,145	82,553	22.4	4,859	1,019	21.0	6,886	858	12.5	26,127	3,742	14.3

出所：Kamata (2010a).

業に比べて国内市場残留のための生産性閾値は相対的に高くなる一方，輸出のための生産性閾値は比較優位のために相対的に低くなる（輸出がし易くなる）．

このモデルから導かれる理論的帰結の一つは，それぞれの国が比較優位を持つ産業において輸出企業の割合が大きくなる，ということであるが，このことは Bernard et al. (2007) が示した米国製造業のデータとも整合的である．また Kamata (2010a) はこの理論的予測が産業が多数（2つ以上）存在する場合でも一般的に成り立つことを示すとともに，米国，チリ，コロンビア，インドの4カ国のデータを用いてこの予測を検証している（これら4カ国の製造業における輸出企業の割合とその比較について，表 1-5 参照)[20]．

5.2 多品種企業と貿易

第4.4項で述べたとおり，取引レベルのデータの検証により輸出品目数にも企業間で違いがあることが明らかにされてきているが，理論的研究においても伝統的な単一製品企業の仮定から離れ，複数の製品を生産する企業（多品種企業：multi-product firms）をモデル化したものが提示されている．

Bernard, Redding, and Schott (2011) は，各企業が複数の種類の製品を生産する可能性を組み込んでメリッツ・モデルを拡張し，企業が製販する製品の多様性に市場間で差が生じるメカニズムを理論化している．具体的には，各企業は開業のための埋没費用を支払うことで規定の「能力」（ability）と「ブランド力」（attribute)[21] を与えられる．「能力」とはいずれの製品についても安価に生産できる能力であり[22]，企業に固有である．一方「ブランド

---

[20] メリッツ・モデルを2国・多セクターのヘクシャー＝オリーンの枠組みを用いて拡張したものとしてこの他に，Kamata (2010b) や Lu (2010) の研究がある．また，企業の異質性と比較優位に関するその他の理論モデルとしては，メリッツ・モデルを Dornbusch, Fischer, and Samuelson (1977) による2国・多セクターのリカード型枠組みを用いて拡張した Okubo (2009) や，リカード型・ヘクシャー＝オリーン型を融合して多元的にメリッツ・モデルを拡張した Burstein and Vogel (2011) などの研究もある．
[21] attribute は直訳すれば「属性」「特質」ということになるが，ここでは説明を分かり易くするために「ブランド力」という意訳をあてる．
[22] したがってここでの「能力」とはメリッツ・モデルにおける生産性に相当する概念と言える．

力」とは自社製品が市場で獲得できる需要の大きさを左右するパラメータであり，製品（品種）および市場に固有である．「能力」および「ブランド力」はいずれも互いに独立した一定の確率分布に従って外生的に与えられる．また，企業は各市場への参入に当たって固定費用を支払うとともに，その市場での自社ブランド品の販売に当たりさらに品種ごとに追加費用を支払う必要がある．

このような条件下で各企業は，自社の「能力」と品種ごとの「ブランド力」に応じて各市場でどれだけの品種を販売するかを決定するが，「能力」の高い企業は「ブランド力」が低い品種からもある程度の収益を確保できるし，また「能力」が低い企業であっても「ブランド力」が高い品種からはある程度の収益を確保できる．それぞれの品種について各市場で損失を出さない（ゼロ利潤を確保する）ために必要な「ブランド力」の閾値が存在し，それぞれの市場でどれだけの品種を販売するかの決定は，その企業がどれだけの品種について閾値を超える「ブランド力」を持っているかによって決まる．

こうして各企業が各市場で供給する品種の幅が決まるが，もしそれらの品種全てから得られる総収益が市場参入の固定費用よりも小さければ，企業はその市場から退出するか参入を控える．言い換えれば，市場に参入・残留するためにはその市場での総利潤が最低ゼロである必要があり，そのための企業の「能力」の閾値が各市場について存在することになる．すなわち，メリッツ・モデルと同様，国内市場においてこの閾値を下回る「能力」しか持たない企業は退出企業となり，この閾値以上の「能力」を持つ企業は市場に残留，さらにこれらのうち外国市場で要求される閾値以上の「能力」を有する企業が輸出企業になる[23]，という選別のメカニズムが働くことになる．

このモデルでは，貿易による産業全体の生産性向上は2つの効果によって導かれる．一つはメリッツ・モデルと同様，貿易により退出を迫られる低生産性企業から輸出を開始する高生産性企業への生産要素の再配分効果であり，もう一つは各企業が各市場で供給する品種量を減らしてより「ブランド力」

23）このモデルでは複数の外国市場を考え，市場によって要求される「能力」閾値が一般に異なると想定するため，どの市場（国）にどれだけの品種を供給するかについて企業間で差が生じることが説明可能である．

の高い品種に資源を傾けるという企業内の再配分効果である[24].

5.3 "零細"輸出企業と"大"輸出企業の混在と市場浸透費用

メリッツ・モデルでは,企業の輸出生産性閾値の大きさは輸出のための固定費用の大きさと輸出先市場の大きさによって決まる.したがって,企業にとって輸出が難しい市場すなわち輸出固定費用が高かったり規模が小さかったりする市場では,そうでない市場に比べ輸出生産性閾値が高くなるため輸出企業の生産性の分布は小さくなり(相当な高生産性企業だけに集中する),したがって企業の輸出額の分布についても小さくなる(輸出額の相当大きい企業だけに集中する)はずである[25].しかしながら実際には,例えば Eaton, Kortum, and Kramarz(2011)がフランス製造業企業のデータから示したように,相手国市場の規模に関わらずどの輸出先にも輸出額がごく僅かな"零細"輸出企業から輸出額が非常に大きい"大"輸出企業までが幅広く存在している.

Arkolakis(2010)は,「市場浸透費用」(market penetration cost)という概念を導入してメリッツ・モデルを拡張することで,こうした"零細"輸出企業と"大"輸出企業の同一輸出先における混在のメカニズムを説明している.このモデルでは,例えば自社製品をより多くの消費者にアピールするためには広告やマーケティングの費用をそれだけ多く支払わねばならないというように,企業の輸出のための固定費用はその企業が輸出先市場で獲得しようとする需要の規模によって異なる,と想定する.この場合企業は,追加的な消費者(需要)を獲得するために支払わねばならない固定費用(市場浸透費用)と,追加的に獲得した需要から得られる収益とを比べつつ,各市場への輸出とその規模について決定する.生産性の高い企業ほど低い価格を付けられるので消費者1人(需要1単位)当たりの売上も大きく,したがって追加的な需要を獲得した場合の追加収益も大きくなるため,より多くの費用を支

---

[24] このモデルでは,輸出による企業内再配分効果を通じて各企業の生産性が向上する可能性が示されており,輸出が契機となって企業の生産性が内生的に向上するという点で学習効果仮説の理論的説明の一つとしても興味深い.
[25] メリッツ・モデルでは企業の輸出額は生産性の単純増加関数であることを想起せよ.

払ってより大きな需要を獲得するインセンティブを持つ．こうして，外国市場に輸出を決めた企業であっても，生産性が低い企業は小規模な輸出に止める一方，高い生産性を持つ企業は大規模に輸出を行うという形で，同一市場における輸出企業の規模の分散が説明されるのである．

5.4　企業間の賃金格差と労働市場

第4節で述べた「輸出企業プレミア」の中には賃金に関するプレミア，すなわち輸出企業は非輸出企業に比べて平均的に高い賃金を支払っているという事実も含まれていた．しかしながらメリッツ・モデルのように競争的労働市場と完全雇用に基づくモデルでは，少なくとも性質や技能レベルが同じ労働者に対しては同じ賃金が支払われることになるので，企業間の賃金格差を理論的に説明することは難しい[26]．

ただし，労働市場が競争的であり性質や技能が同じ労働者に対する賃金に差がなくとも，企業がタイプや技能の異なる労働者をそれぞれ異なる比率で雇用している場合には，各企業が支払う平均賃金には企業間で差異が生じることになる．Yeaple（2005）や Bustos（2011a）はこうした企業間での性質の異なる労働者の雇用割合の違いによって輸出企業と非輸出企業の間に見られる平均賃金の差を理論的に説明しようとしている．すなわち，メリッツ・モデルと同様に生産性の高い企業が輸出企業となるが，生産性の高い企業は低い企業に比べてより高度な生産技術を採用するため，その技術に応じた高技能（よって高賃金）の労働者をより多く必要とする．その結果，相対的に生産性の高い輸出企業が労働者に支払う賃金の平均は相対的に生産性の低い非輸出企業の平均賃金に比べて高くなるというわけである．

一方，最近の研究では Helpman and Itskhoki（2010）や Helpman, Itsk-

---

[26]　第3節で説明したメリッツ・モデルでは労働者間の性質や技能の差は想定していない（1タイプの労働者しか存在しない）が，第5.1項で紹介した Bernard, Redding, and Schott（2007）のようなモデルでは，熟練労働者と非熟練労働者を別々の生産要素として考えることができる．ただしその場合でも，それぞれのタイプの労働者は競争的市場を通じて完全雇用されるため，同じタイプの労働者の間では賃金格差は生じず，したがって各タイプの労働者の集約度が同じである産業内では企業間の賃金格差も生じない．

hoki, and Redding（2010）などのように労働市場の不完全性の観点からサーチ・マッチング理論を導入してメリッツ・モデルの拡張を図り企業間の賃金格差を説明しようとするものもある．こうしたモデルにおいては，企業が能力の高い労働者を探索・選別するためには費用がかかると想定するが，生産性が高くしたがって収益性の高い企業の方が労働者の探索・選別により多くの費用をかけることができるため，結果として雇用する労働者の平均的能力は高くなり，支払う賃金も平均的に高くなる[27]．こうして生産性・収益性の異なる企業の間で賃金格差が生じることになるが，輸出機会の創出は企業間の収益性格差をより大きくするため（輸出企業は収益を拡大するが非輸出企業の収益は小さくなる），企業間の賃金格差もまた拡大するというのがこうしたモデルの理論的帰結である．

5.5　生産性の内生化——輸出のためのイノベーション

第4節で述べたように，企業の生産性と輸出に関するこれまでの実証研究からは，輸出を通じて企業の生産性が向上するという学習効果については必ずしも明らかになっていない一方，元々生産性の高かった企業が輸出を行うようになるという自己選別仮説については広く支持・確認されており，メリッツ・モデルはこの自己選別仮説に基づくメカニズムを企業の生産性がランダム変数として外生的に与えられると仮定することで分かり易くモデル化したものであった．他方，Bernard and Jensen（2004）が示したように，新たに輸出を開始した企業は輸出開始の直前に大きくその生産性を伸ばしている傾向が見られ，もしかしたら企業は海外市場での販売を視野に入れて，あるいは輸出企業となることを目指して，生産性を意識的に向上させているのかもしれず[28]，また実際にその可能性を支持する実証研究も存在する（例えば Alvarez and López（2005）や Bustos（2011b））．

Lileeva and Trefler（2010）は，企業の生産性が単に外生的に与えられる

---

[27]　能力の高い労働者ほど離職した場合に企業がその代替人員を探索（あるいは育成）するために支払わねばならない費用が大きくなるため，企業は能力の高い労働者には高い賃金を支払い雇用を継続しようとする．

[28]　Alvarez and López（2005）ではこれを「意識的自己選別」（conscious self-selection）と呼んでいる．

だけでなくイノベーション投資により向上される可能性を考慮してメリッツ・モデルを拡張することで，貿易機会の創出や貿易自由化が企業の生産性改善やイノベーションを喚起するメカニズムを分かり易く説明している．このモデルでは，企業は初期生産性についてはメリッツ・モデルと同様に外生的に与えられるものの，固定費用＝"投資"を伴うイノベーションを通じて生産性を向上させることができる[29]．生産性の向上は限界生産費用の低下となって表れるが，その効果は企業の生産規模に比例して大きくなるので，イノベーション後に期待される生産規模が十分に大きければ，イノベーションによる生産費用引き下げの総額（イノベーションの利益）がイノベーションに要する投資額（費用）を上回るため，企業はイノベーション投資を行うことを選択する．貿易機会の創出・拡大は企業にとっては輸出の開始・増加を通じた生産規模の拡大に繋がるため，イノベーション投資への誘引が強化される．

Lileeva と Trefler はこのモデルから，企業がその初期生産性とイノベーションによって期待される生産性成長の度合いによって，投資も輸出もしない企業，投資なしで輸出を行う企業，投資をした上で輸出を行う企業の 3 グループに分けられることを示すとともに，貿易自由化がこれら企業の行動をそれぞれどのように変えるかについて理論的に分析している．また彼女らはカナダの製造業企業のデータを用いて，米加 FTA の発効に伴って企業が実際に輸出開始あるいは輸出促進のための様々なイノベーション活動を行っていたことも示している．

5.6 企業の生産性とマークアップ

本節の最後に，メリッツ・モデルの直接的拡張ではないものの，企業の生産性と輸出に関する興味深い理論的研究を 2 つ紹介したい．これらはいずれも，企業が製品に付ける価格とその生産費用の差すなわちマークアップに着目するものである．

第 4 節で述べた通り，輸出企業は非輸出企業に比べて平均的に生産性が高

---

[29] このモデルではイノベーションの失敗については想定されていないため，企業は投資を行えばその額に応じて必ず生産性の向上を実現できる．

いという生産性に関する「輸出企業プレミア」の存在については多くの実証研究によって確認されてきた事実であるが，そこでの生産性とはいずれも出荷額や売上といった金額をベースに計測されたものであり，投入に対する産出の"量的"効率性という本来の意味での生産性とは厳密には異なるものである[30]．例えば，同じ生産性を有する2つの企業が市場支配力の違いなど何らかの理由で互いに異なる価格を製品に付けているような場合，金額・価値ベースの指標から計測された生産性についてはこれら企業間で異なる値を得る可能性がある．もし企業の輸出ステータスと製品の価格あるいはマークアップとの間に何らかのシステマティックな関係があるとすれば，金額ベースで計測された生産性に関する「輸出企業プレミア」はそうした企業間のマークアップの差によって生じたものかもしれない．実際，（データ上では直接計測できない）"量的"生産性の差を考慮に入れた場合でも，輸出企業は非輸出企業に比べ平均的に高いマークアップを付けているとする De Loecker and Warzynski（2012）のような実証研究も存在する．

　Bernard *et al.*（2003）は，この「計測値としての生産性」という観点からマークアップに着目して「輸出企業プレミア」を説明する理論モデルを提示した．このモデルは Eaton and Kortum（2002）による多国・多財のリカード・モデルを基礎としているが，生産主体は国ではなく企業とし，また財市場は完全競争ではなくベルトラン競争によって成り立っていると仮定する．すなわち，それぞれの財（製品）に無数の潜在的生産者企業が存在するが，各国（市場）において1単位当たりの（限界）生産費用が最も低い（すなわち最も生産性の高い）企業のみが製品を供給でき，またその企業は製品の販売にあたってその市場で2番目に生産性の高かった"次点"企業の限界費用と同額の価格を付けるため，自社の費用と次点企業の費用の差額がこの企業のマークアップとなる．企業の生産性は一定の確率分布に基づきランダムに与えられるが，このモデルでは生産性が高くなるほど確率密度が小さくなるような（確率分布が左に歪んだ）分布関数を想定するため[31]，トップ企業の生

---

30) このことは，一般的に利用可能な統計データから製品の数や重量といった量的指標を得るのが難しいという事情によるものである．
31) 具体的にはフレシェ（Fréchet）分布が用いられている．

産性が高くなるほどそれに匹敵する生産性を持つ次点企業が見つかる確率が低くなる結果，平均的には供給者（トップ企業）のマークアップはその生産性とともに増加することになる．また，このモデルでは距離など地理的障壁に比例する氷塊型の輸出費用を想定しているので，海外市場で供給者となるためには国内市場においてよりも高い生産性が要求されることになる．したがって，非輸出企業に比べて平均的に生産性が高い輸出企業は平均的に高いマークアップを付けることになり，その結果計測された生産性指標も非輸出企業に比べて高くなる，という形で「輸出企業プレミア」が説明されるのである．

他方，Melitz and Ottaviano（2008）は，差別化財に対する消費者の選好についてCES型関数とは異なる関数型を想定することで，生産性が異なる企業の間でマークアップの差が生じるモデルを提示している．具体的には，Ottaviano, Tabuchi, and Thisse（2002）に倣い，個々の消費者は各企業が供給する互いに差別化された製品に対して二次関数型の選好を持つと仮定する．この効用関数の下では，特定企業の製品に対する各消費者の需要（残差需要）は線形関数として導かれる．また各製品からの消費者の限界効用には上限が存在することとなり，その上限値は需要がゼロの時の価格すなわちその製品の「チョーク価格」となる[32)33)]．各製品（または企業）の生産技術は収穫一定（限界費用一定，固定費用ゼロ）かつ互いに対称的であるが，各企業の生産性（または各製品の限界費用）は互いに異なる．同一市場において各企業はそれぞれの限界費用に応じて最適価格を付けるが，生産性の高い企業（すなわち限界費用の低い企業）ほど限界収入曲線のより低い位置で価格を付けるため，価格と限界費用の差額すなわちマークアップはより大きくなる[34)]．

---

32) CES型効用関数の場合は消費者の特定製品からの限界効用に上限はなく，したがって価格が無限大でない限り需要はゼロにはならない．またよく知られているように，CES型効用関数の下では一般に各製品のマークアップは限界費用に関わらず一定となる．

33) チョーク価格については線形需要関数のグラフにおける価格軸の切片と捉えればよい．

34) このことは，右下がりの線形需要曲線とそれに伴う限界収入線をグラフに描いてみればよく分かる．限界収入線の方が傾きが急であるため，限界収入が低くなるほど価格との差（あるいは需要曲線との距離）は大きくなる．

またこのモデルでは，チョーク価格の存在によって，メリッツ・モデルのような生産あるいは輸出のための固定費用を考えることなく市場における企業選別のメカニズムを説明することができる．すなわち，限界費用がチョーク価格を上回ってしまうほどに生産性の低い企業はその市場で製品需要を得ることができず退出することになる．また，氷塊型貿易費用の存在により外国市場への供給にはより高い生産性が求められるため（貿易費用を上乗せした限界費用がチョーク価格を下回らねばならない），国内市場で供給している企業のうち生産性の高い一部の企業のみが輸出を行うことになる．したがって，ある国の輸出企業と非輸出企業を比べた場合，生産性のより高い輸出企業の方が（その国内市場における）マークアップも大きくなるのである．

なおこのモデルでは，市場の規模とマークアップとの間にシステマティックな関係があることも導かれる．すなわち，規模の大きい市場ほど多くの企業の参入を誘引するため，個々の製品への（残差）需要は小さくなる結果，最適価格もマークアップも小さくなる[35]．

6. 企業の異質性と貿易に関する研究の新たな展開と論点

最後に，企業の異質性と貿易に関する研究の今後の課題や展開を考える一つの材料として，このテーマに関する比較的新しい研究トピックや，一致した見解がまだ得られていないと思われる論点のいくつかについて，紹介することとしたい．

一つは，企業の生産性と輸入の関係である．輸入と生産性についての議論自体は新しいものではなく，輸入が生産性に及ぼす効果——外国からの輸入中間財を通じた生産性の向上や輸入品のリバースエンジニアリング等を通じた技術力向上やスピルオーバー効果——についてはマクロレベルの研究がなされてきたが（例えば Coe and Helpman (1995)），近年ミクロレベルのデータ

---

[35] ただし，ここで理論的に導かれる市場規模とマークアップの関係が実証的に成り立っているかについては定かではない．現時点で利用可能なデータだけでは各企業について異なる市場ごとのマークアップを実証的に計測するのは困難であろう（De Loecker and Warzynski (2012) 参照）．

が利用可能になってきたことで，輸入と生産性の関係を企業レベルで分析する試みが展開している．企業の輸入に関してはデータの制約が大きいため輸出の場合に比べてまだ研究は豊富ではないものの，Bernard et al. (2012) や Wagner (2012) に言及されているようにいくつかの国に関して実証研究が提示されており，輸出の場合と同様に輸入に関しても企業の生産性プレミアの存在（すなわち輸入企業は非輸入企業に比べて総じて生産性が高い）が確認されている．企業の生産性と輸入の間の因果関係については，輸出の場合と同様に多くの研究が自己選別仮説を支持する結果を得ている一方，学習効果仮説については結果が一致せず明確になっていない．ただし Kasahara and Rodrigue (2008) など輸入中間財の生産性向上効果を企業レベルで確認した研究もある[36]．また，こうした研究の多くが企業の輸出入を同時に見ることを通じて企業の生産性と貿易の関係の多元性を発見・指摘しているが[37]，これらは企業内貿易や国際アウトソーシングも視野に入れたさらなる研究の可能性と有用性を示唆していると言えるかもしれない．

次に，非製造業部門における企業の生産性と貿易・輸出の関係である．企業の生産性と輸出行動における差異や生産性についての輸出企業プレミアに関する研究は，これまでのところほとんどが製造業に関するものであり，非製造業に関する企業レベルの研究はまだ少ない．ただし近年，日本に関する森川 (2015) の研究や Wagner (2012) に言及されている欧州のいくつかの国に関する研究などサービス業に関する企業レベルのデータを用いた実証研究が提示されてきており，また日本の卸売企業に関する Tanaka (2013) の研究なども存在する．これらの研究によれば，製造業部門と同様に非製造業部門においても，輸出企業は非輸出企業よりも生産性が高いことが指摘され，またその事実に関して自己選別仮説を支持する証拠は得られているものの学

---

36) なお日本の製造業企業の輸入中間財の使用と生産パフォーマンスに関しては佐藤・張・若杉 (2015) による研究がある．
37) これらの研究ではほぼ一致して，輸出入の両方を行う企業は輸出・輸入のどちらか一方を行う企業よりも生産性が高いことが確認されている．なお，Kasahara and Lapham (2013) は企業が固定費用を負担することで中間財を輸入する可能性を考慮してメリッツ・モデルを拡張し，こうした企業の生産性と輸出入に関する関係を説明するモデルを提示している．

習効果については明確ではない．その限りにおいては非製造業部門における企業の輸出行動の違いも基本的にはメリッツ・モデルで説明できるのかもしれないが，森川 (2015) が指摘するようにサービス業では製造業に比べて企業内貿易の割合が高いなどの特徴に鑑みれば，サービス企業については製造業企業とは異なった理論的アプローチも有益かもしれず，また卸売企業については Bernard, Grazzi, and Tomasi (2015) が指摘するような輸出の媒介・仲介者 (intermediaries) としての役割に着目した理論的アプローチも考える必要があろう．

もう一つの論点は，企業の輸出行動と採算性あるいは「利益性」(profitability) の関係である．メリッツ・モデル（あるいはその他のモデル）においても企業の輸出行動の直接の決定要因は輸出先市場での採算性であり，生産性は企業の利益性の決定要因として結果的に企業の輸出行動を左右するものである．また第 5.6 項で述べた企業間のマークアップの差も，利益性を左右する要因として企業の輸出行動に関係している．さらに，Bernard *et al.* (2012) が言及しているように企業は相対的に高価格品を輸出する（あるいは相対的に輸出企業の製品単価が高い）傾向を指摘する研究もあるが，これも企業の利益性の問題（高価格品の方が輸出に伴う固定費用に見合うだけの大きな収益を得やすい）によるものかもしれない．このような問題意識から，最近では輸出が企業の利益性とどのように関係しているかを直接的に分析しようと試みる実証研究も出てきているが，企業の利益性は生産性よりもデータ上での観察が難しいこともあり，文献はまだ限られている．Wagner (2012) によれば，フランス，ドイツ，イタリアなどの企業データを用いたこれまでの研究では，企業の利益性と輸出行動の関係や利益性に関する「輸出企業プレミア」の存在については生産性の場合ほど明確な結果や一致した見解は今のところ得られておらず，今後のさらなる研究の余地はあるかもしれない．

最後に，企業の生産性とその差に関する最近の研究にも言及しておきたい．前掲の De Loecker and Warzynski (2012) など従来の生産性推計におけるバイアスを指摘する研究も出てきているが，そうしたものの中には，例えば Rivers (2013) のようにバイアスを補正して推計した生産性で比較すると「輸出企業プレミア」は観察されないとする研究もある．また従来の方法で

推計された生産性（TFP）を用いた場合でも，日本企業に関する Wakasugi et al. (2008) や Todo (2011) のように輸出企業・非輸出企業間で生産性に大きな差は見られないと指摘する研究もある．これらは，企業の輸出行動とその差異には所謂生産性の他に重要な要因が関与している，あるいはメリッツ・モデルが提示するのとは異なるメカニズムが機能している可能性も示唆しているのかもしれない．

7. おわりに

本章では，国際貿易研究の新展開として急速に発展してきた企業の異質性と貿易に関する研究の「20年の歩み」を，最近の研究も含めてなるべく幅広く紹介するよう努めつつ概観してきた．しかしながら，このテーマは今日では非常に多くの研究者の関心を集め，その研究も日進月歩で進められているため，紙幅（および筆者の知見）の制約の中ではその全てを網羅することは困難であり，興味深くかつ重要と思われる研究や論点についても一部捨象せざるを得なかった．他方，企業の異質性と国際貿易に関しては英文のものを中心に概観・展望論文も多く発表されているので，本章を結ぶにあたり，そうした文献からいくつかを紹介することとしたい．このテーマに関する研究についてさらに幅広く・詳しく学びたい読者への一助となれば幸いである[38]．

まず，企業の異質性と貿易に関する主要な事実や研究上の論点を解説しているものとしては，Bernard らによる2編の論文（Bernard et al. 2007, 2012）がある．前者は米国製造業のデータを示しつつ，企業レベルのデータから確認された「定型化された事実」（stylized facts）とそれに対する理論的挑戦や，取引レベルのデータを利用した最近の研究から明らかにされてきた新たな事実を整理している．後者はもう少し研究概観的であり，企業と貿易に関する新たなトピックの研究についてもより幅広く紹介している．

次に，企業の異質性と貿易に関する理論を解説しているものとして，Me-

---

38) なお，以下に挙げる文献の他にも，このテーマに関してトピックや論点を絞った研究概観・展望論文が多く存在する．

litz and Redding（2014）および Redding（2011）を挙げる．前者は，本章第3節で述べたメリッツ・モデルのより一般化された形での詳しい解説を中心に据えつつ，本章第5節で紹介した拡張・発展型のモデルのいくつかについての概説も加えている．また後者は，メリッツ・モデルについては標準型の解説に止めつつも，その後の理論的研究の発展についてはより幅広い種類やテーマのモデルを紹介・概説している．なお，日本語によるメリッツ・モデルの解説として田中（2009）と福田・加藤（2014）も挙げておきたい．

　実証研究に関するものでは，Wagner（2007）が企業の輸出と生産性に関する膨大な文献について，各論文が分析の対象とした国とその結果の要点を一覧性のある形で対比して整理している．Wagner（2012）ではその後の研究の成果を踏まえてこれをアップデートするとともに，企業と貿易に関する輸出や生産性以外の新たなトピックについての実証研究についても丁寧にレビューしている．また Greenaway and Kneller（2007）は，企業の輸出と生産性に関して為替レートや貿易政策，企業集積などの影響を分析した実証研究についても取り上げ，各文献の分析対象と結果を対比させつつ概観している．

　最後に，本章では十分に取り上げることのできなかった貿易の厚生効果に関して分析・議論している文献を挙げておきたい．Melitz and Redding（2015）は，企業の異質性を考慮した理論モデルが示唆する貿易の厚生効果について，Krugman（1980）のように同質な企業を想定する（企業の異質性を考慮しない）モデルの場合と比較しつつ検証・解説している[39]．また，Melitz and Trefler（2012）は，企業の異質性を考慮したモデルが示唆する「貿易による企業間の資源再配分の利益」（gains from inter-firm reallocation）について実証データも示しつつ解説している．

---

[39] なお，同論文は Arkolakis, Costinot, and Rodríguez-Clare（2012）に対する"反駁"として提示されている一面もある（と筆者は解釈している）ので，これら2編を合わせて読むとより興味深い．

参考文献

Alvarez, Roberto and Ricardo A. López (2005), "Exporting and Performance: Evidence from Chilean Plants," *Canadian Journal of Economics*, Vol. 38 (4), pp. 1384–1400.

Arkolakis, Costas (2010), "Market Penetration Costs and the New Consumers Margin in International Trade," *Journal of Political Economy*, Vol. 118 (6), pp. 1151–1199.

Arkolakis, Costas, Arnaud Costinot, and Andrés Rodríguez-Clare (2012), "New Trade Models, Same Old Gains?" *American Economic Review*, Vol. 102 (1), pp. 94–130.

Bernard, Andrew B., Jonathan Eaton, J. Bradford Jensen, and Samuel Kortum (2003), "Plants and Productivity in International Trade," *American Economic Review*, Vol. 93 (4), pp. 1268–1290.

Bernard, Andrew B. and J. Bradford Jensen (1995), "Exporters, Jobs, and Wages in U.S. Manufacturing: 1976-1987," *Brookings Papers on Economic Activity. Microeconomics*, Vol. 1995, pp. 67–112.

Bernard, Andrew B. and J. Bradford Jensen (1999), "Exceptional Exporter Performance: Cause, Effect, or Both?" *Journal of International Economics*, Vol. 47 (1), pp. 1–25.

Bernard, Andrew B. and J. Bradford Jensen (2004), "Exporting and Productivity in the USA," *Oxford Review of Economic Policy*, Vol. 20 (3), pp. 343–357.

Bernard, Andrew B., Marco Grazzi, and Chiara Tomasi (2015), "Intermediaries in International Trade: Products and Destinations," *Review of Economics and Statistics*, Vol. 97 (4), pp. 916–920.

Bernard, Andrew B., Stephen J. Redding, and Peter K. Schott (2007), "Comparative Advantage and Heterogeneous Firms," *Review of Economic Studies*, Vol. 74 (1), pp. 31–66.

Bernard, Andrew B., Stephen J. Redding, and Peter K. Schott (2011), "Multiproduct Firms and Trade Liberalization," *Quarterly Journal of Economics*, Vol. 126 (3), pp. 1271–1318.

Bernard, Andrew B., J. Bradford Jensen, Stephen J. Redding, and Peter K. Schott (2007), "Firms in International Trade," *Journal of Economic Perspectives*, Vol. 21 (3), pp. 105–130.

Bernard, Andrew B., J. Bradford Jensen, Stephen J. Redding, and Peter K. Schott (2012), "The Empirics of Firm Heterogeneity and International Trade," *Annual Review of Economics*, Vol. 4, pp. 283–313.

Burstein, Ariel and Jonathan Vogel (2011), "Factor Prices and International Trade: A Unifying Perspective," NBER Working Paper, No. 16904. http://www.nber.org/papers/w16904.pdf

Bustos, Paula (2011a), "The Impact of Trade Liberalization on Skill Upgrading: Evidence from Argentina," Economics Working Papers, No. 1189, Universitat Pompeu Fabra, Department of Economics & Business. http://www.cemfi.es/~bustos/Trade_Skill_Upgrading.pdf

Bustos, Paula (2011b), "Trade Liberalization, Exports, and Technology Upgrading: Evidence on the Impact of MERCOSUR on Argentinian Firms," *American Economic Review*, Vol. 101 (1), pp. 304–340.

Chaney, Thomas (2008), "Distorted Gravity: The Intensive and Extensive Margins of International Trade," *American Economic Review*, Vol. 98 (4), pp. 1707–1721.

Coe, David T. and Elhanan Helpman (1995), "International R&D Spillovers," *European Economic Review*, Vol. 39 (5), pp. 859–887.

De Loecker, Jan (2007), "Do Exports Generate Higher Productivity? Evidence from Slovenia," *Journal of International Economics*, Vol. 73 (1), pp. 69–98.

De Loecker, Jan (2013), "Detecting Learning by Exporting," *American Economic Journal: Microeconomics*, Vol. 5 (3), pp. 1–21.

De Loecker, Jan and Frederic Warzynski (2012), "Markups and Firm-Level Export Status," *American Economic Review*, Vol. 102 (6), pp. 2437–2471.

Dornbusch, Rudiger, Stanley Fischer, and Paul A. Samuelson (1977), "Comparative Advantage, Trade, and Payments in a Ricardian Model with a Continuum of Goods," *American Economic Review*, Vol. 67 (5), pp. 823–839.

Eaton, Jonathan and Samuel Kortum (2002), "Technology, Geography, and Trade," *Econometrica*, Vol. 70 (5), pp. 1741–1779.

Eaton, Jonathan, Samuel Kortum, and Francis Kramarz (2011), "An Anatomy of International Trade: Evidence from French Firms," *Econometrica*, Vol. 79 (5), pp. 1453–1498.

Greenaway, David and Richard Kneller (2007), "Firm Heterogeneity, Exporting and Foreign Direct Investment," *Economic Journal*, Vol. 117 (517), pp. F134–F161.

Helpman, Elhanan and Oleg Itskhoki (2010), "Labour Market Rigidities, Trade and Unemployment," *Review of Economic Studies*, Vol. 77 (3), pp. 1100–1137.

Helpman, Elhanan and Paul R. Krugman (1985), *Market Structure and Foreign Trade: Increasing Returns, Imperfect Competition, and the International*

Economy, Cambridge, Mass.: MIT Press.

Helpman, Elhanan, Oleg Itskhoki, and Stephen Redding (2010), "Inequality and Unemployment in a Global Economy," *Econometrica*, Vol. 78 (4), pp. 1239–1283.

Helpman, Elhanan, Marc Melitz, and Yona Rubinstein (2008), "Estimating Trade Flows: Trading Partners and Trading Volumes," *Quarterly Journal of Economics*, Vol. 123 (2), pp. 441–487.

Hopenhayn, Hugo A. (1992a), "Entry, Exit, and Firm Dynamics in Long Run Equilibrium," *Econometrica*, Vol. 60 (5), pp. 1127–1150.

Hopenhayn, Hugo A. (1992b), "Exit, Selection, and the Value of Firms," *Journal of Economic Dynamics and Control*, Vol. 16 (3–4), pp. 621–653.

Kamata, Isao (2010a), "Comparative Advantage, Firm Heterogeneity, and Selection of Exporters," La Follette School Working Paper, No. 2010-005, University of Wisconsin-Madison.

Kamata, Isao (2010b), "Explaining Export Varieties: The Role of Comparative Advantage," La Follette School Working Paper, No. 2010-012, University of Wisconsin-Madison.

Kasahara, Hiroyuki and Beverly Lapham (2013), "Productivity and the Decision to Import and Export: Theory and Evidence," *Journal of International Economics*, Vol. 89 (2), pp. 297–316.

Kasahara, Hiroyuki and Joel Rodrigue (2008), "Does the Use of Imported Intermediates Increase Productivity? Plant-Level Evidence," *Journal of Development Economics*, Vol. 87 (1), pp. 106–118.

Krugman, Paul (1980), "Scale Economies, Product Differentiation, and the Pattern of Trade," *American Economic Review*, Vol. 70 (5), pp. 950–959.

Lileeva, Alla and Daniel Trefler (2010), "Improved Access to Foreign Markets Raises Plant-level Productivity…For Some Plants," *Quarterly Journal of Economics*, Vol. 125 (3), pp. 1051–1099.

López, Ricardo A. (2005), "Trade and Growth: Reconciling the Macroeconomic and Microeconomic Evidence," *Journal of Economic Surveys*, Vol. 19 (4), pp. 623–648.

Lu, Dan (2010), "Exceptional Exporter Performance? Evidence from Chinese Manufacturing Firms," University of Chicago Job Market Paper. http://crifes.psu.edu/papers/DanLuJMP.pdf

Mayer, Thierry and Gianmarco I. P. Ottaviano (2008), "The Happy Few: The Internationalisation of European Firms," *Intereconomics*, Vol. 43 (3), pp. 135–

148.

Melitz, Marc J. (2003), "The Impact of Trade on Intra-Industry Reallocations and Aggregate Industry Productivity," *Econometrica*, Vol. 71 (6), pp. 1695–1725.

Melitz, Marc J. and Gianmarco I. P. Ottaviano (2008), "Market Size, Trade, and Productivity," *Review of Economic Studies*, Vol. 75 (1), pp. 295–316.

Melitz, Marc J. and Stephen J. Redding (2014), "Heterogeneous Firms and Trade," Kenneth S. Rogoff, Elhanan Helpman, and Gita Gopinath (eds.), *Handbook of International Economics, Volume 4*, Oxford, UK: North Holland, pp. 1–54.

Melitz, Marc J. and Stephen J. Redding (2015), "New Trade Models, New Welfare Implications," *American Economic Review*, Vol. 105 (3), pp. 1105–1146.

Melitz, Marc J. and Daniel Trefler (2012), "Gains from Trade when Firms Matter," *Journal of Economic Perspectives*, Vol. 26 (2), pp. 91–118.

Okubo, Toshihiro (2009), "Firm Heterogeneity and Ricardian Comparative Advantage within and across Sectors," *Economic Theory*, Vol. 38 (3), pp. 533–559.

Ottaviano, Gianmarco, Takatoshi Tabuchi, and Jacques-François Thisse (2002), "Agglomeration and Trade Revisited," *International Economic Review*, Vol. 43 (2), pp. 409–435.

Pavcnik, Nina (2002), "Trade Liberalization, Exit, and Productivity Improvements: Evidence from Chilean Plants," *Review of Economic Studies*, Vol. 69 (1), pp. 245–276.

Redding, Stephen J. (2011), "Theories of Heterogeneous Firms and Trade," *Annual Review of Economics*, Vol. 3, pp. 77–105.

Rivers, David A. (2013), "Are Exporters More Productive than Non-Exporters?" unpublished. http://ir.lib.uwo.ca/cgi/viewcontent.cgi?article=1091&context=economicscibc

Silva, Armando, Oscar Afonso, and Ana Paula Africano (2012), "Learning-by-Exporting: What We Know and What We Would Like to Know," *International Trade Journal*, Vol. 26 (3), pp. 255–288.

Tanaka, Ayumu (2013), "Firm Productivity and Exports in the Wholesale Sector: Evidence from Japan," RIETI Discussion Paper, No. 13-E-007.

Todo, Yasuyuki (2011), "Quantitative Evaluation of the Determinants of Export and FDI: Firm-level Evidence from Japan," *World Economy*, Vol. 34 (3), pp. 355–381.

Trefler, Daniel (2004), "The Long and Short of the Canada-U. S. Free Trade Agreement," *American Economic Review*, Vol. 94 (4), pp. 870–895.

Wagner, Joachim (2007), "Exports and Productivity: A Survey of the Evidence from Firm-level Data," *World Economy*, Vol. 30 (1), pp. 60–82.

Wagner, Joachim (2012), "International Trade and Firm Prformance: A Survey of Empirical Studies since 2006," *Review of World Economics*, Vol. 148 (2), pp. 235–267.

Wakasugi, Ryuhei, Yasuyuki Todo, Hitoshi Sato, Shuichiro Nishioka, Toshiyuki Matsuura, Banri Ito, and Ayumu Tanaka (2008), "The Internationalization of Japanese Firms: New Findings Based on Firm-Level Data," RIETI Discussion Paper, No. 08-E-036.

Yeaple, Stephen Ross (2005), "A Simple Model of Firm Heterogeneity, International Trade, and Wages," *Journal of International Economics*, Vol. 65 (1), pp. 1–20.

佐藤仁志・張紅咏・若杉隆平 (2015),「輸入中間財の投入と企業パフォーマンス——日本の製造業企業の実証分析」, RIETI Discussion Paper, No. 15-J-015.

田中鮎夢 (2009),「輸出及び外国直接投資と企業の異質性に関する研究展望」『経済論叢』(京都大学経済学会), 第 183 巻第 3 号, 101-112 頁.

福田勝文・加藤篤行 (2014),「企業の異質性と国際貿易」『経済経営研究』(神戸大学経済経営研究所), 年報 64 号, 107-130 頁.

森川正之 (2015),「サービス貿易と生産性」, RIETI Discussion Paper, No. 15-J-003.

若杉隆平 [編] (2011),『現代日本企業の国際化——パネルデータ分析』岩波書店.

第2章

比較優位論と重力モデル
——伝統的国際貿易理論の進展

西岡 修一郎

1. はじめに

　企業データの進展は，企業の異質性を前提とした国際貿易モデルの発展に貢献した．これらのモデルは，比較優位論や重力モデルなどの伝統的な国際貿易モデルと融合しながら進展している．本章では，比較優位論と重力モデルを中心に実証研究の歴史を紹介する．第2節では，生産性の違いと生産要素の賦存量の違いを前提にした一般比較優位論の議論を行い，第3節では，ヘクシャー＝オリーンモデルの実証研究の進展を紹介する．第4節ではクルーグマンモデルと，このモデルから進展した重力モデルを議論し，第5節では，重力モデルと企業の異質性を前提としたメリッツモデルの接点を議論する．

2. 比較優位と貿易

　国際貿易は，一国の消費者と外国の生産者が行う財の国際取引である．輸出を行う主体が企業であるという大前提が再確認される前は，国と国が主体で財を取引するかのようなモデルが貿易理論の中心になっていた．一国の消費者が外国から財を輸入するのは，外国で作られる財が安いからである．この価格差が生じる要因としては，労働生産性の違いや生産要素の賦存量の相違などの生産面での特性が想定されている．本節では，同質財の生産と完全競争を想定した国際貿易論の源泉となる理論を議論する．

第 1 章で議論された企業の異質性を想定したモデルが独占的競争と輸出に関する固定費の存在を重視しているのに対して，リカードモデル（1817 年）は，同質財と完全競争を仮定した国際貿易モデルである．同質財とは，生産企業や生産国，製品の品質を消費者が意識しない財である．多数の企業が同質財を生産する場合には，企業は完全競争下に置かれ，個々の企業は市場価格を受け入れなければならない．また，生産には労働者のみを要するとされ，同一国内で特定の財を作るのに必要な労働の量は外生的に与えられ一定になっている．もちろん，企業や労働者の生産性の異質性は考慮されていない．

リカードモデルにおける技術とは 1 単位の同質財を作るのに必要な労働者の数，つまり労働生産性である．完全競争下では，同質財の価格は労働生産性に国内統一賃金を掛け合わせたものと等しいので，労働生産性が国により違い，財と生産要素の国際移動が不可能な環境では，国によって同質財の国内生産価格が異なることになる．国際貿易は，この価格差により生じることになる．つまり，貿易コストや貿易障壁が存在しない状況では，低コストで財を作れる国から消費者は財を購入することになる[1]．

リカードモデルが労働生産性の違いを前提にしているのに対して，生産要素の賦存量の相違から生じる生産コストの違いが国際貿易の機会を作り出すとするのがヘクシャー＝オリーンモデルである．ヘクシャー＝オリーンモデル（Feenstra（2004）を参照）の設定は，リカードモデルと同じく同質財と完全競争を前提としている．リカードモデルとの大きな違いは，生産には複数の生産要素が必要であると想定している点である．一般的には，労働と資本を仮定し，衣服を作るにも，鉄鋼を作るにも，労働者と資本が必要になる．衣服の生産には比較的多くの労働を必要とし，鉄鋼の生産には比較的多くの資本が必要となるとしよう．この生産関数は，国に関わらず産業により同一であると仮定されている．したがって，服を安く作れるか，鉄を安く作れるかは，労働と資本の賦存量の相違に依存する．簡単に言えば，国境を越えた財や生産要素の移動が不可能な状況では，労働者の多い国では労働者の賃金が比較的に安いので，労働を多く必要とする労働集約財を安く生産できるこ

---

[1] リカードモデル全般については，Eaton and Kortum（2012）を参照．また，Eaton and Kortum（2002）を応用したモデルについては第 6 章を参照．

第 2 章　比較優位論と重力モデル

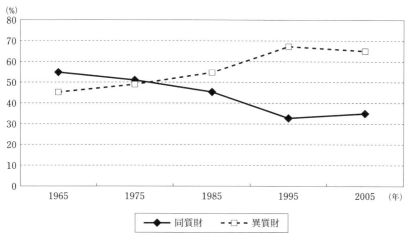

図 2-1　世界貿易における同質財のシェア

出所：UNComtrade より作成．

とになる．

　リカードモデルと同じく，ヘクシャー＝オリーンモデルも比較的に低コストでの生産が可能な比較優位財を輸出し，国内で作るとコストが高い比較劣位財を輸入するという一般比較優位の法則（Deardorff 1980）に従うことになる．また，それぞれの国の比較優位財には外国からの需要が増えるため，自由貿易によって，比較優位財の国内価格は国際価格まで上昇することになる．つまり，それぞれの国が比較優位財の生産に特化することで，分業の利益を最大化することが理論の中心に置かれている．

　リカードモデルもヘクシャー＝オリーンモデルも，同質財の貿易を前提とし，生産コストの違いが比較優位の要因であるとしている．比較優位の原則自体は直感的に正しいと思われるが，これらの理論をそのまま用いて，現代の貿易構造を説明するのは極めて難しい．その理由としては第 1 に，戦後の世界貿易は，多国籍企業によって作られた異質財が中心であることが上げられる．自動車やスマートフォンなど，消費者がブランドや品質を重視する財は同質財とは言えない．図 2-1 は，Rauch（1999）の分類を基に，世界貿易[2]に占める同質財と異質財の割合を計算したものである．1965 年には，世界貿易の 55％ が同質財であったが，2005 年には 35％ まで減少した．つ

59

まり，世界貿易における同質財の重要性は，年々低下しており，より企業のブランドや製品の品質を意識した異質財の貿易が中心になっていることが伺える．第2に，生産要素が国際間で移動できないという前提は，現代社会ではあまり現実的ではない．第3章で述べられているように，日本の例を見ても，対外直接投資が増え，海外生産比率が上昇している．最後に，国際貿易に関わる輸送コストが全く考慮されていないことは現実的ではない．本章第4節の重力モデルで議論するように，貿易に関わるコストは貿易量や貿易の有無を説明する上で，重要な要素のひとつである．また，輸送コストだけではなく貿易に関わる固定費の存在は，企業の異質性を想定したモデルの根幹に置かれている．

ここで，歴史的なデータを用いた同質財の国際貿易に関する実証分析を紹介する．Bernhofen and Brown（2004）は明治維新前後の日本のデータを用いて，一般比較優位理論の実証研究を行った．ペリーの来航による日本の開国は，比較優位論を理解する上で，貴重な事例となっている．長い鎖国の歴史の中では，日本国内の限られた生産要素を使い，国内商品価格が決定されてきたと考えよう．鎖国中の日本は，外国とは異なる生産技術を使い，生産要素の賦存量も違うので，鎖国中の日本の商品価格は外国の商品価格とは異なっていたことが容易に想像できる．実際には，貿易を開始すると，日本は国際市場で高く売れる生糸を輸出し，国際市場で安く手に入る綿を輸入することになった．この論文の重要な発見は，鎖国時から自由貿易への移行に際して，比較優位財の生糸の国内価格が上昇し，比較劣位財の綿の国内価格が低下したということにある．つまり，明治維新後の日本の国際貿易は，一般比較優位の法則に従っていたことになる．ただし，比較優位の源泉が労働生産性を前提にしているのか，生産要素の賦存量の違いにより生じたのか，また，国内需要構造の変化などに要因があったのかはこの論文からは判断することができない．

明治維新のデータを使った日本の開国に関する事例は，比較優位を考える上で重要な実証結果である．しかし，これらの貿易モデルをそのまま使って，

---

2) 世界各国の商品別貿易データは，国際連合（http://comtrade.un.org/）が公表している．

戦後の貿易構造を説明するのは極めて難しい．次節では，大きく拡大した第二次世界大戦後の世界貿易をヘクシャー＝オリーンモデルの観点から議論する．

3. 比較優位の実証分析

　ヘクシャー＝オリーンモデルについては，Leontief（1954）や Trefler（1995）による長い実証研究の歴史がある．また，各国の産業連関表が整備されたこともあり，過去の実証研究を新しいデータで再考する試みも近年多く見られる．本節では，ヘクシャー＝オリーン＝バネックモデル（1968年）を中心に，理論的な仮定と実証結果の矛盾を説明した上で，産業連関表を使った国際貿易の実証分析の進展を説明する．

　ヘクシャー＝オリーンモデルを使った比較優位の実証分析は，レオンチェフパラドックスから始まった．Leontief（1954）は 1947 年の米国の生産と貿易の産業別のデータを使い，米国の輸入が輸出よりも資本集約的であるという実証結果を提示した．第二次世界大戦後の 1947 年，ヨーロッパや日本は戦地となり焼け野原となったため，資本は米国のみに存在していたといっても過言ではない．もし，国際貿易が生産要素の賦存量の相違により生じたのであれば，米国は資本集約財を輸出していたはずである．

　レオンチェフは，生産要素の賦存量の違いを前提にした比較優位論を実証的に検証するために，米国の輸出入に体化された労働量と資本量を推計した．輸出に体化される労働量とは，それぞれの産業において 1 単位の財を生産するために必要な労働量を推計し，それを産業別の輸出量に掛け合わせ足し上げたものである．表 2–1 にあるように，米国の輸出に体化される資本量と労働量の比（14.0）は，輸入に体化される資本量と労働量の比（18.2）よりも小さいことが示されている．もし，米国が資本集約財の生産と輸出に特化していたのであれば，輸出に体化される資本と労働量の比率が大きいはずである．レオンチェフの実証結果は，ヘクシャー＝オリーンモデルの理論的な予測に反するものである．これはレオンチェフパラドックスと言われ，1990 年代から企業データが利用できるようになるまで，国際貿易の実証研究の中

表 2-1　Leontief（1954）：輸出と輸入に体化される生産要素

	輸　出	輸　入
資本量	2,551	3,091
労働量	182	170
資本量／労働量	14.0	18.2

注：資本量は 1947 年価格．資本量，労働量ともに単位は千．
出所：Leamer（1980）．

表 2-2　Leamer（1980）：生産と消費に体化される生産要素

	生　産	消　費
資本量	328,519	305,069
労働量	47,273	45,280
資本量／労働量	6.9	6.7

注：資本量は 1947 年価格．資本量，労働量ともに単位は千．
出所：Leamer（1980）．

枢に置かれてきた．

　1970 年代から 1990 年代にかけて，生産要素の賦存量の違いを前提にした貿易理論の実証研究は，レオンチェフパラドックスを軸に議論が進展した[3]．例えば，Leamer（1980）は，レオンチェフのように輸出と輸入に体化される資本量と労働量を推計するのではなく，ヘクシャー＝オリーン＝バネックモデル（以下，HOV モデル）（Vanek 1968）に基づき，生産と消費に体化される生産要素比率を比べれば，パラドックスは存在しないと発表した．表 2-2 は，レオンチェフと同じデータを使い，Leamer（1980）が米国の生産と消費に体化される資本量と労働量の比を推計したものである．米国の生産に体化される資本量と労働量の比（6.9）は，消費に体化される資本量と労働量の比（6.7）より大きいことが示されている．つまり，米国の生産は米国の消費よりも資本集約的であったことを示している．ただし，その差はあまり大きくないのも事実であり，この実証結果を以てレオンチェフパラドックスの解決とはならなかった[4]．

　Leamer（1980）の研究以降，HOV モデルを中心に比較優位の実証研究が進展することになる．ただし，Leamer のように生産と消費に体化される

---

3)　Baldwin（1971）などを参照．
4)　詳しくは Maskus（1985）を参照．

生産要素量を推計するのではなく,純輸出[5]に体化される生産要素量と,生産要素の賦存量から理論的に予測される生産要素の純輸出量の比較を中心に実証研究が進展する.

ここで重要となるのは,HOVモデルを導くための理論的な仮定である.第1に,1単位の生産に要する生産要素の量は,産業別に一定であると仮定する.米国でも中国でも,衣服の生産に必要となる労働者や資本の量は同一であり,労働者や資本の生産性も同じである.第2に,2000年代前半までに行われた実証研究では,中間財の国際取引を仮定していない.つまり,生産者は労働や資本などの生産要素と国産の中間財を使い,最終財を生産すると仮定する.第3に,消費者の所得水準に関わらず,消費者の効用関数は世界中で同一であると仮定する.また,所得水準が上がれば,全ての財の消費が比例的に増加する相似拡大的効用関数を用いる.最後に,貿易コストや貿易障壁は存在しないので,貿易は国際的な生産コストの違いのみによって生じることになる.もちろん,貿易に関する固定費も存在しない[6].

これらの理論的な制約の下で,HOVモデルは以下のような簡潔な式に集約される.ここでは,K個の財をF個の生産要素を使い生産するC国モデルを仮定する.

$$A(I-B)^{-1}T_i = V_i - s_i V_w.$$

i国の産業連関表では,$Y_i = (I-B_i)Q_i$ という中間財取引の関係式が成立している.$Q_i (= IQ_i)$ は国内総生産量で,$B_i Q_i$ は生産に使われる中間財需要である.よって,Y_i は国内総生産から中間財として使われるものを差し引いた $K \times 1$ 行列の粗生産額である.A は $F \times K$ 行列で,一単位の財 (k) を生産するために必要な生産要素 (f) の量を,T_i は $K \times 1$ 行列で,i国の輸出から輸入を差し引いた産業別の純輸出である.よって,$A(I-B)^{-1}T_i$ は純輸出

---

[5] 生産から消費を差し引いたもの,または,輸出から輸入を差し引いたもの.
[6] 以上の4つの仮定に加えて,生産要素の賃金が世界で均一になる(Stolper and Samuelson 1941; Samuelson 1948)という仮定も重要である.この仮定は,生産関数に関する第1の仮定とも密接に関わっているため,本章の議論では詳しく取り上げないことにする.Trefler (1993), Davis and Weinstein (2001) や Maskus and Nishioka (2009) を参照.

第 I 部　新新貿易理論の形成と発展

に体化される生産要素量，つまり生産要素貿易である．V_i は i 国の生産に体化される生産要素量で，s_iV_w は相似拡大的効用関数が各国共通であると仮定した上で理論から導き出される消費に体化される生産要素量である．ここでは，s_i は世界の実質国内総生産額に占める i 国の割合で，V_w は生産要素の世界計（$V_w=\Sigma_iV_i$）である．つまり，$V_i-s_iV_W$ は生産要素の賦存量から予測される純輸出に体化される生産要素量である．

簡単に言えば，HOV モデルは純貿易に体化される生産要素量を，生産要素の賦存量と消費比率から予測する理論である．ただし，簡潔な予測を導き出すために，多くの理論的な仮定が設けられている．本節で順次考察していくように，これらの仮定をより現実的なものに置き換えていくことで，レオンチェフパラドックスの根源を窺い知ることができる[7]．

1980 年代後半から，比較優位の実証研究は，徐々に国と産業の数を増やしながら進展する．Trefler（1995）は 33 カ国の生産要素の賦存量と純輸出，米国の産業別の国内生産のデータを使い，純輸出に体化される生産要素を推計した．Trefler は HOV モデルから予測される貿易量と比べて，純輸出に体化される生産要素量はゼロに近いという実証結果を提示した．この結果は Missing Trade と言われ，国際貿易のミステリーの一つとされてきた．

図 2-2 は，29 カ国のデータを使い，HOV モデルから予測される労働の純輸出量と，実際の純貿易に体化される労働量を比べたものである[8]．ここでは，数ある生産要素の中で，労働（f は労働）のみを取り上げることにする．縦軸には実際に貿易に体化される労働量（$A_f(I-B)^{-1}T_i$）を，横軸には HOV モデルから予測される貿易に体化される労働量（$V_{if}-s_iV_{wf}$）をグラフにした．ここでの $A(I-B)^{-1}$ は，29 カ国の平均値を使った[9]．

例えば，中国は労働賦存量が多いので，労働集約財を輸出し，資本集約財を輸入するとヘクシャー＝オリーンモデルは予測する．$A_f(I-B)^{-1}$ は 1 単

7）Bowen, Leamer, and Sveikauskas（1987）は，HOV モデルのそれぞれの仮定を変更し，どの仮定が HOV モデルの実証的な失敗の原因になっているのかを研究した．
8）データは Nishioka（2012）を使用した．
9）$A(I-B)^{-1}$ が各国で共通なのであれば，どの国のデータを使おうが，結果は同じであるはずである．ただし，以下の議論にあるようにここでは $A(I-B)^{-1}$ 行列の国際的な違いが議論の中心となる．

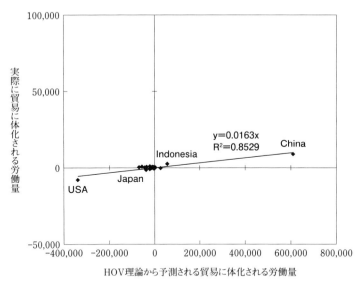

図 2-2　貿易に体化される生産量 (1)：理論と実際の誤差

出所：Nishioka (2012).

位の生産に使われる財別の労働量であるので，労働集約財の $A_f(I-B)^{-1}$ は資本集約財の $A_f(I-B)^{-1}$ よりも大きな数値になっていなければならない．この前提の下で，$A_f(I-B)^{-1}T_i$ を計算すると，労働集約財の生産に特化する中国の純輸出に体化される労働量は正になる．逆に，米国は労働集約財を輸入し資本集約財を輸出すると考えられるので，米国の純輸出に体化される労働量は負となる．図 2-2 に見られるように，中国は労働要素の純輸出国で，米国は労働要素の純輸入国となる．ただし，HOV 理論が正しいのであれば，縦軸と横軸の労働要素貿易量が等しくなるはずである．しかし，Trefler (1995) で議論されているように，実際に貿易に体化される労働量はゼロに近いことが分かる．図 2-2 に提示してあるように，切片をゼロと固定した上で，計算した推計線の傾きは 0.016 である．HOV モデルが正しいのであれば，その傾きは 1 でなければならない．

　HOV モデルが世界貿易のパターンをうまく説明できない理由を解明することは，Trefler (1995) 以降の大きな研究課題となってきた．生産要素の生産性の違い（Trefler 1993; Maskus and Nishioka 2009; Fadinger 2011）や，

生産要素の賦存量の違いによる生産技術の違い (Davis and Weinstein 2001)，また，既存の産業連関表を使った産業分類では，産業内の生産関数の違いを反映できないこと (Schott 2003) など多くの説が唱えられてきた．特に，1990年代後半から2000年代にかけては，生産技術の違いと生産要素価格の違いに注目したものが多く見られた．簡潔に言えば，資本賦存量の多い国では，どの産業でも資本集約的な生産技術を使うため，同一産業内でも国により生産関数が違うという議論である．つまり，それまで $A(I-B)^{-1}$ は世界共通と想定されてきたが，$A_i(I-B_i)^{-1}$ が国により違うという仮定の下で，生産要素貿易量を推計することが重要であると考えられた．

例えば，Davis and Weinstein (2001) は，中間財は全て国産品であるという設定は変えずに $A_i(I-B_i)^{-1}$ を国毎に計算した上で，貿易相手国の $A_j(I-B_j)^{-1}$ を使い，純輸出に体化される生産要素量を推計した．具体的には，

$$A_i(I-B_i)^{-1}X_i - \sum_j A_j(I-B_j)^{-1}M_{ij}$$

を用いた．上記の式では，純貿易は輸出から輸入を差し引いたもの ($T_i = X_i - \sum_j M_{ij}$) とし，$X_i$ は i 国の財別総輸出，M_{ij} は i 国の j 国からの財別輸入である．

ここで問題となるのは，上記の式を使うと生産要素貿易が生産特化によって生じるのか，単なる生産関数の国際的な違いによって生じるのか，曖昧になってしまう点である．例えば，i 国はどの財を生産するにもより多くの労働量を使うと仮定しよう．このとき，輸出 (X_i) と輸入 ($\sum_j M_{ij}$) が同じであったとしても，つまり生産特化が全くなかったとしても，$A_i(I-B_i)^{-1}$ と $A_j(I-B_j)^{-1}$ に集約される生産技術の違いのみによって生産要素貿易は生じることになる．この場合，上記の式から計算された生産要素貿易が HOV モデルの理論的予測 ($V_i - s_i V_w$) と合致したとしても，その実証結果は必ずしも生産特化と国際分業により説明されたものではない．また，このような理論と実証の整合性に関する考察は，国際分業による利益を考える上では重要な議論である．

Nishioka (2012) は HOV モデルの失敗の根源にあるのは，$A_i(I-B_i)^{-1}$ にあると指摘した．従来のように，中間財が全て国産品であると仮定し

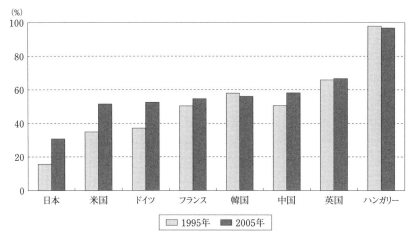

図 2-3 電気電子産業の産業内中間財取引における海外比率
出所：OECD 産業連関表．

$A_i(I-B_i)^{-1}$ を計算した場合[10]，一国内の資本集約財と労働集約財の差を実証的に区別することが難しい．つまり，国により生産に使われる労働量と資本量には大きな差があるものの，一国内で生産に使われる労働量と資本量については産業による差異はあまり見られない．このために，$A_i(I-B_i)^{-1}X_i - \sum_j A_j(I-B_j)^{-1}M_{ij}$ を用いて計算された純貿易に体化される生産要素貿易量は，国による $A_i(I-B_i)^{-1}$ と $A_j(I-B_j)^{-1}$ の違いにより生じたもので，生産要素賦存量の違いによる生産特化というヘクシャー＝オリーンモデルの根幹を説明したものではない．

これまで，ヘクシャー＝オリーンモデルなどにおける産業間の生産特化を議論してきたが，同一産業内での国際生産特化も，国際貿易を理解する上で重要な議論となる．図 2-3 は，OECD の産業連関表[11] から電気電子産業の産業内中間財取引額における海外中間財の比率を計算したものである．具体的には，各国の電気電子産業が同じ電気電子産業から購入する中間財につい

---

[10] 労働賦存量の多い国が，資本集約的な中間財を外国から輸入し，労働集約的な中間財を海外に輸出しているということは考えられる．しかし，$A_i(I-B_i)^{-1}$ ではこのような中間財の国際取引をデータに反映することができない．

[11] Structural Analysis (STAN) Databases (http://stats.oecd.org/).

て,外国製中間財の比率を計算した.1995年の日本の数値は16%で,利用可能なデータの中では最小の数値となっている.つまり,日本の電気電子産業は国内の裾野産業が充実しているため,海外から購入する中間財はほとんどなかったと考えられる.1995年から2005年にかけて円高や国際化により海外部品取引が進展したため,海外依存比率は31%まで上昇した.また,米国や,韓国,中国では,中間財の半分以上を海外に依存していることになる.ハンガリーについては,ほとんど(98%)の中間財を海外に依存している.図2-3は,同一産業内における分業の重要性を示しているだけでなく,中間財が全て国産であると仮定したこれまでの実証HOVモデルと矛盾することになる[12].

このような生産構造に関する特徴は,Bernard and Jensen (1997) による米国の企業データからの実証研究結果とも一致する.Bernard and Jensenは,米国の非生産労働者と生産労働者の雇用量や賃金の変化が,産業間で起きたのか産業内で起きたのかを実証分析した.もし,一般比較優位論が正しいのであれば,貿易の拡大とともに比較優位産業の生産が拡大するはずである.よって,労働者の移動は産業間で起こることが予測される.しかし,Bernard and Jensenは産業間の変化よりも産業内の変化が大きく寄与していることを示した.これらの実証結果は,産業内貿易の存在を示唆している.リカードモデルやヘクシャー=オリーンモデルが産業間の貿易を予測するのに対して,産業内貿易は同一産業内の国際貿易である.広い意味で言えば,第3章で議論される垂直的直接投資(Helpman 1984)や第4章で議論されるアウトソーシング(Grossman and Rossi-Hansberg 2008)も産業内貿易,または企業内貿易の一部であると言える.

産業内貿易の国際貿易理論は,財の生産工程がいくつかに分けられることを前提としている.例えば,最終財のスマートフォンを作るためには,2つの部品,半導体とスピーカー,が必要であると仮定しよう.中間財である半導体の生産は高度人材集約的で,もうひとつの中間財であるスピーカーの生

---

[12] 電気電子産業は,中間財貿易の国際化が進んだ産業のひとつである.これらの海外部品比率は,国や産業によって大きく異なる.詳しくは,Nishioka and Ripoll (2012) を参照.

産は単純労働集約的である．最終財であるスマートフォンの生産は，これらの中間財を組み立てることで完成する．このような設定の下では，ヘクシャー＝オリーンモデルと同じようなメカニズムで，同一産業内での国際分業に利益があることが容易に考えられる．

例えば，単純労働集約的な中間財のスピーカーを労働賦存量の多いフィリピンで生産し，高度人材集約財の半導体を日本や韓国で生産する．これらの部品を最終消費地で組み立てることで，より生産コストを抑えることができる．ここでは，産業内に複数の中間財が存在する Feenstra and Hanson (1996) のモデルを考えてみよう[13]．産業内にいくつもの中間財があり，この中間財は高度人材と単純労働の集約率に違いがあると仮定する[14]．もし，産業内で分業が可能であるのであれば，国際化の進展とともに単純労働集約的な中間財の生産地は先進国から開発途上国に徐々に移動する．例えば，米国企業である半導体生産企業のインテルは，研究開発をカリフォルニアで行い，半導体の組み立てはコスタリカ，製品検査はアイルランドなどで行ってきた．つまり，世界各国の人材を使い，生産工程を国際的に最適化し生産コストを抑えている．先進国では比較的に単純労働集約的な中間財が海外生産となるため，単純労働者への需要が減り，高度人材への需要が増えることになる．先進国企業が海外へ生産移管する中間財は，開発途上国の既存産業と比べると高度人材集約的であるので，開発途上国でも高度人材への需要が増えることになる．

中間財貿易の進展は，高度人材への需要を喚起するため，高度人材と単純労働者の給与比率（スキルプレミアム）が先進国でも開発途上国でも上昇することになる．図 2-4 は日本のスキルプレミアムの変遷をグラフにしたものである．データは賃金構造基本統計調査から，製造業に勤める一般労働者に決まって支給する現金給与額を利用した．ここでは，データの制約上，大卒の労働者を高度人材，高卒の労働者を単純労働者とした．1981 年には，大卒の給与を高卒の給与で割った比率が 1.19 だったもの（大卒者の給与が高卒者の

---

13) Feenstra (2004) を参照．
14) モデルの設定については，Dornbusch, Fischer, and Samuelson (1977, 1980) を応用したものである．

第 I 部　新新貿易理論の形成と発展

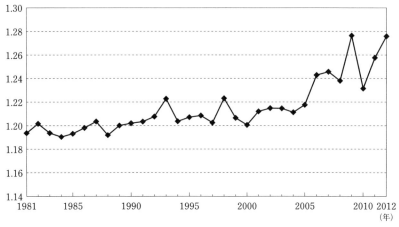

図 2-4　大卒給与と高卒給与の比（スキルプレミアム）
出所：製造業の一般労働者に決まって支給する現金給与額（賃金構造基本統計調査）．

給与より 20% 高いことになる）が，2012 年には 1.28 まで上昇した．つまり，比較的に高度な教育を受けた人材に対する賃金が上昇したと考えることができる．この期間は日本の製造業の国際化が進展した時期とも重なる．

　国際貿易論の世界では，Feenstra and Hanson (1996) が提唱する産業内分業の理論がスキルプレミアムを説明する理論として認識されている．しかし，マクロ経済学や開発経済学では，高度人材は効率的にコンピュータや機械を使うため高度人材の生産性が高くなるという議論や単純労働者と資本の代替性など (Krusell *et al.* 2000) もスキルプレミアムを説明する重要な研究課題となっている．

　産業内貿易の進展は，HOV モデルの実証研究にも応用されている．現在，研究者が利用可能な産業連関表[15]（OECD, GTAP やアジア経済研究所など）

---

[15] OECD のデータに関しては，Structural Analysis (STAN) Databases (http://stats.oecd.org/)，GTAP については，https://www.gtap.agecon.purdue.edu/，アジア経済研究所のデータについては，http://www.ide.go.jp/Japanese/Data/Io/ を参照されたい．また，日本の産業連関表に関しては，総務省のホームページ (http://www.soumu.go.jp/toukei_toukatsu/data/io/index.htm) から入手可能である．さらに，地域間や国際間の産業連関表については経済産業省のホームページ (http://www.meti.go.jp/statistics/index.html) からダウンロード可能である．

は，中間財の取引を国内での取引と海外との取引に分離している．つまり，日本での最終製品を生産するために必要となる中間財を，国内のどの産業からどれだけ購入したのか，海外の産業からどれだけ購入したのかを産業統計として知ることができる．Trefler and Zhu（2010）は，41 カ国の産業連関表と産業別の貿易統計を利用し，国際中間財取引を考慮した HOV モデルを提示した．

なぜ，中間財の国際貿易がレオンチェフパラドックスや Missing Trade などの貿易データの矛盾を説明する上で重要であるかというと，中間財の取引自体が Feenstra and Hanson（1996）にあるように，資本や単純労働の集約率と密接に関連していることが上げられる．例えば，米国のアパレル産業は，米国内での最終財生産はほとんどない．最終財である服や靴は中国やベトナムなどの単純労働者の豊富な国で生産・加工され，米国に輸出される．米国のアパレル産業は，高度人材集約的なデザインやマーケティングなどに特化しているため，単純労働者の雇用はほとんどない．したがって，中国やベトナムで生産される中間財の国際取引を考慮せずに，生産に要する生産要素量（$A_i(I-B_i)^{-1}$）を計算すると，単純労働者の集約度を過小に推計してしまうことになる[16]．

具体的には，Trefler and Zhu（2010）は次のような国際中間財取引を反映させた生産要素貿易を推計した．

$$[A_1 \cdots A_c]\left(\begin{bmatrix} I & \cdots & 0 \\ \vdots & \ddots & \vdots \\ 0 & \cdots & I \end{bmatrix} - \begin{bmatrix} B_{11} & \cdots & B_{1c} \\ \vdots & \ddots & \vdots \\ B_{c1} & \cdots & B_{cc} \end{bmatrix}\right)^{-1} \begin{bmatrix} X_1 & \cdots & -M_{c1} \\ \vdots & \ddots & \vdots \\ -M_{1c} & \cdots & X_c \end{bmatrix}.$$

この式では，中間財の取引を 2 国間の貿易で表している．今までの実証研究が，B_i を使い，中間財取引に関して全て国内品が使われているかのような仮定を置いているのに対して，上記の式では，全ての中間財の取引を貿易相手国ごとに分離している点が大きな特徴である[17]．

---

16) 詳しい議論は，Nishioka（2013）を参照．
17) 中間財取引を国内取引と海外取引，さらに海外取引を 2 国間に分離するために，いくつかの統計的な仮定を用いてデータ加工されている．そのため，OECD や GTAP の

第Ⅰ部　新新貿易理論の形成と発展

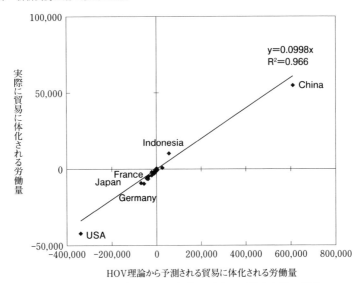

図2-5　貿易に体化される生産量（2）：理論と実際の誤差
出所：Nishioka (2012).

　図2-5は，上記の式を用いて計算した生産要素貿易を使いHOVモデルを検証したものである．図2-2と同じく，縦軸には貿易に体化される労働量を，横軸にはHOVモデルから予測される貿易に体化される労働量をグラフにした．図2-2では計算した推計線の傾きがゼロに近かった（0.016）が，図2-5ではその傾きは0.10まで上昇した．Trefler (1995)のMissing Tradeの傾向は若干解消されたものの，HOVモデルの理論的予測が正しい（つまり，その傾きが1になる）と結論付けることはできない．

　これまで，HOVモデルの進展を中心に比較優位の実証研究を議論してきた．理論的に制約の多いHOVモデルをそのまま使い，現代の貿易を説明することは難しい．国による生産技術の違いや中間財の国際取引は，HOVモデルの実証的な失敗を説明する上で重要な要素である．ただし，図2-5で見たように，これらの生産面での偏りを改良してもTreflerのMissing Tradeを全て説明できるわけではない．

　海外取引データは，純粋な統計とは言えない．詳しくは，Feenstra and Jensen (2012)を参照．

ここで，需要側の偏りについての説明を行う．国際貿易論の多くは，生産側を重視した理論となっている．そのため，需要側についてはより単純化した仮定（具体的には相似拡大的効用関数など）を行うことが多かった．例外としては，Markusen（1986），Matsuyama（2000）や Fieler（2011）などが上げられる．実は，Trefler の Missing Trade についても，生産側の仮定による偏りだけでなく，需要面での国際的な相違が大きく影響している．

例えば，Missing Trade を需要側から説明するために Markusen（1986）のモデルを考えてみよう．所得の上昇とともに，消費する財の比率は構造的に変化していく．開発途上国では，食料や衣服などの生活必需品が所得に占める割合が高いのに対して，先進国では自動車やオフィス機器などの比較的高額な製品に対する需要が強くなる．つまり，所得が倍増したからといって，食料や衣服に対する支出が倍増する訳ではない．具体的には，所得の上昇とともに食品や衣服の消費の総所得に対する割合は減少し，自動車やオフィス機械などに対する割合は上昇する傾向にある．ここで重要なのは，生産面との相関関係である．食品や衣服などは開発途上国の比較優位財であり，自動車やオフィス機械などは先進国の比較優位財である．このような需要構造の下では，開発途上国が生産する財の多くは開発途上国で消費され，先進国で生産される財の多くも先進国で消費される．よって，開発途上国と先進国の貿易量は HOV モデルで予測される貿易量よりも小さくなる．これらの需要側の問題については，Trefler and Zhu（2010）や Caron, Fally, and Markusen（2014），Cassing and Nishioka（2015）などにも詳しい議論が展開されている．

最後に，次節で議論するように，貿易コストの存在は，貿易量を説明する上で重要な要素であることは間違いない．Missing Trade と貿易コストに関する実証研究は Davis and Weinstein（2001）で議論されている．

本節では，HOV モデルの実証研究の変遷を中心に議論を展開した．産業連関表や貿易統計の整備とともに，国際貿易の理論は HOV モデルの枠を超えて，他の研究分野からの応用も進んでいる．産業連関を付加価値の連鎖と捉えるのならば，産業連関を中間財取引と契約という観点から考察することもできる（Antràs and Chor 2013）．

また，Johnson and Noguera（2012）は産業連関表を使い付加価値貿易という新しい観点を提唱した．簡単に言えば，貿易に体化される生産要素量に代わって，貿易に体化される付加価値を計算したと考えればいい．貿易統計の輸出入額からは，加工貿易の浸透度を知ることはできない．例えば，第9章で詳しく議論されているように，フィリピンで加工されるハードディスクの多くは，その主要部品を日本製や米国製に依存している．フィリピンの貿易統計を見ると，輸出入総額はフィリピンの国民総生産に近い数字となっている．これは，フィリピンが輸出大国というよりも，フィリピンで単純労働を使った加工貿易をするために多くの（フィリピンの物価と比べて）比較的高価な部品が海外から輸入され，付加価値を付けた上，再輸出されている状況があるということである．このような傾向は，東南アジア諸国で多く見られる．

貿易統計からは判断できない付加価値の産業連鎖は，貿易の利益と産業の立地を理解する上で重要な研究課題である．このようなデータは，現在OECDにより発表されている[18]．

4. クルーグマンモデルと重力モデル

前節では比較優位と国際貿易についての実証研究の進展を議論した．国際貿易の決定要因を理解する上で重要となるもうひとつの要素は，地理的な優位性や市場規模に関する実証分析である．表2-3に，2013年の日本の貿易相手国を列挙した．特徴的なのは，中国や米国などの経済規模の大きい国に加えて，東南アジアなどの近隣諸国が貿易の主要相手国となっている点である．本節では，クルーグマンモデル（1979年）を理解した上で，重力モデルについての議論を行う．

本章の第2節と第3節では，同質財と完全競争を前提とした国際貿易理論を紹介した．生産コストの差が同質財貿易の根本的な要因であるという議論は分かり易いが，同質財が貿易に占める割合は年々減少傾向にある．つまり，

---

[18] http://stats.oecd.org/ および OECD-WTO Trade in Value Added, 2013 を参照．

表2-3　2013年の日本の貿易相手国

	輸　出				輸　入		
順位	国　名	輸出額 (100万ドル)	シェア (％)	順位	国　名	輸入額 (100万ドル)	シェア (％)
1	米　国	134,533	19.0	1	中　国	180,968	21.8
2	中　国	129,263	18.2	2	米　国	71,895	8.6
3	韓　国	56,361	7.9	3	オーストラリア	51,026	6.1
4	香　港	35,711	5.0	4	サウジアラビア	49,856	6.0
5	タ　イ	35,162	5.0	5	アラブ首長国連邦	42,528	5.1
6	シンガポール	20,181	2.8	6	カタール	36,945	4.4
7	ドイツ	18,949	2.7	7	韓　国	35,709	4.3
8	インドネシア	17,020	2.4	8	マレーシア	29,712	3.6
9	オーストラリア	16,740	2.4	9	インドネシア	28,877	3.5
10	マレーシア	14,954	2.1	10	ドイツ	23,830	2.9
	総　計	709,840	100.0		総　計	831,743	100.0

出所：UNComtradeより作成．

　世界貿易における同質財の重要性は，年々低下しており，ブランドや製品の品質を意識した異質財の貿易が増加している．異質財を前提にした国際貿易理論は，リカードモデルやヘクシャー＝オリーンモデルとは根本的に異なるメカニズムを想定している．本節では，異質財と不完全競争を前提とした貿易モデルの提唱者の一人であるクルーグマンによる1979年のモデルを最初に紹介する．

　これまで本章で紹介してきた比較優位の貿易理論が生産側の要因を重視している一方で，クルーグマンは消費者の効用関数を重視する貿易モデルを構築した．具体的には，一財の中に数多くのブランドが存在し，ブランドの拡大は消費者の満足度を上げるという効用関数を仮定している．また，生産者にとっては，貿易による市場規模の拡大が生産増への大きなチャンスになる．ただし，国際貿易により企業数が増え，代替的な製品が市場に現れることになるため，市場はより競争的になると想定する．また，国際貿易による競争激化は，いくつかの企業を市場から退出させ，勝ち残った企業のみ，より多くの消費者へ商品を提供することになる．これが，企業の選択効果と規模効果と言われるクルーグマンモデルの重要な理論的な予測になる．

　第1章で紹介したメリッツモデルでは，貿易の自由化によって，生産性の高い企業の海外向け生産が拡大し，生産要素が生産性の低い企業から高い企

業へ移ることで，選択効果と規模効果が生じると議論されていた．クルーグマンの 1979 年の理論では，ブランド数が増えることで，個々のブランドに対する消費の価格弾力性が大きくなるため，市場がより競争的になることで選択効果が生じる．ただし，メリッツモデルでは生産性の低い企業が市場から退出するという具体的な予測ができる一方で，クルーグマンモデルでは企業規模が同じであると仮定しているため，どの企業が退出するのかを予測することができない．また，一企業の生産には，固定費が必要であると仮定しているため，市場統合による生産規模の拡大は平均コストを下げ，市場価格を下げることで消費者に利益をもたらす．つまり，規模に関して収穫逓増 (Increasing Return to Scale: IRS) という費用関数の前提も，クルーグマンモデル (Krugman 1979, 1980) を中心とした独占的競争を前提にした国際経済モデルの重要な要素である．

クルーグマンモデルでは，国際競争に勝ち残った全ての企業が，国内と国外の消費者に製品を提供することになる．つまり，国際貿易が可能な状況では，全ての企業が輸出企業となる．この理論的な予測は，輸出企業は国内企業全体の一握りでしかないという Bernard and Jensen (1999) から始まる企業の異質性に関する実証結果と矛盾することになる．重力モデルの発展は，企業の生産性の異質性を取り入れながら進展するが，その進展を議論する前に，重力モデル自体の歴史的な進展をクルーグマンモデルと関連付けながら議論したい．もし，国際貿易がクルーグマンの論理により生じるのであれば，全ての企業が輸出企業となり，輸出量は国内の生産規模と海外の市場規模に比例することになる．また，消費者がより多くのブランドを広く浅く消費するため，産業内貿易が増えることになる．

前節で，生産工程の違いから生じる産業内貿易の議論を行ったが，クルーグマンのモデルから予測される産業内貿易は全く異質なものである．外国企業への需要は，国内消費者による，より多くのブランドを消費したいという欲求から生じると考えられる．また，国内ブランドも海外の消費者から同じように受け入れられなければならない．1980 年代にクルーグマンモデルが広く受け入れられることとなった理由の一つは，前節で議論した比較優位の国際貿易論では，産業内貿易を説明できないことにある．詳細に分類された

貿易データを使っても，先進国の貿易では産業内貿易が存在するという事実を否定できないことが，クルーグマンモデルを使った実証研究の進展へと繋がった．比較優位の理論から説明できない産業内貿易の存在は，それ自体大変興味深い実証結果である．ただ，実際のビジネスを考えると，これはごく当たり前のことであるかもしれない．例えば，日本の消費者が自動車の購入を考えた場合に，国産車に加えて外国車という選択肢もある．つまり，より実際のビジネスに近い国際取引を説明する第一歩となったのが，クルーグマンモデルである．

ここでは，クルーグマンの理論を，国際貿易の実証研究で頻繁に使われる重力モデルと関連付けることにする．ただし，Helpman and Krugman (1985) や Evenett and Keller (2002) で議論されているように，貿易量が輸出入国の経済規模に比例するという重力モデルの考えは，リカードモデルやヘクシャー＝オリーンモデルからも導き出すことができる[19]．重力モデルをクルーグマンモデルから導くためには，以下の4つの仮定が必要となる (Feenstra 2004)．第1に，生産者は個別のブランドの生産に完全特化している．クルーグマンモデルでは，それぞれの生産者は，代替性はあるものの異なるブランドの生産に完全特化していると考える．第2に，消費者の効用関数は相似拡大的で，国内ブランドも海外ブランドも満遍なく消費することを前提としている．また，効用関数は全ての国で同じとする．第3に，貿易コストや貿易障壁が存在しないと仮定する．最後に，同一製品の中にあるブランド製品の価格は等しいとする．第3と第4の仮定については，本節の後半で修正することにする．

以上のような理論的な仮定の下で，2国間の貿易量を2国の経済規模から説明する推計式を重力モデルという．ここでは，輸出国をi国，輸入国をj国とし，ブランドはkで表されるとする．Y_jはj国の国内総生産（$Y_j=\sum_k y_{jk}$．y_{jk}はi国におけるkブランドの生産量．製品価格は全て1であると仮定する）であると考えられる．よって，貿易コストがない上に，相似拡大的な効用関数と貿易収支が均衡していると仮定すれば，$s_j=Y_j/Y_w$は世界生産に占める輸入

---

[19] 他のモデルから導き出される重力モデルについては Eaton and Kortum (2002) や Fieler (2011) なども参照．

国（j）の消費比率である．また，貿易が開始されると，i 国で製造されるブランドは j 国で作られるものとは異なるため，j 国の消費者は自国で作られるブランドに加えて i 国で作られる全てのブランドを消費することになる．よって，i 国で作られる k 財の j 国への輸出額（x_{ijk}）は $s_j y_{ik}$ となる．最後に，輸出国ブランドを全て足し上げたものが 2 国間の貿易額となる．

$$X_{ij}=\sum_k x_{ijk}=s_j\sum_k y_{ik}=s_j Y_i=\frac{Y_i Y_j}{Y_w}.$$

つまり，2 国間の貿易は輸出入国の実質国内総生産に比例して大きくなることになる．2 国間の国際貿易量が上記のような単純な重力モデルで表せるのであれば，規模の大きな国との貿易が大きくなることが予測される[20]．表2-3 で見たように，日本の輸出の 40％，輸入の 30％ は，中国と米国が相手国である．経済規模の大きな隣国との 2 国間貿易が増えることは，重力モデルから容易に推測することができる．

ここで，重力モデルを導き出すために設定した仮定のいくつかを修正していく．具体的には，重力モデルに貿易コストや貿易障壁の存在を導入する．クルーグマン（Krugman 1979）は効用関数について消費の価格弾力性が消費量によって変動すると仮定したが，ここでは消費の価格弾力性が一定であると仮定する．このような CES の効用関数を使うと，クルーグマンモデルの重要な予測である選択効果と規模効果を上手く予測できなくなる反面，消費量と価格を簡素な形で導き出すことができる．

独占的競争では，価格は限界コストから価格のマークアップ分だけ高くなるが，外国製品の消費には貿易コストを支払わなければならないため，外国製品の価格はその分高くなる．完全競争を前提にした同質財の貿易では，外国製品の価格が高ければ，その需要はなくなることになるが，独占的競争を前提にした異質財の貿易では，外国製品の価格が高くても，その財の輸出がなくなることはない．ただし，実際の貿易データを見ると，日本で生産された財が世界中の全市場に輸出されているわけではない．この事実こそが，企

---

[20] 国の規模の類似性を研究した論文として，Helpman（1987）や Debaere（2005）を参照．

業の異質性と重力モデルを繋ぐ重要な点になるとともに,本章次節の議論の中心になる.

ここではj国でi国企業が提供する財の価格は以下のように表されると仮定する.

$$p_{ij}=t_{ij}p_i.$$

具体的には,t_{ij}はi国企業がj国市場にアクセスするために支払う貿易コストである.貿易に関わるコストには,輸送費,貿易保険や関税などに加えて,コンテナの輸送に関わる各種費用や手続きも含まれている.ただし,これらのコストは製品の輸送に関わるもので,輸送する量が増えれば比例的に上昇する費用である.重力モデルの実証研究では,2国間の地理的な距離を貿易コストとして用いることが一般的である(McCallum 1995).ここではCES効用関数を利用して,貿易コストを考慮した重力モデルを導くことにする[21].よって,全ての企業が輸出企業となり,市場から退出を迫られることもない.ここでは,簡略化した効用関数を仮定する.

$$U_j=\sum_{i=1}^{C}N_i(x_{ij})^{(\sigma-1)/\sigma}.$$

ここではσは1より大きい,つまり,それぞれのブランドは代替的であると仮定する.また,N_iはi国で生産されるブランドの数であり,それぞれのブランドに対してx_{ij}の需要があると仮定する.i国の生産者の規模が同じであると仮定すると($y_{ik}=y_i$),生産国の国内生産額は$Y_i=N_iy_ip_i$と定義される.このような設定では,個々のブランドの輸入額は効用の最大化問題によって導き出すことができる.

$$x_{ij}=Y_j(p_{ij}/P_j)^{1-\sigma}.$$

上記の式では輸入国のj国に存在する財の平均価格を$P_j=(\sum_{i=1}^{C}N_i(p_{ij})^{1-\sigma})^{1/(1-\sigma)}$とした.よって,2国間の総貿易額は$X_{ij}=N_ix_{ij}p_{ij}$で表せるので,

---

21) Baier and Bergstrand (2001) などを参照.

表2-4 重力モデルの推計

	モデル1 係数（標準誤差）	モデル2 係数（標準誤差）	モデル3 係数（標準誤差）
国内総生産			
輸出国のGDP	1.310 (0.011)	1.326 (0.010)	
輸入国のGDP	0.862 (0.011)	0.870 (0.010)	
貿易コスト			
2国間の距離		−1.071 (0.033)	−1.591 (0.036)
WTO		0.448 (0.060)	0.323 (0.236)
RTA		1.250 (0.067)	0.748 (0.070)
国境を共有		0.992 (0.117)	0.776 (0.133)
共通の言語		1.028 (0.059)	0.907 (0.063)
輸出国ダミー変数	No	No	Yes
輸入国ダミー変数	No	No	Yes
標本数	12,810	12,810	12,810
決定係数	0.585	0.688	0.800

$$X_{ij} = \frac{Y_i Y_j}{y_i}(p_i)^{-\sigma}\left(\frac{t_{ij}}{P_j}\right)^{1-\sigma}$$

となる．

　以上のように，輸出には輸送コストが必要となるという設定の下で重力モデルを導くと，輸送コストと2国間の貿易量は負の関係にあることが分かる．つまり，2国間の距離が拡大すれば，2国間の貿易は縮小する．表2-3で見たように，隣国の貿易が多い理由は，地理的な立地に関連している．また，2国間の貿易量が，輸出国と輸入国の国内生産額に比例して拡大するという重力モデルの根幹は変わらない．

　重力モデルが国際貿易の実証研究で多用される理由は，実証的に国際貿易を上手く推計できる点にある．表2-4では，国際連合Comtradeの129カ国の貿易データ（2005年）を使い，上記の式を線形logに変換して推計することにする．国際貿易3桁分類（輸入額ベース）を用いて異質財を特定した上で，その金額を足し上げX_{ij}を算出した．貿易コストに関しては，Head, Mayer, and Ries (2010) から作成した[22]．具体的には，2国間の距離や貿易協定の有無などを推計に利用する[23]．

モデル1はクルーグマンモデルから導き出し，Log 変換した重力モデルを推計した．推計結果を議論する前に，この推計には 12,810 のオブザベーションを使用していることを強調したい．129 国の2カ国貿易では，129×128＝16,512 個の組み合わせがあるはずである．しかし，実際には，データの 22.4% はゼロであるために，Log 線形の推計をする際には，これらを除外しなければならない．また，理論的な推計式が $\log(X_{ij}) = -\log(Y_w) + \log(Y_i) + \log(Y_j)$ となるため，輸出国や輸入国の国内生産量が増えると一対一の関係で2国間の貿易量が増えることになる．つまり，重力モデルを $\log(X_{ij}) = \alpha_0 + \alpha_1 \log(Y_i) + \alpha_2 \log(Y_j)$ という式で推計すると，α_1 と α_2 は1に近い値になることが予想される．

モデル1は，上記の式を推計したものである．理論から予測されるように，α_1 は 1.31，α_2 は 0.86 と輸出国と輸入国の国内総生産額に関する係数は，1に近い値となり，統計的にも有意である．また，モデル1は2国間の貿易額を2国間の国内総生産額のみで推計したが，それでも決定係数が 0.59 と高いことに注目したい．つまり，2国間貿易の統計的ばらつきの半分以上を国内総生産額と切片のみで説明できることになる．この実証上の説明力の高さが，重力モデルの魅力であり，共通通貨の貿易への影響（Glick and Rose 2002），WTO 加盟の貿易への影響（Rose 2004），旧宗主国と旧植民地の貿易関係（Head, Mayer, and Ries 2010）などの多様な研究に利用されることになる．

モデル2は，貿易コストを加えてモデル1の重力モデルを推計したものである．理論的に議論したように，貿易コストの上昇は，貿易量を低減させることになる．2国間の距離が大きくなれば貿易量は小さくなり，貿易協定や

---

22) http://www.cepii.fr/CEPII/en/bdd_modele/bdd.asp から，2国間の距離や使用言語，FTA や WTO の状況などの2国間データが研究者に利用可能になっている．
23) 貿易コストは，輸送費に加えて，政策や文化的な事柄にも影響されると考えられる．これらを説明するために，5つの変数を用意した．2国間の距離が遠ければ遠いほど輸送に関わるコストが高くなると推測されるため，距離と貿易量には負の関係があることが予想される．WTO は貿易に関わる2カ国が世界貿易機構のメンバー国である場合には1，それ以外は0とした．RTA は2カ国が地域や2カ国の貿易協定を結んでいる場合には1，それ以外は0とした．同じように，共通の言語の使用状況や2カ国が陸続きであるのかも貿易コストを説明する要素であると考えられる．

共通言語により貿易量は大きくなることが実証された．また，貿易コストを加味したことにより，決定係数が 0.69 まで上昇した．これは，輸送コストや貿易障壁が 2 国間の貿易を説明する上で重要な要素であることを実証している．最後に，$X_{ij}=(Y_i Y_j/y_i)(p_i)^{1-\sigma}(t_{ij}/P_j)^{1-\sigma}$ では，輸出国と輸入国の相対価格（p_i と P_j）が，貿易量を説明する要素になっている点も重要である[24]．

このように貿易コストや相対価格が 2 国間の貿易量を説明する重要な要素であるという理論的予測は，リカードモデルに生産性分布を導入した Eaton and Kortum（2002）モデルからも導き出すことができる．具体的には，生産性分布が Frechet 分布に従うとした上で，ある国が輸出国からある財を輸入する（つまり，輸出国の商品が輸入国市場で一番安くなる）確率は，技術レベルや生産・輸送コストに加えて，生産性の分布状況に依存すると考えた．このような仮定から導き出される重力モデルでは，2 国間の貿易額は，輸出国の生産規模に加えて，輸送コストを考慮した上での輸出国から見た輸入国の相対的な市場規模に依存することになる．ここでは，議論の簡略化のため，輸出国と輸入国のダミー変数を，経済規模と相対価格のプロキシーとして用いた（モデル 3）．これらのダミー変数を導入することで，決定係数が 0.80 まで上昇したことに注目したい．つまり，重力モデルの推計に関しては，貿易に関わる 2 国の経済規模に加えて，製品価格や生産コストの違いが貿易量に大きく影響していることが伺われる．

本節では，重力モデルの基本となる理論的な議論と実証結果を紹介した．重力モデルは，2 国間の貿易額を説明する有効な実証手法である．しかし，全ての 2 国間関係に貿易関係がある訳ではない．貿易統計を商品毎に詳しく見ていくと，ゼロの比率は驚くほど大きいことが分かる．このことが，重力モデルと企業の異質性を繋ぐ重要な要素となる．

---

[24] 本章での議論については，財の供給と，輸出も含めた需要が等しくなるという一般均衡分析の前提を重力モデルに導入していない．Anderson and van Wincoop（2003）は，この一般均衡条件を重力モデルに導入すると，価格指数（P_j）が内生的に決定することを示した．したがって，輸出国や輸入国のダミー変数では解決できない内生変数を考慮することが重要であると議論した．ただし，一般均衡条件を導入すると，推計方法が非線形になることが特徴である．また，Anderson and van Wincoop の相対価格指数（multilateral resistance）の導入については，Baier and Bergstrand（2009）を参照．

5. 企業の異質性と重力モデル

前節では，クルーグマンモデルと重力モデルを議論した．クルーグマンモデルは2国間の貿易を説明する重要なモデルであるものの，ブランドで差別化された財が世界中の全ての消費者によって消費されるという仮定は現実的なものではない．つまり，貿易が存在しない2カ国の組み合わせ（ゼロ貿易）も存在すると考えるのが自然である[25]．例えば，アフリカ諸国から日本へ輸出される財の数は決して多くない．これは，アフリカの輸出企業の生産性が低いことに加えて，アフリカから日本への輸送費が影響している．本節では，これらの要素を取り入れ，メリッツモデルを拡張したHMRモデル（Helpman, Melitz, and Rubinstein 2008）を議論する[26]．

前節で議論したように，国別の総貿易額を見ても，全ての国が全ての国と貿易している訳ではない．商品毎の詳細な貿易データを見れば，このゼロ貿易はさらに増えることが容易に想像できる．表2-5は，国際貿易分類（SITC）の3桁分類の輸入データを使い，129カ国の2国間貿易の有無を分析したものである．ここでは，144個の異質財のうち4個の財を，129の輸出国のうち12カ国を取り上げたものである．それぞれの財について，129×128＝16,512の2国の組み合わせが存在することになるが，実際に貿易が存在するのは平均30％程度である[27]．

輸出国別に見ると，経済規模の大きい国がより多くの輸出相手国を持っていることが分かる．また，輸出国によってその主要産業が違うことが分かる．

---

[25] ゼロ貿易への対処方法については，重力モデルを推計する上で重要な研究課題となってきた．トービット推計法を使ったEaton and Tamura（1994）や最尤法を使ったSilva and Tenreyro（2006）などを参照．

[26] 重力モデルに関するAnderson and van Wincoop（2003）の議論と同じように，HMRモデルについても一般均衡条件が導入されているわけではない．詳しい議論はBehar and Nelson（2014）を参照．

[27] つまり，ゼロ貿易の比率は70％程度である．ゼロ貿易の割合は，産業分類の細かさによって異なることは容易に想像がつく．例えば，これまで見てきたデータの貿易の総額を使うと，ゼロ貿易の割合は20％となる．貿易の国際化が進展したため，全ての国が何かしらの財を，全ての国に輸出しているのが現状である．

表 2-5 主要国の主要産業における輸出市場数

輸出国	自動車 (781)		飛行機 (792)		女性用衣服 (844)		時 計 (885)	
	市場数	シェア (%)	市場数	シェア (%)	市場数	シェア (%)	市場数	シェア (%)
開発途上国								
ブラジル	73	1.1	43	2.8	70	0.2	57	0.0
ロシア	76	0.1	60	0.4	48	0.1	55	0.1
インド	88	0.2	46	0.0	104	3.4	107	0.2
中 国	116	0.1	75	0.3	126	37.8	125	22.0
メキシコ	82	3.3	42	0.1	63	2.0	57	0.5
ナイジェリア	14	0.0	19	0.0	15	0.0	15	0.0
先進国								
フランス	123	7.0	100	22.4	102	2.1	116	2.5
ドイツ	126	24.0	98	8.7	98	2.1	119	2.9
イタリア	113	1.7	77	0.9	104	3.4	109	2.0
日 本	128	19.2	69	1.7	64	0.1	114	8.8
スイス	86	0.0	64	0.6	80	0.2	115	43.9
米 国	126	6.3	120	40.9	111	1.5	119	1.3

注：シェアは産業別の金額ベースで計算．
出所：UNComtrade より作成．

　自動車の輸出国としては，日本やドイツが有名であり，時計の生産と輸出はスイスの伝統産業である．表 2-5 にあるように，日本やドイツや米国はほぼ全ての国に自動車を輸出していることが分かる．また，日本や米国では 4 つの財をほぼ全ての市場に輸出しているのに対して，メキシコやナイジェリアなどの開発途上国は輸出相手国が少ないことが分かる．加えて，これらの開発途上国の輸出品目数は，先進国に比べて極めて少ない．先進国については，経済成長とともに知識集約的な産業に生産特化するものの，比較的に競争力のないと思われる産業も輸出産業として生き残る例が多く見られる．女性衣服（SITC コードは 844）については，単純労働集約産業であるため中国などに比較優位がある一方で，フランスやイタリアも伝統的に高級衣料製造の中心地となっているため多数の輸出市場が存在する．Schott（2004）はこのような同一財であるが品質の違いにより生産特化するモデルを製品内生産特化と名付けた．

　前節での重力モデルの議論では，輸出に関わるコストとしては変動費だけを仮定した．しかし，輸出企業として世界市場に進出できるのは全企業の一

握りでしかないという事実は，輸出には多大な固定費がかかることを暗示している．つまり，輸出に関わる固定費を賄うことができる生産性の高い企業のみが，海外市場へアクセスできることになる．クルーグマンモデルとメリッツモデルの大きな違いは，生産性による企業の異質性を考慮しているか否かにある．輸出市場での売上高は企業の生産性と輸送コストにより変わるので，企業が輸出するかしないかの判断は，輸出の利潤と輸出に関する固定費に依存することになる．

ここで，ゼロ貿易をメリッツモデルと関連付けることにする．例えば，日本からアフリカの内陸国マラウィへの自動車輸出を考えよう．日本からマラウィへの輸送費や輸出の固定費は企業に関わらずに同一であるとする．よって，マラウィへの輸出に利潤があるかないかは，企業の生産性の違いのみによって生じると考えるのがメリッツモデルである．トヨタが日本の自動車産業で生産性が一番高い企業であるとしたときに，三菱自動車工業がマラウィへの輸出に成功しているのならば，トヨタも当然輸出しているという考えである．つまり，2国間の貿易の有無については，輸出国の産業で生産性の一番高い企業のみを考えればいいことになる．簡単に言えば，輸出に関する利潤を輸出の固定費で割ったものが，1よりも大きければ輸出があると考えられるし，1よりも小さければ輸出には利潤がないと考えられるので企業はその市場に進出しないと考える．つまり，輸出の有無は，トップランナー企業の生産性や生産コストなどの輸出国要因と，市場規模などの輸入国要因をコントロールした上で，貿易に関する変動費と固定費に相関していると考えられる．このような貿易の有無の確率をプロビットモデルで推計する方法は，HMRモデルの2段階推計法の第1段階であるとともに，Debaere and Mostashari (2010) や Baldwin and Harrigan (2011) が米国の商品別貿易データを使い詳しく研究している．

ここでは，129カ国のデータを使い，2国間で貿易があるかないかについての確率を，プロビットモデルで推計する．表2-6は4つの産業について推計した結果である．プロビットモデルの推計では，Marginal Effect を提示することが一般的となっているが，ここでは推計された係数と標準誤差のみを提示する．例えば，2国間の距離が遠ければ，2国間で貿易が存在する確

表 2-6 プロビットモデルの推計

	自動車 (781)	飛行機 (792)	女性用衣服 (844)	時　計 (885)
	係数（標準誤差）	係数（標準誤差）	係数（標準誤差）	係数（標準誤差）
貿易に関する変動費				
2国間の距離	−0.614 (0.030)	−0.658 (0.041)	−0.733 (0.037)	−0.688 (0.036)
WTO	0.344 (0.145)	0.860 (0.179)	−0.096 (0.213)	0.013 (0.197)
RTA	0.396 (0.057)	0.226 (0.074)	0.450 (0.073)	0.221 (0.068)
国境を共有	0.499 (0.109)	0.406 (0.124)	0.466 (0.169)	0.664 (0.131)
共通の言語	0.323 (0.056)	0.328 (0.065)	0.450 (0.060)	0.368 (0.060)
貿易に関する固定費				
同じ法制度	0.345 (0.037)	0.220 (0.045)	0.272 (0.039)	0.373 (0.041)
輸出国ダミー変数	Yes	Yes	Yes	Yes
輸入国ダミー変数	Yes	Yes	Yes	Yes
標本数	16,384	15,378	15,876	16,128
貿易が存在する比率	24.9%	17.3%	29.7%	26.0%
決定係数	0.536	0.588	0.592	0.598

率が低くなる．また，WTO や RTA などの貿易協定や共通言語を使用していることは貿易の確率が高くなることを示している．貿易に関する固定費については HMR に従って，法律制度の類似性を利用した．法律制度を共有していれば，ビジネスにかかる費用や時間が低いと考えられるので，2 国間の貿易の確率が上がることが推計された[28]．

なぜこれらの確率が重力モデルを正確に推計する上で重要であるかというと，この推計式から予測される貿易の確率自体が，トップランナーの生産性や輸出企業と国内企業を分ける生産性のカットオフポイントの国際的な相違と密接に関連しているからである．つまり，企業生産性の分布が Pareto に従っていると想定した場合には，表 2-6 から導き出される確率は，2 国間貿易に参加する企業の割合であると数学的に解釈できることになる．したがって，重力モデルの推計に関して，この参加企業数を調整することは重力モデルを正確に推計する上で重要であると考えられている．HMR モデルが企業の異質性を重力モデルに取り入れたことは，既存の重力モデルの実証研究を

---

[28] Manova (2013) は HMR を基に，企業の貿易に関わる費用と企業の金融市場へのアクセスを研究した．

理解する上で，重要な進展であると言える．

6. おわりに

　近年，企業の異質性を前提とした国際貿易モデルが実証研究の中心に据えられている．日本では経済産業省が管轄する企業データを使用した研究が増えており，中国では企業データと貿易通関データが統合され，より新しい視点で企業の異質性の分析が可能になっている．しかし，日本の企業データは全ての研究者に利用可能とはなっていない上に，省庁の枠を越えたデータの利用や統合には制約が多い．本章で紹介した実証研究は，国際連合やOECDなどの国際機関から比較的安価，または無料で入手できるデータを使用している．

　本章で紹介したように，国・産業別データが充実したことで，伝統的国際貿易論を再考した実証研究やこれまで研究できなかった発展途上国を含めた実証研究が増えている．今後は，これらの国・産業別データを企業別データと組み合わせることで，より多様な分析が可能になると考えられる．本章で紹介した伝統的国際経済の実証手法が大学院生や若手研究者の参考になれば幸いである．

参考文献

Anderson, James E. and Eric van Wincoop (2003), "Gravity with Gravitas: A Solution to the Border Puzzle," *American Economic Review*, Vol. 93 (1), pp. 170–192.

Antràs, Pol and Davin Chor (2013), "Organizing the Global Value Chain," *Econometrica*, Vol. 81 (6), pp. 2127–2204.

Baier, Scott L. and Jeffrey H. Bergstrand (2001), "The Growth of World Trade: Tariffs, Transport Costs, and Income Similarity," *Journal of International Economics*, Vol. 53 (1), pp. 1–27.

Baier, Scott L. and Jeffrey H. Bergstrand (2009), "Bonus Vetus OLS: A Simple Method for Approximating International Trade-cost Effects using the Gravity Equation," *Journal of International Economics*, Vol. 77 (1), pp. 77–

85.
Baldwin, Richard and James Harrigan (2011), "Zeros, Quality, and Space: Trade Theory and Trade Evidence," *American Economic Journal: Microeconomics*, Vol. 3 (2): pp. 60–88.

Baldwin, Robert E. (1971), "Determinants of the Commodity Structure of U.S. Trade," *American Economic Review*, Vol. 61 (1), pp. 126–146.

Behar, Alberto and Benjamin D. Nelson (2014), "Trade Flows, Multilateral Resistance, and Firm Heterogeneity," *Review of Economics and Statistics*, Vol. 96 (3), pp. 538–549.

Bernard, Andrew B. and J. Bradford Jensen (1997), "Exporters, Skill Upgrading, and the Wage Gap," *Journal of International Economics*, Vol. 42 (1–2), pp. 3–31.

Bernard, Andrew B. and J. Bradford Jensen (1999), "Exceptional Exporter Performance: Cause, Effect, or Both?" *Journal of International Economics*, Vol. 47 (1), pp. 1–25.

Bernhofen, Daniel M. and John C. Brown (2004), "A Direct Test of the Theory of Comparative Advantage: The Case of Japan," *Journal of Political Economy*, Vol. 112 (1), pp. 48–67.

Bowen, Harry P., Edward E. Leamer, and Leo Sveikauskas (1987), "Multicountry, Multifactor Tests of the Factor Abundance Theory," *American Economic Review*, Vol. 77 (5), pp. 791–809.

Caron, Justin, Thibault Fally, and James R. Markusen (2014), "International Trade Puzzles: A Solution Linking Production and Preferences," *Quarterly Journal of Economics*, Vol. 129 (3), pp. 1501–1552.

Cassing, James and Shuichiro Nishioka (2015), "Per Capita Income and the Mystery of Missing Trade," *Review of International Economics*, Vol. 23 (3), pp. 606–619.

Davis, Donald R. and David E. Weinstein (2001), "An Account of Global Factor Trade," *American Economic Review*, Vol. 91 (5), pp. 1423–1453.

Deardorff, Alan V. (1980), "The General Validity of the Law of Comparative Advantage," *Journal of Political Economy*, Vol. 88 (5), pp. 941–957.

Debaere, Peter (2005), "Monopolistic Competition and Trade, Revisited: Testing the Model without Testing for Gravity," *Journal of International Economics*, Vol. 66 (1), pp. 249–266.

Debaere, Peter M. and Shalah Mostashari (2010), "Do Tariffs Matter for the Extensive Margin of International Trade? An Empirical Analysis," *Journal of International Economics*, Vol. 81 (2), pp. 163–169.

Dornbusch, Rudiger, Stanley Fischer, and Paul A. Samuelson (1977), "Comparative Advantage, Trade, and Payments in a Ricardian Model with a Continuum of Goods," *American Economic Review*, Vol. 67 (5), pp. 823–839.

Dornbusch, Rudiger, Stanley Fischer, and Paul A. Samuelson (1980), "Heckscher-Ohlin Trade Theory with a Continuum of Goods," *Quarterly Journal of Economics*, Vol. 95 (2), pp. 203–224.

Eaton, Jonathan and Samuel Kortum (2002), "Technology, Geography, and Trade," *Econometrica*, Vol. 70 (5), pp. 1741–1779.

Eaton, Jonathan and Samuel Kortum (2012) "Putting Ricardo to Work," *Journal of Economic Perspectives*, Vol. 26 (2), pp. 65–90.

Eaton, Jonathan and Akiko Tamura (1994), "Bilateralism and Regionalism in Japanese and U.S. Trade and Direct Foreign Investment Patterns," *Journal of the Japanese and International Economies*, Vol. 8 (4), pp. 478–510.

Evenett, Simon J. and Wolfgang Keller (2002), "On Theories Explaining the Success of the Gravity Equation," *Journal of Political Economy*, Vol. 110 (2), pp. 281–316.

Fadinger, Harald (2011), "Productivity Differences in an Interdependent World," *Journal of International Economics*, Vol. 84 (2), pp. 221–232.

Feenstra, Robert C. (2004), *Advanced International Trade: Theory and Evidence*, Princeton, N.J.: Princeton University Press.

Feenstra, Robert C. and Gordon H. Hanson (1996), "Foreign Investment, Outsourcing, and Relative Wages," in: Robert C. Feenstra, Gene M. Grossman, and Douglas A. Irwin (eds.), *The Political Economy of Trade Policy: Papers in Honor of Jagdish Bhagwati*, Cambridge, Mass. and London: MIT Press, Chapter 6, pp. 89–127.

Feenstra, Robert C. and J. Bradford Jensen (2012), "Evaluating Estimates of Materials Offshoring from US Manufacturing," *Economics Letters*, Vol. 117 (1), pp. 170–173.

Fieler, A. Cecília (2011), "Nonhomotheticity and Bilateral Trade: Evidence and a Quantitative Explanation," *Econometrica*, Vol. 79 (4), pp. 1069–1101.

Glick, Reuven and Andrew K. Rose (2002), "Does a Currency Union Affect Trade? The Time-series Evidence," *European Economic Review*, Vol. 46 (6), pp. 1125–1151.

Grossman, Gene M. and Esteban Rossi-Hansberg (2008), "Trading Tasks: A Simple Theory of Offshoring," *American Economic Review*, Vol. 98 (5), pp.

1978–1997.

Head, Keith, Thierry Mayer, and John Ries (2010), "The Erosion of Colonial Trade Linkages after Independence," *Journal of International Economics*, Vol. 81 (1), pp. 1–14.

Helpman, Elhanan (1984), "A Simple Theory of International Trade with Multinational Corporations," *Journal of Political Economy*, Vol. 92 (3), pp. 451–471.

Helpman, Elhanan (1987), "Imperfect Competition and International Trade: Evidence from Fourteen Industrial Countries," *Journal of the Japanese and International Economies*, Vol. 1 (1), pp. 62–81.

Helpman, Elhanan and Paul R. Krugman (1985), *Market Structure and Foreign Trade: Increasing Returns, Imperfect Competition, and the International Economy*, Cambridge, Mass.: MIT Press.

Helpman, Elhanan, Marc Melitz, and Yona Rubinstein (2008), "Estimating Trade Flows: Trading Partners and Trading Volumes," *Quarterly Journal of Economics*, Vol. 123 (2), pp. 441–487.

Johnson, Robert C. and Guillermo Noguera (2012), "Accounting for Intermediates: Production Sharing and Trade In Value Added," *Journal of International Economics*, Vol. 86 (2), pp. 224–236.

Krugman, Paul R. (1979), "Increasing Returns, Monopolistic Competition, and International Trade," *Journal of International Economics*, Vol. 9 (4), pp. 469–479.

Krugman, Paul R. (1980), "Scale Economies, Product Differentiation, and the Pattern of Trade," *American Economic Review*, Vol. 70 (5), pp. 950–959.

Krusell, Per, Lee E. Ohanian, José-Víctor Ríos-Rull, and Giovanni L. Violante (2000), "Capital-skill Complementarity and Inequality: A Macroeconomic Analysis," *Econometrica*, Vol. 68 (5), pp. 1029–1053.

Leamer, Edward E. (1980), "The Leontief Paradox, Reconsidered," *Journal of Political Economy*, Vol. 88 (3), pp. 495–503.

Leontief, Wassily W. (1954), "Domestic Production and Foreign Trade: The American Capital Position Re-Examined," *Proceedings of the American Philosophical Society*, Vol. 97 (4), pp. 332–349.

Manova, Kalina (2013), "Credit Constraints, Heterogeneous Firms, and International Trade," *Review of Economic Studies*, Vol. 80 (2), pp. 711–744.

Markusen, James R. (1986), "Explaining the Volume of Trade: An Eclectic Approach," *American Economic Review*, Vol. 76 (5), pp. 1002–1011.

Maskus, Keith E. (1985), "A Test of the Heckscher-Ohlin-Vanek Theorem: The Leontief Commonplace," *Journal of International Economics*, Vol. 19 (3-4), pp. 201-212.

Maskus, Keith E. and Shuichiro Nishioka (2009), "Development-related Biases in Factor Productivities and the HOV Model of Tade," *Canadian Journal of Economics*, Vol. 42 (2), pp. 519-553.

Matsuyama, Kiminori (2000), "A Ricardian Model with a Continuum of Goods under Nonhomothetic Preferences: Demand Complementarities, Income Distribution, and North-South Trade," *Journal of Political Economy*, Vol. 108 (6), pp. 1093-1120.

McCallum, John (1995), "National Borders Matter: Canada-U.S. Regional Trade Patterns," *American Economic Review*, Vol. 85 (3), pp. 615-623.

Melitz, Marc J. (2003), "The Impact of Trade on Intra-Industry Reallocations and Aggregate Industry Productivity," *Econometrica*, Vol. 71 (6), pp. 1695-1725.

Nishioka, Shuichiro (2012), "International Differences in Production Techniques: Implications for the Factor Content of Trade," *Journal of International Economics*, Vol. 87 (1), pp. 98-104.

Nishioka, Shuichiro (2013), "R&D, Trade in Intermediate Inputs, and the Comparative Advantage of Advanced Countries," *Journal of the Japanese and International Economies*, Vol. 30, issue C, pp. 96-110.

Nishioka, Shuichiro and Marla P. Ripoll (2012), "Productivity, Trade and the R&D Content of Intermediate Inputs," *European Economic Review*, Vol. 56 (8), pp. 1573-1592.

Rauch, James E. (1999), "Networks Versus Markets In International Trade," *Journal of International Economics*, Vol. 48 (1), pp. 7-35.

Ricardo, David (1817), *On the Principles of Political Economy and Taxation*, London: John Murray.

Rose, Andrew K. (2004), "Do We Really Know That the WTO Increases Trade?" *American Economic Review*, Vol. 94 (1), pp. 98-114.

Samuelson, Paul A. (1948), "International Trade and the Equalisation of Factor Prices," *Economic Journal*, Vol. 58 (230), pp. 163-184.

Schott, Peter K. (2003), "One Size Fits All? Heckscher-Ohlin Specialization in Global Production," *American Economic Review*, Vol. 93 (3), pp. 686-708.

Schott, Peter K. (2004), "Across-Product Versus Within-Product Specialization in International Trade," *Quarterly Journal of Economics*, Vol. 119 (2), pp.

647–678.

Silva, João M.C. Santos and Silvana Tenreyro (2006), "The Log of Gravity," *Review of Economics and Statistics*, Vol. 88 (4), pp. 641–658.

Stolper, Wolfgang F. and Paul A. Samuelson (1941), "Protection and Real Wages," *Review of Economic Studies*, Vol. 9 (1), pp. 58–73.

Trefler, Daniel (1993), "International Factor Price Differences: Leontief was Right!" *Journal of Political Economy*, Vol. 101 (6), pp. 961–987.

Trefler, Daniel (1995), "The Case of the Missing Trade and Other Mysteries," *American Economic Review*, Vol. 85 (5), pp. 1029–1046.

Trefler, Daniel and Susan C. Zhu (2010), "The Structure of Factor Content Predictions," *Journal of International Economics*, Vol. 82 (2), pp. 195–207.

Vanek, Jaroslav (1968), "The Factor Proportions Theory: The N-Factor Case," *Kyklos*, Vol. 21 (4), pp. 749–756.

第 3 章

多国籍企業と海外直接投資
──企業別データの充実による実証研究の発展

松 浦 寿 幸

1. はじめに

　海外直接投資（Foreign Direct Investment: FDI）は，世界的に拡大を続けていると言われている．UNCTAD（UNCTAD Stat）によると，1990〜1994 年の世界全体の直接投資フローの年平均は 2,019 億ドルであったが，2010〜2013 年の年平均直接投資フローは 1 兆 4,761 億ドルと，7 倍以上に拡大している．また，海外直接投資の増大に伴って注目を集めているのが，直接投資によって設立された多国籍企業による企業内貿易である．たとえば，Slaughter（2000）によると中間財貿易の大半は多国籍企業の親子会社間において取引される企業内貿易であると指摘されており，また，Hanson et al.（2005）は米系多国籍企業の輸出額の 9 割以上が，海外現地法人向けの中間財輸出であると報告している．

　こうした海外直接投資の拡大は，投資国にも被投資国にも大きな影響をもたらすと考えられる．投資国にとっては，海外直接投資から大きな収益が得られる一方で，国内の生産拠点の再編などの負の影響もあるかもしれない．また，被投資国にとっても，外資系企業の参入により競争が激化する可能性があるが，一方で，海外からの経営ノウハウの流入が期待されるため，直接的な雇用の創出のみならず，多国籍企業から地場企業への技術移転などの外部効果が期待される．そのため，海外直接投資は，研究者のみならず政策担

＊本章は，松浦（2014），および松浦（2015）の一部を大幅に加筆修正したものである．

当者の注目を集めてきた．

　かつて海外直接投資は，国際金融論の文脈で議論されることが多かった．そこでは，国際間の投資が自由化されると，投資収益率と投資の限界生産性が一致するまで投資量が拡大するといった枠組みで分析が行われてきた．しかし，この枠組みでは，上記で紹介した海外直接投資によって貿易フローがどのように変化するのかを分析するには不十分である．そのため，1980 年代より，国際貿易論の文脈で，自国からの輸出と現地生産の選択問題として理論モデルの構築が行われ，そして実証研究が進められるようになり，現在では多国籍企業の立地，貿易，外部効果に関する研究が大きな研究トピックとなっている．本章は，こうした海外直接投資の動向を踏まえた上で，海外直接投資の発生メカニズム，投資国・被投資国への影響に関する諸研究を紹介し，政策的な含意を整理するとともに，今後の研究の方向性を展望する．

　本章の構成は以下の通りである．第 2 節では海外直接投資の世界的な動向，ならびに日本の特徴を概観したのち，多国籍企業の特徴を整理し，いくつかの論点を提示する．第 3 節では，企業はなぜ海外に直接投資を行うのかという点を考える．その投資パターンを，水平的直接投資と垂直的直接投資に分類し，それぞれの目的と特徴を分析した諸研究を紹介する．第 4 節では，どのような企業が海外直接投資を行うのかを考える．多国籍企業は，一般に規模が大きく，生産性が高い企業が多いといわれているが，どのような状況で，どのような企業が多国籍化するのかに関する，企業の異質性を考慮した理論モデルを紹介する．これは，第 2 章で紹介した Melitz モデルを海外直接投資に応用した Helpman *et al.*（2004）に基づくものである．第 5 節では，海外直接投資が投資国経済，あるいは被投資国経済に及ぼす影響に関する実証研究を紹介する．最後に第 6 節では今後の研究における課題を述べる．

　なお，本章は，海外直接投資の「総論」を担当する章であるため，比較的古い研究から現在にいたる大まかな研究のトレンドを紹介することを目的としている．そのため，特に 2000 年以降の最新の研究については，各論である第 7 章（海外進出の決定要因）と第 8 章（海外進出のインパクト）で改めて掘り下げているので，併せて参照されたい．

2. 海外直接投資の動向と多国籍企業の特徴

　海外直接投資とは，企業が行う海外向けの経営権の取得を伴う投資と定義され，単に外国企業の株式を取得する証券投資と区別するために，International Monetary Fund（IMF）の定義では，10%以上の株式を取得するものが海外直接投資と呼ばれている．企業は，外国企業にライセンスを提供したり，アウトソーシングしたりすることで海外市場にアクセスすることがあるが，海外直接投資の場合は，海外拠点（海外子会社）を自社所有する海外進出であり，より大きなコストを伴う海外進出の手段と位置付けることができる．本節では，基本的な事実を確認するために，海外直接投資の世界的な動向，ならびに日本の特徴を概観し，直接投資によって設立された多国籍企業の特徴についてみていく．

2.1 海外直接投資の世界的な動向

　表3-1は，全世界の投資国（パネルA：対外直接投資）と被投資国（パネルB：対内直接投資）のシェアの推移をみたものである．1970年代は，投資国についてみると，全世界の約99%の直接投資が先進国によってもたらされており，その被投資国についても75%が先進国向けであった．その後も，海外直接投資の多くは欧米や日本などの先進国主導であり，全世界の直接投資に占める日米欧の比率は80%以上であった．しかし，2010年以降では65%程度になっている．途上国では，1990年代以降はアジア各国による直接投資も増加しており，特に東アジア諸国のシェアが大きい．2010年以降の数値に注目すると，ラテンアメリカ，中国からの対外直接投資が拡大していることがわかる．一方，被投資国については，先進国向けの海外直接投資が60〜70%前後で推移してきたが，2010年以降では40%台まで低下してきている．代わりに増加してきているのが途上国向けの直接投資であり，東アジア向けのシェアが1990年ごろより10〜15%で推移し，とりわけ中国が1990年代から6〜8%前後で安定的に推移している．近年，アフリカに進出している企業が増えていると言われているが，2010〜2013年でも3%前後と少ない．

表3-1 世界の直接投資の国・地域別シェア

A) 対外直接投資：投資国のシェア

年	1970～1979	1980～1989	1990～1999	2000～2009	2010～2013
先進国	98.9%	93.9%	89.1%	82.9%	65.5%
米　国	43.8%	18.7%	20.8%	17.4%	24.4%
欧　州	43.6%	52.1%	58.3%	56.0%	28.7%
日　本	5.7%	15.4%	6.0%	4.5%	8.2%
途上国	1.1%	6.1%	10.9%	17.1%	34.5%
東アジア	0.0%	3.4%	6.1%	6.7%	15.0%
うち中国	0.0%	0.4%	0.6%	1.6%	5.9%
南アジア	0.0%	0.0%	0.0%	0.7%	0.5%
東南アジア	0.2%	0.6%	1.9%	2.0%	3.7%
ラテンアメリカ	0.4%	0.9%	2.2%	4.2%	7.8%
アフリカ	0.4%	0.5%	0.5%	0.3%	0.7%
移行経済諸国	0.0%	0.0%	0.3%	2.1%	5.1%

B) 対内直接投資：被投資国のシェア

年	1970～1979	1980～1989	1990～1999	2000～2009	2010～2013
先進国	75.3%	77.7%	69.4%	64.6%	43.8%
米　国	13.4%	36.1%	22.1%	14.9%	12.8%
欧　州	42.8%	32.8%	41.7%	42.9%	23.1%
日　本	0.5%	0.2%	0.7%	0.8%	0.1%
途上国	24.7%	22.3%	30.6%	35.4%	56.2%
東アジア	1.8%	5.2%	10.6%	10.7%	15.0%
うち中国	0.0%	1.7%	7.2%	5.8%	8.2%
南アジア	1.5%	0.2%	0.6%	1.9%	2.5%
東南アジア	5.1%	4.3%	5.6%	3.6%	7.6%
ラテンアメリカ	11.8%	7.0%	10.4%	9.3%	17.7%
アフリカ	4.7%	2.4%	1.7%	2.7%	3.6%
移行経済諸国	0.0%	0.0%	1.0%	3.8%	6.4%

注：地域区分は World Investment Report の分類に従う．具体的には，途上国の「東アジア」は中国，韓国，北朝鮮，台湾，香港，マカオ，モンゴルを，「南アジア」はアフガニスタン，バングラディッシュ，ブータン，インド，イラン，モルディブ，ネパール，パキスタン，スリランカを，「東南アジア」はブルネイ，カンボジア，インドネシア，ラオス，マレーシア，ミャンマー，フィリピン，シンガポール，タイ，ベトナムを，「移行経済諸国」はロシアほか旧ソ連，旧ユーゴスラビア諸国を含む．
出所：World Investment Report（UNCTAD）を基に筆者作成．

次に，日本の直接投資についても確認しておこう．対外直接投資については，1980年代後半には世界シェアで15%にも達したが，2000年以降では6～8%で推移している．米国の直接投資水準は全世界の投資の20%程度であるが，日本のGDP水準は米国の約半分であることを考慮すると，対

GDP 比では米国のそれにやや劣る水準ということになる．一方，対内直接投資は 2000 年代の米国のシェアが 13～15% であるのに対して，日本のシェアは 1% を切っており，日本の経済規模を考えると著しく低いといえる．

事実 1) 投資国，被投資国のシェアについてみると，1970 年代は先進国間の直接投資が多かったものの，1980 年からは途上国向け，特に東アジア諸国向けの直接投資も徐々に増加してきている．また，2000 年代からは，東アジア諸国からの直接投資も拡大している．我が国の対外直接投資の世界シェアは，2000 年代で 6～8% であるが，日本の GDP 水準から考えると米国のそれをやや下回る水準といえる．一方で，対内直接投資の世界シェアは 1% を切っており，著しく少ないことがわかる．

2.2　日本の海外直接投資の特徴

では，日本の直接投資にはどのような特徴がみられるだろうか．表 3-2 は，我が国の対外直接投資の投資先のシェアを示している．1990 年代前半は北米向けが 42%，欧州向けが 22% であり，先進国向けが 6 割以上を占めていたが，その後アジア向け，ならびに，その他地域への直接投資のシェアが拡大している．直近の 2010～2013 年では，欧米向け直接投資のシェアは欧州向けが 24% でほぼ横ばいだが，北米向けは 17% まで低下している．一方で，アジア向けが 40%，その他地域向けが 18% にまで拡大している．

事実 2) 我が国の対外直接投資も 1980 年代後半から拡大しており，その投資先は，当初は北米向けが多かったが，その後はアジア向けが増加

表 3-2　日本の対外直接投資シェア

年	1990～1994	1995～1999	2000～2004	2005～2009	2010～2013
アジア	27.6%	26.6%	31.3%	30.9%	40.5%
北　米	41.6%	42.8%	29.6%	26.5%	17.2%
欧　州	22.0%	23.0%	31.6%	27.4%	24.3%
その他	8.8%	7.6%	7.5%	15.2%	18.0%

出所：財務省「財政金融統計月報」より筆者作成．

している．一方，対内直接投資は，多少の増減はあるものの，一貫して低い水準に留まっている．

では，進出先によって海外現地法人の活動に違いはみられるのだろうか．表3-3は，北米・欧州・アジアの各地域の日本企業の現地法人の販売・調達動向を見たものである．この表から，3つの事実が指摘できる．第1に，欧米向けの海外直接投資は現地・域内販売率が8割以上であり，現地・域内市場販売を目的とした直接投資が多いことがわかる．その傾向は時系列的には変化はみられないといえる．第2に，アジア向け海外直接投資は，かつては日本向けの販売比率が25％あったが，近年それが低下してきており，2013年には17％程度である．代わりに現地・域内向け販売比率が増加してきており，2000年の66％から70％に上昇している．これは，かつて主流だった輸出志向型の直接投資から，現地市場向けの投資が主流になりつつあることを示唆する．第3に，現地・域内からの調達率の上昇である．2000年には，いずれの地域でも現地・域内調達率が5割台，日本からの調達が3割台であったが，2013年には欧米で60〜65％程度，アジアでは7割を超えている．これらの観察事実を踏まえると，日本企業の海外子会社は，販売と調達

表3-3　日系海外現地法人の調達販売比率の地域間比較

海外現地法人の販売先シェア

	現地・域内販売		日本向け販売	
	2000年	2013年	2000年	2013年
北　米	92.8%	85.8%	2.9%	2.7%
アジア	66.2%	70.1%	24.7%	16.7%
欧　州	93.6%	86.4%	2.9%	2.3%

海外現地法人の調達元シェア

	現地・域内調達		日本からの調達	
	2000年	2013年	2000年	2013年
北　米	54.4%	65.4%	39.9%	28.2%
アジア	57.7%	72.6%	36.6%	24.5%
欧　州	52.9%	61.1%	39.0%	25.5%

出所：経済産業省「海外事業活動基本調査」．

の両面で現地化が進んでいるといえる.

事実 3) 日本の現地法人の販売調達動向を地域別にみてみると，欧米では現地・域内販売志向が強いのに対して，アジアでは輸出志向が高い. ただし，近年では在アジア日系現地法人の現地・域内販売率が上昇している.

2.3 多国籍企業の特徴

最後に，企業レベル・データを用いた国内企業と直接投資企業の比較をみておこう．表 3-4 は，Mayer and Ottaviano (2008)，若杉 (2011) によって示された，輸出企業，海外進出企業と国内企業のパフォーマンス格差（プレミア）を示している．これらの数値は，国内企業と輸出・海外進出企業のパフォーマンス指標（雇用者数，付加価値，平均賃金，資本労働比率）の平均値の比率を示しているが，この値が 1 よりも大きければ，輸出・海外進出企業

表 3-4 輸出企業・海外進出企業プレミア

輸出企業プレミア

	雇用者数	付加価値	賃金	資本労働比率
日　本	3.02	5.22	1.25	1.29
ドイツ	2.99		1.02	
フランス	2.24	2.68	1.09	1.49
イギリス	1.01	1.29	1.15	
イタリア	2.42	2.14	1.07	1.01

海外進出企業プレミア

	雇用者数	付加価値	賃金	資本労働比率
日　本	4.79	8.79	1.26	1.53
ドイツ	13.19			
フランス	18.45	22.68	1.13	1.52
ベルギー	16.45	24.65	1.53	1.03
ノルウェー	8.28	11.00	1.34	0.87

出所：若杉 (2011).

は国内企業よりもパフォーマンスが良いということを示す．プレミアの大小については，国により，指標により異なっているものの，いずれの国，指標においても1を上回っていることがわかる．また，輸出企業プレミアと海外進出企業プレミアを比較すると，海外進出企業プレミアのほうが大きくなっており，海外進出企業のパフォーマンスが高いことがわかる．もう一つ興味深い点として，輸出企業プレミアでは，欧州諸国に比べて日本のプレミアが比較的大きくなっているのに対して，海外進出企業プレミアでは，特に雇用者数と付加価値で，欧州諸国よりも日本のほうが小さくなっていることがわかる．

事実4） 海外進出企業は，国内企業に比べて，売上，従業員数，生産性などにおいて優れている．こうした傾向は日本のみならず，多くの欧米諸国でも確認されている．

2.4 海外直接投資の動向——まとめ

本節では，海外直接投資の動向を俯瞰し，その特徴を整理した．以下の第3節では，事実1〜3を踏まえて，海外直接投資の進出先の違いと直接投資の動機について議論し，第4節では，事実4を踏まえて直接投資を行う企業とそうでない企業の比較を行う．第5節では，直接投資が投資国，被投資国の経済に及ぼす影響について，これまでの理論・実証研究を紹介しながら検討していく．

3. 直接投資の動機

前述の通り，初期の海外直接投資の研究は，国際金融論の文脈で投資収益率と国際的な資金フローの関係を中心に論じられてきた．しかし，海外直接投資は生産拠点の新設，あるいは移転であることを踏まえると，2国間の貿易量，ならびに各国の生産量に大きな影響を及ぼすと考えられる．つまり，生産拠点の立地と貿易量との関係を明示的に考慮したモデルが必要となる．

こうした問題意識の下，1980年代半ばごろから，海外直接投資の理論・実証研究が活発に行われるようになった．こうした初期の理論・実証研究では，海外直接投資をその目的に注目して水平的直接投資と垂直的直接投資に分類し，分析・考察が行われてきた．水平的直接投資は，海外に拠点を設けて国内とほぼ同様の生産活動を行うような海外直接投資を指し，先進国向けの直接投資に広くみられる．それに対して，垂直的直接投資は，国内の生産活動の一部の工程を海外に移すような直接投資と定義され，途上国向けの直接投資に多いとされる．なお，本節の最後（3.4節）に，これらのメカニズムを踏まえて，なぜ対日直接投資が少ないのかについて論じる．

3.1 水平的直接投資

水平的直接投資は，自国と同じ製品を海外でも生産し，輸送費を節約するようなタイプの直接投資を指す．この種の直接投資は，市場アクセス動機 (market access motive) に基づく直接投資と呼ばれることもある．図3-1は，水平的直接投資の生産パターンを図示しており，企業は，自国で生産拠点を集中させ海外には輸出を行うか，自国と外国にそれぞれ生産拠点を分散させ各市場の消費者に製品を供給するかの選択を行う．たとえば，トヨタ自動車は2012年現在，世界23カ国に生産拠点を持っており，各国市場向けに自動車を生産している．これは自動車の場合，輸送費がかさむため市場に近いと

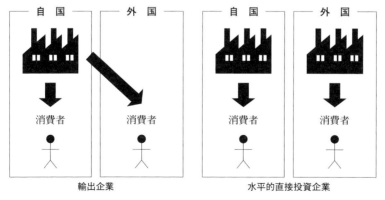

図3-1 輸出企業と水平的直接投資企業の生産パターン

ころで生産するほうがコストを抑えることができるからである．一方で，中東など未進出地域には，日本国内の工場から輸出が行われているといわれている[1]．

水平的直接投資の理論的なメカニズムは，Markusen (1984), Brainard (1993) などの理論研究，Brainard (1997) による実証研究で議論・検証されている．以下，Brainard (1993, 1997) の設定に基づき，企業が海外で生産活動を行う際，どのようなメリット・デメリットが発生するかを紹介しよう．

メリットとしては，R&D 等の技術やノウハウの活用と市場への接近性 (Proximity to market) である．R&D 等の企業が所有する技術は，ほとんどコストをかけることなく他の生産拠点に導入が可能である．こうした企業の知識生産活動には規模の経済性があり，生産拠点を増やしていくことでそのメリットを最大限に享受できる．もう一つの市場の近接性は，海外に生産拠点を設けることで市場への貿易費用（輸出の際の輸送費＋関税等のコスト）を節約できるというものである．一方，デメリットとしては，生産拠点を分散させることによる生産部門における規模の経済性 (Concentration) の喪失がある．今まで輸出していた国内生産を海外に移転させると，国内の生産規模が小さくなるので規模の経済性が失われる可能性がある．

水平的直接投資では，これらのメリット・デメリットの大小関係で海外直接投資が行われるかどうか決まってくると考えられる．このうち市場への貿易費用には，輸送費のみならず，関税などの様々な貿易政策によっても変わってくる費用も含まれる．たとえば，相手国が関税率を上昇させると輸出による利益が減少するので，企業は現地生産を行うことで市場への貿易費用を節約するインセンティブを持つことになる．

Brainard (1997) は，この理論モデルを検証すべく，米国のデータを用いて，以下のような推計式を推計している．

---

[1] トヨタ自動車の決算資料によると，2012 年時点では中近東での販売台数は 68.4 万台である．うち，36.4 万台が日本から輸出されており，残りの 32 万台は第三国生産拠点からの輸出となっている．なお，第三国生産拠点からの輸出は年々拡大しており，こうした海外拠点から他地域への輸出を行うタイプの海外直接は，近年，輸出基地型直接投資として注目を集めている．輸出基地型直接投資については第 7 章で紹介する．

$$EXshare_i^j = \beta_0 + \beta_1 FREIGHT + \beta_2 TARIFF + \beta_3 PWGDP + \beta_4 TAX$$
$$+ \beta_5 TRADE + \beta_6 FDI + \beta_7 PSCALE + \beta_8 CSCALE + \varepsilon$$

被説明変数の $EXshare$ は，i 産業の企業が j 国市場にアクセスする際の輸出シェア，すなわち，輸出／（輸出＋海外現地法人売上高）であり，輸出と現地生産のどちらが大きいかを示している．一方，説明変数は輸送費 $FREIGHT$，関税率 $TARIFF$ が貿易費用であり，これが大きいと企業は輸出よりも現地生産を選択するので，$\beta_1 < 0$ と $\beta_2 < 0$ が期待される．$PWGDP$, TAX, $TRADE$, FDI は j 国の属性を示す変数であり，それぞれ 1 人当たり GDP，法人税率，貿易開放度，直接投資開放度である．残りの2つの変数は産業の規模の経済性を示す変数で，$PSCALE$ と $CSCALE$ はそれぞれ工場レベルの規模の経済性指標と企業レベルの規模の経済性指標である．それぞれの規模の経済性を示す指標としては，各産業の製造部門の従業者数，ならびに非生産部門の従業者数が用いられている．$PSCALE$ が大きければ企業は国内に生産拠点を集中させようとするのに対して，$CSCALE$ が大きければ生産拠点を分散させるインセンティブが働くと考えられるので，$\beta_7 > 0$ と $\beta_8 < 0$ が期待される．Brainard（1997）は，米国の海外直接投資統計と貿易統計を用いて上記の式を推計している．その結果，輸送コストと関税率の係数，β_1 と β_2 はともにマイナス，規模の経済の係数，β_7 と β_8 は，それぞれプラスとマイナスになり，理論仮説が検証されたと報告している．

上記の実証研究で，貿易コストは輸送コストと関税率で計測されていたが，貿易コストは関税以外の貿易政策によっても変化する．たとえば，1980 年代の欧州ではビデオテープレコーダー（Video Tape Recorder: VTR）や複写機の日本メーカーがダンピングについてクロの裁定が出たことにより，現地生産が加速した．ダンピングでクロと判定されると，非常に高いアンチダンピング関税が課されるため，企業はこれを回避するために直接投資を行うのである．VTR の場合，1982 年にダンピングの提訴が行われると，ソニーと日本ビクターがドイツで現地生産を開始し，松下電器（現パナソニック），三菱電機，東芝がそれに続いている[2]．米国においては，コダック社の富士フイルムを対象としたダンピング提訴により，富士フイルムが 1995 年にサウ

スカロライナ州の Greenwood に生産拠点を設置し，カラー印画紙の現地生産を開始している．自動車については，米国で 1980 年代初頭にダンピング提訴が行われたものの，結果はシロであった．しかし，当時，貿易摩擦は政治的な対立に発展しており，日本側は一時的な対応措置として輸出の自主規制を行うこととした．この措置は一時的な対応であるため，長期的な貿易摩擦回避措置として，1982 年にホンダがオハイオ州メアリーズビルに進出したのを皮切りに，各自動車メーカーは米国での現地生産を開始している．これらの直接投資は，いずれも貿易コストを節約するための水平的直接投資と理解することができる[3]．

3.2 垂直的直接投資

先進国向けの直接投資は，トヨタの海外展開の事例からも明らかなように，自国と同じ財を各国で生産するタイプの直接投資に広くみられる．一方，生産工程を分割し，その工程の一部を比較優位のある外国に移転させるような直接投資を垂直的直接投資と呼ぶ．このタイプの直接投資は，比較優位動機 (Comparative advantage motive) に基づく直接投資と呼ばれることもある．より具体的には，企業の生産工程のうち，労働集約的な工程を賃金の安い途上国に移転させるような直接投資がこれに該当する[4]．

垂直的直接投資の先駆的な研究である Helpman (1984) では，多国籍企業による垂直的直接投資は，2 国間で要素比率が大きく異なる際に発生すると指摘されている．今，技能労働者と単純労働者を持つ 2 国を考えよう．また，企業は，製品開発などの R&D を担当する本社部門と製造部門を持ち，前者のほうがより技能労働者集約的であるとしよう．もし，2 国間で技能労働者と単純労働者の賦存量の比率に違いがなければ，企業は海外で生産する

---

2) Sachwald (1995) の p. 112, Figure 3 を参照．
3) なお，貿易政策が海外直接投資に及ぼす影響については第 12 章を参照のこと．
4) 第 1 節で紹介した通り，近年，企業の海外からの中間財調達が拡大している．このうち，自社の海外子会社からの調達は垂直的直接投資による企業内貿易とみなされるが，海外の企業に生産を委託して中間財を調達する方法をアウトソーシングと呼ぶ．本書では，企業がアウトソーシングと直接投資による企業内貿易のどちらを選択するかについては第 4 章で議論している．

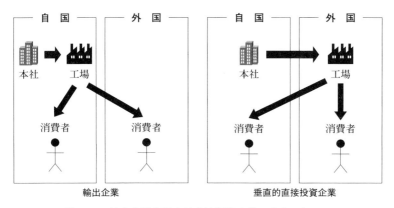

図3-2 輸出企業と垂直的直接投資企業の生産パターン

インセンティブを持たない．なぜなら，両国の技能労働者と単純労働者の賃金は等しくなるので，わざわざ本社部門と生産部門を別の国に配置する必要はない．しかし，2国間で技能労働者と単純労働者の比率が大きく異なる場合，技能・単純労働者の賃金は2国間で均等化せず，相対的に賦存量が多い労働者の賃金が相対的に安い．そのため，企業は単純労働者比率の大きい国に製造部門を設置し，技能労働者が豊富な国に本社部門を設置するという，垂直型の直接投資を行うインセンティブを持つことになる．図3-2は，このタイプの直接投資を図示したものである．企業は，本社部門と製造部門（工場）から構成されるとすると，垂直的直接投資は工場を海外に移す直接投資と定義できる．

　Helpman（1984）の垂直的直接投資モデルは，本社部門と製造部門の分離として分析されているが，実際の企業の直接投資パターンをみると，製造部門のうち労働集約的な一部の生産工程を海外に移転させる海外直接投資が，アジア地域では広範にみられることが指摘されている．このような直接投資の場合，資本集約的な中間財を国内で生産し，その後，海外現地法人に輸出，海外で組み立てた後，再び自国に輸出される．そのため途上国では中間財の貿易が拡大していると指摘されている[5]．こうした，生産工程の一部を異な

5） たとえば Hummels et al.（2001）はOECDの産業連関表を用いて，世界の貿易量のうち30％が工程間分業に伴う中間財貿易であると指摘している．同様に，Yeats

る場所に移転させることをフラグメンテーション (fragmentation) と呼び，Jones and Kierzkowski (1990) や Deardorff (2001) などによって研究が行われている．

垂直的直接投資の典型例としては，半導体メーカーのアジア向け投資が挙げられる．半導体の生産工程は，高度な生産技術とクリーンルームが必要な前工程と，検査や組み立てなど労働集約的な後工程によって構成される．半導体は製品サイズが小さく，空輸であっても大量に輸送が可能であるため，1970年代，1980年代ごろから労働集約的な後工程の海外移転が行われてきた．たとえば，NECは1974年にマレーシアに後工程を担う海外生産拠点を設けている．

こうした海外拠点と自国との間では，中間財の貿易が行われていることが知られている．たとえば，日系電機メーカーの海外現地法人の地域別販売・調達比率を整理した松浦ほか (2008)[6] によると，中国に立地する半導体生産子会社は，仕入額のうち91％が日本からの輸入で，販売先の68％が日本向け，24％が第三国向け輸出，8％が現地市場向け販売であると指摘されている．また，ASEANやNIES諸国に立地する半導体生産子会社でも日本からの調達率は8割を超えていることから，アジア地域の半導体生産子会社は工程間分業を行っているものと報告されている．

3.3 垂直的直接投資 vs. 水平的直接投資——知識資本モデル

垂直的直接投資と水平的直接投資を統合するモデルとして提唱されたのが，Markusenらによる知識資本モデルである．知識資本モデルでは，次の2つの仮定を置いている．第1に，生産部門は単純労働集約的，本社サービスは技能労働集約的であり，両者は異なる場所に立地させることができる．この仮定により，企業は，単純労働者が豊富な国で生産活動を行い，技能労働者が豊富な国に本社部門を立地させることになる．第2に，本社サービスは公

(2001) は貿易データから，OECD諸国の電機・輸送機械の輸出額のうち30％が部品などの中間財であると指摘している．
6) 松浦ほか (2008) は，2000年の経済産業省「海外事業活動基本調査」の個票データを再編加工し，詳細な業種分類で現地法人の販売・調達比率を整理・分析している．

共財的な機能を持ち，本社で行われる技術開発などは他の生産拠点でも利用できるとしている．

Markusen（2002）は，知識資本モデルを用いて，投資国と被投資国の経済規模，技能・単純労働者比率，貿易コストなどが変化した際に，企業はどのような直接投資を行うかをシミュレーション分析から明らかにしている．

1) 貿易費用が程々に高く，両国の経済規模，技能・単純労働者比率が類似しているとき，水平的直接投資が行われる．
2) 技能・単純労働者比率が類似しているものの，両国の経済規模に差があるとき，自国に本社部門・生産部門の両方を立地させ，海外市場には輸出でアクセスする．
3) 両国の経済規模が類似しているものの，両国の技能・単純労働者比率に差があるとき，技能労働者が豊富な国に本社部門を配置し，単純労働者が豊富な国に生産部門を設置する垂直的直接投資を行う．
4) 貿易コストが低い場合で技能・単純労働者比率が類似しているときは，水平的直接投資を行うよりも自国から輸出するほうが有利となるので，直接投資は行われなくなる．ただし，貿易コストが低い場合で技能・単純労働者比率が異なる場合は，垂直的直接投資が有利になる．

さらに，このモデルによる実証研究が Blonigen *et al.*（2003）である．彼らは以下のようなモデルを推計している[7]．

---

7) なお，知識資本モデルの実証研究は，Markusen and Maskus（2001, 2002）や Carr *et al.*（2001）などでも行われている．ただし，データや定式化によって技能労働者比率の係数が異なるなどの問題点が指摘されていた．Blonigen *et al.*（2003）は，これらの研究では技能労働者比率の差が説明変数に用いられている点が問題であると指摘し，技能労働者数の差の絶対値をとることで，頑健な結果が得られることを示した．

$$Real\ Sales^{ij} = \beta_0 + \beta_1(GDP^i + GDP^j) + \beta_2(GDP^i - GDP^j)^2 + \beta_3(|Skill^i - Skill^j|)$$
$$+ \beta_4(|GDP^i - GDP^j|)(|Skill^i - Skill^j|) + \beta_5(\alpha^j) + \beta_6(\tau^j)$$
$$+ \beta_7(\tau^j)(Skill^i - Skill^j)^2 + \beta_8(\tau^i) + \beta_9 Distance^{ij}$$

　被説明変数は，i国企業がj国に所有する子会社の実質売上額 (Real Sales) である．説明変数は，最初の2項が，それぞれi国とj国の GDP の合計，2国の GDP の差の2乗であり，前者は両国の市場規模を示し，後者は2国間の経済規模のバラつきを示す．GDP の差の2乗は，両国の経済規模に差があると大きな値になり，類似していると小さくなる．よって，上記の1)より，係数β_1とβ_2の期待される符号は水平的直接投資のとき$\beta_1>0$と$\beta_2<0$，垂直的直接投資のとき$\beta_1=\beta_2=0$となる．次に第3項は，技能労働者比率 (Skill) の差の絶対値である．理論仮説によると，両国の技能労働者比率が異なっているほど，水平的直接投資が行われにくくなる．よって，垂直的直接投資のときは$\beta_3>0$，水平的直接投資のときは$\beta_3<0$となる．その他の説明変数は，第4項は，2国の GDP の差の絶対値と技能労働者比率の差の絶対値の交差項，残りの説明変数のα^jはj国の投資コスト，τ^jは貿易コスト，$Distance^{ij}$は投資国と自国の間の距離である．

　Blonigen et al. (2003) の実証分析では，1986年から1994年の米国の海外直接投資統計から得た国別海外子会社売上高を用いて，上記の仮説を検証している．技能労働者比率 Skill は，各国の技能労働者比率 (専門的・管理的労働者の比率)，投資コストや貿易コストは World Competitiveness Report に報告されている最小値が0，最大値を100とする指数である．推計結果からは，市場規模の係数と市場規模の差分の2乗の係数は，$\beta_1>0$と$\beta_2<0$となり，水平的直接投資と整合的な結果が得られたと報告されている．一方，技能労働者比率が海外子会社売上高に及ぼす影響については，いくつかの交差項が含まれているため，限界効果を計測する必要がある．そのため，Blonigen et al. (2003) では以下の式を計算し，技能労働者比率が1標準偏差変化したときの海外子会社売上の変化幅を計算している．

$$\frac{\partial 実質海外子会社売り上げ^{ij}}{\partial |Skill^i - Skill^j|} = \beta_3 + \beta_4 (|GDP^i - GDP^j|) + 2\beta_7 (\tau^j)(Skill^i - Skill^j)$$

計算の結果,推計のサンプルや推計式の定式化を変更しても技能労働者比率の差の絶対値が実質売上高に及ぼす影響はマイナスになったと報告している.この結果は米国の海外直接投資の多くが水平的直接投資であることを示唆するものである[8].

3.4 新規投資か M&A か？

ここまでの議論では,直接投資を実施する際の参入形態,すなわち,新規の投資（Green field investment）か既存企業の買収（Cross-border M&A,以下 M&A と呼ぶ）かについては議論してこなかった.新規投資の場合には土地や設備投資,また事業認可の取得など事業開始に様々なコストがかかるのに対して,M&A では既存企業の経営資源をそのまま利用するので事業開始のコストを節約することができる.一方で,M&A では,本社から子会社に経営資源を移転する際に摩擦が生じたり,また,その買収費用は需給によって決まるため,しばしば巨額な金額になる場合もある.よって,新規投資か M&A かによって投資コストが異なり,また,政策的な観点からは,直接投資誘致のための政策手段も異なってくると考えられる.

代表的なものとしては,Nocke と Yeaple による一連の研究がある.Nocke and Yeaple（2008）は,様々な国や企業の属性が変化したときに,新規投資と M&A のどちらが増加するかを分析している.たとえば,企業の生産性が高く,また,生産コストの高い国の企業が生産コストの低い国に投資する際には新規投資が好まれるが,生産コストに差がないときには M&A が行われる,といった点を指摘している.Nocke and Yeaple（2007）は,第 4 節で紹介する企業の異質性のモデルに経営能力（capability）という

---

[8] なお,Blonigen et al.（2003）による一連の知識資本モデルの実証研究では,被投資国別の米系企業の対外直接投資データを用いた分析が行われてきたが,産業別被投資国別の対外直接投資データを用いた Yeaple（2003）では,産業によっては垂直的な動機に基づく直接投資も無視できない規模であると指摘されている.

概念を導入し，どのような環境で，どのような企業の，どのような進出形態による海外直接投資が行われるかを分析している．ここでの経営能力としては，異なる国でも適用可能な能力と，各国に固有の移転不可能な経営能力（たとえば顧客やサプライヤーのネットワークなど）を識別しており，後者がより重要なときには，地場企業が所有する移転不可能な経営能力を獲得するためのM&Aが主流となることを示している．

なお，実証研究としては，Raff et al. (2012) が東洋経済「海外進出企業総覧」の企業データを用いた分析を行っている．彼らの研究ではフォーマルな理論構築は行っていないものの，新規投資を単独出資の新規投資と地場企業との共同出資の新規投資に分割するという点で，NockeとYeapleの研究を拡張している．つまり，進出形態としてM&A，単独出資の新規投資，共同出資の新規投資の3つのモードを対象としている．推計は2段階で行われ，第1段階では海外直接投資を実施するかどうか，第2段階では，どの進出形態を選択するかについて分析が行われている．分析結果からは，生産性が高い企業でM&Aよりも単独出資の新規投資が好まれることが示されている．

Nocke and Yeaple (2007) が指摘する，移転不可能な経営能力の獲得のためにM&Aによる海外直接投資が行われるという点は，以前から経営学分野でその重要性が指摘されてきている（たとえば，Shimizu et al. 2004）．この種の海外直接投資は，途上国企業が先進国企業を買収するタイプの直接投資に広くみられる．たとえば，2008年にインドのタタ・モーターズがフォードグループから英国のジャガーとランドローバーを買収した事例は，当時注目を集めた．その他にも，近年ではアジア系企業による日本企業に対するM&Aも拡大している．

3.5　対日直接投資はなぜ少ないか？

本小節では，なぜ対日直接投資が少ないのかについて，ここまでの議論を踏まえつつ，先行研究を紹介しておきたい[9]．第2節の表3-1で紹介した通り，我が国の対内直接投資は，対外直接投資の規模に比べて著しく小さい．

---

[9] なお包括的なサーベイについては，深尾・天野 (2004)，ならびに清田 (2014) を参照されたい．

日本の場合，労働コストが高いので垂直的直接投資の生産拠点としての魅力は少ないかもしれないが，水平的直接投資の場合，大きなマーケットは投資先の魅力となるはずである．では，なぜ対内直接投資は少ないのだろうか．

まず，欧米諸国からみると日本の市場は，地理的に離れており，また言語が異なるため，こうした要因が日本への直接投資を妨げている要因になっているかもしれない．これらの要因をコントロールするためグラビティーモデルを用いて分析した研究に Eaton and Tamura（1994），ならびに佐藤・大木（2012）がある．彼らは被説明変数に米国の OECD 諸国向け対外直接投資，説明変数に投資先の各国の GDP，1人当たり GDP，米国からの距離，英語を公用語とするかどうかのダミー変数，さらに日本を含む各国・各地域のダミー変数を用いた回帰分析を行っている．Eaton and Tamura（1994）は 1990〜1994 年を，佐藤・大木（2012）は，Eaton and Tamura のサンプル期間を 1990〜2009 年に拡張して分析を行っている．その結果，距離や言語を考慮してもなお日本向け海外直接投資が少なく，佐藤・大木（2012）は「日本は一貫して直接投資先として『選ばれない国』であった」と結論付けている．

では，言語や距離といった要因以外に，どのような要因が対日直接投資を妨げているのだろうか．従来の研究では，系列，そして規制，公的企業の存在が阻害要因であると指摘されてきた．系列については，Lawrence（1993）が「外資系企業動向調査」の産業別データを用いて対内直接投資の決定要因を分析し，企業系列が有意に対内直接投資を阻害していると報告している．しかし，その後のより詳細なデータを用いた研究（Weinstein 1996; Fukao and Ito 2003; Kimino et al. 2012）では否定的な結論が導かれている．規制や公的企業の存在については，伊藤・深尾（2003）が詳細な産業別の外資浸透率データによる実証分析を行っている．彼らの分析によると，製造業については，規制指標は有意ではないが公的企業のシェアは負で有意な結果を得たと報告されている．一方，非製造業では，規制指標と公的企業のシェアがいずれも有意に負となり，こうした政策要因を改善することが対内直接投資の促進につながると結論付けている．ただし，彼らの研究では，どのような制度要因が阻害要因となっているのか，までは分析されておらず，これまでの

様々な政府の施策の評価も含め，より詳細な分析が必要であるといえる．

3.6 まとめ——直接投資の動機

本節では，様々なタイプの直接投資を紹介してきたが，今後，どのような直接投資が増加していくのか，また，直接投資の増加によって，世界各国の生産・貿易パターンがどのように変化していくかを分析するためには，以下の2つの点について分析を深めていく必要がある．第1は，どのような企業が，本章で紹介した様々なタイプの海外直接投資を実施しているのか，といった企業属性と海外直接投資パターンの違いである．第1節でも指摘した通り，同一産業であっても直接投資を行う企業とそうでない企業が併存していることが知られている．どのような条件の下で，どのような企業が，どのような直接投資を行っているのかを明らかにすることは，今後の直接投資の動向を探る上で重要な論題である．第2の分析は，直接投資のタイプ別に，その各国経済（投資国，あるいは被投資国の経済）への影響が異なるかどうかの検証である．海外直接投資の規模が拡大する中で，その国内経済への影響について，関心が高まっているが，直接投資のタイプによって，その各国経済への影響は異なると考えられる．こうした点は，投資優遇政策，あるいは投資促進政策の在り方などを検討する上で重要な研究課題である．この点については第5節で議論する．

4. 海外直接投資と企業の異質性

1980年代，1990年代の海外直接投資の研究は，主に集計されたデータを用いて分析が行われてきた．集計レベルのデータを用いた研究は，マクロ的なトレンドを把握する上では有用であるが，第2節の表3-4でみたように，なぜ同一産業であっても海外に進出する企業とそうでない企業が併存するのかといった点を分析することができない．さらに，どのような企業が，世界的な貿易・投資の自由化のメリットを享受しているのかといった政策的な課題に応えることができない．こうした点を明らかにするために，企業レベル・データを用いた分析が不可欠となる．企業レベル・データを用いた海外

直接投資に関する研究は，Kimura and Kiyota（2006），Mayer and Ottaviano（2008），若杉（2011）などによって行われており，海外進出企業，輸出企業，国内企業の間に，売上，従業者数，生産性などで差がみられることが指摘されている．本節では，企業の異質性を考慮した企業の海外進出モードに関する研究を紹介する．

4.1　企業の異質性と海外直接投資——理論的枠組み

本小節では，輸出企業と国内企業の間に生産性格差が生じるという事象的な事実を出発点に，このメカニズムを理論的に分析した Melitz（2003）を拡張した Helpman et al.（2004）を紹介する[10]．Helpman et al.（2004）では，Melitz（2003）と同様，自国と外国は経済規模や要素価格が等しい，同一産業内に生産性が異なる企業が併存，企業は独占的競争下の市場で操業し，輸出に伴う氷塊型貿易コスト[11]と輸出に伴う固定費の存在を仮定している．これに加えて，直接投資の際には，輸出に追加的な固定費がかかるため，国内生産（f^D），輸出（f^X），直接投資（f^I）の際の固定費は，国内生産＜輸出＜直接投資の順に大きくなると仮定されている．輸出と直接投資の違いは，固定費と貿易コストにある．直接投資を選択した企業は，追加的な固定費を支払う必要があるが，現地生産により外国の消費者に財を供給するので，貿易コストを節約できることになる．

上記の前提条件の下で，生産性の異なる企業が，3つの戦略，国内生産，輸出，直接投資を選択したときの利益水準 π をグラフにしたのが図3-3である．縦軸は利益水準を，横軸は生産性水準 Θ_i を示している[12]．今，様々な生産性水準の企業が横軸上に散らばっているとしよう．右上がりの直線は，生産性水準が異なる企業が，それぞれの戦略を選択したときの利益水準を示している．利潤曲線の切片が0よりも低いところからスタートしているのは，

---

10) モデルの詳細については，たとえば松浦（2014）の補論Aを参照のこと．
11) 「氷塊型貿易コスト」とは，製品を輸送する際に，その一部が溶けてしまう（価値の一部が失われる）ものとして定式化されるもので，数学的に取り扱いやすいことから国際貿易分野の研究ではよく用いられる．
12) 厳密にいうと，企業 i の生産性を φ_i，代替の弾力性を σ とするとき，$\Theta_i = \varphi_i^{\sigma-1}$ と定義される．$\sigma > 1$ なので，Θ_i は φ_i に比例する．

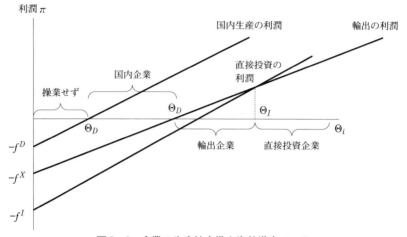

図3-3 企業の生産性水準と海外進出モード

どの戦略をとっても固定費がかかるからであり、生産性が極端に低い企業は固定費を支払うと利潤がマイナスになるため、参入してもすぐ撤退することになる。そのため、生産性水準が図の0からΘ_Dまでの企業は国内市場であっても操業できない企業ということになる。一方、輸出を行う際は、大きな固定費がかかるため、輸出（海外売上）による利潤曲線は、国内生産の利潤曲線より下方に位置している。輸出（海外売上）の利潤曲線の傾きが緩やかなのは輸送費がかかるためであり、固定費を支払って輸出市場から正の利潤を得るためには、最低限Θ_Xの生産性が必要となる。直接投資の利潤曲線（海外子会社設置による利潤曲線）は一番下方に位置しているが、これは海外子会社設立に大きな固定費がかかるからである。一方で、直接投資の利潤曲線の傾きは、国内生産の利潤曲線と同一になっている。これは、市場規模や生産コストが自国と外国で等しいという仮定によるものである。輸出の利潤曲線は緩やかな傾きを持つため、直接投資の利潤曲線と輸出の利潤曲線は、途中Θ_Iで交差することになる。Θ_Iよりも生産性の高い企業は輸出ではなく直接投資で海外市場にアクセスしたほうが、より大きな利潤を得られることになる。なお、企業が戦略を変更する生産性の水準、Θ_D, Θ_X, Θ_Iを、それぞれ国内生産、輸出、直接投資のカットオフ水準と呼ぶ。

4.2 被投資国の市場特性と生産性格差

　Helpman et al.（2004）は，国内企業，輸出企業，直接投資企業の間の生産性格差を説明する上では，非常に有用なモデルである．一方で，いくつかの強い仮定を置いているため，現実の直接投資企業の特性とそぐわない点もみられ，いくつかの拡張が行われている．たとえば，進出先の生産コストや市場規模に関する仮定の見直しが挙げられる．Helpman et al.（2004）では，自国と外国の市場規模と生産コストが等しいと仮定しており，それにより進出先に関わらず常に生産性格差は一定となっている．しかし，第2節でもみたように，実際には，途上国向けの直接投資が多い日本企業と，先進国向け直接投資が多い欧州企業で，国内企業―直接投資企業間の生産性格差を比較すると，日本のほうが，格差が小さくなっていることが指摘されている．

　この点をHelpman et al.（2004）を拡張して分析したのが，Chen and Moore（2010）である．彼女たちは，被投資国の生産コストや市場規模が異なると，直接投資の生産性カットオフ水準が変わってくることを理論的に示した．さらに，彼女たちは，フランスの企業レベル・データを用いて，投資先により生産性カットオフ水準が異なるかどうか分析している．その結果，生産コストが低い，あるいは市場規模が大きい，投資先の魅力が高い国・地域には生産性の低い企業も参入するが，生産コストが高い，あるいは市場規模が小さい国・地域には生産性の高い企業しか参入できないことを示した．また，日本については，Wakasugi and Tanaka（2012）が，やはり企業レベル・データを用いて，海外進出先によって生産性格差の大きさが異なることを確認している[13]．

5. 海外直接投資が投資国・被投資国の経済に及ぼす影響

　海外直接投資が投資国・被投資国の経済に及ぼす影響は，主に実証的な側面から研究が進められてきた．本節は，マクロ・産業レベル・データを用い

---

[13]　2000年以降，企業の異質性を考慮し，現実の海外直接投資パターンを分析する様々なモデルが開発されているが，それらについては第7章を参照されたい．

た研究,ならびに輸出,雇用に注目する研究のうち,特に代表的なものを中心に紹介する.具体的には,本節の 5.1 節で,海外直接投資のインパクトについての概念整理を行い,5.2 節で海外直接投資が輸出に及ぼす影響について,5.3 節では雇用に及ぼす影響について紹介する[14].5.4 節では海外直接投資が被投資国の経済に及ぼす影響について紹介する.なお,本書の第 8 章では,企業レベル・データを用いて,多国籍企業の海外進出が,投資国,および被投資国の企業の,特に生産性に及ぼす影響について実証分析した研究を多数紹介しているので併せて参照されたい.

5.1 海外直接投資のインパクトの概念整理

まず,海外直接投資は,どのようなメカニズムで投資国,あるいは被投資国の生産や雇用,生産性に影響を及ぼすのだろうか.最初に投資国への影響から考えてみよう.第 3 節の分類に基づき,水平的直接投資と垂直的直接投資に分けて考えよう.

水平的直接投資においては,輸出か海外生産かの選択で投資の意思決定が行われる.よって,輸出が代替される分,国内生産や雇用が失われる可能性がある.さらに,国内生産の規模が縮小すると規模の経済性が失われ,生産性は低下するかもしれない.もし,こうした海外直接投資に伴う負の効果が大きければ,いわゆる「国内生産や雇用の空洞化」が発生することになる.ただし,先進国向け海外直接投資の中には,M&A で投資国の企業を買収したり,投資国の技術にアクセスするための直接投資もあるので,海外直接投資により投資国からの技術のスピルオーバーを得て生産性が向上する可能性がある.

一方,垂直的直接投資の場合は工程間分業を伴うので,自国から海外子会社向けの中間財輸出が拡大する可能性がある.また,途上国向けの直接投資の場合,生産性が低い労働集約的な生産工程が移管され,国内では資本集約的な生産工程に特化することになり,技能労働者比率が上昇したり,国内の生産部門の生産性が向上すると考えられる.

---

14) なお,5.2 節,5.3 節の議論の一部は,松浦(2011)に依っている.

次に，海外直接投資が被投資国の経済に及ぼす影響について考えよう．まず，被投資国には資本の流入による生産や雇用の拡大といった直接的なメリットがもたらされる．ただし，こうした効果は現地企業が外国人投資家から資金調達し投資を行う際，つまり海外からの証券投資の際にも同じ効果が期待されるので，海外直接投資の固有のベネフィットとはいえない．むしろ，外国企業が直接経営に関与する企業が参入することにより，新しい技術・経営ノウハウが市場に導入され，そうした知識が地場企業に伝播するといったスピルオーバーが存在することがより重要である．また，外資系企業が参入することによって競争が活発化し，参入退出が活発化するという効果もあるとされている．こうした海外直接投資流入の影響がどの程度存在するかは実証的な問題であり，数多くの実証研究が行われている．

5.2 投資国への影響――輸出と海外直接投資の関係に関する研究

本節では，海外直接投資が投資国の輸出に及ぼす影響についての研究を紹介していく．前節で紹介した通り，水平的直接投資と垂直的直接投資の輸出に対する影響は対称的であり，前者は代替的，後者は補完的となる．よって，直接投資の影響を分析する上では，まず，輸出と直接投資がどの程度，代替的，あるいは補完的なのかが重要となる．

海外直接投資と輸出の代替に関する研究は比較的古く，国別・産業別データを用いたものでは，Lipsey and Weiss (1981)，Clausing (2000) らによる研究があり，いずれも，海外直接投資と輸出の間には補完的な関係があると指摘している．その理由については，よりミクロのデータで分析が進められている．たとえば，Blonigen (2001) は，中間財と最終財の違いに注目し，工程間分業が海外直接投資と輸出の補完性の源泉であることを示している．具体的には，米国における日系自動車メーカーの海外直接投資と，日本から米国への輸出の関係を分析し，海外直接投資による自動車組立工場の設立は，自動車部品の輸出を促進するのに対して，自動車部品工場の設立は，自動車部品の輸出を代替することを示した．

また，Swenson (2004) は，やはり米国データを用いて，マクロ・産業レベル，ならびに製品レベルの異なる海外直接投資変数を使って，直接投資

と製品レベルの輸出の関係を分析している．推計結果からは，マクロ・産業レベルの海外直接投資は，製品レベルの輸出を拡大させるのに対して，製品レベルの海外直接投資は，輸出を減少させると指摘している．Swenson（2004）の実証研究の結果は，自動車のみならず様々な産業・製品で，品目・製品レベルでみると海外生産は輸出を代替するが，中間財などの関連製品の輸出を促進するので，産業レベル，あるいはマクロレベルでみると，補完的な関係が現れると解釈できる．

同様の仮説を企業レベル・データで検証する試みも行われている．たとえば，Head and Ries（2001）は，海外直接投資と輸出の代替性・補完性について，企業データを用いて，部品メーカーと完成品メーカーの違いを分析している．彼らの研究では，完成品メーカーの海外直接投資は，同社の輸出を代替するのに対し，系列の部品メーカーの輸出を増加させていると報告されている．深尾・程（1997）では，同じ仮説を海外直接投資の進出先の違いに注目して分析している．すなわち，垂直的直接投資が活発なアジア向けの海外直接投資では，工程間分業によって輸出が拡大するので両者は補完的，水平的直接投資が活発な欧米向けの海外直接投資では，輸出を現地生産に切り替えるものであるので，両者は代替的であると報告している．

以上でみた通り，一口に海外直接投資といっても，輸出との関係は，その性質に依存しており，海外直接投資によって輸出が減少してしまうかどうかを明らかにするためには，どのタイプの海外直接投資が増加しているのかを検討していく必要がある．

5.3　投資国への影響——企業データによる雇用に関する研究

海外直接投資と輸出に関する研究から，工程間分業を伴う，いわゆる垂直型の海外直接投資の場合，輸出は必ずしも減少しないことが明らかとなった．労働需要は生産活動の派生需要と考えれば，垂直型の直接投資が増加すると国内雇用が増加する可能性があるということになる．しかし，工程間分業の進展に伴って，国内に残された事業がより資本集約的なものに限定されるのであれば，必ずしも海外直接投資によって雇用も増加するとはいえない．よって，海外直接投資が企業の従業者総数に及ぼす影響は，実証的な問題とい

える．

　このトピックについても初期にはマクロレベル，あるいは集計レベルのデータを用いた研究が多かったが，産業が同じであっても海外進出する企業とそうでない企業が併存していることが知られるようになってからは，企業レベルのマイクロ・データを用いるのが常識となりつつある．

　海外直接投資が国内の雇用に及ぼす影響を，企業レベル・データを用いて分析した代表的な研究としては，米国の企業レベル・データを用いた Harrison and McMillan（2011）を挙げることができる．彼女たちの分析では，企業のグローバルな生産関数を想定し，そこから導出される労働需要関数を推定している．投資目的や投資先の違いを考慮するため，企業の海外生産活動は高所得国と低所得国に分けて比較が行われており，さらに垂直分業か否かの交差項を加えた分析を行っている．分析結果からは，海外生産と国内雇用は，国内と海外で同じ工程を担っているときは代替的であるが，国際分業が行われているときには補完的な関係になることが示されている．さらに，米国における国内雇用減少の海外直接投資以外の要因に注目すると，資本ストックとの代替による効果や海外からの輸入財増加の影響のほうが，海外生産による代替効果よりも大きいと指摘している．日本についても，ほぼ同じ枠組みで Kambayashi and Kiyota（2015）が分析を行っている．このほか，日本の研究では，Yamashita and Fukao（2010）が，海外直接投資と国内雇用の関係を分析しているが，海外における生産規模の拡大は，必ずしも国内の雇用の減少をもたらすものではないことを示している．

　海外直接投資が雇用に及ぼす影響は，雇用の総量のみならず，雇用者の構成にも影響するかもしれない．海外直接投資により，労働集約的な部門が海外に移転すると，国内ではより高度な技術を伴う製品に特化する可能性があり，それに伴い，より質の高い雇用者の需要が増えるかもしれない．この点については，Head and Ries（2002），および，Hayakawa et al.（2013）によって分析が行われている．Head and Ries（2002）は，日本の上場企業の財務データを用いて，低所得国での海外生産を増加させた企業で，非生産部門の賃金シェアが上昇していることを示した．また，Hayakawa et al.（2013）は，海外直接投資が本社部門，および製造部門の雇用者数，および

賃金に及ぼす影響を分析しており，途上国向けの直接投資であれ，先進国向けの直接投資であれ，雇用者数そのものへの影響は小さいが，より高技能を持つ労働者の需要が増加していると指摘している．

ここまでは，海外に進出した企業の雇用についての研究を紹介してきたが，海外直接投資が国内雇用に及ぼす影響を語る上では，企業の海外進出が，国内に留まる取引企業の雇用に及ぼす影響も無視できない．むしろ完成品を生産する大企業は，生産拠点を自由に選ぶことができるのに対して，下請けの中小企業の中には，容易に生産拠点を移転させることが難しく，大規模な海外移転によって受注量が減少し，雇用を減少させる企業も少なくないであろう．こうした効果を分析するため，最近では企業の取引関係の情報を用いた分析も出てきている．Ito and Tanaka（2014）は，経済産業省「企業活動基本調査」と「海外事業活動基本調査」に加えて，帝国データバンクの主要販売先企業情報をリンクさせたデータベースを構築し，取引先企業の海外移転がそのサプライヤーの売上や雇用に及ぼす影響について分析している．たとえば，電機メーカーが海外に移転すると，そのサプライヤーである部品メーカーは取引相手を失い売上や雇用を減少させるかもしれない．Ito and Tanaka（2014）は，企業間取引関係のデータを用いることにより，これを定量的に分析している．分析の結果，取引先が海外移転すると，そのサプライヤーは雇用を増加させると結論付けている．この理由については，海外直接投資と輸出の補完性の議論を踏まえると，海外進出企業のサプライヤーは，国内の従来の取引企業のみならず，海外の現地法人にも出荷を行っているとすれば，生産を拡大させ，雇用を増加させている可能があると考えられる．

5.4 被投資国の経済成長への影響

海外直接投資が被投資国の経済成長に及ぼす影響については，古くから膨大な研究の蓄積がある．その多くは，マクロ・データを用いて，以下のようなクロスセクション，あるいはパネル・データによる回帰式を推定するものであった．

$$\Delta y_i = \alpha + \beta FDI_i + \gamma FDI_i \times Z_i + \lambda X_i + \varepsilon_i$$

ここで y は，GDP，あるいは，1人当たり GDP，もしくは労働生産性，全要素生産性（Total Factor Productivity: TFP）であり，FDI は海外直接投資の流入額である．Z はアブソープション・キャパシティと呼ばれる，被投資国の海外直接投資を受け入れる経済環境を示す変数であり，たとえば人的資本蓄積度合と FDI の交差項を導入することで，人的資本の蓄積状況が FDI による成長率押し上げ効果を補完しうるかどうかを分析できる．X は，その他の説明変数である．

初期の研究，たとえば，Balasubramanyam et al. (1996) や Baldwin et al. (2005) では，海外直接投資は経済成長率を押し上げるとの結果を導いているが，その後の研究では，その影響は受入国の経済環境に依存すると指摘する研究も増加している．たとえば，Borensztein et al. (1998) や Alfaro et al. (2004)，Durham (2004) では，海外直接投資フローそのものは有意ではないが，Z との交差項が有意であることから，人的資本の蓄積が進んでいる，あるいは金融制度が充実している国では，海外直接投資は経済成長に正の影響を及ぼすとの指摘が行われている．

しかし，多くの既存研究ではマクロレベルの変数による単純な回帰分析が行われているが，様々な問題点も指摘されている．たとえば，経済成長が見込まれる国に投資が行われる傾向にあるとすれば，経済成長率と海外直接投資は逆相関するので，操作変数法などによる対処が必要となるといった推計手法上の問題がある[15]．また，途上国のみで推計するか，先進国も含む全世界・各国のデータを用いるかによって，結果が異なっており，全体的には，あまり明確な結論は得られていないのが現実である．さらには，海外直接投資が経済成長率に影響を及ぼしているとの結果を得たとしても，マクロ・産業別レベルの分析では，どのような経路で経済成長率が向上しているのかが明らかでない（Navaretti et al. 2004）ため，近年では，企業レベル・工場レベルのマイクロ・データを用いて，海外直接投資の流入がもたらす影響について，より精緻な分析が行われるようになってきている[16]．

---

15) Li and Liu (2005) や De Mello (1999) などでは海外直接投資の内生性に対処するために，三段階最小二乗法や操作変数固定効果モデルなどによる推計も行われている．
16) この点については第8章で詳しく紹介されているので併せて参照されたい．

6. おわりに

　本章は，近年の海外直接投資の動向を概観し，その決定要因を投資先の要因や企業側の要因に触れながら整理し，また，海外直接投資が投資国・被投資国の経済に及ぼす影響についての理論・実証研究を紹介した．いずれの研究においても，かつては国レベル，あるいは産業レベルのデータを用いた実証分析が主流であったが，ここ十数年の間に企業レベルの実証研究が増加してきている．また，理論研究においても，こうした実証研究の潮流を反映して同一産業内の企業格差に注目した分析が活発に行われるようになってきている．さらに，直接投資は，様々な経路を通じて投資国，被投資国の経済にポジティブな影響をもたらす可能性がある．仮に，海外直接投資の増加に正の外部効果があるとすると，海外直接投資を誘致することが経済成長戦略を考える上での重要な政策目標となることになる．ただし，こうした正の外部効果がどのようなときに得られるのか？　また，正の外部効果をもたらすような直接投資を促すにはどのような政策が有効であるかなどについては，十分に検討されておらず，研究の蓄積が必要であるといえる．

　最後に，これまでの諸研究を踏まえて，今後の海外直接投資の動向を分析する上では重要な未解決の3つの課題について触れておきたいと思う[17]．第1に，より柔軟な理論設定の導入である．たとえば，従来の直接投資の理論モデルの多くは，独占的競争モデルを下地にしているため，企業間の戦略的行動といった側面は捨象されている．こうした視点を考慮するために，寡占市場でよくみられる企業間の戦略的行動を考慮した枠組みを導入していく必要があろう．また，貿易モデルで導入が試みられている非相似拡大型（non-homothetic）の効用関数の導入なども，検討の余地がある．さらには，空間経済学の分野で開発されてきた理論的枠組みについても，今後導入が進んでいくと思われる[18]．第2は，海外直接投資の固定費，可変費用の数量

---

17) 以下，第1の点の企業間の戦略的行動と非相似拡大型の効用関数の導入については，Antràs and Yeaple（2014）で言及されている．
18) 本書の第5章では企業の異質性を導入した空間経済学の様々なモデルが紹介されて

的な把握である．特に発展途上国などでは様々な投資優遇政策が行われているが，こうした政策を評価するためには固定費や可変費用を計測する枠組みを開発することが必要である．第3に，より詳細なデータの開発，たとえば，多国籍企業に属する工場レベルの分析，企業情報と従業者情報をリンクしたEmployer-Employee Matched Data，企業間の取引関係のデータ，あるいは品目レベルの国内出荷・輸出・輸入データなどの詳細なデータベースを開発し，分析していくことが重要である[19]．これまでの多くの研究は企業レベルのデータを用いているが，一般に多国籍企業は複数の工場を所有し，複数の事業部を抱えていることが多い．そのため，企業全体の生産性や利益率を企業の成果指標とする分析では，企業内部でどのような変化が起こっているかは明らかではない．多国籍企業の経済活動の影響を分析するためには，より詳細なデータベースの構築が不可欠となると考えられる．

参考文献

Alfaro, Laura, Areendam Chanda, Sebnem Kalemli-Ozcan, and Selin Sayek (2004), "FDI and Economic Growth: The Role of Local Financial Markets," *Journal of International Economics*, Vol. 64 (1), pp. 89–112.

Antràs, Pol and Stephen R. Yeaple (2014), "Multinational Firms and the Structure of International Trade," in: Gita Gopinath, Elhanan Helpman, and Kenneth Rogoff (eds.), *Handbook of International Economics*, *Vol. 4*, New York: North Holland, pp. 55–130.

Balasubramanyam, V. N., M. Salisu, and David Sapsford (1996), "Foreign Direct Investment and Growth in EP and is Countries," *Economic Journal*, Vol. 106 (434), pp. 92–105.

Baldwin, Richard, Henrik Braconier, and Rikard Forslid (2005), "Multinationals, Endogenous Growth, and Technological Spillovers: Theory and Evidence," *Review of International Economics*, Vol. 13 (5), pp. 945–963.

Belderbos, René and Martin Carree (2002), "The Location of Japanese Invest-

---

おり，海外直接投資の研究への応用についても言及されているので併せて参照されたい．

19) 企業間取引データについては第5節で紹介した Ito and Tanaka (2014)，Employer-Employee Matched Data については第8章で紹介されている Poole (2013) が，数少ない例外である．

ments in China: Agglomeration Effects, Keiretsu, and Firm Heterogeneity," *Journal of the Japanese and International Economies*, Vol. 16 (2), pp. 194–211.

Blonigen, Bruce A. (2001), "In Search of Substitution Between Foreign Production and Exports," *Journal of International Economics*, Vol. 53, pp. 81–104.

Blonigen, Bruce A., Ronald B. Davies, and Keith Head (2003), "Estimating the Knowledge-Capital Model of the Multinational Enterprise: Comment," *American Economic Review*, Vol. 93 (3), pp. 980–994.

Blonigen, Bruce A., Christopher J. Ellis, and Dietrich Fausten (2005), "Industrial Groupings and Foreign Direct Investment," *Journal of International Economics*, Vol. 65 (1), pp. 75–91.

Borensztein, E., J. De Gregorio, and J-W. Lee (1998), "How does Foreign Direct Investment Affect Economic Growth?" *Journal of International Economics*, Vol. 45 (1), pp. 115–135.

Brainard, S. Lael (1993), "A Simple Theory of Multinational Corporations and Trade with a Trade-Off Between Proximity and Concentration," NBER Working Paper, No. 4269.

Brainard, S. Lael (1997), "An Empirical Assessment of the Proximity-Concentration Trade-off Between Multinational Sales and Trade," *American Economic Review*, Vol. 87 (4), pp. 520–544.

Carr, David L., James R. Markusen, and Keith E. Maskus (2001), "Estimating the Knowledge-Capital Model of the Multinational Enterprise," *American Economic Review*, Vol. 91 (3), pp. 693–708.

Chen, Maggie Xiaoyang and Michael Moore (2010), "Location Decision of Heterogeneous Multinational Firms," *Journal of International Economics*, Vol. 80 (2), pp. 188–199.

Clausing, Kimberly (2000), "Does Multinational Activity Displace Trade?" *Economic Inquiry*, Vol. 38 (2), pp. 190–205.

De Mello Jr., Luiz R. (1999), "Foreign Direct Investment-Led Growth: Evidence from Time Series and Panel Data," *Oxford Economic Papers*, Vol. 51 (1), pp. 133–151.

Deardorff, Alan V. (2001), "Fragmentation in Simple Trade Models," *North American Journal of Economics and Finance*, Vol. 12 (2), pp. 121–137.

Durham, J. Benson (2004), "Absorptive Capacity and the Effects of Foreign Direct Investment and Equity Foreign Portfolio Investment on Economic Growth," *European Economic Review*, Vol. 48 (2), pp. 285–306.

Eaton, Jonathan and Akiko Tamura (1994), "Bilateralism and Regionalism in Japanese and U.S. Trade and Direct Foreign Investment Patterns," *Journal of the Japanese and International Economies*, Vol. 8 (4), pp. 478–510.

Fukao, Kyoji and Keiko Ito (2003), "Foreign Direct Investment and Services Trade: The Case of Japan," in: Takatoshi Ito and Anne O. Krueger (eds.), *Trade in Services to the Asia-Pacific Region: East Asia Seminar on Economics*, Vol. 11, Chicago: University of Chicago Press, pp. 429–480.

Hanson, Gordon H., Raymond J. Mataloni, and Matthew J. Slaughter (2005), "Vertical Production Networks in Multinational Firms," *Review of Economics and Statistics*, Vol. 87 (4), pp. 664–678.

Harris, Chauncy D. (1954), "The Market as a Factor in the Localization of Industry in the United States," *Annals of the Association of American Geographers*, Vol. 44 (4), pp. 315–348.

Harrison, Ann and Margaret McMillan (2011), "Offshoring Jobs? Multinationals and U.S. Manufacturing Employment No Access," *Review of Economics and Statistics*, Vol. 93 (3), pp. 857–875.

Hayakawa, Kazunobu, Toshiyuki Matsuura, Kazuyuki Motohashi, and Ayako Obashi (2013), "Two-Dimensional Analysis of the Impact of Outward FDI on Performance at Home: Evidence from Japanese Manufacturing Firms," *Japan and the World Economy*, Vol. 27, pp. 25–33.

Head, Keith and John Ries (2001), "Overseas Investment and Firm Exports," *Review of International Economics*, Vol. 9 (1), pp. 108–122.

Head, Keith and John Ries (2002), "Offshore Production and Skill Upgrading by Japanese Manufacturing Firms," *Journal of International Economics*, Vol. 58 (1), pp. 81–105.

Helpman, Elhanan (1984), "A Simple Theory of International Trade with Multinational Corporations," *Journal of Political Economy*, Vol. 92 (3), pp. 451–471.

Helpman, Elhanan, Marc J. Melitz, and Stephen R. Yeaple (2004), "Export Versus FDI with Heterogeneous Firms," *American Economic Review*, Vol. 94 (1), pp. 300–316.

Hijzen, Alexander, Sébastien Jean, and Thierry Mayer (2011), "The Effects at Home of Initiating Production Abroad: Evidence from Matched French Firms," *Review of World Economics*, Vol. 147 (3), pp. 457–483.

Hummels, David, Jun Ishii, and Kei-Mu Yi (2001), "The Nature and Growth of Vertical Specialization in World Trade," *Journal of International Economics*,

Vol. 54 (1), pp. 75–96.

Ito, Keiko and Ayumu Tanaka (2014), "The Impact of Multinationals' Overseas Expansion on Employment at Suppliers at Home: New Evidence from Firm-level Transaction Relationship Data for Japan," RIETI Discussion Paper, No. 14-E-011.

Jones, Ronald W. and Henryk Kierzkowski (1990), "The Role of Services in Production and International Trade: A Theoretical Framework," in: Ronald W. Jones and Anne Krueger (eds.), *The Political Economy of International Trade*, New York: Basil Blackwell, pp. 31–48.

Kambayashi, Ryo and Kozo Kiyota (2015), "Disemployment Caused by Foreign Direct Investment? Multinationals and Japanese Employment," *Review of World Economics*, Vol. 151 (3), pp. 433–460.

Kimino, Satomi, Nigel Driffield, and David Saal (2012), "Do Keiretsu Really Hinder FDI into Japanese Manufacturing?" *International Journal of the Economics of Business*, Vol. 19 (3), pp. 377–395.

Kimura, Fukunari and Kozo Kiyota (2006), "Exports, FDI, and Productivity: Dynamic Evidence from Japanese Firms," *Review of World Economics*, Vol. 142 (4), pp. 695–719.

Lawrence, Robert Z. (1993), "Japan's Low Levels of Inward Investment: The Role of Inhibitions on Acquisitions," in: Kenneth A. Froot (ed.), *Foreign Direct Investment*, Chicago: University of Chicago Press, pp. 85–112.

Li, Xiaoying and Xiaming Liu (2005), "Foreign Direct Investment and Economic Growth: An Increasingly Endogenous Relationship," *World Development*, Vol. 33 (3), pp. 393–407.

Lipsey, Robert E. and Merle Yahr Weiss (1981), "Foreign Production and Exports in Manufacturing Industries," *Review of Economics and Statistics*, Vol. 63 (4), pp. 488–494.

Markusen, James R. (1984), "Multinationals, Multi-plant Economies, and the Gains from Trade," *Journal of International Economics*, Vol. 16 (3-4), pp. 205–226.

Markusen, James R. (2002), *Multinational Firms and the Theory of International Trade*, Boston: MIT Press.

Markusen, James R. and Keith E. Maskus (2001), "Multinational Firms: Reconciling Theory and Evidence," in: Magnus Blomstrom and Linda S. Goldberg (eds.), *Topics in Empirical International Economics: A Festschrift in Honor of Robert E. Lipsey*, Chicago: University of Chicago Press, pp. 71–98.

Markusen, James R. and Keith E. Maskus (2002), "Discriminating Among Alternative Theories of the Multinational Enterprise," *Review of International Economics*, Vol. 10 (4), pp. 694–707.

Mayer, Thierry and Gianmarco I. Ottaviano (2008), "The Happy Few: The Internationalisation of European Firms," *Intereconomics: Review of European Economic Policy*, Vol. 43 (3), pp. 135–148.

Melitz, Marc J. (2003), "The Impact of Trade on Intra-Industry Reallocations and Aggregate Industry Productivity," *Econometrica*, Vol. 71 (6), pp. 1695–1725.

Navaretti, Giorgio Barba, Anthony J. Venables, Frank G. Barry, Karolina Ekholm, Anna M. Falzoni, Jan I. Haaland, Karen Helene Midelfart, and Alessandro Turrini (2004), *Multinational Firms In The World Economy*, Princeton: Princeton University Press.

Nocke, Volker and Stephen R. Yeaple (2007), "Cross-border Mergers and Acquisitions vs. Greenfield Foreign Direct Investment: The Role of Firm Heterogeneity," *Journal of International Economics*, Vol. 72 (2), pp. 336–365.

Nocke, Volker and Stephen R. Yeaple (2008), "An Assignment Theory of Foreign Direct Investment," *Review of Economic Studies*, Vol. 75 (2), pp. 529–557.

Poole, Jennifer (2013), "Knowledge Transfers from Multinational to Domestic Firms: Evidence from Worker Mobility," *Review of Economics and Statistics*, Vol. 95 (2), pp. 393–406.

Raff, Horst, Michael Ryan and Frank Stähler (2012), "Firm Productivity and the Foreign-Market Entry Decision," *Journal of Economics and Management Strategy*, Vol. 21 (3), pp. 849–871.

Redding, Stephen J. and Anthony J. Venables (2004), "Economic Geography and International Inequality," *Journal of International Economics*, Vol. 62 (1), pp. 53–82.

Sachwald, Frédérique (ed.) (1995), *Japanese Firms in Europe: A Global Perspective*, Luxembourg: Harwood Academic.

Shimizu, Katsuhiko, Michael A. Hitt, Deepa Vaidyanath, and Vincenzo Pisano (2004), "Theoretical Foundations of Cross-Border Mergers and Acquisitions: A Review of Current Research and Recommendations for the Future," *Journal of International Management*, Vol. 10 (3), pp. 307–353.

Slaughter, Matthew J. (2000), "Production Transfer Within Multinational Enterprises and American Wages," *Journal of International Economics*, Vol. 50

(2), pp. 449–472.
Swenson, Deborah L. (2004), "Foreign Investment and the Mediation of Trade Flows," *Review of International Economics*, Vol. 12 (4), pp. 609–629.
Wakasugi, Ryuhei and Ayumu Tanaka (2012), "Productivity Heterogeneity and Internationalization: Evidence from Japanese Firms," *Millennial Asia*, Vol. 3 (1), pp. 45–70.
Weinstein, David E. (1996), "Structural Impediment to Investment in Japan: What Have We Learned over the Last 450 Years?" in: Masaru Yoshitomi and Edward M. Graham (eds.), *Foreign Direct Investment in Japan*, Brookfield: Edward Elgar, pp. 136–172.
Yamashita, Nobuaki and Kyoji Fukao (2010), "Expansion Abroad and Jobs at Home: Evidence from Japanese Multinational Enterprises," *Japan and the World Economy*, Vol. 22 (2), pp. 88–97.
Yeaple, Stephen R. (2003), "The Role of Skill Endowments in the Structure of U.S. Outward Foreign Direct Investment," *Review of Economics and Statistics*, Vol. 85 (3), pp. 726–734.
Yeats, Alexander J. (2001), "Just How Big is Global Production Sharing?" in: Sven W. Arndt and Henryk Kierzkowski (eds.), *Fragmentation: New Production Patterns in the World Economy*, New York: Oxford University Press, pp. 108–143.
伊藤恵子・深尾京司 (2003),「対日直接投資の実態——「事業所・企業統計調査」個票データに基づく実証分析」岩田一政 [編]『日本の通商政策とWTO』日本経済新聞社, 187–229 頁.
清田耕造 (2014)「対日直接投資の論点と事実——1990 年代以降の実証研究のサーベイ」RIETI Policy Discussion Paper, No. 14-P-007.
佐藤仁志・大木博巳 (2012),「直接投資と経済の国際化」通商産業政策史編纂委員会・岡崎哲二 [編]『通商産業政策史 3 産業政策 1980–2000』経済産業調査会, 473–566 頁.
戸堂康之 (2008),『技術伝播と経済成長——グローバル化時代の途上国経済分析』勁草書房.
深尾京司・天野倫文 (2004),『対日直接投資と日本経済』日本経済新聞社.
深尾京司・程勲 (1997),「日本企業の海外生産活動と貿易構造」浅子和美・大瀧雅之 [編]『現代マクロ経済動学』東京大学出版会, 415–444 頁.
松浦寿幸 (2011),「空洞化——海外直接投資で「空洞化」は進んだか?」『日本労働研究雑誌』第 609 号, 18–21 頁.
松浦寿幸 (2014),「海外直接投資の動向と理論・実証研究の最前線」慶應義塾大学経

済研究所 Discussion Paper, No. DP2014-002.
松浦寿幸（2015），「海外直接投資の理論・実証研究の新潮流」公益財団法人三菱経済研究所報告書.
松浦寿幸・早川和伸・小橋文子（2008），「日本企業の海外進出パターンと国際分業の実態について」『経済統計研究』（経済産業統計協会），第 36 巻第 4 号，65-78 頁.
若杉隆平（2011），「国際化する日本企業の特性」『現代日本企業の国際化――パネルデータ分析』岩波書店.

第 II 部

国際貿易の新潮流

第 4 章

アウトソーシングとオフショアリング
――中間財貿易の原動力

荒　知　宏

1. はじめに

　近年のグローバリゼーションの影響を受けて，機械部品やサービスなど生産工程の一部（以下では，これらをまとめて「中間財」とする）を国内外の他企業にアウトソーシング（outsourcing：外部委託），またはオフショアリング（offshoring：海外委託）することの経済的役割が大きくなってきている．本章では，国際貿易論におけるアウトソーシングやオフショアリングの研究について，特に中間財貿易との関連に焦点を当てて概観する[1]．主にモデル分析による理論研究を中心に紹介するが，それと既存の実証研究や将来的にテスト可能な仮説との対応についても言及する．

　よく言われるように，アウトソーシングやオフショアリングが実現可能になった背景として，情報通信技術の発展により，目的に見合った国内外の下請け企業を低費用で探し出し，連絡を取ることが容易になったことが挙げられる[2]．また，昨今の目まぐるしい技術革新が，様々な産業におけるアウト

＊本章は筆者の修士論文（Ara 2007）のサーベイ章に当たる部分を日本語に直し，一部を加筆・修正したものである．ご指導いただいた石川城太教授および古沢泰治教授に記して感謝申し上げる．
1)　アウトソーシングやオフショアリングと熟練・非熟練労働の賃金格差との関連も重要なトピックではあるが，本章では紙面の都合上割愛する．この分野に興味のある読者は，特に Grossman and Rossi-Hansberg（2008）のタスク貿易に関する論文を参照せよ．
2)　例えば，Abramovsky and Griffith（2006）は 2001 年と 2002 年の英国の企業レベルのデータを用いて，インターネットを使っている企業はそうでない企業に比べて，ビジネスサービスのアウトソーシング，オフショアリングの利用確率がそれぞれ 10.6％，

ソーシングやオフショアリングの活発な利用に拍車を掛けているという議論もある[3]．この影響は特に国際経済で顕著で，中国やインドなどの低賃金国へのアウトソーシングやオフショアリングによって，これら発展途上国における非熟練労働者を活用した垂直特化が進み，結果として中間財貿易は最終財貿易よりも急速な成長を遂げている．

例えば，Feenstra and Hanson（1996）は，1974年から1993年にかけて，米国の総貿易に占める中間財貿易の比率が5%から11.6%に急伸したことを示したうえで，その大きな要因の一つがアウトソーシングにあると結論付けている．同じようにHummels, Ishii, and Yi（2001）は，1970年から1990年までのOECD加盟10カ国と新興成長市場4カ国の貿易データを使って，これら諸国の輸出量はこの20年間に約30%成長したが，そのうち約20%がオフショアリングによる中間財貿易の増加であるという結果を報告している．また，Hanson, Mataloni, and Slaughter（2005）は1994年の米国の多国籍企業のデータを使って，アウトソーシングを介した企業間での中間財貿易の方が，直接投資を介した企業内での中間財貿易よりも成長率が高いことを示している[4]．

このように，中間財をアウトソーシングまたはオフショアリングするという選択は，国際貿易を理解する上で非常に重要になってきている．議論の混乱を避けるために，この2つの選択を表4-1にあるような組織形態の分類を使って定義する．まず，アウトソーシングをするかどうかは，中間財を自企業内で内製するか外部企業から購入するかという内製・購入選択（make-or-buy decision）であるので，

- **アウトソーシング**とは，中間財生産の立地選択に関わらず，委託した外

2.1%だけ高いことを示している．
3) 例えば，Bartel, Lach, and Sicherman（2014）は1990年から2002年のスペインの企業レベルのパネルデータを使って，技術革新が目覚ましい産業ほど，企業特殊的な中間財の埋没費用を回収できないリスクが高まるために，企業内での内製よりも他企業からの購入が起こりやすいことを示している．
4) アウトソーシングやオフショアリングと中間財貿易の関係に対する他の実証研究として，日本語では冨浦（2014），英語ではFeenstra（1998），Kimura and Ando（2005），Yeats（2001），Yi（2003）を参照せよ．

表 4-1 組織形態の分類

		内製・購入選択	
		アウトソーシング	垂直統合
立地選択	オフショアリング	国際アウトソーシング	国際垂直統合
	オンショアリング	国内アウトソーシング	国内垂直統合

部企業から中間財を購入することであり，表 4-1 では国際アウトソーシングと国内アウトソーシングの両方を含む（アウトソーシングの反意語の**垂直統合**（vertical integration）とは逆に，自企業内で中間財を内製することであり，表 4-1 では国際垂直統合と国内垂直統合の両方を含む）．

一方，オフショアリングをするかどうかは，中間財を海外で生産するか自国内で生産するかという立地選択（locational decision）であるので，

- **オフショアリング**とは，中間財生産の内製・購入選択に関わらず，中間財を海外で生産することであり，表 4-1 では国際アウトソーシングと国際垂直統合の両方を含む（オフショアリングの反意語の**オンショアリング**（onshoring）とは逆に，自国内で中間財を生産することであり，表 4-1 では国内アウトソーシングと国内垂直統合の両方を含む）．

また，オフショアリングをする最終財企業は中間財を外国から輸入することになるので，国際アウトソーシングを介した中間財貿易を**企業間貿易**（interfirm trade または arm's length trade）と呼び，国際垂直統合を介した中間財貿易を**企業内貿易**（intra-firm trade）と呼ぶ[5]．

本論に入る前に，日本企業のアウトソーシングやオフショアリングの選択について紹介しよう．以下は 1998 年の日本の企業レベルのデータを分析した Tomiura（2007）による．Tomiura（2007）は 21 の製造産業において海外で活動する企業のうち，各企業の組織選択について，アウトソーシングの

---

[5] Antràs and Helpman（2004）では，国際垂直統合による企業内貿易を直接投資による中間財貿易と同一視しているので，本章でもそれに従うことにする．

み（O），輸出のみ（X），直接投資のみ（I），アウトソーシングと輸出（OX），輸出と直接投資（XI），直接投資とアウトソーシング（IO），3つの手段全て（OXI）の7タイプに分けている[6]．アウトソーシングに従事する企業の産業間比較をするために，アウトソーシング率をこれらの中でOを含む組織形態の比率とする．それに対して，オフショアリングに従事する企業の産業間比較をするために，オフショアリング率をこれらの中でXを含まない組織形態の比率とする（輸出企業は中間財を日本国内で内製または購入し，最終財を外国に輸出している企業なので，ここでは先の定義に従ってオフショアリングに従事しているとは考えない）[7]．

表4-2は国際貿易に参加する日本企業のうち，アウトソーシングおよびオフショアリングに従事する比率が高い産業順に並べたものである．多少の例外はあるものの，この表から次の3つの傾向が読み取れる．

- アウトソーシングやオフショアリングが行われやすい産業は，発展途上国の非熟練労働を活用できるようなローテクな産業である．
- アウトソーシングとオフショアリングの間には正の相関があり，アウトソーシング率が高い産業はオフショアリング率も高い．
- どんなにローテクな産業でも，全ての企業がアウトソーシングまたはオフショアリングのみを選択しているのではない．

第1の傾向は，（途上国の非熟練労働者でも使用可能な）普遍化した生産技術を集約的に使うローテクな産業ほど，アウトソーシングやオフショアリングが選択されやすく，逆に（先進国の熟練労働者のみ使用可能な）最先端の生産技

---

[6] 化学産業の場合，$O=0.91\%$，$X=10.27\%$，$I=2.01\%$，$OX=0.39\%$，$XI=5.06\%$，$IO=0.11\%$，$OXI=0.50\%$ であり，海外で活動する企業の比率はこれらの合計の19.3%である（なお，これらの比率は売上高ベースではなく，企業数ベースである）．

[7] すなわち，アウトソーシング率$=(O+OX+IO+OXI)/(O+X+I+OX+XI+IO+OXI)$ であり，オフショアリング率$=1-(X+OX+XI+OXI)/(O+X+I+OX+XI+IO+OXI)$ である．これらの比率の定義はTomiura (2007)によるものでもなければ，他の既存研究によるものでもない．ここでの目的は，あくまでアウトソーシングとオフショアリングのおおよその産業間比率を概観することであって，厳密な比較をすることではない．

第4章 アウトソーシングとオフショアリング

表 4-2　日本企業のアウトソーシング率とオフショアリング率

産　業	アウトソーシング率	産　業	アウトソーシング率
毛　皮	60.5%	金　属	28.4%
家　具	48.0%	輸送機器	28.2%
アパレル	43.0%	鋼　鉄	24.6%
木　材	38.4%	プラスティック	24.5%
ゴ　ム	38.4%	繊　維	24.1%
電子機器	31.7%	セラミック	21.2%
製　紙	31.6%	非鉄金属	20.9%
印　刷	31.0%	飲　料	14.7%
精密機器	30.7%	食　品	13.8%
一般機器	29.3%	石油・石炭	11.3%
全産業平均	**28.7%**	化　学	9.9%

産　業	オフショアリング率	産　業	オフショアリング率
毛　皮	66.6%	鋼　鉄	34.5%
家　具	64.8%	金　属	34.2%
アパレル	57.0%	**全産業平均**	**32.5%**
木　材	56.7%	輸送機器	30.4%
製　紙	40.7%	セラミック	29.4%
プラスティック	40.0%	非鉄金属	28.4%
食　品	38.7%	石油・石炭	27.3%
ゴ　ム	37.9%	電子機器	27.2%
印　刷	36.6%	一般機器	24.2%
飲　料	35.8%	精密機器	21.4%
繊　維	34.9%	化　学	15.7%

出所：Tomiura（2007, Table 2）より作成．

術を集約的に使うハイテクな産業ほど，垂直統合やオンショアリングが選択されやすいことを意味する．第2の傾向は，海外で生産される中間財ほど，アウトソーシングによって外部企業から購入されやすく，逆に自国内で生産される中間財ほど，垂直統合によって自企業内で内製されやすいことを意味する．第3の傾向は，第1章で見た Melitz モデルで生産性が高い企業ほど輸出しやすいのと同じように，アウトソーシングやオフショアリングについても，生産性が高い企業ほど特定の組織形態を選択しやすいことを意味する．

　次節以降では上の3つの傾向に留意しつつ，このデータで観察されるアウトソーシングやオフショアリングに関する企業の組織選択の問題を考察するのに当たって有用な理論モデルを見ていくことにしよう．

2. 不完備契約と多国籍企業の境界

本節では多国籍企業に不完備契約理論を応用した一連の研究の基本モデルを紹介する[8]．特に，Grossman and Hart（1986）の所有権アプローチを用いて，アウトソーシングやオフショアリングの組織形態の選択に焦点を当てた Antràs（2003, 2005a）および Antràs and Helpman（2004）を紹介する．これらの3つの論文には共通した枠組みがある．最も重要な点は，差別化された企業特殊的な中間財を供給する2タイプの企業が存在することで，本章では一貫して最終財企業と中間財企業と呼ぶことにする．最終財企業は自ら企業特殊的な中間財を供給し（Antràs（2003）では資本，Antràs（2005a）ではハイテクな中間財，Antràs and Helpman（2004）では本社機能サービス），中間財企業は別の企業特殊的な中間財を供給する（Antràs（2003）では労働，Antràs（2005a）ではローテクな中間財，Antràs and Helpman（2004）では製造部品）．最終財企業はこの2つ目の中間財生産について，垂直統合かアウトソーシングかという内製・購入選択と，オンショアリングかオフショアリングかという立地選択に直面する．組織形態を選択した上で，最終財企業は2種類の中間財を組み合わせて最終財を生産し，その結果生じる収入は，ナッシュ交渉を通じて最終財企業と中間財企業の間で分配される．では，実際に基本モデルの詳しいモデルの構造を説明しよう．

$J+1$ の産業から成る閉鎖経済を考える．$j \in \{1, 2, \cdots, J\}$ の産業では，企業は連続した差別化財を Dixit-Stiglitz 型の独占的競争で生産し，残り一つの産業では同質財を完全競争で生産する．この経済の代表的な消費者の効用関数は以下で与えられる（この効用関数は，J の差別化財産業があることを除いて，第5章の効用関数と基本的には同じであることに注意されたい）．

---

[8] 本節の基本モデルは Antràs（2005b）に部分的に依拠する．不完備契約理論に関する教科書として，日本語では柳川（2000）や伊藤（2003），英語では Hart（1995）や Bolton and Dewatripont（2004）がある．また，本章のように，国際貿易論を契約論や組織論の立場からサーベイしたものとして，Antràs and Rossi-Hansberg（2009），Helpman（2006），Spencer（2005）がある．この3つの論文では契約論を応用した貿易論の紹介が中心であるのに対し，Itoh（2006）は契約理論家の立場から，貿易論で応用可能ないくつかの契約論を紹介している．

第 4 章　アウトソーシングとオフショアリング

$$U = \sum_{j=1}^{J} \mu_j \log \left[\int_{v \in V_j} q_j(v)^{\alpha_j} dv \right]^{1/\alpha_j} + q_0, \quad 0 < \alpha_j < 1. \quad (1)$$

ここで，$q_j(v)$ は産業 j におけるバラエティ v の消費量であり，V_j はその産業で生産されるバラエティの集合の大きさを表す．一方，q_0 は完全競争で生産される同質財の消費量である．μ_j は産業 j に費やされる支出のシェアを表し，ここでは $\sum_j \mu_j$ が十分に小さく，この消費者は差別化財だけでなく，同質財も消費するとする．$\alpha_j \in (0,1)$ は差別化の程度を表すパラメータで，α_j が大きいほど，その産業での最終財の差別化の程度は低いことを意味する．よく知られているように，消費者の選好が (1) で与えられるならば，各バラエティの需要関数は，

$$q_j(v) = A_j p_j(v)^{-1/(1-\alpha_j)}. \quad (2)$$

$p_j(v)$ は産業 j で生産されるバラエティ v の価格であり，A_j は産業 j の市場の大きさを表す[9]．各企業は市場から見れば十分に小さい存在であるので，A_j を所与として行動する．

　最終財の生産は各バラエティにしか適用できない企業特殊的な 2 つの中間財，$h_j(v)$ と $m_j(v)$ を必要とする．中間財 $h_j(v)$ は高度な生産技術により生産され，中間財 $m_j(v)$ は低度な生産技術により生産されるとし，以下ではそれぞれハイテクな中間財，ローテクな中間財と呼ぶことにする．これら 2 つの中間財はバラエティ v のみに使用可能で，他のバラエティ $v' \in V_j$ には使うことができないという意味で，企業特殊的な中間財である．最終財 $q_j(v)$ は次のようなコブ＝ダグラス型の生産関数によって，組み立てられ生産されるとしよう．

$$q_j(v) = \varphi(v) \left(\frac{h_j(v)}{\eta_j} \right)^{\eta_j} \left(\frac{m_j(v)}{1-\eta_j} \right)^{1-\eta_j}, \quad 0 < \eta_j < 1. \quad (3)$$

η_j は最終財生産における $h_j(v)$ の集約度を表し，η_j が大きいほど，産業 j で

---

[9]　効用最大化問題から $A_j = \mu_j E / \int_{v \in V_j} p_j(v)^{-\alpha_j/(1-\alpha_j)} dv$ で与えられる（ただし，E は経済全体の総支出を表す）．

はハイテクな中間財 $h_j(v)$ が生産においてより重要であることを意味する．$\varphi(v)$ はバラエティ v を作る企業の生産性を表し，$\varphi(v)$ が大きいほど，その企業は生産性が高いことになる．以下では，ある産業のある企業に着目するので，産業の指標 j とバラエティの指標 v を省略する．

この閉鎖経済には最終財企業と中間財企業の2タイプの企業が存在し，前者はハイテクな中間財 h を供給し，後者はローテクな中間財 m を供給する．ここでは簡略化のために，中間財の生産には労働のみを必要とし，各企業は賃金 w で労働者を雇用してそれぞれの中間財を生産するとしよう[10]．また，最終財企業はこれら2つの中間財を組み合わせて最終財 q を生産するが，最終財の生産には組織形態によって異なる固定費用がかかるとする．この組織形態は垂直統合かアウトソーシングかという中間財の内製・購入選択に依存し，この固定費用を f_k (ただし，$k \in \{V, O\}$) で表す．

需要関数（2）と生産関数（3）から，あるバラエティを生産する最終財企業の収入は，

$$r(h, m) = A^{1-\alpha} \varphi^\alpha \left(\frac{h}{\eta}\right)^{\alpha\eta} \left(\frac{m}{1-\eta}\right)^{\alpha(1-\eta)}. \tag{4}$$

消費者に最終財が販売されたのちに，収入 $r(h, m)$ はナッシュ交渉によって2企業間で分配される．ここで重要なのは，この収入の分配は最終財企業が選択する組織形態によって異なることである．

もしアウトソーシングが組織形態として選択された場合，最終財企業も中間財企業も別個の組織になり，最終財企業が h を所有し，中間財企業が m をそれぞれ所有していることになる．ここで両企業の間で交渉が決裂した場合，この2つの中間財は特定のバラエティにしか使えないため，最終財企業は他の中間財企業と組んで別のバラエティを生産することができず，交渉決裂時に最終財企業が得る収入（外部機会）はゼロになる．同様の理由から，

---

[10] より一般的には，2つ以上の生産要素を用いて，要素集約度が違う生産技術から2つの中間財を生産するというようにモデルを設定することは可能である．例えば，Antràs (2003) は企業特殊的な中間財が労働と資本によって生産される2要素モデルを考察している．

第4章 アウトソーシングとオフショアリング

中間財企業の外部機会もゼロである．したがって，最終財企業が $\beta \in (0, 1)$ だけの交渉力を持つとすれば，最終財企業は収入 $r(h, m)$ のうち，$\beta_O = \beta$ だけのシェア，中間財企業は $1 - \beta_O$ だけのシェアを得る．

一方，垂直統合が組織形態として選択された場合，中間財企業は最終財企業の一部門として企業内に組み込まれることになり，最終財企業はハイテクな中間財 h だけでなくローテクな中間財 m も所有する．中間財企業にとっては，交渉決裂時には h も m も所有しておらず最終財の生産ができないため，依然として外部機会はゼロである．一方，最終財企業にとっては，交渉決裂時であっても両方の中間財を所有しており最終財を生産できるため，正の外部機会を得ることになる．ただし，その場合は中間財企業の協力が得られないことから，交渉決裂時には交渉成立時ほどは効率的な最終財の生産ができなくなる．ここでは，最終財企業は交渉決裂時には，中間財企業によって供給された m のうちの一部 $\delta \in (0, 1)$ しか最終財の生産に使えないとする．よって，最終財企業の外部機会は（4）より $\delta^\alpha r(h, m)$ となり，これがゼロよりも大きいために最終財企業の事後的な交渉力は高くなる．実際，ナッシュ交渉解より最終財企業は収入 $r(h, m)$ のうち，$\beta_V = \delta^\alpha + \beta(1 - \delta^\alpha)$ だけのシェア，中間財企業は $1 - \beta_V$ だけのシェアを得る[11]．

$$\beta_V = \delta^\alpha + \beta(1 - \delta^\alpha) > \beta_O = \beta. \tag{5}$$

アウトソーシングと比べると，垂直統合では最終財企業の交渉力は高く収入のシェアが大きいため，h の供給量が相対的に増える．一方，中間財企業の交渉力は低く収入のシェアが小さいため，m の供給量が相対的に減る．このように，垂直統合とアウトソーシングの違いは，生産技術（3）にあるのではなく，事後的な交渉力（5）にあることになる[12]．

---

[11] 一般的に 2 人プレイヤー i, j の間のナッシュ交渉解は $\max_{u_i, u_j} (u_i - d_i)^\beta (u_j - d_j)^{1-\beta}$ で与えられる（ただし，u_i はプレイヤー i が交渉成立時に受け取る利得，d_i はプレイヤー i が交渉決裂時に受け取る利得を表す）．この場合，r_F と r_S をそれぞれナッシュ交渉で決まる最終財企業と中間財企業の収入 r の取り分とすれば，最終財企業のナッシュ交渉解は $\max_{r_F} (r_F - \delta^\alpha r)^\beta (r_S)^{1-\beta}$ subject to $r = r_F + r_S$ を満たす．制約条件をナッシュ積に代入して r_S を消去し，それを最大化させるような r_F を求めると，$r_F = [\delta^\alpha + \beta(1 - \delta^\alpha)] r$ となる．
[12] 不完備契約理論の中で，所有権アプローチと並んで貿易理論に応用されているのが，

この閉鎖経済の状況では，最終財企業の最適な組織形態は以下の制約付き問題を解くことで与えられる．

$$\max_{k \in \{V, O\}} \pi_k = r(h_k, m_k) - wh_k - wm_k - wf_k$$

subject to

$$h_k = \arg\max_h \{\beta_k r(h, m_k) - wh\} \tag{6}$$
$$m_k = \arg\max_m \{(1-\beta_k) r(h_k, m) - wm\}.$$

次に，上の経済を先進国（北）とし，これが技術水準の低い途上国（南）と中間財貿易を開始するとしよう．この開放経済では，ハイテクな中間財 h は技術的な制約から先進国に立地する最終財企業のみによって生産される．一方，ローテクな中間財 m は途上国に立地する中間財企業も生産でき，最終財企業はこの中間財を企業内貿易または企業間貿易によって輸入できるものとする．賃金 w^ℓ は先進国より途上国の方で低いので（$w^N > w^S$），中間財を生産する限界費用は途上国の方が低い[13]．また，固定費用 f_k^ℓ については，内製・購入選択 $k \in \{V, O\}$ だけではなく，中間財の生産が先進国か途上国かという立地選択 $\ell \in \{N, S\}$ にも依存し，ここではこの固定費用は先進国の賃金で測られるとする．最後に，最終財企業の外部機会 δ^ℓ は，途上国よりも先進国で高いものとしよう（$\delta^N > \delta^S$）．外部機会が交渉決裂時に得られる収入であることに注意すれば，この仮定は最終財企業に対する法的な保護が先進国でより厚いことを意味する．ここから，開放経済では先の (5) は次のように修正される．

$$\begin{aligned}\beta_V^N &= (\delta^N)^\alpha + \beta[1 - (\delta^N)^\alpha] > \beta_V^S \\ &= (\delta^S)^\alpha + \beta[1 - (\delta^S)^\alpha] > \beta_O^N = \beta_O^S = \beta.\end{aligned} \tag{7}$$

Williamson (1985) の取引費用アプローチである．このアプローチは垂直統合とアウトソーシングでは生産技術の差が生じ，その結果として最適な組織形態が決定されるとする．このアプローチを貿易理論に応用した論文としては Grossman and Helpman (2002, 2005)，所有権アプローチと取引費用アプローチの違いについては Itoh (2006) を見よ．

13) 本章では部分均衡を採用し賃金 w^ℓ を外生とするが，この賃金の仮定は同質財 q_0 が両国で生産され，賃金が q_0 を作る労働の生産性を表すのであれば，一般均衡の枠組みで正当化できる．詳しくは Antràs and Helpman (2004) を見よ．

この開放経済の状況では，最終財企業の最適な組織形態は以下の制約付き問題を解くことで与えられる．

$$\max_{k\in\{V,O\},\ell\in\{N,S\}} \pi_k^\ell = r(h_k^N, m_k^\ell) - w^N h_k^N - w^\ell m_k^\ell - w^N f_k^\ell$$

subject to

$$h_k^N = \arg\max_h \{\beta_k^\ell r(h, m_k^\ell) - w^N h\}$$
$$m_k^\ell = \arg\max_m \{(1-\beta_k^\ell) r(h_k^N, m) - w^\ell m\}.$$

(8)

Antràs（2003, 2005a）と Antràs and Helpman（2004）は（6）と（8）で与えられる問題を，それぞれ異なった経済状況に適用し，アウトソーシングやオフショアリングを考察する上で興味深い含意を導出した．次節以降では，ここでの基本モデルを用いて，上の3つの論文を概観し，そこから得られる理論的結果が現実のデータとどのように整合的なのかについて見ていく．

3. アウトソーシングと垂直統合

Antràs（2003）は Grossman and Hart（1986）の所有権アプローチを Helpman and Krugman（1985）の新貿易理論の枠組みに取り込んで，資本集約度の高い産業では企業内貿易が行われ，労働集約度が高い産業では企業間貿易が行われることを理論と実証の両面で示した．従来の貿易理論では，なぜ多国籍企業は下請けやライセンスなどで他企業に中間財の生産を委託するのではなく自社企業内で内製するのかという，内部化（internalization）が満足に説明できていなかった．一方，不完備契約理論は，この企業の境界の問題を考察するのに優れているものの，部分均衡分析が中心であり，国際貿易に関する分析への応用も十分に進んでいなかった．Antràs（2003）の大きな貢献は，この2つの分野を融合させて，産業や国の性質に応じて多国籍企業の境界，すなわち企業内貿易と企業間貿易の違いが内生的に決定される一般均衡モデルを構築したことである．

本節では，Antràs（2003）の簡略化されたモデルについて紹介しよう．ここでは，（6）の閉鎖経済モデルに焦点を当てるが，（8）の開放経済モデルに拡張することも可能である．興味のある読者は Antràs（2003）を参照さ

れたい[14].

モデルの設定は第2節と基本的には同じであるが，Antràs (2003) では同じ産業内の全ての企業が同一の生産性を持つ．この生産性の水準を1に標準化すると，

$$\varphi(v) = \varphi = 1. \tag{9}$$

これに加えて，どの組織形態の選択であれ，全ての企業は同じ固定費用を支払う．

$$f_k^\ell = f. \tag{10}$$

(9) と (10) の条件の下で，まずベンチマークとして，完備契約で最終財企業が直面する問題，すなわち，最終財企業と中間財企業が企業特殊的な中間財 (h と m) の生産前に全ての事柄を包括的に含んだ契約を書くことができるため，2企業間で事後的な交渉がない場合の問題を考える．この場合，垂直統合かアウトソーシングかという企業の境界は捨象され，(6) の2つの制約なしで，結合利潤 $\pi = r(h, m) - wh - wm - wf$ を最大化させるように，h と m を同時に選択することができる．効用関数 (1) からバラエティ間の代替の弾力性が一定であるので，限界費用 w に対して一定のマークアップ $1/\alpha$ を付けることが企業にとって最適となる．よって，完備契約での最終財企業の価格付けは，

$$p^* = \left(\frac{1}{\alpha}\right) w^\eta w^{1-\eta} = \frac{w}{\alpha}$$

となり，最終財企業の利潤は次で与えられる．

$$\pi^* = A\Phi^* - wf.$$

[14) Antràs (2003) は閉鎖経済モデルを Helpman and Krugman (1985) によって導入された各国で要素価格均等化定理が成立する統一経済と解釈し，資本と労働の賦存量だけが異なる開放経済モデルを分析した．その上で，資本豊富な国ほど国際垂直統合を介した企業内貿易が行われやすく，労働豊富な国ほど国際アウトソーシングを介した企業間貿易が行われやすいことを示した．

ただし,

$$\Phi^* = \frac{1-\alpha}{p^{*\alpha/(1-\alpha)}}.$$

この Φ^* の経済学的な解釈については後述する.

次に,不完備契約で最終財企業が直面する問題,すなわち,最終財企業と中間財企業が h と m の生産前に包括的な契約を書くことができず,2企業間で事後的な交渉がある場合の問題を考える.この場合,企業の境界が重要になり,2企業は (6) の2つの制約に直面する.この制約を満たす最適な h_k と m_k を求め,それらを利潤 π_k に代入して利潤最大化問題を解くと,不完備契約での最終財企業の価格付けは,

$$p_k = \left(\frac{1}{\alpha}\right)\left(\frac{w}{\beta_k}\right)^\eta \left(\frac{w}{1-\beta_k}\right)^{1-\eta}$$

となり,最終財企業の利潤は次で与えられる.

$$\pi_k = A\Phi_k(\eta) - wf.$$

ただし,

$$\Phi_k(\eta) = \frac{1-\alpha[\beta_k \eta + (1-\beta_k)(1-\eta)]}{p_k^{\alpha/(1-\alpha)}}.$$

完備契約での価格 p^* と不完備契約での価格 p_k を比べると,後者の方が $\left(\frac{1}{\beta_k}\right)^\eta \left(\frac{1}{1-\beta_k}\right)^{1-\eta}$ だけ価格が高くなっている.これは不完備契約では,垂直統合であれアウトソーシングであれ,中間財 h と m の生産が過少になり ($\max\{h_V, h_O\} < h^*$, $\max\{m_V, m_O\} < m^*$),結果的に最終財 q の生産も過少になり,その価格が高止まりしてしまうためである[15].このように不完備契約から

---

[15] 完備契約と不完備契約での中間財および最終財の生産量はそれぞれ

$$h^* = A\eta\left(\frac{\alpha}{w}\right)^{1/(1-\alpha)}, \ m^* = A(1-\eta)\left(\frac{\alpha}{w}\right)^{1/(1-\alpha)}, \ q^* = A\left(\frac{\alpha}{w}\right)^{1/(1-\alpha)}$$

$$h_k = h^* \Lambda_h^{1/(1-\alpha)}, \ m_k = m^* \Lambda_m^{1/(1-\alpha)}, \ q_k = q^* \Lambda_q^{1/(1-\alpha)},$$

である.ただし,$\Lambda_h \equiv \beta_k^{1-\alpha(1-\eta)}(1-\beta_k)^{\alpha(1-\eta)}$, $\Lambda_m \equiv \beta_k^{\alpha\eta}(1-\beta_k)^{1-\alpha\eta}$, $\Lambda_q \equiv \beta_k^\eta (1-\beta_k)^{1-\eta}$ で,

生じる過少生産のことをホールドアップ問題という.この解釈の下で完備契約での利潤 π^* と不完備契約での利潤 π_k を比べると,両者の違いは $\Phi_k(\eta)$ のみであり,垂直統合でもアウトソーシングでも不完備契約の方が小さいことが分かる($\max\{\Phi_V(\eta), \Phi_O(\eta)\} < \Phi^*$).以下では,この $\Phi_k(\eta)$ を企業特殊的な中間財のホールドアップ問題から生じる可変利潤と捉えることにする.

不完備契約では,どちらの組織形態を選択してもホールドアップ問題は避けられないので,次に考えなくてはならないのは,どのような時に垂直統合あるいはアウトソーシングが選択されるかということである.(10)を仮定する限りは,(6)の問題は可変利潤 $\Phi_k(\eta)$ を最大化させる $k \in \{V, O\}$ を選ぶことと同じであるので,$\xi(\eta) \equiv \Phi_V(\eta)/\Phi_O(\eta)$ と定義すると,もし $\xi(\eta) > 1$ ならば垂直統合が最適な組織形態になり,逆にもし $\xi(\eta) < 1$ ならばアウトソーシングが最適な組織形態になる.先の最適化の条件からこの $\xi(\eta)$ は次のように与えられる.

$$\xi(\eta) = \left(1 + \frac{\alpha(1-\beta)\delta^\alpha(1-2\eta)}{1-\alpha(1-\eta)+\alpha(1-2\eta)}\right) \times \left(1 + \frac{\delta^\alpha}{\beta(1-\delta^\alpha)}\right)^{\alpha\eta/(1-\alpha)} (1-\delta^\alpha)^{\alpha/(1-\alpha)}.{}^{16)}$$

この $\xi(\eta)$ を図示したものが図 4-1 である.$\xi(\eta)$ は η の増加関数で,$\xi(0) < 1$ と $\xi(1) > 1$ から,$\xi(\eta) = 1$ となる η の閾値($\bar{\eta}$)が存在し,$\eta > \bar{\eta}$ ならば $\Phi_V(\eta) > \Phi_O(\eta)$ となり全ての企業は垂直統合を選択し,$\eta < \bar{\eta}$ ならば $\Phi_V(\eta) < \Phi_O(\eta)$ となりアウトソーシングを選択する.

直観的には,η が十分に大きい時には,(生産関数(3)から明らかなように)最終財企業によって供給される中間財 h が最終財の生産にとって重要になる.垂直統合を選択することによって,最終財企業が相対的に高い交渉力を持ち,最終財企業の供給する中間財 h のホールドアップ問題を緩和することが最適になる.逆に η が十分に小さい時には,中間財企業によって供給

 これらの Λ は1より小さい.
16) この $\xi(\eta)$ は2要素モデルの Antràs (2003) と全く同一である.ただし,ここでは労働のみの1要素モデルを考察しているにも関わらず,同一になることに注意が必要である.

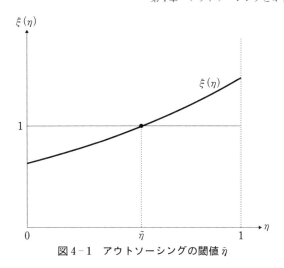

図4-1 アウトソーシングの閾値 $\tilde{\eta}$

される中間財 m が最終財の生産にとってより重要になる．アウトソーシングを選択することによって，中間財企業が相対的に高い交渉力を持ち，中間財企業の供給する中間財 m のホールドアップ問題を緩和することが最適になる．

これをまとめると，以下のような命題になる．

命題 1（Antràs 2003）：唯一の閾値 $\tilde{\eta} \in (0,1)$ が存在し，$\eta > \tilde{\eta}$ を満たすハイテクな産業では全ての企業が垂直統合を選択し，$\eta < \tilde{\eta}$ のローテクな産業では全ての企業がアウトソーシングを選択する．

この結果は表 4-2 で見た結果と整合的になっている．例えば，化学産業などのハイテクな産業では，アウトソーシング率が相対的に低いのに対し，毛皮産業などのローテクな産業では，アウトソーシング率が相対的に高い．ただし，この命題にあるように，産業内で全ての企業が同一の内製・購入選択をしている（アウトソーシング率が 100% か 0% になる）訳ではなく，現実には垂直統合とアウトソーシングをしている企業が混在しており，ローテクな産業になるほどアウトソーシング率が高まる傾向にある．したがって，異なる組織形態を選択する企業が産業内で混在する現実を捉えるためには，全ての

企業が同じ生産性を持つという (9) の仮定を外す必要がある.

　この企業の同質性の問題を除いては，Antràs (2003) の理論的結果は多くの実証研究によって，概ねデータと整合的であることが確かめられている. Antràs (2003) 自身は，上のモデルの η を各産業の資本集約度やR&D集約度と解釈して，η が小さいローテクな産業ほど国際アウトソーシングを介した中間財貿易（企業間貿易）の比率が高く，η が大きいハイテクな産業ほど国際垂直統合を介した中間財貿易（企業内貿易）の比率が高くなることを実証した. しかし，データがカバーする国や産業が限られていて，データ自体も比較的古いため（28の貿易相手国と23の製造産業の1992年の米国の企業レベルのデータ），これ以降の実証研究はより詳細なデータを使って命題1を検証している. 例えば，Yeaple (2006) は Antràs (2003) と同じ η の解釈を採用して，58の貿易相手国と51の製造産業の1994年の米国の企業レベルのデータを使って，命題1の結果は頑強であることを示している. 同様に，Nunn and Trefler (2008) は，η を資本集約度やスキル集約度と解釈して，210の貿易相手国と370の製造産業の2000年と2005年の米国の企業レベルのデータを使って，命題1をサポートする実証結果を得ている. 米国以外の同様の研究としては，英国の企業レベルのデータを用いた Acemoglu et al. (2010) を参照されたい.

4. オフショアリングとオンショアリング

　Antràs (2005a) は，Antràs (2003) の不完備契約を立地選択の分析に応用して，中間財の国際貿易に伴う不完備契約のために先進国と途上国で生産工程の分割（フラグメンテーション）が発生することを示した. 第3節で見た Antràs (2003) の主な焦点は，多国籍企業の内製・購入選択であるのに対し，Antràs (2005a) は不完備契約が多国籍企業の立地選択にも影響を与えることを主張した. 途上国での生産には労働賃金が低いという便益がある一方で，先進国に比べて契約の履行性が低く，ホールドアップ問題から生じる非効率性が深刻になるという費用がある. Antràs (2005a) の大きな貢献は，このオフショアリングの費用と便益のトレードオフに注目して，不完備

契約が多国籍企業の立地選択に与える効果を考察するモデルを構築したことである．

　Antràs（2005a）は動学的なプロダクト・サイクル理論を考察しているが，ここでは静学の簡略化したモデルを考える．Antràs（2005a）は開放経済 (8) の問題に焦点を当てているものの，Antràs（2003）のように (9) と (10) を仮定し，産業内の全ての企業は同じ生産性と同じ固定費用を持つとする．ここで先進国と途上国での契約の履行性の違いを捉えるために，先進国では最終財企業と中間財企業は完備契約を書くことができるとしよう．この完備契約の仮定は先進国では途上国に比べて法制度が整っており，仮に初期に書かれた契約に違反があったとしても，最終財企業や中間財企業は裁判所に訴えることで初期の契約に書かれた内容を事後的に達成しやすいという現実を反映したものである．

　この仮定の下で先進国の最終財企業がオンショアリングを選択し，先進国の中間財企業と中間財取引をする場合は，第3節のベンチマークと同じになる．よって，(8) において k を無視して $\ell = N$ として，2つの制約なしで結合利潤を最大化することと等しくなるので，この場合の最終財企業の価格付けは，

$$p^N = \frac{w^N}{\alpha}$$

となり，最終財企業の均衡利潤は，

$$\pi^N = A\Phi^N - w^N f.$$

ただし，

$$\Phi^N = \frac{1-\alpha}{(p^N)^{\alpha/(1-\alpha)}}.$$

　一方，先進国の最終財企業がオフショアリングを選択し，途上国の中間財企業と中間財貿易をする場合には，第3節と同じように2企業は不完備契約に直面する．表4-1で分類したように，オフショアリングには国際垂直統合

を介した企業内貿易と，国際アウトソーシングを介した企業間貿易があるが，焦点を明確化するために，ここでは国際アウトソーシングのみを扱うことにする（後述するように，国際垂直統合を含む場合でも基本的な結果は変わらない）．よって，(8)において$k=O$, $\ell=S$として2つの制約を解けばよいので，(7)より$\beta_O^S = \beta$であることに注意すると，この場合の最終財企業の価格付けは，

$$p_O^S = \left(\frac{1}{\alpha}\right)\left(\frac{w^N}{\beta}\right)^\eta \left(\frac{w^S}{1-\beta}\right)^{1-\eta}$$

となり，最終財企業の均衡利潤は，

$$\pi_O^S = A\Phi_O^S(\eta) - w^N f.$$

ただし，

$$\Phi_O^S(\eta) = \frac{1-\alpha[\beta\eta + (1-\beta)(1-\eta)]}{(p_O^S)^{\alpha(1-\alpha)}}.$$

このオフショアリングでの価格p_O^Sと先のオンショアリングでの価格p^Nを比べると，途上国での低賃金のためにp_O^Sはp^Nよりも低くなる一方，途上国でのホールドアップ問題のために（第3節と同じく）p_O^Sはp^Nよりも高くなる．実際，2つの価格付けの比較から，$p_O^S < p^N$となるのは（＞）の時，すなわちオフショアリングの便益（低賃金）がその費用（ホールドアップ問題）よりも大きい時である．

$$\frac{w^N}{w^S} > \frac{1}{\beta^{\eta/(1-\eta)}} \frac{1}{1-\beta}$$

の時である．このオフショアリングの費用と便益のトレードオフが多国籍企業の立地選択に影響を与え，フラグメンテーションが起こるための決定要因になる．

この立地選択のトレードオフがある状況で，どのような時にオンショアリングあるいはオフショアリングが選択されるかを考えることができる．前節

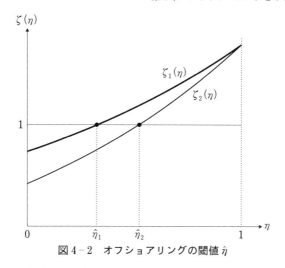

図4-2 オフショアリングの閾値 $\hat{\eta}$

と同じように，(10)を仮定する限りは，(8)の問題は可変利潤 $\Phi_k^\ell(\eta)$ を最大化させる $\ell \in \{N, S\}$ を選ぶことと同じであるので，$\zeta(\eta) \equiv \Phi^N/\Phi_O^S(\eta)$ と定義すると，もし $\zeta(\eta) > 1$ ならばオンショアリングが最適な組織形態になり，逆にもし $\zeta(\eta) < 1$ ならばオフショアリングが最適な組織形態になる．先の最適化の条件から，この $\zeta(\eta)$ は次のように与えられる．

$$\zeta(\eta) = \frac{1-\alpha}{1-\alpha[\beta\eta+(1-\beta)(1-\eta)]}\left(\frac{w^S}{w^N}\frac{1}{\beta^{\eta/(1-\eta)}}\frac{1}{1-\beta}\right)^{\alpha(1-\eta)/(1-\alpha)}.$$

この $\zeta(\eta)$ を図示したものが図 4-2 である．$\zeta(\eta)$ は η の増加関数で，$\zeta(0) < 1$ と $\zeta(1) > 1$ から，$\zeta(\eta) = 1$ となる η の閾値（$\hat{\eta}$）が存在し，$\eta > \hat{\eta}$ ならば $\Phi^N > \Phi_O^S(\eta)$ となり，全ての企業はオンショアリングを選び，$\eta < \hat{\eta}$ ならば $\Phi^N < \Phi_O^S(\eta)$ となり，全ての企業はオフショアリングを選ぶことになる．また，ζ は w^N/w^S の増加関数であるので，先進国と途上国の賃金格差 w^N/w^S が大きいほど，ζ の傾きが急になる．その結果，閾値 $\hat{\eta}$ が大きくなり，オフショアリングがより選択されやすくなる．

直観的な説明は次の通りである．先進国の最終財企業がローテクな中間財 m の生産について，オフショアリングかオンショアリングかに関する立地選択の問題に直面する場合には，途上国での低賃金という便益と，途上国で

のホールドアップ問題という費用を比較しなければならない．η が十分に大きい時は，中間財企業によって供給される中間財 m は最終財の生産にとってあまり重要ではない．途上国の低賃金で m を生産する便益よりも，m の生産が過少になる費用の方が大きいので，オンショアリングを選択することが最適になる．逆に，η が十分に小さい時は，m が最終財の生産にとって重要になる．m の生産が過少になる費用よりも，途上国の低賃金で m を生産する便益の方が大きいので，オフショアリングを選択することが最適になる．

これをまとめると，以下のような命題になる．

命題2（Antràs 2005a）：唯一の閾値 $\hat{\eta} \in (0, 1)$ が存在し，$\eta > \hat{\eta}$ を満たすハイテクな産業では全ての企業がオンショアリングを選択し，$\eta < \hat{\eta}$ のローテクな産業では全ての企業がオフショアリングを選択する[17]．

この結果も表4-2で見た結果と整合的になっている．また，オフショアリング率が高い産業はアウトソーシング率が高いという，両者の間の正の相関関係とも整合的である．例えば，化学産業などのハイテクな産業では，アウトソーシング率もオフショアリング率も相対的に低いのに対し，毛皮産業などのローテクな産業では，これら2つの比率は相対的に高い．ただし，命題1と同じように，産業内で全ての企業が同一の立地選択をしている（オフショアリング率が100%か0%になる）訳ではなく，現実ではオフショアリングとオンショアリングを選択する企業が混在しており，ローテク産業になるほどオフショアリング率が高まる傾向にある．

この結果の興味深い示唆は，この賃金格差がある南北貿易モデルにおいて，閾値 $\hat{\eta}$ を Dornbusch, Fischer, and Samuelson（1977）の連続財リカー

---

[17] ここではオフショアリングとして国際アウトソーシングのみを考えているが，Antràs（2005a）は国際垂直統合と国際アウトソーシングの両方を分析している．その場合は，2つの閾値 $\hat{\eta}_V, \hat{\eta}_O \in (0, 1)$ が存在し，$\eta > \hat{\eta}_V$ を満たす産業では全ての企業がオンショアリングを，$\eta < \hat{\eta}_O$ を満たす産業では全ての企業が国際アウトソーシングを，これらの閾値の間の $\hat{\eta}_O < \eta < \hat{\eta}_V$ を満たす産業では全ての企業が国際垂直統合をそれぞれ選択することになる．したがって，国際垂直統合を含める場合には，オンショアリングとオフショアリングの比較をするための閾値は $\hat{\eta}_V$ になるが，その場合でも本節での議論は本質的に成立する．

ド・モデルでの比較優位の閾値と捉えることができるということである．すなわち，先進国は $\eta > \hat{\eta}$ を満たすハイテクな産業において中間財 m を生産する比較優位を持ち，途上国は $\eta < \hat{\eta}$ を満たすローテクな産業において中間財 m を生産する比較優位を持つと解釈することによって，契約の履行性の違いが比較優位の源泉になると考えることができる．この見方に立脚すれば，先進国が完備契約を持つということは，先進国では中間財のホールドアップ問題に悩まされることなく効率的な生産ができることになるので，リカードの言葉を借りるならば，先進国はどの産業においても絶対優位を持っているということになる．したがって，先進国での高い相対賃金は契約の履行性の良さを反映していることになり，先進国が契約の履行性が悪い途上国と中間財貿易をしても利益を得るのは，先進国の高い相対賃金のために比較劣位の産業で生産費用の相対的な優位性が逆転するためであるという，伝統的なリカードの説明に帰することができるのである．

　不完備契約理論は第3節で見たように当初は多国籍企業の境界の分析に使われたが，後にリカード・モデルやヘクシャー＝オリーンモデルをはじめとする，伝統的貿易理論のミクロ的基礎付けとして使われるようになったのはこのためである．関連する研究に興味がある読者は，理論論文では Acemoglu, Antràs, and Helpman (2007), Costinot (2009a, 2009b), 実証論文では Levchenko (2007), Nunn (2007) を特に参照されたい．

5. 企業の異質性と組織形態

　Antràs and Helpman (2004) は，第3節で見た Antràs (2003) の不完備契約と Melitz (2003) の企業の異質性を組み合わせて，同一産業内に異なる組織形態が混在することを示した．Antràs (2003, 2005a) は企業の同質性を仮定しているため，同じ産業内では全ての企業が同じ組織形態しか選択しない．しかし，表4-2で見たように，データではどの製造産業においてもアウトソーシング率やオフショアリング率は100％を下回り，産業内では企業が異なる組織形態を選択していることになる．また，産業間では，ハイテクな産業ほど垂直統合やオンショアリングの比率が高くなり，ローテクな

産業ほどアウトソーシングやオフショアリングの比率が高くなる傾向がある．Antràs and Helpman（2004）の大きな貢献は，データで観察されるこのような産業内・産業間で異なる組織形態の混在傾向を説明できるモデルを構築したことである．

では，第2節の基本モデルを基にして，Antràs and Helpman（2004）の簡略化したモデルを見ていこう．ここでは，最終財企業は産業に参入した後に，ある分布関数 $G(\varphi)$ から生産性 φ のパラメータを無作為にくじとして引く．よって，各最終財企業は異なった生産性 φ を持つので，企業の同質性（9）は成立しない．固定費用（10）についても，ここでは成立せず以下のように組織形態に依存する．内製・購入選択については，最終財企業は中間財企業を一部門として企業内に雇用し管理することに伴う追加的なコストがかかるので，垂直統合での固定費用の方がアウトソーシングよりも高い（$f_V^\ell > f_O^\ell$）．立地選択については，先進国の最終財企業は途上国の中間財企業と連絡を取り監視することに伴う追加的な費用がかかるので，オフショアリングでの固定費用の方がオフショアリングよりも高い（$f_k^S > f_k^N$）．その結果，固定費用は（10）から次のように修正される．

$$f_V^S > f_O^S > f_V^N > f_O^N .^{18)} \tag{11}$$

ここで，垂直統合での高い固定費用はそれに伴う高い交渉力によって相殺され，オフショアリングでの高い固定費用はそれに伴う低い限界費用（賃金）によって相殺されていることに注意しよう．よって，いったん高い固定費用を支払ってしまえば，規模の経済が働くことから得られる便益が生産量の増加と共に大きくなるので，この高い固定費用を支払うことができる生産性の高い企業とそうでない企業の収入の差は，それらの企業間の生産性の差よりも大きくなる．

---

18) 厳密には（11）が成立するためには，上の仮定に加えて $f_O^S > f_V^N$ を仮定しなくてはならない．また，Antràs and Helpman（2004）が強調しているように，垂直統合した企業が経営資源について規模の経済を十分に活用できる場合は $f_V^\ell > f_O^\ell$ の仮定が必ずしも成立する訳ではない．ただし，後で見るように，均衡での組織形態を求めるには（11）の固定費用のランキング自体は本質的ではなく，固定費用が組織形態によって変化することが重要である．

第 4 章　アウトソーシングとオフショアリング

この状況で，まず最終財企業の直面する問題が閉鎖経済の (6) である場合を考えると，最終財企業の価格付けは，

$$p_k = \left(\frac{1}{\varphi^\alpha}\right)\left(\frac{w}{\beta_k}\right)^\eta \left(\frac{w}{1-\beta_k}\right)^{1-\eta}$$

となる．第 3 節と類似しているが，ここでは最終財企業の生産性 φ が異なるために，生産性が高い企業ほど低い価格付けを行うことになる．最終財企業の利潤は，

$$\pi_k = A\Phi_k(\eta)\varphi^{\alpha/(1-\alpha)} - wf_k. \tag{12}$$

ただし，

$$\Phi_k(\eta) = \frac{1-\alpha[\beta_k\eta + (1-\beta_k)(1-\eta)]}{(p_k\varphi)^{\alpha/(1-\alpha)}}.$$

第 3 節で見たように，$\Phi_k(\eta)$ は中間財のホールドアップ問題からくる非効率性を捉えた可変利潤と解釈することができる．また，最終財企業の生産性が異質であっても，ここでの $\Phi_k(\eta)$ は第 3 節のものと同一である（上の $\Phi_k(\eta)$ の分母にある φ は，企業の価格付け p_k に含まれる φ と相殺される）．よって，命題 1 で与えられた同一の閾値 $\bar{\eta}$ が存在し，$\eta > \bar{\eta}$ である場合は $\Phi_V(\eta) > \Phi_O(\eta)$ となり，$\eta < \bar{\eta}$ である場合は $\Phi_V(\eta) < \Phi_O(\eta)$ となる．

以下では最初に $\eta > \bar{\eta}$ を満たすハイテクな産業を考える．この産業の均衡を図示したのが図 4-3 (a) である．横軸に $\varphi^{\alpha/(1-\alpha)}$，縦軸に π_k を取ると，最終財企業の利潤 (12) は傾き $\Phi_k(\eta)$，切片が $-wf_k$ の一次関数として ($\varphi^{\alpha/(1-\alpha)}$, π_k) 平面上に描くことができる[19]．この平面上では，$\Phi_V(\eta) > \Phi_O(\eta)$ から，垂直統合の企業の利潤 π_V の方がアウトソーシングの企業の利潤 π_O よりも傾きが急になる．また (11) より $f_V > f_O$ となり，π_V の方が π_O よりも切片が低くなる．よって，π_V と π_O は交差し，$\underline{\varphi}^{\alpha/(1-\alpha)}$ から $\bar{\varphi}^{\alpha/(1-\alpha)}$ までの生産性の企業は $\pi_O > \pi_V$ であるので，アウトソーシングを選択し，$\bar{\varphi}^{\alpha/(1-\alpha)}$ よりも高い

---

19)　厳密には (12) の傾きは $A\Phi_k(\eta)$ だが，A は同じ産業内の企業にとって共通であり，全ての企業は A を所与として扱うので，A を無視することができる．

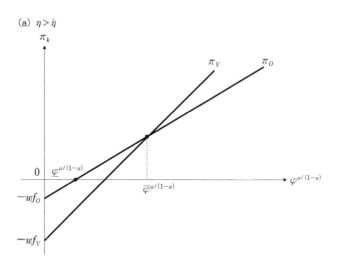

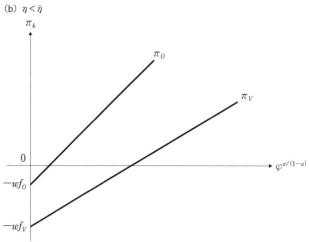

図4-3 企業の異質性の下での閉鎖経済均衡

生産性の企業のみが $\pi_V > \pi_O$ であるので垂直統合を選択することになる（$\varphi^{\alpha/(1-\alpha)}$ よりも低い生産性の企業は，$\pi_V < \pi_O < 0$ であるので，生産をせずに産業から退出する）．

次に，$\eta < \tilde{\eta}$ を満たすローテクな産業の均衡を図示したのが図 4-3（b）である．この産業では $\Phi_V(\eta) < \Phi_O(\eta)$ となり，先の平面上では π_O の方が π_V よりも傾きが急であることになる．先の $f_V > f_O$ と合わせると，これはどの生産性の水準においても π_O の方が π_V よりも上方に位置することを意味するため，最終財企業の生産性に関わらず，生産する限りはアウトソーシングを選ぶことになる．言い換えれば，この産業の場合は，企業の異質性は組織形態の選択に影響を与えないのである．

直観的には，$\eta > \tilde{\eta}$ のハイテクな産業では最終財企業によって供給される中間財 h の方が相対的に生産に重要なので，命題 1 で示されたように，生産性の水準に関わらずどの最終財企業も垂直統合を選択するインセンティブがある．しかし，垂直統合には高い固定費用がかかるので，生産性の高い企業のみが垂直統合を選択できる（生産性の低い企業は垂直統合の固定費用を賄うだけの収入を得ることができないので，アウトソーシングを選択せざるを得ない）．一方，$\eta < \tilde{\eta}$ のローテクな産業では，中間財企業によって供給される中間財 m の方が相対的に生産に重要というだけではなく，アウトソーシングの固定費用は垂直統合のそれよりも低いので，生産性の水準に関わらずどの最終財企業も垂直統合を選択するインセンティブはなく，全ての企業がアウトソーシングを選択する．

ここから，(11) のように $f_V > f_O$ を仮定すれば，命題 1 は以下のように修正される．

命題 1′：唯一の閾値 $\tilde{\eta} \in (0, 1)$ が存在し，$\eta > \tilde{\eta}$ を満たすハイテクな産業では生産性の高い企業が垂直統合を選択し，生産性の低い企業はアウトソーシングを選択する．一方，$\eta < \tilde{\eta}$ のローテクな産業では全ての企業がアウトソーシングを選択する．

この考え方を第 4 節での立地選択の分析に応用すると，オフショアリング

の閾値 $\hat{\eta}$ も同一であることが分かる．よって，(11) のように $f^S > f^N$ を仮定すれば，命題 2 も以下のように修正される．

命題 2′：唯一の閾値 $\hat{\eta} \in (0, 1)$ が存在し，$\eta > \hat{\eta}$ を満たすハイテクな産業では全ての企業がオンショアリングを選択する．一方，$\eta < \hat{\eta}$ のローテクな産業では生産性の高い企業がオフショアリングを選択し，生産性の低い企業がオンショアリングを選択する．

命題 2′ の直観的な説明は命題 1′ のそれと似ているが，生産性の水準によって組織形態の混在が起こるのは，η がローテクな産業であることが命題 1′ と異なる．

以上の分析を基に，最終財企業の直面する問題が開放経済の (8) になる場合を考えてみよう．議論を単純にするために $\bar{\eta} < \hat{\eta}$ と仮定して，$\eta < \bar{\eta} < \hat{\eta}$ を満たすローテクな産業と，$\bar{\eta} < \eta < \hat{\eta}$ を満たすハイテクな産業の 2 つに焦点を当てることにする[20]．ここでの目的は，相対的に η が低い産業と相対的に η が高い産業の間で，最終財企業による組織形態の選択が生産性に応じてどのように変わるのかを考察することである．

まず，$\eta < \bar{\eta} < \hat{\eta}$ を満たすローテクな産業では，企業の内製・購入選択 $k \in \{V, O\}$ に関しては，命題 1′ より全ての企業がアウトソーシングを選択する．また，企業の立地選択 $\ell \in \{N, S\}$ に関しては，命題 2′ より（生産をする企業の中で）生産性の高い企業がオフショアリング，生産性の低い企業がオンショアリングを選択する．よって，この産業での組織形態 (k, ℓ) を求めると，生産性が高い企業が国際アウトソーシング (O, S) を選択し，生産性の低い企業が国内アウトソーシング (O, N) を選択することになる．

同じ方法を $\bar{\eta} < \eta < \hat{\eta}$ を満たすハイテクな産業に適用すると，企業の立地選択に関しては先と同じだが，企業の内製・購入選択に関しては生産性の高い企業が垂直統合，生産性の低い企業がアウトソーシングを選択する．よっ

---

[20] Antràs and Helpman (2004) は前者の産業を部品集約的産業 (component-intensive sector)，後者の産業を本社機能集約的産業 (headquarter intensive sector) と呼び，この 2 タイプの産業の均衡分析を主に行っている．

て，この産業での組織形態 (k, ℓ) を求めると，4つの全ての組織形態が同時に併存することになり，(11) を仮定する限りは，最も生産性の高い企業が国際垂直統合 (V, S)，2番目に生産性の高い企業が国際アウトソーシング (O, S)，3番目に生産性の高い企業が国内垂直統合 (V, N)，最も生産性の低い企業が国内アウトソーシング (O, N) を選択する．

注意しなければならないのは，均衡での組織形態を導出するには，(11) の固定費用のランキング自体は本質的ではないということである．これを確かめるために，仮にアウトソーシングの固定費用の方が垂直統合のそれよりも高いとしよう $(f_O > f_V)$．その場合，(11) は，

$$f_O^S > f_V^S > f_O^N > f_V^N \tag{11'}$$

となり，この変更によって命題1'のみが影響を受ける．$f_O > f_V$ であるならば，図4-3 (a) の $\eta > \bar{\eta}$ の産業では全ての企業が垂直統合を選択する．一方，図4-3 (b) の $\eta < \tilde{\eta}$ の産業では，生産性の高い企業がアウトソーシング，生産性の低い企業が垂直統合を選択することになる．よって，(11') を仮定するのであれば，上の $\eta < \tilde{\eta} < \hat{\eta}$ を満たすローテクな産業では，最も生産性の高い企業が国際アウトソーシング (O, S)，2番目に生産性の高い企業が国際垂直統合 (V, S)，3番目に生産性の高い企業が国内アウトソーシング (O, N)，最も生産性の低い企業が国内垂直統合 (V, N) を選択する．それに対して，$\tilde{\eta} < \eta < \hat{\eta}$ を満たすハイテクな産業では，生産性が高い企業が国際垂直統合 (V, S) を選択し，生産性の低い企業が国内垂直統合 (V, N) を選択する．ここから明らかなことは，どのような固定費用のランキングであれ，生産性が高い企業ほど規模の経済を活用するために，高い固定費用を伴った組織形態を選択するということである．

これをまとめると，以下のような命題になる．

命題3（Antràs and Helpman 2004）：もし企業が異質な生産性を持ち，固定費用が組織形態によって異なるのであれば，生産性の高い企業ほど高い固定費用の組織形態を選択する．また，η が大きいハイテクな産業ほど垂直統合やオンショアリングの企業の比率が高まり，η が小さいローテクな

産業ほどアウトソーシングやオフショアリングの企業の比率が高まる．

この結果は（i）企業の生産性 φ と組織形態 (k, ℓ)，（ii）産業の集約度 η と組織形態 (k, ℓ) の2つの含意を持っている．以下では，この2つに関する既存の実証研究について概観する．

（i）については，概ね Antràs and Helpman（2004）の理論的結果をサポートする結果が得られている．第1節で紹介した Tomiura（2007）以外では，例えば，Kohler and Smolka（2011, 2014）は固定費用のランキング（11）の下で，スペインの企業レベルのデータにおける企業の生産性と組織形態の関係を検証した．この研究では全ての産業における4つの組織形態の平均生産性を算出して，国際垂直統合 (S, V) を行う企業の生産性が最も高く，国内アウトソーシング (N, O) を行う企業の生産性が最も低いことが示された．残りの国際アウトソーシング (S, O) と国内垂直統合 (N, V) を行う企業は中間の生産性を持つものの，これらの組織形態の間には統計学的に有意な生産性の差は確認されていない[21]．一方，Defever and Toubal（2013）では（11′）の下で生産性と組織形態の関連性をフランスの企業レベルのデータを使って検証し，オフショアリングをする多国籍企業のうち，生産性が高い企業が国際アウトソーシング (S, O) を，生産性が低い企業が国際垂直統合 (S, V) を選択するという理論通りの結果を得ている（ただし，この研究はオフショアリングをしない非多国籍企業については扱っていない）．このように，総じて理論と実証の結果は整合的ではあるものの，固定費用のランキングの仮定によって生産性と組織形態の関係は大きく変わるため，組織形態によって変化する固定費用へのミクロ的基礎付けが今後重要になってくると思われる．

これに対し，（ii）については，あまり研究がなされていない．上に挙げた研究では，データにある全ての産業をまとめて4つの組織形態の平均生産

---

[21] Antràs and Yeaple（2014）も別のスペインの企業レベルのデータを使って似た結果を報告している．日本とスペイン以外の国については，Corcos *et al.*（2013）がフランスを，Federico（2010）がイタリア，Wagner（2011）がドイツの企業レベルのデータを使ってそれぞれ検証し，Antràs and Helpman（2004）とほぼ整合的な結果を得ている．

性を取っているが，命題1，2で見たように，産業の集約度 η は組織形態の選択に大きな影響を及ぼすので，それが（i）の企業の生産性と組織形態の関係に影響を及ぼしうる．例えば，図4-3にあるように，η が大きいハイテクな産業では垂直統合を選択する企業の方がアウトソーシングを選択する企業よりも生産性が高いが，η が小さいローテクな産業ではアウトソーシングを選択する企業の方が生産性が高いので，全ての産業をまとめて組織形態の平均生産性を比較することは，正確性を欠くことになる．この点は Defever and Toubal（2013）や Corcos et al.（2013）によって実証されているものの，これらの研究はオフショアリングをする多国籍企業の組織形態の比較に限られており，十分な解明ができているとは言い難い．今後は理論と実証の整合性のためにも，産業の集約度が組織選択に与える影響を明示的に考慮に入れて，産業別に企業の平均生産性を比較する必要があるだろう．

6. おわりに

本章では，近年国際貿易で急成長を遂げている中間財貿易に焦点を当てて，その原動力となっているアウトソーシングとオフショアリングについて議論した．特に，不完備契約論を貿易論に応用した一連の研究は，これらの経済現象を説明する理論的成功にとどまらず，企業レベルのデータを使った実証研究によっても理論をサポートする結果が得られている．この理論と実証の密接な関わりから新たな理論的予測やテスト可能な仮説が生まれることも多く，本章で概観した企業の組織形態に関する研究は，現時点でも国際経済学の中で最も活発な分野の一つと言える．

このように理論と実証の両面で大きな進展を遂げているものの，詳細な企業レベルのデータの入手可能性が高まるにつれて，これらの間での新たな乖離が指摘されているのも事実である．本章を締めくくるに当たって，この分野の今後の重要な研究の方向性として，以下の2つを挙げておく．

1つ目は複数の組織形態を同時に持つ企業の存在である．本章では一貫して，最終財企業は中間財を入手するのに，表4-1にある4つの組織形態のうちから一つしか選択しないと仮定してきた．しかし，第1節で紹介した Tomiura (2007) が示しているように,いくつかの企業は複数の組織形態を選択しており,こういった企業は中間財の性質に合わせて異なった複数の組織形態を選択していると考えるのが現実的である[22]．Helpman (2011) の例を挙げれば,自動車を製造する最終財企業が,エンジンを国内垂直統合によって内製し,ブレーキを国内アウトソーシングによって購入し,フロントガラスを国際垂直統合によって企業内貿易し,座席シートを国際アウトソーシングによって企業間貿易すれば,この最終財企業は4つの組織形態を同時に選択していることになる．この例から明らかなように,中間財の性質に合わせて異なった複数の組織形態が内生的に選択されるようなモデルを構築する必要があるが,現行の理論はこの現実を十分に説明できるに至っていない．

2つ目は企業の組織形態と生産性の関係のミクロ的基礎付けである．多くの場合,企業の生産性がどのようにして決まるのかというのはブラックボックスであるが,企業の生産性は本章で見た組織形態の選択と大きく関連している．例えば,上に挙げたように,異なった組織形態を使って複数の中間財を生産する可能性を認めるならば,様々な組織形態を選択して多くの中間財を入手する企業の方が生産性は高くなるため,その意味において企業の生産性は内生化されることになる．この点について,Acemoglu, Antràs, and Helpman (2007) は関連した研究を行っているものの,中間財の種類の対称性が仮定されるなど,理論と現実との間には大きな隔たりがある．この欠点を補うためには,契約論や組織論からの知見を応用して多国籍企業の境界に関する貿易論の改善がなされたように,これらの分野から企業の組織形態と生産性の関係についても貿易論はさらに学ぶ必要があるだろう[23]．ただし,企業の生産性を内生化するだけでは不十分で,この内生化が貿易利益や貿易パターンに与えうる影響など,データで観察される事実を解明し,従来

---

[22] 企業が複数の組織形態を選択するというのは,他の実証研究でも明らかにされている．この点に関しては,Defever and Toubal (2013) がフランス,Kohler and Smolka (2011) がスペイン,Federico (2010) がイタリアの企業レベルのデータを使ってそれぞれ実証している．
[23] 最新の組織の経済学を概観するには,Gibbons and Roberts (2013) が有用である．特に,企業組織と生産性に関しては,同書に収録されている Gibbons and Henderson (2013) が関連する既存研究の紹介をしている．

第4章　アウトソーシングとオフショアリング

の一般均衡分析に基づいた貿易論の含意をより豊かにするように努めていかなくてはならない．

参考文献

Abramovsky, Laura and Rachel Griffith (2006), "Outsourcing and Offshoring of Business Services: How Important is ICT?" *Journal of the European Economic Association* (Papers and Proceedings), Vol. 4 (2-3), pp. 594-601.

Acemoglu, Daron, Pol Antràs, and Elhanan Helpman (2007), "Contracts and Technology Adoption," *American Economic Review*, Vol. 97 (3), pp. 916-943.

Acemoglu, Daron, Philippe Aghion, Rachel Griffith, and Fabrizio Zilibotti (2010), "Vertical Integration and Technology: Theory and Evidence," *Journal of the European Economic Association*, Vol. 8 (5), pp. 989-1033.

Antràs, Pol (2003), "Firms, Contracts, and Trade Structure," *Quarterly Journal of Economics*, Vol. 118 (4), pp. 1375-1418.

Antràs, Pol (2005a), "Incomplete Contracts and the Product Cycle," *American Economic Review*, Vol. 95 (4), pp. 1054-1073.

Antràs, Pol (2005b), "Property Rights and the International Organization of Production," *American Economic Review* (Papers and Proceedings), Vol. 95 (2), pp. 25-32.

Antràs, Pol and Elhanan Helpman (2004), "Global Sourcing," *Journal of Political Economy*, Vol. 112 (3), pp. 552-580.

Antràs, Pol and Esteban Rossi-Hansberg (2009), "Organizations and Trade," *Annual Review of Economics*, Vol. 1, pp. 43-64.

Antràs, Pol and Stephen R. Yeaple (2014), "Multinational Firms and the Structure of International Trade," in: Gita Gopinath, Elhanan Helpman, and Kenneth Rogoff (eds.), *Handbook of International Economics, Volume 4*, Amsterdam: Elsevier B. V., pp. 55-130.

Ara, Tomohiro (2007), "The Product Cycle with Firm Heterogeneity," Master's Thesis, Hitotsubashi University.

Bartel, Ann P., Saul Lach, and Nachum Sicherman (2014), "Technological Change and the Make-or-Buy Decision," *Journal of Law, Economics and Organization*, Vol. 30 (1), pp. 165-192.

Bolton, Patrick and Mathias Dewatripont (2004), *Contract Theory*, Cambridge, Mass.: MIT Press.

Corcos, Gregory, Delphine M. Irac, Giordano Mion, and Thierry Verdier (2013), "The Determinants of Intrafirm Trade: Evidence from French Firms," *Review of Economics and Statistics*, Vol. 95 (3), pp. 825–838.

Costinot, Arnaud (2009a), "An Elementary Theory of Comparative Advantage," *Econometrica*, Vol. 77 (4), pp. 1165–1192.

Costinot, Arnaud (2009b), "On the Origins of Comparative Advantage," *Journal of International Economics*, Vol. 77 (2), pp. 255–264.

Defever, Fabrice and Farid Toubal (2013), "Productivity, Relationship-Specific Inputs and the Sourcing Modes of Multinationals," *Journal of Economic Behavior and Organization*, Vol. 94, pp. 345–357.

Dornbusch, Rudiger, Stanley Fischer, and Paul A. Samuelson (1977), "Comparative Advantage, Trade, and Payments in a Ricardian Model with a Continuum of Goods," *American Economic Review*, Vol. 67 (5), pp. 823–839.

Federico, Stefano (2010), "Outsourcing versus Integration at Home or Abroad," *Empirica*, Vol. 37 (1), pp. 47–63.

Feenstra, Robert C. (1998), "Integration of Trade and Disintegration of Production in the Global Economy," *Journal of Economic Perspectives*, Vol. 12 (1), pp. 31–50.

Feenstra, Robert C. and Gordon H. Hanson (1996), "Globalization, Outsourcing, and Wage Inequality," *American Economic Review* (Papers and Proceedings), Vol. 86 (2), pp. 240–245.

Gibbons, Robert and Rebecca Henderson (2013), "What Do Managers Do? Exploring Persistent Performance Differences among Seemingly Similar Enterprises," in: Robert Gibbons and John Roberts (eds.), *The Handbook of Organizational Economics*, Princeton, N.J.: Princeton University Press, pp. 680–731.

Gibbons, Robert and John Roberts (2013), *Handbook of Organizational Economics*, Princeton, N.J.: Princeton University Press.

Grossman, Sanford J. and Oliver D. Hart (1986), "The Costs and Benefits of Ownership: A Theory of Vertical and Lateral Integration," *Journal of Political Economy*, Vol. 94 (4), pp. 691–719.

Grossman, Gene M. and Elhanan Helpman (2002), "Integration versus Outsourcing in Industry Equilibrium," *Quarterly Journal of Economics*, Vol. 117 (1), pp. 85–120.

Grossman, Gene M. and Elhanan Helpman (2005), "Outsourcing in a Global Economy," *Review of Economic Studies*, Vol. 72 (1), pp. 135–159.

Grossman, Gene M. and Esteban Rossi-Hansberg (2008), "Trading Tasks: A Simple Theory of Offshoring," *American Economic Review*, Vol. 98 (5), pp. 1978–1997.

Hanson, Gordon H., Raymond J. Mataloni, Jr., and Matthew J. Slaughter (2005), "Vertical Production Networks in Multinational Firms," *Review of Economics and Statistics*, Vol. 87 (4), pp. 664–678.

Hart, Oliver (1995), *Firms, Contracts, and Financial Structure*, Oxford: Oxford University Press.

Helpman, Elhanan (2006), "Trade, FDI, and the Organization of Firms," *Journal of Economic Literature*, Vol. 44 (3), pp. 589–630.

Helpman, Elhanan (2011), *Understanding Global Trade*, Cambridge, Mass.: Harvard University Press.

Helpman, Elhanan and Paul R. Krugman (1985), *Market Structure and Foreign Trade: Increasing Returens, Imperfect Competition, and the International Economy*, Cambridge, Mass.: MIT Press.

Hummels, David, Jun Ishii, and Kei-Mu Yi (2001), "The Nature and Growth of Vertical Specialization in World Trade," *Journal of International Economics*, Vol. 54 (1), pp. 75–96.

Itoh, Hideshi (2006), "The Theories of International Outsourcing and Integration: A Theoretical Overview from the Perspective of Organizational Economics," JCER Discussion Paper, No. 96.

Kimura, Fukunari and Mitsuyo Ando (2005), "Two-Dimensional Fragmentation in East Asia: Conceptual Framework and Empirics," *International Review of Economics and Finance*, Vol. 14 (3), pp. 317–348.

Kohler, Wilhelm K. and Marcel Smolka (2011), "Sourcing Premia with Incomplete Contracts: Theory and Evidence," *B.E. Journal of Economic Analysis and Policy*, Vol. 11 (1), pp. 1–37.

Kohler, Wilhelm K. and Marcel Smolka (2014), "Global Sourcing and Firm Selection," *Economics Letters*, Vol. 124 (3), pp. 411–415.

Levchenko, Andrei A. (2007), "Institutional Quality and International Trade," *Review of Economic Studies*, Vol. 74 (3), Vol. 791–819.

Melitz, Marc J. (2003), "The Impact of Trade on Intra-Industry Reallocations and Aggregate Industry Productivity," *Econometrica*, Vol. 71 (6), pp. 1695–1725.

Nunn, Nathan (2007), "Relationship-Specificity, Incomplete Contracts, and the Pattern of Trade," *Quarterly Journal of Economics*, Vol. 122 (2), pp. 569–

600.

Nunn, Nathan and Daniel Trefler (2008), "The Boundaries of the Multinational Firm: An Empirical Analysis," in: Elhanan Helpman, Dalia Marin, and Thierry Verdier (eds.), *The Organization of Firms in a Global Economy*, Cambridge, Mass.: Harvard University Press, pp. 55–83.

Spencer, Barbara J. (2005), "International Outsourcing and Incomplete Contracts," *Canadian Journal of Economics*, Vol. 38 (4), pp. 1107–1135.

Tomiura, Eiichi (2007), "Foreign Outsourcing, Exporting, and FDI: a Productivity Comparison at the Firm Level," *Journal of International Economics*, Vol. 72 (1), pp. 113–127.

Yeaple, Stephen R. (2006), "Offshoring, Foreign Direct Investment, and the Structure of U.S. Trade," *Journal of the European Economic Association* (Papers and Proceedings), Vol. 4 (2–3), pp. 602–611.

Yeats, Alexander J. (2001), "Just How Big is Global Production Sharing?" in: Sven W. Arndt and Henryk Kierzkowski (eds.), *Fragmentation: New Production Patterns in the World Economy*, Oxford: Oxford University Press, pp. 108–143.

Yi, Kei-Mu (2003), "Can Vertical Specialization Explain the Growth of World Trade?" *Journal of Political Economy*, Vol. 111 (1), pp. 52–102.

Wagner, Joachim (2011), "Offshoring and Firm Performance: Self-Selection, Effects on Performance, or Both?" *Review of World Economics*, Vol. 147 (2), pp. 217–247.

Williamson, Oliver E. (1985), *The Economic Institutions of Capitalism: Firms, Markets, Relational Contracting*, New York, N.Y.: Free Press.

伊藤秀史 (2003),『契約の経済理論』有斐閣.

冨浦英一 (2014),『アウトソーシングの国際経済学——グローバル貿易の変貌と日本企業のミクロ・データ分析』日本評論社.

柳川範之 (2000),『契約と組織の経済学』東洋経済新報社.

第 5 章

空間ソーティング・セレクション
―― 企業の異質性を導入した新たな産業集積の分析

大久保　敏弘

1. はじめに

　本章では生産性が企業ごとに異なる（いわゆる「企業の異質性」の）もとでの産業集積の形成および，企業立地について，国際貿易論・空間経済学（「新経済地理学」）の観点から研究動向を紹介する．第 1 節と第 2 節では近年の国際貿易論や空間経済学の研究の展開を紹介し本章の位置づけをする．続く第 3 節では基本モデル，第 4 節では実証研究を紹介する．さらに第 5 節では公共政策への応用を紹介し，第 6 節ではマクロ的な観点から地域経済に与える影響を議論する．

　企業の異質性と国際貿易（「新新貿易理論」と近年呼ばれる）に関する議論は前述のとおりである（本書の第 1 章を参照）．このいわゆる「新新貿易理論」の根幹には 1980〜90 年代にかけての「新貿易理論」のめざましい発展があり，特に独占的競争のもとでの貿易理論の形成と発展が密接に関連している．1990 年代後半から 2000 年代にかけて盛んになってきた空間経済学は，この新貿易理論からの派生形とみることができる．

　ここで議論を始めるにあたって，もう少し先行研究の流れを紹介したい．新貿易理論では，Krugman（1980）や Helpman and Krugman（1985）を発端として，輸送費が存在する下での独占的競争市場の貿易理論が多数登場した．この理論的進展により市場規模と企業数の関係や賃金への影響といった自国市場効果（Home Market Effect），輸送費や地理的な距離の国際貿易への影響，国境効果，産業内貿易などのメカニズムが解明された．さらに，こ

うした新貿易理論の進展をもとにして，Krugman（1991）は企業と労働者がともに二国間を移動できるモデルを提示し，空間経済学における最初の論文となった[1]．それ以前の新貿易理論と大きく異なる点の一つは要素移動（企業や労働者の国際・域内移動）が考慮されている点であり，輸送費と規模の経済の相互の力関係により，輸送費が低いときには，生産拠点の地理的集中（いわゆる産業集積・都市）が生じ，「コア」（中心・核，例えば産業集積・都市）と「周辺」（例えば農業地域・地方・辺境地域）という空間構造が生まれる．Krugman（1991）を皮切りに1990年代の終わりごろから2000年代にかけて空間経済学の研究はヨーロッパを中心に大きく進展し，今日のグローバリゼーションがもたらす問題や欧州連合（EU）に代表される経済統合における諸政策課題に対し，果敢に分析を行い解決策を提示してきた．

　今日のグローバリゼーションの進展の下では「モノ」のみならず，空間経済学が想定するように資本，企業とともに労働者（特に熟練労働者や頭脳労働者）が国境を越えて移動し，立地を変えていく．時に特定の地域に工業や商業が高度に集中し，産業集積・クラスターを形成する．最近の欧州の経済統合に見られるように，英国，フランスやベルギー，オランダ，ドイツといった欧州諸国の中枢には各種産業が高度に集積する一方で，スペインやギリシャなど周辺諸国では産業が空洞化し，これに伴い失業率の上昇，景気の悪化，財政赤字の拡大が深刻な問題になっている．さらにこれらの周辺諸国では国内の地域間格差が増大している．

　このように欧州域内での地域間や国家間の格差が顕著になってきており，これをどう解消していくか，ひいてはEUや統一通貨ユーロ（Euro）をどう維持していくかは，国際経済学的あるいは空間経済学的に見て極めて重要な課題である．このような大きな問題に応えるべく空間経済学は進展してきており，いわば「21世紀型の新しい国際貿易および経済立地理論」ともいえるだろう．

---

1) これまでの空間経済学の研究の集大成としてFujita, Krugman, and Venables (1999), Fujita and Thisse (2002), Baldwin *et al.* (2003), Combes, Mayer, and Thisse (2008) があげられる．また日本語での空間経済学に関する文献としては佐藤・田渕・山本（2011），高橋（2012），黒田・田渕・中村（2008）があげられる．

空間経済学の基本的な議論や様々な分析手法に関しては，最近の優れた他の書物や研究論文にゆだねたい[2]．空間経済学の研究は急速に進展してきており，その研究の流れは多岐にわたっている．本章では，本書の意義や全体の流れを意識し，空間経済学の新しいトピックであり，かつ「新新貿易理論」と密接にかかわる，企業の異質性を考慮した空間経済学に焦点を絞り議論したい[3]．

2. 「新しい」空間経済学――企業が異質なもとでの空間経済学[4]

まず，企業の生産性が異質なもとでの空間経済学が，どのように先行研究と関連し，どのような点で新しいのかについて議論したい．Baldwin and Okubo（2006）は生産性が異質なもとでの空間経済学のモデル（いわゆる「新しい」空間経済学）を提示した[5]．

2.1 国際貿易論の視点――「新新貿易理論」との接点

本書のいくつかの章ではMelitz（2003）モデルを用いて貿易自由化による「セレクションメカニズム」を紹介した．企業自身の生産性により，生産性が高い企業は輸出企業として選抜され，輸出をすることでさらに利益を得る．一方で生産性の低い企業は市場から撤退する．したがって，グローバリ

---

[2] 包括的な参考文献は脚注1を参照．
[3] 労働者（特に技能労働者）における異質性も重要な側面として注目され，近年研究が盛んになってきている．自由な労働移動において，どのように労働者自身の異質な技能や能力に応じて空間的なソーティングが起こるのかに関して研究が進んでいる．例えば，Combes, Duranton, and Gobillon（2008）を参照．
[4] 筆者自身は「新しい」かどうかは確信を持てていない．今後伸びる分野かどうか分からず，「新しい」というと大げさかもしれない．しかし，この章の読者である研究者，政策担当者，社会人，今後活躍する学生が興味を持ち，本書をベースに拡張し研究を進めたり，様々な方面で知見を活用していくことを願い，カギカッコつきで「新しい」とした．なお，Ottaviano（2010）は空間経済学の今後の展開について述べており，この章で取り上げる企業の異質性に関する論文を引用しつつ，「新しい」空間経済学の一つとなるとしている．
[5] これに似た発想として起業家の移動により空間的なソーティングが起こることがあげられる．例えば，Nocke（2006）を参照．

ゼーションの恩恵は生産性の高い企業のみが得ることになる．しかし一方で，Baldwin and Okubo（2006）は，各企業の生産性が自らの立地選択にも影響する点に着目した．これは「空間ソーティング・セレクション」と呼ばれるもので，生産性の高い企業がコアに集中し，生産性の低い企業は周辺に立地する．現実経済においてもこのような現象は起こっており，例えば最新の実証研究として米国のセメント産業の立地を分析した Syverson（2004）があげられる．企業の生産性の違いによって自らの立地が決まり，輸送費の低下によりこのような空間セレクションメカニズムが顕著になってきている．

2.2 経済地理・都市経済の視点——集積の経済

「空間ソーティング・セレクション」は，経済地理・都市経済において新たな視点を提供していると言える．経済地理における重要な現象の一つに「集積の経済（外部経済）」がある．これは産業集積により生産性が上昇することを指し[6]，具体的には以下の3つに大きく分けられる．第1にマーシャルの外部経済があげられる．例えば集積地域の内部では，高い技術や知識は他企業にスピルオーバーしやすい，熟練労働者が豊富である，中間財へのアクセスがよいといった正の外部経済がある．集積地域に立地することで，このような恩恵を受け企業の生産性が上昇するのである．第2にセレクション効果である．Melitz and Ottaviano（2008）が理論的に示したように，市場の大きさと競争効果によりセレクションが起こる．都市部では市場が大きくまた企業数も多い．このため市場競争が激しく，生産性の低い企業は退出するため，当該地域の平均生産性は上昇する．第3に Baldwin and Okubo（2006）が提示した空間ソーティング・セレクション効果があげられる．次節以降詳しく紹介していくが，市場の大きなところに生産性の高い企業が集まってくる．また，大きな市場から生産性の低い企業は追い出される．

2.3 従来の空間経済学との違い

「新しい」空間経済学のメカニズムや分析手法は，従来の空間経済学の分

---

[6] 混雑効果により低下する側面もあるが，集積全体としては概ね正の効果となる．詳細は Melo, Graham, and Noland（2009）や Rosenthal and Strange（2004）を参照．

析の延長線上にある．しかし異なる点として，従来の空間経済学では企業の集積と分散を「企業数」の視点で分析し，輸送費の低下に伴い，2地域のうちどちらに企業が集中するのか，あるいは2地域で分散するのかを分析してきたのに対して，「新しい」空間経済学では企業の異質性を加えることで，集積の（平均）生産性，あるいは集積の質，つまりどれくらいの生産性でどのような規模の企業がどの地域に立地しているかを考慮した議論ができる．したがって，厚生分析へのインプリケーションは従来とは異なり，単に企業数（製品バラエティの数）だけではなく生産性（個々の企業で異なる価格や数量）にも依存してくる．これにより現実の産業集積・産業政策，地域振興政策，立地政策に即した様々な議論が可能となるものと思われる．

3.「新しい」空間経済学の展開

3.1 Baldwin and Okubo モデル

Baldwin and Okubo（2006）は Martin and Rogers（1995）のいわゆる空間経済の Footloose Capital モデルと国際貿易の Melitz（2003）モデルを組み合わせたものである．Footloose Capital モデルは空間経済学のモデルの中で最も単純なモデルであり，その利点はすべて解析的に解けるという点である．空間経済学で一番重要なメカニズムである連関効果が含まれていないという欠点があるものの，標準的な空間経済学のモデル（Core=Peripheryモデル）と異なり，2地域で市場のサイズが異なり，資本（企業）のみが移動できるため所得効果を単純化できる特徴がある．結果，均衡経路も一つであり（複数均衡はなく）輸送費の低下とともに徐々に企業移転が進んでいき，最終的には大きな市場に集積ができる．一方，Melitz モデルは企業の生産性（限界費用）が異なるので，その結果，利潤は企業ごとに異なっている．しかし基本的な Baldwin and Okubo モデルでは単純化のため，すべての企業が輸出企業であるとしている．以下，Baldwin and Okubo（2006）の提示した理論モデルを簡単に紹介する．

3.2 基本モデル

2つの地域（NorthとSouth）と，2つの生産要素（資本と労働）を考える．その市場規模・人口は2地域間で異なり，Northのほうが大きいものとする．2つの産業があり，製造業（M財を生産）と農業（A財を生産）が存在する．家計は労働1単位を供給するとともに資本1単位を持っており，資本1単位は1つの製造業企業を作る．企業の利潤は資本収入として資本家（＝家計）に還元される．労働（家計）は地域間を移動できないが，資本のみ移動できる．資本家（＝家計）は地域間を動かないため，資本が移動しても利潤は資本家のもとへ送金される．A財は輸送費がかからず，生産には労働のみ必要とする（価格1のニュメレール財）．一方，M財はDixit-Stiglitzタイプの独占的競争をしており輸送費がかかる．生産には労働のみならず1単位の資本を必要とする．これ以降の焦点は製造業企業の立地である．

需要関数

はじめに以下のような準線形効用関数を考える．

$$U = \mu \ln C_M + C_A, \quad C_M \equiv \left(\int_{i \in \Theta} c_i^{1-1/\sigma} di \right)^{1/(1-1/\sigma)}, \quad 1 > \mu > 0, \quad \sigma > 1.$$

μはM財への支出割合を示している．σは代替の弾力性を表す．M財の効用はCES関数になっているため，差別化された多くのバラエティを消費するほど効用は上昇する．他方，A財はニュメレール財である．C_MはM財の消費，C_AはA財の消費を示す．したがって，M財のあるバラエティ（i）に対する需要は，

$$c_i = \frac{\mu p_i^{-\sigma} E}{\int p_i^{1-\sigma} di}$$

と表される．Eは市場規模を示し，p_iはバラエティiの価格を示す．

費用関数

標準的な独占的競争の貿易理論と異なり，2生産要素が用いられ，資本は

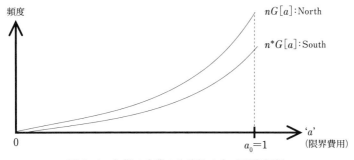

図5-1　初期の企業の生産性分布（累積密度）

固定費用として使われ，労働は可変費用部分に使われる．1企業に対して資本1単位が投入され，利潤は資本家の利潤となる．したがって費用関数は次のように与えられる．

$$TC = F + awx.$$

F は固定費用，a は労働投入係数，x は生産量，w は1人当たりの労働賃金を表す（F は資本の費用であり1企業1単位の資本 K が利用されるので $F=\pi K=\pi$ となる．π は企業利潤を表す）．Melitz モデルのように限界費用（労働投入係数）a は企業ごとに異なり，具体的には Helpman Melitz, and Yeaple（2004）のように a はパレート分布（累積確率分布関数 G）に従うものとする[7]．

$$G[a] = \left(\frac{a^\rho}{a_0^\rho}\right),\ 1 \equiv a_0 \geq a \geq 0,\ \rho \geq 1.$$

a は0から1までに分布している．0が最も生産性の高い企業であり，1が最も生産性の低い企業となる．さらに ρ は Shape parameter と呼ばれ，分布の形状を示しており，1であれば一様分布になり，ρ が大きくなるにしたがって分布がゆがんでいく．言い換えれば，企業分布において異質性の程度を増すことを表している．図5-1のように North と South で企業が0から1まで分布しており，初期状態では資本の移動がなく，それぞれの地域で資

---

[7]　単純化のため Melitz（2003）で設定されている操業の準備段階あるいは R&D の段階は考えていない．

本の初期賦存量に基づいて企業が存在している．なお今後，South に関する変数は今後すべて添え字「＊」をつける．

短期均衡

　A 財は収穫一定で完全競争の財で，かつ輸送費がかからないため，均衡では価格が North と South では等しくなり，賃金は単純化でき $w=w^*=1$ とすることができる．したがってこれにより，企業の異質性は a に集約することができる．短期均衡では資本の要素移動がない，つまり資本が地域間で動かない初期の状況を想定する．M 財の各企業の均衡価格は，

$$p[a]=\frac{a}{1-1/\sigma}$$

であり限界費用に一定のマークアップが加わっている．企業の生産性の高い企業ほど（a が小さいほど）価格は安くなる．利潤最大化により利潤は次のように与えられる．

$$\pi[a]=\left(\frac{\left(\frac{a}{1-1/\sigma}\right)^{1-\sigma}}{\int_i p_i^{1-\sigma}di}E+\frac{\phi\left(\frac{a}{1-1/\sigma}\right)^{1-\sigma}}{\int_i p_i^{*1-\sigma}di}E^*\right)\frac{\mu}{\sigma};\quad \phi\equiv\tau^{1-\sigma}.$$

$E(E^*)$ は North（South）の市場規模である．第 1 項は自国から得られる利潤，第 2 項は外国からの利潤（輸出の利益）を示している．輸送費は $\tau>1$ であり，ϕ はいわゆる「貿易の自由度」を表す．ϕ がゼロであれば輸送費は無限大であり自給自足経済である．一方で 1 の値をとれば輸送費はゼロである．したがって $0\leq\phi\leq 1$ となる．利潤は生産性の違いにより異なる．$(1-\sigma)<0$ なので，限界費用 a が小さい，つまり生産性が高い企業ほど企業の利潤が高くなる．また，市場規模 E が大きいほど利潤は大きくなり，あるいは ϕ が大きくなる，つまり輸送費が低くなるにしたがって第 2 項の外国市場への輸出が大きくなり，利潤が高まる．利潤をさらに計算すると以下のようになる．この初期時点では家計が資本を所有し資本（企業）は他地域には動いていないため，両地域で企業は a に対してゼロから 1 まで分布している．

第 5 章 空間ソーティング・セレクション

$$\pi[a] = a^{1-\sigma}\left(\frac{S_E}{\overline{\Delta}} + \frac{\phi(1-S_E)}{\overline{\Delta}^*}\right)\frac{\mu E^w}{K^w \sigma},$$

$$\pi^*[a] = a^{1-\sigma}\left(\frac{\phi S_E}{\overline{\Delta}} + \frac{1-S_E}{\overline{\Delta}^*}\right)\frac{\mu E^w}{K^w \sigma}; \quad S_E \equiv \frac{E}{E^w}.$$

S_E は North の支出シェアである．E^w は世界全体の市場規模を表している．

$$\overline{\Delta} \equiv S_K \int_0^1 a^{1-\sigma} dG[a] + (1-S_K)\phi \int_0^1 a^{1-\sigma} dG[a];$$

$$\overline{\Delta}^* \equiv S_K \phi \int_0^1 a^{1-\sigma} dG[a] + (1-S_K) \int_0^1 a^{1-\sigma} dG[a]; \quad S_K \equiv \frac{K}{K^w}.$$

S_K は North の資本（資本家）のシェアであり，初期に外生的に与えられる．資本は企業とともに地域間を動いても資本家は動かないので，世界の総資本量はモデルを通じて一定である．よって世界全体の資本は $K^w=1$ で外生的に与えられる．企業の参入や退出はない．各家計は 1 単位資本を持っており，また，所得効果のない準線形の効用関数を用いていることから，需要のシェア S_E はモデルを通じて一定で，さらにノーテーションを単純化するために短期均衡では $S_K=S_E=S$ とする[8]．市場規模は North のほうが大きいと仮定しているため常に $S>0.5$ とできる．地域間の利潤の差は次のようになり，North のほうが South よりも市場規模が大きいため，利潤の地域差は短期均衡では常にゼロより大きいことが分かる．

$$\pi[a] - \pi^*[a] = a^{1-\sigma}\left(\frac{\mu(1-\phi)E^w}{\lambda \sigma K^w}\right)\left(\frac{2\phi\left(S-\frac{1}{2}\right)}{((1-\phi)S+\phi)(1-S+\phi S)}\right) > 0;$$

$$\lambda \equiv \frac{\rho}{1-\sigma+\rho}.$$

$\sigma>1$ なので重要なこととして生産性が高いほど，この利潤差が大きくなることが分かる．つまり生産性が高い企業ほど大きな市場である North へ移

[8) 企業数のシェア S_n は短期均衡では S に等しいが，次ページで議論する長期均衡では企業が移転し企業数が変わるので S に等しくならないことに注意されたい．

転するインセンティブが大きくなる[9]. 言い換えれば，生産性の高い企業ほど市場規模に敏感に反応し，South から North へ立地を変えることになる．

長期均衡

長期均衡では資本が地域間を移動でき，地域間の企業の利潤差がなくなるように企業数が決まる．結局，小さい地域の生産性の低い企業が South（小さな市場，周辺）に残り，生産性の高い企業はすべて North（大きな市場，コア）に移転していくことになる．したがって，生産性の境界，つまりカットオフ，a_R が生まれる．図5-2のように $[0, a_R]$ の範囲の生産性の企業が South から North に移転することになる．South では企業分布が生産性の高いところで途切れることになる．

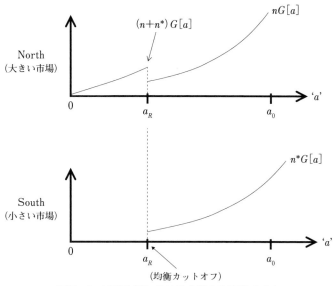

図 5-2 長期均衡における企業の生産性の分布

---

[9] 厳密に企業移転を考えるため，Baldwin and Okubo (2006) では企業の移転コストを考えており，移転する企業が増えれば増えるほど移転コストが低下するようなコストを設定している．これにより South の企業は高い生産性を持つものから順番に North へ徐々に移転していく．

ここで注意したいのは，常に企業の移転は South から North に向かって行われる点である．市場が大きい North では競争が激しいものの，North の生産性の低い企業は South に移転することはない．いわば 1 方向のソーティングである．詳細な説明と証明については Baldwin and Okubo（2006, 2014a）を参照していただきたい[10]．

基本モデルに戻り，均衡カットオフを導出していく．移転パターンを考慮すると，次のように書き換えることができる．

$$\Delta = S\int_0^1 a^{1-\sigma}dG[a] + (1-S)\left\{\int_0^{a_R} a^{1-\sigma}dG[a] + \phi\int_{a_R}^1 a^{1-\sigma}dG[a]\right\},$$
$$\Delta^* = \phi S\int_0^1 a^{1-\sigma}dG[a] + (1-S)\left\{\phi\int_0^{a_R} a^{1-\sigma}dG[a] + \int_{a_R}^1 a^{1-\sigma}dG[a]\right\};$$
$$K^w \equiv 1.$$

さらに企業の生産性のパレート分布を考慮してこれを解くと，

$$\Delta = \lambda(S + (1-S)a_R^\alpha + \phi(1-S)(1-a_R^\alpha)),$$
$$\Delta^* = \lambda(\phi S + \phi(1-S)a_R^\alpha + (1-S)(1-a_R^\alpha)), \quad \alpha \equiv 1-\sigma+\rho$$

となる．ここで $(1-\sigma+\rho) > 0$ と仮定している．カットオフ a_R の利潤は，

$$\pi[a_R] = a_R^{1-\sigma}\left(\frac{S}{\Delta[a_R]} + \phi\frac{1-S}{\Delta^*[a_R]}\right)\frac{\mu E^w}{\sigma},$$
$$\pi^*[a_R] = a_R^{1-\sigma}\left(\phi\frac{S}{\Delta[a_R]} + \frac{1-S}{\Delta^*[a_R]}\right)\frac{\mu E^w}{\sigma}.$$

と表され，均衡における生産性のカットオフは利潤が 2 地域で等しくなるように決まるので $\pi[a_R] - \pi^*[a_R] = 0$ を解くことでカットオフを解析的に求め

---

[10] 線形需要関数を用いた Okubo, Picard, and Thisse（2010）はもう一つ別のタイプの空間ソーティングを提示した．価格競争があるので North の市場競争が激しいことから，生産性の高い企業が South から North に移転し集中するとともに，生産性の低い企業が North から South に移転し集中する．つまり 2 方向のソーティングとなる．空間ソーティング・セレクションのパターンはこの 2 つにとどまらない．Forslid and Okubo（2014）は 2 生産要素の企業と産業の異質性をモデル化し，さらに多くのソーティングパターンと立地パターンを提示している．

第Ⅱ部　国際貿易の新潮流

られる．均衡カットオフ a_R と均衡企業数（シェア）S_n は次のように解析的に導出される．

$$a_R^\alpha = \frac{2\phi\left(S - \frac{1}{2}\right)}{(1-\phi)(1-S)},\ S_n = S + (1-S)a_R^\rho.$$

市場規模がより大きくなれば，また輸送費が低くなれば，均衡カットオフ a_R は上昇し，コアへの企業の移転が進むことが分かる．異質性の度合 ρ が大きくなるほど，集積する過程は鈍化してくる．つまり企業の異質性は「分散力」として働くことになる．しかし，集積（コアへの一局集中）が起こる輸送費である Sustain Point は通常の Footloose Capital モデルと同様である[11]．

$$\phi^s = \frac{1-S}{S}.$$

結果，地域全体の平均生産性は North（コア）で高く，South（周辺）で低くなる．コアでは生産性の高い企業が集中するため，平均生産性が上昇するのである．

3.3　新新貿易理論との相違点

新新貿易理論と一見大きく異なるように見えるが，両者は長期的には同じ均衡へ落ち着くことが分かっている（Baldwin and Okubo 2014a）．いずれのモデルも均衡ではカットオフの企業の利潤が二国間で等しくなるが，違いは利潤調整の過程にある．企業の参入退出か地域間の企業の移転により，両地域の利潤が平準化される．貿易理論では参入・退出で，一方，空間経済では

---

11)　Sustain Point とはそれ以上に輸送費が低くなれば完全に1地域に集積するような臨界的な輸送費のことである．Sustain Point に関する定義や特性，一般的な議論については Baldwin et al. (2003) を参照．なお，非輸出企業が存在するもとでは Sustain Point は大きく異なる．この点に関しては Baldwin and Okubo (2014a) を参照．輸送費がいくら低下しても非輸出企業はその恩恵を得られないため，コアへ移転するインセンティブが小さくなる．

企業移転により利潤が地域間あるいは国家間で平準化される．したがって，どちらのメカニズムのスピードが速いか，あるいは支配的かによる．企業の参入退出が早ければ Melitz モデルとなる．一方で参入退出メカニズムが緩慢で，企業の地域間の移転スピードが速ければ Baldwin and Okubo モデルとなる．

3.4 様々な拡張理論モデルの紹介

上述の Baldwin and Okubo モデルを一般化し，Baldwin and Okubo (2014a) では，Melitz モデルに近づけるため輸出のための固定費用を入れて輸出・非輸出企業のあるモデルへと拡張した．これにより，Baldwin and Okubo の基本モデルと Melitz (2003) をより多くの点で掛け合わせた結果になる．つまり，高い生産性の企業ほど輸出企業であり，同時に輸送費が低くなるにつれてコアに移転していく．さらに輸送費が下がりグローバリゼーションが進展すると輸出企業は徐々に増え，より生産性の低い企業でも輸出を開始できる．しかし，非輸出企業は輸出ができないため輸送費低下の恩恵を得ることができない．また彼らはローカルな地方の非輸出企業であるため，地元の市場規模・競争のみを考慮して立地を決めるので，輸送費が低い状況では市場競争の激しいコアに行くよりも地方にとどまるインセンティブがある．

その後いくつかの理論的な拡張がなされた．例えば，Okubo (2009) は中間財を加味した Vertical Linkage モデルをベースにして企業の異質性を導入した．これにより通常の空間経済学の重要な特徴である，前方・後方連関効果の両者を考慮した分析ができるようになった．さらに Okubo, Picard, and Thisse (2010) は線形需要の独占的競争モデルのフレームワークで分析した．輸送費が低いもとでは，生産性の高い企業と低い企業がともに都市部で混在する Co-agglomeration（共存）効果が生じることが分かった．

さらに Saito, Gopinath, and Wu (2011) や Forslid and Okubo (2012) は，Baldwin and Okubo モデルを 3 カ国（あるいは 3 地域）モデルに拡張した[12]．特に Forslid and Okubo (2012) では，輸送費の低下（貿易自由化）

と資本の移動コストの低下（投資の自由化）は，結果として全く異なる立地パターンと厚生水準をもたらすことが明らかにされた．

企業の異質性は生産性の異質性のみにとどまらないことが最近知られている．例えば，輸送費の異質性である．国際貿易において Forslid and Okubo (2016) が実証的に明らかにしたように，輸送の規模の経済においても企業の異質性は顕著である．この点に着目し Forslid and Okubo (2015) は空間経済学の理論モデルを提示した．企業の生産性が異質なもとでは，輸送費もこれに比例して異なる．例えば，生産性の高い企業ほど多くの財を輸送するので輸送に規模の経済が働き，1単位当たりの輸送費は低くなる．現実には大企業ほど輸送手段・輸送網を独自に持ち輸送を効率化していることが多い．このような状況のもとでは生産性の高い企業は高い輸送効率を持つため立地にこだわりがなく，集積の経済や市場規模の影響を考慮せず，どこへでも立地する．一方で集積の経済のため中間的な生産性の企業ほどコアに集中しやすい．低い生産性の企業は上述のように空間ソーティング・セレクション効果により大きな市場へ移転しない．結果をまとめると，生産性の最も高い企業は輸送費が十分低く，どの地域に立地してもどこへでも低輸送費で輸送できるので，市場規模に関係なく同じ利潤が得られる．このため高い生産性の企業ほど集積しにくいのである．

その他の拡張として，Forslid and Okubo (2014) は2つの生産要素（資本と労働）における企業と産業の異質性を導入した．また，Picard and Okubo (2012) や Okubo (2010) は，労働・選好の異質性を企業の異質性とともに考慮した理論モデルを構築した．Saito (2015) は企業組織に注目し，生産性と生産プラント（単一か複数か）の配置の関係を理論分析しており，Okubo and Tomiura (2016) は日本の工業統計調査を用いてこれを実証分析した．今後，海外直接投資の工場配置のパターンや本社機能の配置・移転にも応用ができるであろう．

---

12) Saito, Gopinath, and Wu (2011) は1つの外国，2つの国内地域の合計3地域をモデル化し国内の2地域間で企業が移動できるモデルを提示し，外国との貿易自由化がどのように国内立地に影響するかを分析している．

4. 実証研究の新展開

　本章第2節にて紹介したように集積の経済には，①マーシャルの外部経済効果，②セレクション効果と，③空間ソーティング・セレクション効果の3つがある．この3つのパターンは生産性の分布として図5-3のように描くことができる．

　①は2.2節のように従来の空間経済学あるいは経済地理・都市経済のフレームワークで理論的に説明することができ，これに基づいて多くの実証研究がなされてきた．代表的なものとしては産業集積・都市における生産性プレミアムを計測する一連の研究である．それらにおいては，集積地域は平均的に生産性が高いことが立証されている．例えば，研究の集大成として Melo, Graham, and Noland（2009）や Rosenthal and Strange（2004）があげられる[13]．

　一方，企業の異質性を考慮した議論では，Melitz and Ottaviano（2008）や Baldwin and Okubo（2006）が示したように，平均生産性が高いだけではなく，セレクションが起こるため，単なる平均生産性の分析だけでは不十分であり，具体的にどのような生産性分布の形か（分布の偏りや裾）が重要になってくる．②のセレクション効果の実証研究としてフランスの都市に関して研究した Combes et al.（2012）や，日本の戦前の製糸業に関して歴史データを用いて分析した Arimoto, Nakajima, and Okazaki（2014）があげられる．これらは，企業の生産性の分布の下方の裾が切断されているかどうかを丹念に見ることで，市場競争効果により都市部で生産性の低い企業が市場から撤退しているかを分析したものである[14]．

　他方，③の空間ソーティング・セレクション効果では，生産性の高い企業の分布が地方から都市へ移転しやすいことから，生産性の高い部分において都市部で分布が厚くなり，地方では分布が薄くなる．実証研究では，そのこ

---

[13] 日本における産業集積と生産性を包括的に実証研究したものとして，大塚（2008）があげられる．
[14] 国際経済・海外直接投資論でも似た発想の先行研究がある．Kosová（2010）では外資系企業の参入で国内の低生産性企業が撤退する，一種の競争効果によるセレクションを実証分析している．

①マーシャルの外部経済効果

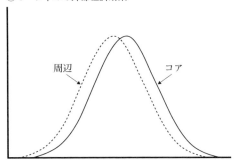

②セレクション効果

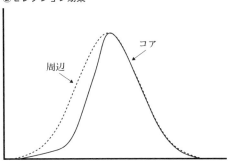

③空間ソーティング・セレクション効果

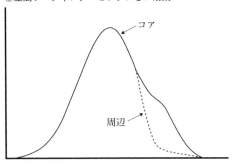

図5-3　産業集積の生産性への影響──3つのパターン

注：横軸は生産性，実線はコア地域，点線は周辺地域の企業の生産性分布を示す．②と③はコアと周辺の分布の形状の違いを分かりやすくするため平均生産性の差を除去（Demean）している．
出所：Forslid and Okubo（2014）．

とが分布のゆがみを通じて検証されている[15]．例えば，Saito and Gopinath（2009）はチリの企業データを用いて空間セレクション効果を実証した．Forslid and Okubo（2014）は2要素の企業の異質性を考慮したモデルを構築し，様々な空間ソーティング・セレクションのパターンを理論的に提示し，産業別の企業分布を日本の企業・事業所データで検証した．また Okubo and Tomiura（2014）では，工場レベルのデータを用いて都道府県別に企業の生産性分布を一般化ガンマ分布関数により推計することで市場の要因と生産性分布の歪度（Skewness）の関係を分析した．この分析により大都市部では生産性の低い企業が高い企業と共存しており，Okubo, Picard, and Thisse（2010）で明らかにされた都市部における Co-agglomeration（共存）効果が観測された．

5. 「新しい」空間経済学と公共政策

従来の空間経済学の一つの貢献に，公共政策の分析があげられる．特にBaldwin et al.（2003）は多くの理論的なフレームワークを提供した．とりわけ空間経済学が大きく貢献してきた公共政策の分野として，法人税と補助金があげられる．本節では，主にこの2つの公共政策を中心に議論する．

5.1 法人税

企業の異質性を考慮した「新しい」空間経済学において，Baldwin and Okubo（2009）は法人税改革を理論分析した．法人税は中小企業や赤字企業などある一定の利潤以下の企業は免除・控除されている．近年，税制改革として注目を浴びているのは，税率の低減とともに控除額の低減による課税ベース（課税対象となる企業）の拡大である．企業の異質性を考慮することで，こうした問題を明解に分析することができる．税率を下げると，生産性の高い企業ほど税率に敏感に反応するので，生産性の高い企業を誘致しやすくな

---

[15] 地域・都市にとどまらず，国際経済，特に直接投資の面から応用も可能である．直接的に空間セレクションを実証したものではないが，Chen and Moore（2010）があげられる．

る．そしてさらに控除額を低下させることにより，生産性の低い企業が課税対象になり，課税ベースを広げることができる．Baldwin and Okubo (2009) はこのような税制改革により，税収を確実に増加することができることを理論的に解明した．

さらに Baldwin and Okubo (2014b) では，法人税競争（いわゆる租税競争）モデルを提示した．企業が異質なことから，中小企業と大企業とを明確に区分できるようになり，租税に対する大企業・中小企業間での行動の違いを明確に分析できるようになった．結果として均衡において 2 国間で異なる税率をつけることとなり，空間ソーティングが生じることが分かった．すなわち，大きい市場では高い税率をつけ，高い生産性の企業が集積し，小さい市場では低い税率になり，生産性の低い企業が集積する．このような結論は，企業の異質性を考慮していなかった，従来の空間経済学に基づいた租税競争分析である Baldwin and Krugman (2004) などでは得られなかったものである[16]．従来の空間経済学では集積にはレントが生じるので，それを上回らない程度に集積地域・コアが税金を課すことで企業は集積地域にとどまり税金を得るというのが標準的な考え方である（集積レント課税，Agglomeration Rent Tax と呼ばれている）．しかし，このように企業の異質性を導入することで，より様々な議論ができるようになり，租税競争が集積の質・生産性にどう影響を与えるかが分かるようになった．

これらの研究は最近の国際租税論の進展と大きく関連している．公共経済学では Burbidge, Cuff, and Leach (2006) をはじめとして，近年，企業の異質性を考慮したモデルが提示されてきている．これらの理論モデルでは輸送費がない，規模の経済がないなど空間経済学・経済地理のモデルの前提とは大きく異なるものの，Baldwin and Okubo (2014b) と極めて似た結論を得ており，市場規模の大きな国が高い税率，小さい国が低い税率を付けることで空間ソーティングが起こることを解明している[17]．今後，これらの知

---

[16] 空間経済理論では多くの租税競争モデルがある．代表的な論文として Ludema and Wooton (2000), Kind, Midelfart-Knarvik, and Schjelderup (2000), Trionfetti (2001), Forslid and Midelfart-Knarvik (2005) などがあげられる．この分野を包括的に日本語で議論したものに松本 (2014) がある．

[17] Burbidge, Cuff, and Leach (2006) 以降，国際租税論において同様の研究が精力的

見は，現実の国際的な法人税率の議論に影響を与えるものと思われる．

5.2 補助金

　地域補助金は主に地域振興や産業集積の形成のためのものであるが，ここでは単純化して移転補助金をとりあげる．例えば，企業が集積地域から地方へ移転する際に補助金をもらえる状況である．Baldwin and Okubo（2006）は，一括移転補助金のモデルを提示した．これは移転企業に対してある一定額の補助金を与えるものである．この論文により生産性の低い企業ほど地方・周辺へと移転することが明らかになった．生産性の低い企業ほど，補助金は利潤に対して大きく地方移転は魅力的である．一方，生産性の高い企業ほど補助金の額は利潤に比して相対的に小さいため，集積地域・コアにとどまるインセンティブがある．もちろんこのような一括の一定額の補助金は現実的とは言えないかもしれない．実際には工場を建てる際の土地やインフラを提供したり，事業税を免除したりしている．したがってある程度，補助金は企業規模に比例すると思われる．そこでOkubo（2012）では企業規模に比例的な立地補助金のモデルを提示した．ロジックはBaldwin and Okubo（2006）と同様であるが，高生産性企業ほど多くの補助金をもらえるので，結果は逆となり，生産性の高い企業ほど地方へ移転する．このように立地補助金により，空間セレクションが起こることが理論的に示された．

　最近の実証研究では，立地補助金政策を検証しているものが多くでてきている．日本のケースをOkubo and Tomiura（2010, 2012），フランスのケースをDuranton *et al.*（2010），Martin, Mayer, and Mayneris（2011）やFontagné *et al.*（2013）が研究している．これらの実証研究に共通する結果は，補助金により立地する企業は若干増えるものの，効果は限定的であり，生産性の低い企業が多く立地してしまうことで補助金対象地域全体の平均生産性は低下あるいは上昇していないというものである．集積の質が下がるとも言える．これらの実証研究の結果はBaldwin and Okubo（2006）の一括補助金の仮説を立証したものと考えられるだろう．

　になされている．例えばHaufler and Stähler（2013）やDavis and Eckel（2010）を参照．

実際，EUにおけるStructural Fund（構造基金）により周辺諸国への工業の分散・移転の促進や高度な産業集積の形成が思うように進まない現状は，以上のようなロジックで説明できるものと思われる．

5.3 テクノポリス・頭脳立地補助金政策

この節を締めくくるにあたって，日本の立地補助金に関する分析を紹介する．テクノポリス，頭脳立地政策は直接的な移転補助金政策ではないが，集積形成のための重要な補助金政策であり，移転を促す点で立地補助金と考えられる．具体的な政策に関する制度的な説明や議論は他書に譲り，ここでは実証結果の簡単な提示にとどめたい．テクノポリス政策は1983年にスタートし，次世代型のハイテク産業の地方への立地促進と集積を促進する目的で政府のクラスター政策が行われ，全国26地域が拠点として選ばれた．その後継となる頭脳立地政策は1988年にスタートした[18]．次世代型の新しい産業の創生と高度な産業集積・地域経済政策として，いわば地域経済の活性化の起爆剤の役割を期待され当時大きく注目された．

Okubo and Tomiura（2012）は，1970～90年代の日本の工業統計調査のデータを用いてテクノポリス補助金の分析を行った[19]．テクノポリス指定地域とコア（3大都市圏）の企業の相対生産性の累積分布を5年おきに示すと表5-1のようになる．この表では1980年，85年，90年のテクノポリス地域とコア（3大都市圏）における企業の相対生産性の累積密度分布，コアとテクノポリス地域との分布の厚みの差（コアの分布マイナス，テクノポリス地域の分布）が示されている．相対生産性は労働生産性を用い，全国の産業平均からの差をとっている．

政策実施後，テクノポリス地域では徐々に生産性の低い企業の数が増え，一方でコアでは減少していくことが分かる．時系列に見ると，コアとテクノポリス地域の差が生産性の低いところ（例えば−5.0～−1.0）でプラスから

---

[18] 詳細な制度・政策分析に関しては細谷（2009a, 2009b）や塚原（1994），根岸（1996）を参照．
[19] さらにOkubo and Tomiura（2010）では他の日本の立地補助金やクラスター政策の効果を分析した．例えば，工業再配置立地補助金や学園都市（つくば，けいはんな）の効果に関して分析し同様な結果を得ている．

第5章 空間ソーティング・セレクション

表5-1 テクノポリス地域とコア地域（3大都市圏）における企業の相対生産性の累積分布

相対生産性（全国の産業平均からの差）	1980年			1985年			1990年		
	コア地域	テクノポリス地域	コアとテクノポリス地域の差（コア地域−テクノ地域）	コア地域	テクノポリス地域	コアとテクノポリス地域の差（コア地域−テクノ地域）	コア地域	テクノポリス地域	コアとテクノポリス地域の差（コア地域−テクノ地域）
−5.5	0	0	0	0.01	0	0.01	0	0	0
−5.0	0.09	0	0.09	0.04	0.06	−0.02	0.01	0.05	−0.04
−4.5	0.11	0	0.11	0.08	0.11	−0.03	0.01	0.14	−0.13
−4.0	0.15	0	0.15	0.15	0.11	0.04	0.03	0.23	−0.20
−3.5	0.18	0	0.18	0.22	0.11	0.11	0.15	0.27	−0.12
−3.0	0.40	0.16	0.24	0.35	0.28	0.07	0.33	0.73	−0.40
−2.5	0.57	0.82	−0.25	0.56	0.56	0	0.60	1.14	−0.54
−2.0	0.94	1.55	−0.61	1.25	1.68	−0.43	1.20	2.36	−1.16
−1.5	2.51	4.98	−2.47	3.14	5.84	−2.70	3.52	8.14	−4.62
−1.0	8.35	17.81	−9.46	9.77	17.45	−7.68	10.69	22.42	−11.73
−0.5	26.44	44.44	−18.00	27.94	43.27	−15.33	28.08	45.93	−17.85
0	58.45	70.75	−12.30	58.57	70.54	−11.97	57.61	71.71	−14.10
0.5	83.09	87.75	−4.66	82.89	89.28	−6.39	83.28	88.86	−5.58
1.0	94.37	95.59	−1.22	94.28	95.85	−1.57	94.20	95.73	−1.53
1.5	98.17	98.45	−0.28	98.19	98.54	−0.35	98.23	98.50	−0.27
2.0	99.58	99.51	0.07	99.36	99.49	−0.13	99.44	99.41	0.03
2.5	99.91	99.67	0.24	99.89	99.83	0.06	99.87	99.95	−0.08
3.0	99.98	100	−0.02	99.93	99.94	−0.01	99.93	100	−0.07
3.5	100	100	0	99.97	100	−0.03	99.99	100	−0.01
4.5	100	100	0	100	100	0	100	100	0

出所：Okubo and Tomiura (2012).

マイナスになり，あるいはマイナスの値が大きくなり，低生産性の企業の分布がテクノポリス地域でコアよりも大きくなっている．詳しい計量分析の結果に関してはOkubo and Tomiura (2012) を参照していただきたいが，この結果はBaldwin and Okubo (2006) の補助金仮説と整合的であることが分かる．テクノポリス地域では企業数が増え，地域の雇用は増えるものの，生産性の低い企業が集まってくるため，政策地域の平均生産性は低下する．したがって，地域の雇用の安定や雇用の創出という点で一定の政策効果があ

ったものの，生産性の高い高度な産業集積の形成という点では効果が限定的だったと言えよう．

6. 空間ソーティング・セレクションの帰結
——企業の異質性から地域の異質性へ

　企業の異質性を考慮することで，空間ソーティング・セレクションが起こり，従来の空間経済学とは違う形で産業集積が形成されていくことを理論と実証の両面から紹介してきた．さらにこの空間ソーティング・セレクションが進むと，結果として地域全体では他の様々な要素もあるものの，地域間で平均生産性や企業の行動パターン（輸出・非輸出，立地選択など）の異質性が顕著になる可能性がある．これにより，景気変動や経済成長にも著しい地域間格差が生じてくるかもしれない．本節では視点を変えて，地域経済全体をマクロ的観点から分析した研究を簡単に紹介する[20]．

6.1　景気変動の地域間の異質性

　近年のグローバリゼーションにより，国際間の景気変動はシンクロナイズしてきており，多くの研究蓄積がある[21]．一方，国内地域経済の景気循環を分析した研究はまれである．Hess and Shin（1998），Artis and Okubo（2010）や Artis and Okubo（2011b）があげられる．それぞれ，米国の州，英国の地域，日本の都道府県の景気変動を検証し，地域間の景気循環の異質性を明らかにした．日本では地域間の景気変動の相関は一様に高いものの，近年は主要都市の間でさえも景気変動のラグなどで微妙な違いがでてきている．図 5-4 は GDP 成長率を 3 大都市に関してプロットしたものである．東京，大阪，名古屋での景気のサイクルは高度成長期以前までは振れ幅が異なり，その後均一になるものの 1990 年代前後からラグが大きくなってきてお

---

20) なお，企業の異質性がマクロ的な地域の異質性にどう繋がるのかの具体的なメカニズムの研究は未解明な部分が大きい．
21) Artis and Okubo（2009, 2011a）は長期歴史統計を用いて検証し，近年の景気変動が非常に高い相関を持っていることを明らかにしている．

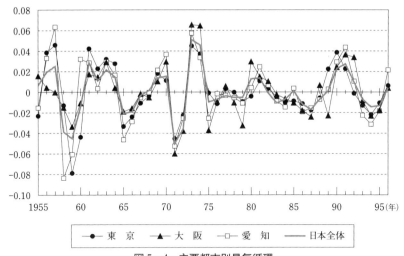

図 5-4 主要都市別景気循環

出所：Artis and Okubo (2011a).

り，再び不均一になってきている．

さらに，厳密に見るため図 5-5 のように，2 地域間の景気変動の相関係数を米国の州，英国の地域，日本の都道府県に関してヒストグラムにした．米国の州では非常にばらつきが大きく，負の相関を持つ場合もある．一方，英国や日本は概ね高い値である．言い換えれば，地域の異質性は現在のところそれほど大きくはないとも言える．特に日本では総じて高い府県間の相関であり，特段，地域を意識したマクロ政策（景気対策）は現時点では必要ないと言える．さらに Artis and Okubo (2010) は最適通貨圏を国内地域の景気変動の観点から分析し，英国の地域に関して Euro 圏や欧州諸国との相関を調べた結果，ロンドンなどイングランド南部地域は Euro 諸国との景気の相関は高いことが分かった[22]．

このように地域間での景気変動は程度の差はあれ異質であり，その傾向は

---

[22] 英国北部のスコットランドの景気循環は他の英国の地域とは違うが，最適通貨圏の観点から，スコットランドが独立して独自の通貨地域を形成しあるいは EU・Euro に加盟・参加するほどまでには大きな差はない．むしろ，Euro に適しているのは他の欧州諸国と相関が大きいロンドンなどイングランド南部地域である．詳しくは Artis and Okubo (2010) を参照．

(1) 米国 50 州の地域間相関

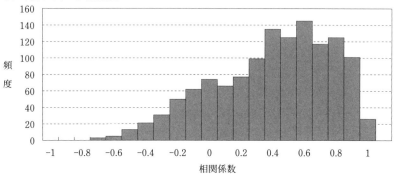

(2) 英国 12 地域の地域間相関

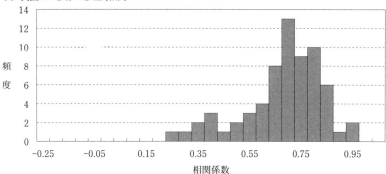

(3) 日本の 47 都道府県の地域間相関

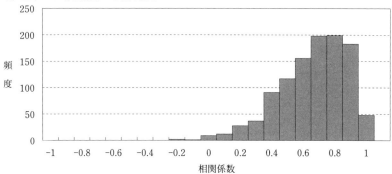

図 5-5　景気循環の地域間相関ヒストグラム

出所：Artis and Okubo (2010).

近年顕著になってきている．様々な要素，例えば資本・労働の移動や産業や都市の一極集中などが考えられるが，今後，空間ソーティング・セレクションが強まればこういった地域の異質性はさらに大きくなるものと思われる[23]．さらに，地域間の異質性が大きくなればマクロ政策に影響を与えるだろう．マクロ景気対策や金融政策の基準となる経済状況が都市と地方とで大きく異なる場合，その効果は薄れたり逆効果になることが予想され，地域ごとに政策を変える必要性がでてくる可能性がある．一方で景気循環の相関が地域間で高いことは最適通貨圏の重要な条件の一つになるので，地域間の景気の相関が高いことは一国の通貨を維持する上でも重要である[24]．

6.2 バブル経済崩壊後の低迷と地域（都道府県）の異質性

地域の異質性は景気循環にとどまらない．日本におけるバブル崩壊後の地域経済の低迷度合は，都道府県間で大きく異なることが最近明らかになっている．Imai and Takarabe（2011）や Hoffmann and Okubo（2013）は，日本の都道府県レベルでのバブル崩壊の要因や崩壊後の地域経済の低迷に関して分析を行い，府県間で大きな異質性があることを解明した．ここでは，本章の主旨である企業の異質性の観点から分析を行った Hoffmann and Okubo（2013）を簡単に紹介したい．

彼らは各都道府県の中小企業比率と地域金融の発達度（信用金庫など各種の地方中小企業金融など）に注目して，都道府県別の低迷度合との関係を明らかにした．図5-6（1）は都道府県別のバブル崩壊後の GDP 成長率であり，府県により大きく異なることが分かる．図5-6（2）は中小企業比率と金融市場の統合度合（地域金融が発達していれば低い）を示しており，一部，中小企業比率が非常に大きく地域金融の非常に発達している地域が存在する．2つの図を比べてみると，都心部（東京圏・大阪圏）を除いた地方では，中小企業

---

23) Artis and Okubo（2011b）や Artis and Okubo（2010）では2地域間の景気循環の相関をさらに市場要因で回帰している．地域や府県の GDP や所得，2地域間の産業構造の違いや要素賦存の違い，地理的な距離が相関に有意に影響を与えていることが分かった．
24) 共通通貨ユーロへの参加条件をマーストリヒト条約で規定しており，物価安定，財政状況，為替相場安定，長期金利など経済収斂基準が示された．

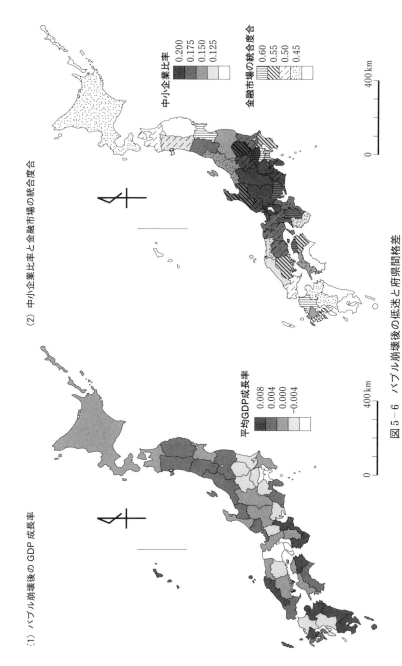

(1) バブル崩壊後のGDP成長率

(2) 中小企業比率と金融市場の統合度合

図5-6 バブル崩壊後の低迷と府県間格差

出所：Hoffmann and Okubo (2013).

比率が高くかつ地域金融の発達した（金融市場の統合度合が低い）地域で，バブル崩壊後に低迷していることが分かる．企業の異質性のみならず，地域を支える在来の金融構造が相まって地域経済に影響を与えていると言える[25]．

7. おわりに

　本章では企業の生産性が異質なもとでの空間経済学（いわゆる「新しい」空間経済学）を解説し，様々な研究の進展を紹介した．従来の空間経済理論に企業の異質性を導入することにより，従来の空間経済学にはない集積の「質」（どのような生産性の企業が集積しているか）を議論でき，様々な仮説を提供することができるようになった．このような理論をもとに，近年の計量経済学の手法の発達やミクロデータ分析の進展を生かしつつ，今後より一層の実証研究がなされることが期待される．

　一方で国際貿易理論の観点からは，国境の障壁が低くなり，資本も労働も自由に移動できる今日，国レベルではなく地域や国内経済の視点を同時に考えることが重要になってきている．したがって，貿易理論で提示された輸出企業・非輸出企業の分化といったセレクション効果と同時に，国内の企業立地を空間ソーティング・セレクションにより考えることが非常に重要であると思われる．また，海外直接投資の分野（本書第3章，第7章，第8章を参照）にも応用できるだろう．国際的に資本移動が活発化しているため，空間ソーティング・セレクションのようなことが国際間でも起こりうる．例えばアジア圏内でも東京や香港，シンガポールといった都市に多くの生産性の高い企業が集積している．その一方で周辺諸国や周辺地域（日本国内の地方）には生産性が低い企業取り残されることになるかもしれない．

　さらに踏み込んで，フラグメンテーションやサプライチェーンとの関連付けも今後の研究で重要になってくるだろう（本書第9章を参照）．今日，アジ

---

[25] Hoffmann and Okubo (2013) では，地域金融の構造が歴史に大きく依存しており（経路依存性），明治初期の生糸産業における地域金融の発達にまでさかのぼれ，今日の経済の低迷にも影響を与えていることを解明した．生糸産業は明治初期の一大輸出産業であった．

アを中心に機械産業の生産活動におけるフラグメンテーションが国際的に進展しているが，産業集積との関係や空間経済学との関連については研究が十分に進んでいるとは言えない現状である．企業の異質性を考慮した空間ソーティング・セレクションとフラグメンテーションとの関係は，今後の重要な研究課題の一つとなるだろう．

　最後に日本経済の現状に戻ると，空間ソーティング・セレクションは政策的な観点で重要な示唆を持つと思われる．本章第6節で紹介した研究から示唆されるように，今後，中心地域と周辺地域の格差は顕著になり，都市と地方の格差が大きくなるであろう．このような問題に対処する政策を考える上で，「新しい」空間経済学が与えるメッセージは次のようにまとめられる．今までのような，企業誘致・産業集積形成を目的とした地方に対する大規模な補助金政策や，旧来型のマクロ政策・大規模な公共投資をするのではなく，企業の異質性の観点から少数でも生産性の高い優秀な企業（製造業のみならずサービス業や農業をも含む）をうまく集め，有機的に補完しあい好循環を創っていくかが今後の政策の焦点となるだろう．日本の地方の特色ある文化と知恵を用いて，企業の数ではなく集積の質に着目した政策を実施することで，地方に小さいながらも国際的に優れた魅力的な産業集積を作ることができるだろう．このような地方の質の高い産業集積の形成は，日本全体の経済の繁栄に繋がるだろう．

参考文献

Arimoto, Yutaka, Kentaro Nakajima, and Tetsuji Okazaki (2014), "Sources of Productivity Improvement in Industrial Clusters: The Case of the Prewar Japanese Silk-reeling Industry," *Regional Science and Urban Economics*, Vol. 46, pp. 27-41.

Artis, Michael and Toshihiro Okubo (2009), "Globalization and Business Cycle Transmission," *North American Journal of Economics and Finance*, Vol. 20 (2), pp. 91-99.

Artis, Michael and Toshihiro Okubo (2010), "The UK Intranational Business Cycle," *Journal of Forecasting*, Vol. 29 (1-2), pp. 71-93.

Artis, Michael and Toshihiro Okubo (2011a), "Does International Trade Really Lead to Business Cycle Synchronization?: A Panel Data Approach," *Manchester School*, Vol. 79 (2), pp. 318–332.

Artis, Michael and Toshihiro Okubo (2011b), "The Intranational Business Cycle in Japan," Oxford Economic Papers, Vol. 63 (1), pp. 111–133.

Baldwin, Richard E. and Paul R. Krugman (2004), "Agglomeration, Integration and Tax Harmonisation," *European Economic Review*, Vol. 48 (1), pp. 1–23.

Baldwin, Richard E. and Toshihiro Okubo (2006), "Heterogeneous Firms, Agglomeration and Economic Geography: Spatial Selection and Sorting," *Journal of Economic Geography*, Vol. 6 (3), pp. 323–346.

Baldwin, Richard E. and Toshihiro Okubo (2009), "Tax Reform, Delocation, and Heterogeneous Firms," *Scandinavian Journal of Economics*, Vol. 111 (4), pp. 741–764.

Baldwin, Richard E. and Toshihiro Okubo (2014a), "International Trade, Offshoring and Heterogeneous Firms," *Review of International Economics*, Vol. 22 (1), pp. 59–72.

Baldwin, Richard E. and Toshihiro Okubo (2014b), "Tax Competition with Heterogeneous Firms," *Spatial Economic Analysis*, Vol. 9 (3), pp. 309–326.

Baldwin, Richard E., Rikard Forslid, Philippe Martin, Gianmarco P. Ottaviano, and Frederic Robert-Nicoud (2003), *Economic Geography and Public Policy*, Princeton, N.J.: Princeton University Press.

Burbidge, John, Katherine Cuff, and John Leach (2006), "Tax Competition with Heterogeneous Firms," *Journal of Public Economics*, Vol. 90 (3), pp. 533–549.

Chen, Maggie X. and Michael O. Moore (2010), "Location Decision of Heterogeneous Multinational Firms," *Journal of International Economics*, Vol. 80 (2), pp. 188–199.

Combes, Pierre-Philippe, Gilles Duranton, and Laurent Gobillon (2008), "Spatial Wage Disparities: Sorting Matters!" *Journal of Urban Economics*, Vol. 63 (2), pp. 723–742.

Combes, Pierre-Philippe, Thierry Mayer, and Jacques-François Thisse (2008), *Economic Geography: The Integration of Regions and Nations*, Princeton, N.J.: Princeton University Press.

Combes, Pierre-Philippe, Gilles Duranton, Laurent Gobillon, Diego Puga, and Sébastien Roux (2012), "The Productivity Advantages of Large Cities: Distinguishing Agglomeration From Firm Selection," *Econometrica*, Vol. 80

(6), pp. 2543-2594.

Davies, Ronald B. and Carsten Eckel (2010), "Tax Competition for Heterogeneous Firms with Endogenous Entry," *American Economic Journal: Economic Policy*, Vol. 2 (1), pp. 77-102.

Duranton, Gilles, Philippe Martin, Thierry Mayer, and Florian Mayneris (2010), "The Economics of Clusters: Lessons from the French Experience," *OUP Catalogue*, from Oxford University Press.

Fontagné, Lionel, Pamina Koenig, Florian Mayneris, and Sandra Poncet (2013), "Cluster Policies and Firm Selection: Evidence from France," *Journal of Regional Science*, Vol. 53 (5), pp. 897-922.

Forslid, Rikard and Karen Helen Midelfart-Knarvik (2005), "Internationalisation, Industrial Policy and Clusters," *Journal of International Economics*, Vol. 66 (1), pp. 197-213.

Forslid, Rikard and Toshihiro Okubo (2012), "On the Development Strategy of Countries of Intermediate Size — an Analysis of Heterogeneous Firms in a Multi-region Framework," *European Economic Review*, Vol. 56 (4), pp. 747-756.

Forslid, Rikard and Toshihiro Okubo (2014), "Spatial Sorting with Heterogeneous Firms and Heterogeneous Sectors," *Regional Science and Urban Economics*, Vol. 46, pp. 42-56.

Forslid, Rikard and Toshihiro Okubo (2015), "Which Firms are Left in the Periphery? Spatial Sorting of Heterogeneous Firms with Scale Economies in Transportation," *Journal of Regional Science*, Vol. 55 (1), pp. 51-65.

Forslid, Rikard and Toshihiro Okubo (2016), "Big is Beautiful when Exporting," *Review of International Economics*, Vol. 24 (2), pp. 330-343.

Fujita, Masahisa and Jacques-François Thisse (2002), *Economics of Agglomeration: Cities, Industrial Location, and Regional Growth*, Cambridge: Cambridge University Press.

Fujita, Masahisa, Paul R. Krugman, and Anthony Venables (1999), *The Spatial Economy: Cities, Regions and International Trade*, Cambridge, Mass.: MIT Press.

Haufler, Andreas and Frank Stähler (2013), "Tax Competition in a Simple Model with Heterogeneous Firms: How Larger Markets Reduce Profit Taxes," *International Economic Review*, Vol. 54 (2), pp. 665-692.

Helpman, Elhanan and Paul R. Krugman (1985), *Market Structure and Foreign Trade: Increasing Returns, Imperfect Competition, and the International*

Economy, Cambridge, Mass.: MIT Press.

Helpman, Elhanan, Marc J. Melitz, and Stephen R. Yeaple (2004), "Export Versus FDI with Heterogeneous Firms," *American Economic Review*, Vol. 94 (1), pp. 300–316.

Hess, Gregory D. and Kwanho Shin (1998), "Intranational Business Cycles in the United States," *Journal of International Economics*, Vol. 44 (2), pp. 289–313.

Hoffmann, Mathias and Toshihiro Okubo (2013), "'By a Silken Thread': Regional Banking Integration and Pathways to Financial Development in Japan's Great Recession," CESifo Working Paper: Monetary Policy and International Finance, No. 4090.

Imai, Masami and Seitaro Takarabe (2011), "Bank Integration and Transmission of Financial Shocks: Evidence from Japan," *American Economic Journal: Macroeconomics*, Vol. 3 (1), pp. 155–183.

Kind, Hans J., Karen H. Midelfart-Knarvik, and Guttorm Schjelderup (2000), "Competing for Capital in a 'Lumpy' World," *Journal of Public Economics*, Vol. 78 (3), pp. 253–274.

Kosová, Renáta (2010), "Do Foreign Firms Crowd Out Domestic Firms? Evidence from the Czech Republic," *Review of Economics and Statistics*, Vol. 92 (4), pp. 861–881.

Krugman, Paul (1980), "Scale Economies, Product Differentiation, and the Pattern of Trade," *American Economic Review*, Vol. 70 (5), pp. 950–959.

Krugman, Paul (1991), "Increasing Returns and Economic Geography," *Journal of Political Economy*, Vol. 99 (3), pp. 483–499.

Ludema, Rodney and Ian Wooton (2000), "Economic Geography and the Fiscal Effects of Regional Integration," *Journal of International Economics*, Vol. 52 (2), pp. 331–357.

Martin, Philippe and Carol A. Rogers (1995), "Industrial Location and Public Infrastructure," *Journal of International Economics*, Vol. 39 (3–4), pp. 335–351.

Martin, Philippe, Thierry Mayer, and Florian Mayneris (2011), "Public Support to Clusters: A Firm Level Study of French 'Local Productive Systems'," *Regional Science and Urban Economics*, Vol. 41 (2), pp. 108–123.

Melitz, Marc J. (2003), "The Impact of Trade on Intra-Industry Reallocations and Aggregate Industry Productivity," *Econometrica*, Vol. 71 (6), pp. 1695–1725.

Melitz, Marc J. and Gianmarco I. P. Ottaviano (2008), "Market Size, Trade, and Productivity," *Review of Economic Studies*, Vol. 75 (1), pp. 295–316.

Melo, Patricia C., Daniel J. Graham, and Robert B. Noland (2009), "A Meta-analysis of Estimates of Urban Agglomeration Economies," *Regional Science and Urban Economics*, Vol. 39 (3), pp. 332–342.

Nocke Volker (2006), "A Gap for Me: Entrepreneurs and Entry," *Journal of the European Economic Association*, Vol. 4 (5), pp. 929–956.

Okubo, Toshihiro (2009), "Trade Liberalisation and Agglomeration with Firm Heterogeneity: Forward and Backward Linkages," *Regional Science and Urban Economics*, Vol. 39 (5), pp. 530–541.

Okubo, Toshihiro (2010), "Firm Heterogeneity and Location Choice," RIEB discussion paper (Research Institute for Economics & Business Administration, Kobe University), No. DP2010-11.

Okubo, Toshihiro (2012), "Antiagglomeration Subsidies With Heterogeneous Firms," *Journal of Regional Science*, Vol. 52 (2), pp. 285–299.

Okubo, Toshihiro and Eiichi Tomiura (2010), "Productivity Distribution, Firm Heterogeneity, and Agglomeration: Evidence from Firm-Level Data," RIETI Discussion Paper Series, No. 10–E–017.

Okubo, Toshihiro and Eiichi Tomiura (2012), "Industrial Relocation Policy, Productivity and Heterogeneous Plants: Evidence from Japan," *Regional Science and Urban Economics*, Vol. 42 (1–2), pp. 230–239.

Okubo, Toshihiro and Eiichi Tomiura (2014), "Skew Productivity Distributions and Agglomeration: Evidence from Plant-Level Data," *Regional Studies*, Vol. 48 (9), pp. 1514–1528.

Okubo, Toshihiro and Eiichi Tomiura (2016), "Multi-plant Operation and Headquarters Separation: Evidence from Japanese Plant-level Panel Data," *Japan and the World Economy*, Vol. 39, pp. 12–22.

Okubo, Toshihiro, Pierre M. Picard, and Jacques-François Thisse (2010), "The Spatial Selection of Heterogeneous Firms," *Journal of International Economics*, Vol. 82 (2), pp. 230–237.

Ottaviano, Gianmarco I. P. (2010), "'New' New Economic Geography: Firm Heterogeneity and Agglomeration Economies," *Journal of Economic Geography*, Vol. 11 (2), pp. 231–240.

Picard, Pierre M. and Toshihiro Okubo (2012), "Firms' Locations under Demand Heterogeneity," *Regional Science and Urban Economics*, Vol. 42 (6), pp. 961–974.

Rosenthal, Stuart S. and William C. Strange (2004), "Evidence on the Nature and Sources of Agglomeration Economies," in: J. Vernon Henderson and Jacques-François Thisse (eds.), *Handbook of Regional and Urban Economics./ Volume 4, Cities and Geography*, Boston: Elsevier North Holland, pp. 2119–2171.

Saito, Hisamitsu (2015), "Firm Heterogeneity, Multi-plant Choice, and Agglomeration," *Journal of Regional Science*, Vol. 55 (4), pp. 540–559.

Saito, Hisamitsu and Munisamy Gopinath (2009), "Plants' Self-selection, Agglomeration Economies and Regional Productivity in Chile," *Journal of Economic Geography*, Vol. 9 (4), pp. 539–558.

Saito, Hisamitsu, Munisamy Gopinath, and Junjie Wu (2011), "Heterogeneous Firms, Trade Liberalization and Agglomeration," *Canadian Journal of Economics*, Vol. 44 (2), pp. 541–560.

Syverson, Chad (2004), "Market Structure and Productivity: A Concrete Example," *Journal of Political Economy*, Vol. 112 (6), pp. 1181–1222.

Tabuchi, Takatoshi and Jacques-François Thisse (2002), "Taste Heterogeneity, Labor Mobility and Economic Geography," *Journal of Development Economics*, Vol. 69 (1), pp. 155–177.

Trionfetti, Federico (2001), "Public Procurement, Market Integration, and Income Inequalities," *Review of International Economics*, Vol. 9 (1), pp. 29–41.

大塚章弘 (2008),『産業集積の経済分析――産業集積効果に関する実証研究』大学教育出版.

黒田達朗・田渕隆俊・中村良平 (2008),『都市と地域の経済学 (新版)』有斐閣.

佐藤泰裕・田渕隆俊・山本和博 (2011),『空間経済学』有斐閣.

高橋孝明 (2012),『都市経済学』有斐閣.

塚原啓史 (1994),「テクノポリス政策の評価――開発指標からの一考察」『経済地理学年報』第40巻第3号, 220–228頁.

根岸裕孝 (1996),「テクノポリスの現状と課題――産業集積形成に向けた地域の戦略を中心に」『熊本学園大学経済論集』第2巻第2号, 39–57頁.

細谷祐二 (2009a),「産業立地政策, 地域産業政策の歴史的展開――浜松にみるテクノポリスとクラスターの近接性について (その1)」『産業立地』第48巻第1号, 41–49頁.

細谷祐二 (2009b),「産業立地政策, 地域産業政策の歴史的展開――浜松にみるテクノポリスとクラスターの近接性について (その2)」『産業立地』第48巻第2号, 37–45頁.

松本睦 (2014),『租税競争の経済学――資本税競争と公共要素の理論』有斐閣.

第6章

国際貿易と経済成長
——貿易自由化は経済成長を促進するか

内 藤　巧

1. はじめに

　貿易自由化が経済成長を通じて厚生に与える長期的影響は，見落とされるべきではない．経済成長率の 1% の違いは，100 年後には約 2.72 倍の国民所得の違いをもたらす．それにもかかわらず，国際貿易の研究者の多くは伝統的に経済成長にあまり興味を払ってこなかった．それは，今世紀初頭に起こった国際貿易理論の 2 大イノベーションである Melitz (2003) と Eaton and Kortum (2002) を経ても変わっていない．もちろん，経済成長の考慮が貿易自由化の厚生効果を定量的にはともかく定性的には変えないならば，経済成長を無視することは正当化される．しかしながら，もし貿易自由化の厚生効果が定性的に覆され得るとしたら，経済成長を真剣に扱う必要が出てくる．本章の目的は，2000 年以降の最新の国際貿易理論を取り入れた経済成長理論の展開を概観することである[1]．

　現代における国際貿易の 2 大モデルと評価されているメリッツ・モデルと

---

* TCER ワークショップにて討論をしていただいた祝迫達郎氏，コメントを下さった椋寛氏をはじめとする皆様に感謝申し上げる．また，科研費 #25380336 からの資金援助にも感謝する．有り得べき誤りは全て筆者に帰する．

1) 前世代までの貿易と成長の理論を知るためには，以下の文献が薦められる．Grossman and Helpman (1991) は，内生成長モデル (endogenous growth model) の金字塔と評価されるモノグラフである．内生成長モデルとは，生産要素や品目数などの成長率が内生的に決められるモデルである．Segerstrom (2011) は，Grossman and Helpman (1991) 以後の R&D に基づく内生成長モデルを紹介している．Naito (2010) は，資本蓄積に基づく内生成長モデルを整理している．

イートン・コータム・モデルは,それぞれ独占的競争モデルとリカード・モデルという異なるモデルに基づいてはいるが,いずれも以下の2つを内生化している[2]. 第1に,産業内の企業間の貿易状況の違いである.第I部でも紹介されているように,各産業内において輸出企業は全体の一部であり,その輸出企業は非輸出企業より生産性が高い.第2に,貿易の外延 (extensive margin of trade) である.貿易の内延 (intensive margin of trade) と外延の変化とは,それぞれ既存の品目の貿易額の変化と,貿易品目の数あるいは割合の変化を指す.後述の実証研究では,2国間総貿易額の変化のかなりの部分は貿易の外延の変化 (つまり,新たな貿易品目の出現) によって引き起こされることが示されている.Melitz (2003) と Eaton and Kortum (2002) は,これらの重要な事実を説明できる枠組みを提供したという意味で意義深いが,それらが国々の経済成長とどのように相互作用するかという動学的な問題を考慮するには至っていない.本章では,そのような困難な問題に挑戦したいくつかの研究を紹介する.

本章は以下のように構成される.第2節は,貿易と成長の理論が説明すべき実証研究を整理する.第3節は,メリッツ・モデルに基づく貿易と成長の理論を解説する.第4節は,イートン・コータム・モデルを含むリカード・モデルに基づく貿易と成長の理論を説明する.第5節は結論である.

2. 国際貿易と経済成長の実証研究

本節では,貿易と成長に関する近年の実証研究をサーベイする.貿易が成長に与える影響,および成長が貿易に与える影響という双方向の論点から議論を整理する.

貿易が成長に与える影響に関する近年の議論の出発点となるのは Rodriguez and Rodrik (2001) である.彼らは,1990年代に出版され,貿易障壁が成長率に負の影響を与えることを実証した代表的な研究である Dollar

---

[2] Melitz and Redding (2014) と Eaton and Kortum (2012) は,それぞれメリッツ・モデルを中心とした異質企業独占的競争貿易モデルとイートン・コータム・モデルに代表されるリカード・モデルをサーベイしている.

(1992) や Sachs and Warner (1995) 等の結果が頑健ではないと論じた．具体的には，それらの論文で貿易障壁の指標として用いられている変数が貿易障壁を適切には表していないことを指摘し，さらに地域ダミー等の説明変数を追加すると，貿易障壁の変数の有意性が容易に失われてしまうことを示した．

21世紀に入ると，より新しいデータとより洗練された推定手法を用いた研究が発表されてきた．Wacziarg and Welch (2008) は，Sachs and Warner (1995) の貿易開放度ダミーの定義はそのままに年次パネルデータを収集し，国ごとの時間変動を利用するために固定効果モデルを推定した．Sachs-Warner 指数とは，以下の5つの基準のうち少なくとも1つに当てはまるとき0（閉鎖的），それ以外のとき1（開放的）の値を取るダミー変数である：(i) 非関税障壁が貿易額の40%以上；(ii) 平均関税率が40%以上；(iii) 闇市場為替レートが公定為替レートより20%以上減価；(iv) 社会主義的経済システム；(v) 主要輸出財が国家独占．固定効果モデルを適用することにより，各国内でSachs-Warner指数が0から1に切り替わることの成長効果をより正確に測ることができる．結果として，136カ国1950〜1998年の年次パネルデータの下では，Sachs-Warner指数の1人当たりGDP成長率に対する係数は1.42%であった．これは，国々が閉鎖的レジームから開放的レジームに転ずると，その成長率は1.42%高まることを示唆する．

Estevadeordal and Taylor (2013) は，政策評価に有効な手法としてよく知られている差の差モデル（difference-in-differences model）を用いて貿易自由化の成長効果を推定した．差の差モデルでは，政策が適用された処置群（treatment group）と，政策が適用されなかった対照群（control group）の間で，政策適用前後での成果指標の差の差を取ることによって，政策に関係ない要因の影響を取り除いた政策の純粋な効果を測ることができる．彼らは，75カ国2期（1975〜1989年と1990〜2005年）のパネルデータを作成し，1985年から2000年にかけての平均関税率の減少分が中央値より大きい国を処置群としての「自由化国」，その他を対照群としての「非自由化国」とみなすことによって，差の差モデルを適用した．その結果，自由化国は非自由化国に比べて，労働者1人当たりGDP年平均成長率の2期間の増加分が1.14%

大きいことが示された．つまり，貿易自由化は，仮に自由化していない状態に比べて，成長率を1.14%高める．

一方，関税が賦課される産業によっては，成長率に正の影響を与える可能性がNunn and Trefler（2010）によって指摘された．彼らの仮説は，農産物のような同質財とは異なり，工業製品のような差別化財を保護することは，成長のエンジンの一つである研究開発の促進につながり，また後者の産業は前者に比べて熟練労働をより集約的に用いているというものである．この仮説を実証するため，彼らは主要18産業の熟練労働集約度（熟練労働の非熟練労働に対する相対投入量）を計測し，産業間の関税率と熟練労働集約度の相関係数，あるいは熟練労働集約産業と非熟練労働集約産業の平均関税率の対数差を「関税構造の熟練バイアス」（skill bias of tariff structure）と定義した．63カ国の単純なクロスセクション回帰の結果，相関係数指標の1人当たりGDP年平均成長率に対する係数は3.5%，対数差指標の係数は1.6〜2.0%であった．これは，関税構造の熟練バイアスの大きい国ほど速く成長することを示唆する．

成長が貿易に与える影響として近年注目されているのは，貿易の外延である．Hummels and Klenow（2005）は，ある国の他の国への総輸出額を内延と外延に分解し，輸出国の経済成長が輸出の内延と外延のそれぞれにどれくらい影響を与えるかを調べた．より具体的には，j国からm国への総輸出額の，基準国としてのk国（j国以外全ての国の合計）からm国への総輸出額に対する割合を，以下のように分解する．

$$\frac{\sum_{i \in I_{jm}} V_{jmi}}{\sum_{i \in I} V_{kmi}} = IM_{jm} EM_{jm}; \quad IM_{jm} \equiv \frac{\sum_{i \in I_{jm}} V_{jmi}}{\sum_{i \in I_{jm}} V_{kmi}}, \quad EM_{jm} \equiv \frac{\sum_{i \in I_{jm}} V_{kmi}}{\sum_{i \in I} V_{kmi}}.$$

ここで，V_{jmi}は品目iのj国からm国への輸出額，Iは世界全体の品目の集合，$I_{jm}(I_{jm} \subset I)$はj国からm国への輸出品目の集合を表す．j国からm国への輸出の内延IM_{jm}は，固定された輸出品目の集合I_{jm}の下での，j国からm国への（k国と比べた）相対総輸出額を表す．一方，j国からm国への輸出の外延EM_{jm}は，k国からm国への総輸出額に占める各品目の輸出額の割合を重みとした，j国からm国への輸出品目の数を表す．仮にV_{kmi}が品目間

で同じ場合には，$EM_{jm}=I_{jm}/I$ となり，輸出の外延は世界全体の品目の数に占める j 国から m 国への輸出品目の割合に一致する．1995 年の UNCTAD TRAINS 品目別（HS6 桁分類 5,017 品目）2 国間貿易データを用いた単純なクロスセクション回帰の結果，ある輸出国の（その国以外全ての国の合計と比べた）相対 GDP の 1% の増加は，その国の輸出の内延を 0.38%，輸出の外延を 0.61% 増やすことが示された．これは，ある国が他の国より速く成長すると共にその国の輸出の外延は拡大し，さらにそれは輸出の内延より約 1.5 倍大きくその国の総輸出額の増加に寄与していることを意味する．

Kehoe and Ruhl（2013）は，貿易の外延の時間変動を表すために，「最も貿易されていない財」(least-traded goods) に注目した．ある輸出国と輸入国の組み合わせに対して，基準年における輸出額が少ない方から昇順で品目（SITC (Rev. 2) 5 桁分類 1,836 品目，出所：UN Comtrade）を並べる．並べ替えられた品目を総輸出額の 10 分の 1 ずつを占めるように 10 個の集合に区切り，そのうち輸出額が最も少ない方の品目から成る最初の集合を最も貿易されていない財と定義する．基準年以降のある年において，最も貿易されていない財が総輸出額に占める割合が 10 分の 1 より増えていれば，それまでほとんど輸出されていなかった品目が輸出され始めたという意味で，輸出の外延が拡大したと解釈できる．実際に，中国，チリ，韓国では，それぞれの高度成長期の 10 年間に，米国への総輸出額のうち最も貿易されていない財の割合が 25.7%（1995〜2005），34.6%（1975〜1985），65.8%（1975〜1985）に激増したことが示された．

以上をまとめると，貿易自由化は，自由化される産業によっては経済成長を抑制する場合もあるにせよ，全体としては経済成長を促進する傾向がある．一方，経済成長率の上昇は，輸出の内延だけでなく外延を通じて，貿易を促進する．従来の貿易と成長の理論は前者を説明することに集中してきたが，後者にはほとんど注目してこなかった．次節以降では，貿易の外延を内生化した成長モデルを検討する．

3. メリッツ・モデルに基づく貿易と成長の理論

本節では，メリッツ・モデルに基づく2国成長モデルを概観する．まず，成長モデルを見る前に，基本的なメリッツ・モデルの動学構造を振り返っておく．実は，Melitz（2003）にも時間が離散的に入っているが，家計の貯蓄や企業の設備投資のような動学的意思決定は仮定によりほとんど排除されているため，あたかも静学モデルであるかのように分析がなされている．その中で唯一動学的意思決定と呼べるのは，新規参入である．各企業は，参入時点1回限りの参入費用と，各時点で支払う国内供給と輸出供給それぞれの間接費用という，3種類の固定費用に直面している．参入直後に判明する生産性が固定間接費用をちょうど賄える水準未満であれば，そのような企業は直ちに退出する（ゼロカットオフ利潤条件）．一方，参入後の各時点において外生的な一定率で発生する退出ショックを考慮した利潤の割引現在価値の生産性に関する期待値を取った期待企業価値は，固定参入費用に等しくならなければならない（自由参入条件）．ここで，仮に既存企業の退出がなければ，新規参入により総企業数は増えていく一方で各企業の利潤は反比例的に薄まっていくので，固定参入費用が一定である限り，新規参入がゼロとなるところで長期的な総企業数が決まるであろう．このような総企業数の動学を回避するため，Melitz（2003）は外生的な退出ショックを仮定することによって，各時点で新規参入が起こるにもかかわらず総企業数が時間を通じて一定となる定常状態（steady state）が実現することを可能にしている[3]．

メリッツ的な成長モデルの研究における最初の重要な貢献はBaldwin and Robert-Nicoud（2008）によってなされた．彼らは，Melitz（2003）の異質企業独占的競争貿易モデルの枠組みをGrossman and Helpman（1991）の品目拡大型R&Dに基づく対称2国内生成長モデルに導入した．Baldwin and Robert-Nicoud（2008）のMelitz（2003）との最も重要な違いは，固定費用の扱いである．新規参入，国内供給，輸出供給には，それぞれ外生かつ一定の $\kappa_I, \kappa_D, \kappa_X$ 単位の知識を参入時点1回限り必要とする[4]．知識1単

---

[3] 定常状態とは，全ての変数が一定の率（ゼロを含む）で成長している状態である．定常状態における均衡経路は，均斉成長経路（balanced growth path）とも呼ばれる．

位の価格は，R&D 部門が完全競争的という仮定の下では，知識の限界費用に等しくなる．知識の限界費用については，品目拡大型 R&D に基づく内生成長モデルの文脈において様々な定式化が行われてきたが，それは少なくとも正の外部性として現存の知識ストックを表す総企業数に反比例すると仮定する．これは，総企業数の増加と共に期待企業価値と期待固定費用が同率で低下することを意味するので，基本的なメリッツ・モデルのように外生的な退出ショックを仮定することなしに，定常状態において新規参入が起こり，かつ総企業数が指数的に成長することを可能にする．

Baldwin and Robert-Nicoud（2008）は，自由参入条件の構成要素として，以下の（退出せずに国内供給可能という意味で）「当たり」を引くための期待固定費用（expected fixed cost of getting a winner）を導出している．

$$\bar{F} = \bar{\kappa} \cdot p_K / n;\ \bar{\kappa} \equiv \kappa_I / G(a_D) + \kappa_D + \kappa_X G(a_X)/G(a_D).$$

ここで，$\bar{\kappa}$ は総期待知識投入量，p_K/n は知識の限界費用，n は各国の総企業数，$G(a) \equiv \Pr(A \leq a);\ 0 \leq a \leq a_0$ は生産の可変費用としての労働投入係数 A（つまり労働生産性の逆数）の分布関数を表す．a_D, a_X を，それぞれ退出と国内供給，国内供給と輸出供給のカットオフ投入係数とすると，Melitz（2003）と同様の理由により，$0 < a_X < a_D < a_0$ が示される．投入係数が $a_D \leq A \leq a_0$ の企業は退出，$a_X \leq A \leq a_D$ の企業は国内供給のみ，$0 \leq A \leq a_X$ の企業は国内供給および輸出供給を行う．$\bar{\kappa}$ の定義式の右辺において，第 1 項は当たりが出るまでの新規参入のための期待知識投入量，第 2 項は当たりが出たら常に支出される国内供給のための知識投入量，第 3 項は当たりの中でさらに輸出可能という「大当たり」が出る確率を考慮した輸出供給のための期待知識投入量と解釈できる．自由参入条件は，この当たりを引くための期待固定費用 $\bar{F}$ が，当たりの条件下での期待企業価値に等しいことを要求する．ここで，何らかの理由で $\bar{\kappa}$ や p_K が下がると，新規参入が容易になるので，定常状態における総企業数の成長率 g が高まる．

2 国間の対称的かつ永続的な貿易自由化も，p_K と $\bar{\kappa}$ の経路を通じて g に

4） Melitz（2003）と異なり，参入費用だけでなく間接費用も参入時点 1 回限りと仮定している．

影響を与える．氷塊型貿易費用 $\tau(\geq 1)$ の低下は，貿易財に体化された知識のスピルオーバー（例えば，Coe and Helpman（1995））や研究設備価格の低下（例えば，Rivera-Batiz and Romer（1991））等を通じて p_K を低める方向に働くので，g は部分的に高まる．この p_K の経路は，前世代の同質企業 R&D 型 2 国内生成長モデルにも存在していた．一方，Melitz（2003）と同様に，貿易自由化は輸出を容易にすることにより a_X を増やす一方，低生産性企業の選別を通じて a_D を減らす．これらは両方とも $\bar{k}$ を高める方向に働くので，g は部分的に低まる．この $\bar{k}$ の経路は，企業の異質性を導入することによって初めて現れるものであり，p_K の経路しかない同質企業 R&D 型 2 国内生成長モデルに比べて，貿易自由化の成長効果を負の方向に引っ張る．結局，貿易自由化が全体として成長率を高めるかどうかは，それが p_K をどれくらい低めるように定式化されているかに依存する．

　Baldwin and Robert-Nicoud（2008）のモデルは，少なくとも 2 つの方向に拡張されている．Gustafsson and Segerstrom（2010）は，Grossman and Helpman（1991）の代わりに Jones（1995）の準内生成長モデル（semi-endogenous growth model）の枠組みを用いた．準内生成長モデルにおいて，知識の限界費用は p_K/n^ϕ; $\phi<1$ のように表される．これは，総企業数の増加による期待固定費用の減衰率が，期待企業価値の減衰率より小さいことを意味するので，仮に通常の R&D 型内生成長モデルのように労働供給量が一定ならば，長期的には総企業数は一定となってしまう．ここで外生的な人口成長を許すと，市場規模も人口成長率 ν と同率で拡大するので，定常状態において自由参入条件を満たしつつ総企業数が $g=\nu/(1-\phi)$ の率で成長することが可能になる [5]．この長期成長率は貿易費用に依存しないので，貿易自由化は長期的には成長率に影響を与えない．しかしながら，新しい定常状態に至るまでの移行過程においては，貿易自由化は Baldwin and Robert-Nicoud（2008）における長期的成長効果と同様の短期的成長効果をもたらす．

　Dinopoulos and Unel（2011）は，品目拡大型 R&D に基づく対称 2 国内生

---
[5]　これは期待企業価値の成長率 $\nu-g$ と期待固定費用の成長率 ϕg を均等化させる g として解釈できる．

成長モデルにおいて，労働投入係数の代わりに財の品質（限界効用）に異質性を導入した．ある企業が新たな差別化財の開発に成功して市場に参入すると，その企業が開発した財の品質 $\Lambda(\geq 1)$ は分布関数 $G(\lambda) \equiv \Pr(1 \leq \Lambda \leq \lambda)$; $1 \leq \lambda < \infty$ に従って決められる一方，同じ財のジェネリック品（品質がちょうど1として表される）を作る技術が公共の場に出回ると仮定する．どちらの財も生産量1単位当たり労働1単位が必要と仮定し，また対称的な両国の賃金を1に基準化すると，開発に成功した企業はその財の価格をちょうど λ（あるいはそれより微小に低い水準）にすることによって，ジェネリック企業の参入を阻止しつつ利潤最大化することができる[6]．したがって，前者のマークアップ率（価格の限界費用に対する比率）は $\lambda - 1$ となる．ここから先は，基本的に Baldwin and Robert-Nicoud (2008) と同じである．この論文の新奇性は，品目間のマークアップ率の違いを表現できることである．

貿易自由化が貿易の外延に与える影響を考えると，以上の成長モデルでも Melitz (2003) と同様に，貿易費用の低下は輸出企業の割合（つまり輸出品目の割合）を増やすという結果が得られる．しかしながら，それらのモデルは2国間の対称性を仮定している．つまり，外生的に与えられる貿易費用も内生的に決められる成長率も常に2国間で同じでなければならない[7]．それに対して，Hummels and Klenow (2005) や Kehoe and Ruhl (2013) は，国々の成長率の違いやそれによって引き起こされる相対 GDP の変化こそが国々の貿易の外延の変化をもたらすことを示している．それらの事実を理論的に説明するためには，以上のメリッツ的な成長モデルとは異なり，国々の非対称性を許容するような成長モデルを構築する必要がある．

---

6) 新製品のジェネリック品に対する限界代替率がそれらの相対価格以上，つまり $\lambda \geq p$ である限り，消費者は新製品を買う．その条件を満たす最大の価格は $p = \lambda$ である．
7) Melitz and Ottaviano (2008) は，賃金率が同質財の労働生産性によって固定されるという仮定の下で，国々の非対称性を扱えるメリッツ・モデルを構築している．しかしながら，そのようなモデルでは依然として相対要素価格という伝達メカニズムを放棄することになる．Ghironi and Melitz (2005) は要素価格の非対称性を許した動学的メリッツ・モデルを提示しているが，モデルが複雑すぎて外生ショックの効果を解析的には導出できない．

4. リカード・モデルに基づく貿易と成長の理論

本節では,国々の非対称性を許した上で経済成長と貿易の外延の関係を扱うために,筆者自身が開発してきたリカード・モデルに基づく多数国成長モデルを解説する.Acemoglu and Ventura(2002)は,国々の成長率が短期的には異なるが長期的には均等化される多数国成長モデルを開発した.しかしながら,そこでは各国は外生的に差別化された中間財を輸出し合うと仮定されているので,貿易の外延が時間と共に変化していく状況を説明できない.この問題を解決するために,Naito(2012)は Acemoglu and Ventura(2002)の2国バージョンにおける貿易財部門に Dornbusch, Fischer, and Samuelson(1977)の2国連続財リカード・モデルの枠組みを導入し,貿易の外延を内生化することに成功した.さらに,Naito(forthcoming)は Eaton and Kortum(2002)の多数国連続財リカード・モデルの枠組みを用いて Naito(2012)を多数国化し,任意数の国の貿易の外延の時間経路を描写し得るモデルを開発した.以下では,Naito(forthcoming)のモデルを簡潔に紹介し,国の数が2つの場合(これは定性的には Naito(2012)と同じになる)と3つの場合について主要な結果とその含意を述べる.

世界は $N(\geq 2)$ カ国から成る.各国 $j(=1, ..., N)$ には1つの貿易不可能な最終財があり,消費あるいは投資(資本蓄積)に用いられる.その最終財は単位区間 $[0, 1]$ に多種(連続的に)存在する貿易可能な中間財 $i(\in [0, 1])$ を用いて規模に関して収穫一定と完全競争の下で生産される.一方,各中間財は国際移動不可能な資本のみを用いて規模に関して収穫一定と完全競争の下で生産される.

中間財部門の定式化は Eaton and Kortum(2002)に従う.各国の最終財企業は,貿易費用込みの単位供給費用が最も安い国から各中間財を買う.問題は,単位供給費用に含まれる単位資本投入係数をどのように表すかである.国の数が2つの場合は,Dornbusch, Fischer, and Samuelson(1977)のように,2国間の相対投入係数あるいは相対生産性が中間財のインデックス i について単調な関数に従うと仮定するだけで十分であったが,国の数が3つ以上の場合はそれほど簡単にはいかない.そこで,Eaton and Kortum

(2002) は，各国の各財の要素投入係数が各国に特殊的な確率分布に従うと仮定することによって，問題を劇的に単純化することに成功した．具体的には，j 国にとっての中間財 i の投入係数を表す確率変数を A_j とする[8]．その逆数である資本生産性 $1/A_j$ は，以下の分布に従うと仮定する[9]．

$$F_j(z) \equiv \Pr(1/A_j \leq z) \equiv \exp(-b_j z^{-\theta}); \ b_j > 0, \ \theta > 1.$$

ここで，分布のパラメータは2つある．第1に，b_j は分布の位置を表し，それが大きいほど，生産性がある値 z 以下になる確率は減る，つまり高い生産性が実現しやすくなる．第2に，θ は分布の散らばり具合を表し，それが大きいほど，生産性の実現値が平均付近に集中してくる，つまり異なる中間財間での生産性のばらつきが小さくなる．前者は各国の絶対優位の程度を，後者は比較優位の程度を表すと解釈できる．また，θ が各国で共通と仮定することにより，中間財の物価指数などの関数が扱いやすい形で導かれる．最も重要なのは，多数国間・多数財間の生産性格差を，たかだか $N+1$ 個の構造パラメータで表現できているということである．

j 国の資本レンタル率を r_j，j 国の各中間財を n 国に1単位届けるために j 国で荷積みしなければならない量を $\tau_{nj}(\geq 1)$ で表す．後者において，$\tau_{nj}-1$ 単位の中間財は国境を越える途中で消失してしまうと仮定する．これは氷塊型貿易費用と呼ばれる貿易費用の簡便な定式化である．また，各国内の貿易費用はゼロ，つまり $\tau_{jj}=1$ を仮定する．このとき，中間財 i の j 国から n 国への貿易費用込みの単位供給費用は $P_{nj}=\tau_{nj} r_j A_j$，その中間財の n 国にとっての需要価格は $P_n=\min\{\{P_{nj}\}_{j=1}^N\}$ のように表される．これらもまた確率変数であり，その分布は $F_j(z)$ を用いて以下のように導出される．

$$G_{nj}(p) \equiv \Pr(P_{nj} \leq p) = 1 - \exp(-p^\theta b_j (\tau_{nj} r_j)^{-\theta}),$$
$$G_n(p) \equiv \Pr(P_n \leq p) = 1 - \exp(-p^\theta \Phi_n); \ \Phi_n \equiv \sum_{j=1}^N b_j (\tau_{nj} r_j)^{-\theta}.$$

---

[8] A_j に i が含まれないのは，その確率変数が i にかかわらず独立かつ同一に分布することを仮定するからである．

[9] この分布型は，ある確率変数の最大値あるいは最小値の分布を表す極値分布の一種であるフレシェ分布と呼ばれる．我々の主な問題は各国からの単位供給費用が最安になる確率を求めることなので，このような極値分布を採用すると都合がよい．

j国の絶対優位の程度b_jが大きい，あるいはj国の資本レンタル率r_jやj国のn国への輸出貿易費用τ_{nj}が小さいほど，中間財iのj国からn国への貿易費用込みの単位供給費用P_{nj}がある値p以下になる確率は増える．つまりj国からn国へ供給される中間財が安くなりやすくなる．一方，P_nの分布$G_n(p)$に含まれるΦ_nは，単に$G_{nj}(p)$において生産国の費用条件を表す部分$b_j(\tau_{nj}r_j)^{-\theta}$を全ての生産国について合計したものである．$\Phi_n \geq b_j(\tau_{nj}r_j)^{-\theta}$より$G_n(p) \geq G_{nj}(p)$が言える．これは，特定の$j$国のみから買うよりも，全ての国から買うことを許した方が，n国にとっての需要価格が安くなりやすいことを意味している．

これらの価格分布の下で，以下の3つの重要な性質が導かれる（導出については Eaton and Kortum（2002）を参照せよ）．

1. n国がj国からある中間財iを買う確率は，
$$\pi_{nj}(\{\tau_{nk}r_k\}_{k=1}^N) \equiv b_j(\tau_{nj}r_j)^{-\theta}/\Phi_n$$
$$= b_j(\tau_{nj}r_j)^{-\theta} / \left[\sum_{k=1}^N b_k(\tau_{nk}r_k)^{-\theta}\right]; \sum_{j=1}^N \pi_{nj}=1 \forall n.$$

2. n国がj国からある中間財iを買う条件下でのP_{nj}の分布は，全てのjについて$G_n(p)$に等しい．

3. n国にとっての中間財の価格指数は，
$$Q_n(\{\tau_{nj}r_j\}_{j=1}^N) \equiv c_n \Phi_n^{-1/\theta} = c_n\left[\sum_{j=1}^N b_j(\tau_{nj}r_j)^{-\theta}\right]^{-1/\theta}.$$

ここで，c_nは定数項である．

最も重要なのは第1の性質である．n国がj国からある中間財iを買う確率は，Φ_nのうちj国の$b_j(\tau_{nj}r_j)^{-\theta}$が占める割合という形で簡潔に表される．$\pi_{nj}$は$\tau_{nj}r_j$について減少的，$\tau_{nk}r_k, k \neq j$について増加的である．つまり，$\tau_{nj}r_j$が下がると，$n$国は$j$国の中間財を買いやすくなる一方，$j$国以外の$k$国について$\tau_{nk}r_k$が下がると，$n$国は$j$国の中間財を買いにくくなる．実は，この$\pi_{nj}$は，$n$国が$j$国から買う中間財品目の割合，つまり$n$国の$j$国からの輸入の外延（あるいは$j$国の$n$国への輸出の外延）に一致する．なぜなら，各国

が各中間財をどの国から買うかを決める試行は，単位区間上の無数の中間財について繰り返されるので，大数の法則が成り立つからである[10]．さらに，この π_{nj} は，n 国が j 国から買う中間財への支出割合にも等しくなる[11]．これは，ある国の他の国からの輸入割合の変化は，内延による変化ではなく，全て外延による変化から来ていることを意味する．最後に，イートン・コータム・モデルでは，ある国が各財をどの国から買うかを確率1で決めることはできないことに注意すべきである．むしろ，この種のモデルは，ある国が各国から「どのくらいの割合の」財を買うか，つまり貿易の外延を説明することに集中している．

以上の中間財部門の定式化に基づき，多数国成長モデルを構築する．最後の国の資本 K_N を価値尺度財とし，その価格を $r_N \equiv 1$ のように基準化する．j 国の N 国に対する資本の相対供給量を $\kappa_j \equiv K_j/K_N$ とし，その時間当たり変化分を $\dot{\kappa}_j \equiv d\kappa_j/dt$ のように表す．π_{nj} 関数の0次同次性，および Q_j 関数の1次同次性を用いると，この多数国成長モデルはたった2種類の式に集約される．

$$\dot{\kappa}_j/\kappa_j = \gamma_j(\{\tau_{jn}r_n/r_j\}_{n=1}^N) - \gamma_N(\{\tau_{Nn}r_n\}_{n=1}^N), \quad j=1,...,N-1; \quad (1)$$

$$\gamma_j(\{\tau_{jn}r_n/r_j\}_{n=1}^N) \equiv \dot{C}_j/C_j = 1/Q_j(\{\tau_{jn}r_n/r_j\}_{n=1}^N) - \delta_j - \rho_j,$$

$$\kappa_j = \sum_{n=1}^N \pi_{nj}(\{\tau_{nk}r_k/r_n\}_{k=1}^N)\kappa_n/(r_j/r_n), \quad j=1,...,N-1. \quad (2)$$

ここで，γ_j は j 国の成長率，C_j は消費，δ_j は j 国の資本減耗率，ρ_j は j 国の代表的家計の主観的割引率を表す[12]．(1)式は，κ_j の成長率が単に j 国と N 国の成長率の差として表されることを意味している．γ_j の定義式は，j 国の成長率が $\tau_{jn}r_n/r_j$ について減少的であることを意味している．つまり，j 国の n 国からの輸入貿易費用が低下したり，あるいは j 国の n 国に対する相

---

10) 例えば，サイコロを投げる回数を増やしていくと，全試行回数のうちある特定の目が出る割合は理論的確率1/6に近づくことを想像すればよい．
11) なぜなら，第2の性質より，(n 国が j 国から買う条件下での）各中間財 i への期待支出額が全ての i, j について同一になるからである．
12) γ_j は元々は消費の成長率であるが，代表的家計の瞬時的効用関数が対数型という仮定の下では，それは常に資本の成長率に等しくなるので，それを単に j 国の成長率と呼んでいる．

対資本レンタル率が上昇する(各中間財が資本に関して収穫一定であることを考慮すると,これはj国のn国に対する交易条件の改善を意味する)と,j国の成長率は高まる.(2)式は,j国のN国に対する資本の相対供給量と相対需要量が等しくなるようにj国のN国に対する資本の相対価格r_jが決まるという,j国の資本市場の均衡条件と解釈できる[13].各時点$t\in[0,\infty)$において,κ_jは過去の資本蓄積の結果与えられているので,(2)式からr_jが決まり,それと(1)式から$\dot{\kappa}_j$が決まる.

特殊ケースとして,初めに$N=2$の場合を考える.このとき,(1),(2)式はそれぞれただ1つである.

$$\dot{\kappa}_1/\kappa_1 = \gamma_1(1, \tau_{12}/r_1) - \gamma_2(\tau_{21}r_1, 1),$$
$$\kappa_1 = \pi_{11}(1, \tau_{12}/r_1)\kappa_1 + \pi_{21}(\tau_{21}r_1, 1)/r_1$$
$$\Leftrightarrow \kappa_1 = (\pi_{21}(\tau_{21}r_1, 1)/\pi_{12}(1, \tau_{12}/r_1))/r_1.$$

定常状態は以下の式から決定される[14].

$$0 = \gamma_1(1, \tau_{12}/r_1^*) - \gamma_2(\tau_{21}r_1^*, 1),$$
$$\kappa_1^* = (\pi_{21}(\tau_{21}r_1^*, 1)/\pi_{12}(1, \tau_{12}/r_1^*))/r_1^*.$$

ここで,上付きのアスタリスクは定常状態を表す.定常状態に至る前の各時点における短期均衡とは異なり,初めに成長率の均等化の条件からr_1^*が決まり,次にそれと資本市場の均衡条件からκ_1^*が決まるという形になっている.

図6-1は,定常状態におけるr_1^*とγ_j^*の決まり方を表している.横軸にr_1,縦軸にγ_jを測ると,r_1の上昇は第1国の交易条件の改善と第2国の交易条件の悪化を意味するので,$\gamma_1(1, \tau_{12}/r_1)$のグラフは右上がりの破線,$\gamma_2(\tau_{21}r_1, 1)$のグラフは右下がりの実線のように表される.それらの曲線の交点Aにおいて,r_1^*と$\gamma_1^* = \gamma_2^* = \gamma^*$が決まる.

---

[13] (2)式の右辺において,$\pi_{nj}r_n\kappa_n$はn国がj国から買う中間財への支出額(をK_Nで割ったもの)であり,それをr_jで割ると,その支出額をj国の資本で測っていることになる.j国の資本への需要は,このようなn国のj国中間財への需要から派生している.

[14] $\dot{\kappa}_1/\kappa_1$が一定となるためには,r_1も一定とならなければならない.一方,資本市場の均衡条件より,r_1が一定であることはκ_1も一定であることを意味する.

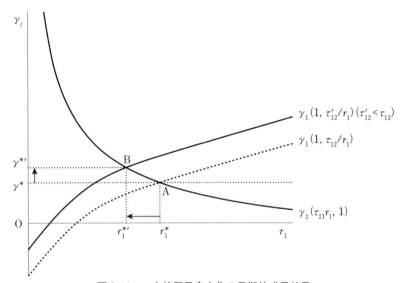

図 6-1 一方的貿易自由化の長期的成長効果

図 6-1 を用いて，一方的貿易自由化の長期的効果を調べることができる．第 1 国の第 2 国からの輸入貿易費用 τ_{12} が $\tau'_{12}(<\tau_{12})$ まで永続的に下がると，$\gamma_1(1, \tau_{12}/r_1)$ のグラフは実線 $\gamma_1(1, \tau'_{12}/r_1)$ まで上方にシフトする．古い r_1^* の下では第 1 国は第 2 国より速く成長し始めるので，長期的に第 2 国が第 1 国に追いつくためには，第 2 国の交易条件が改善，つまり r_1^* が下がらなければならない．その結果，新しい定常状態は新しい交点 B において決まり，r_1^* は $r_1^{*'}(<r_1^*)$ に下がり，両国の成長率は $\gamma^{*'}(>\gamma^*)$ に高まる．また，$\gamma_1(1, \tau_{12}/r_1^*)$ が高まっていることは，τ_{12}/r_1^* が下がっていることを意味する．つまり，r_1^* の低下率は τ_{12} の低下率より小さい．τ_{12}/r_1^*, $\tau_{21}r_1^*$ が共に下がるので，$\pi_{12}(1, \tau_{12}/r_1^*)$, $\pi_{21}(\tau_{21}r_1^*, 1)$ は共に増える．これは，長期的には両国にとっての輸入・輸出の外延が増えていることを意味する．

さらに，初期時点における κ_1 が古い κ_1^* で与えられているとして，一方的貿易自由化の短期的効果も調べることができる．τ_{12} の永続的低下は所与の r_1 に対して $\pi_{12}(1, \tau_{12}/r_1)$ を増やすので，第 1 国の第 2 国に対する資本の相対需要量 $(\pi_{21}(\tau_{21}r_1, 1)/\pi_{12}(1, \tau_{12}/r_1))/r_1$ は減る．これは第 1 国の資本の超過供給を生み出すので，均衡が回復されるためには，r_1 は下がらなければ

ならない.これは資本の相対需要量のうち $\pi_{21}(\tau_{21}r_1, 1)/r_1$ の部分を増やすことになるので,相対需要量が一定の相対供給量と等しくなるためには,$\pi_{12}(1, \tau_{12}/r_1)$ の部分も増えなければならない.これは r_1 の低下率が τ_{12} の低下率より小さいことを意味する.τ_{12}/r_1,$\tau_{21}r_1$ が共に下がっているので,初期時点においても両国の成長率と輸入・輸出の外延が古い定常状態に比べて高まっている.さらに,初期時点から新しい定常状態にかけて κ_1 が単調に変化するので,r_1 も単調に調整されることから,全ての時点において,両国の成長率と輸入・輸出の外延が古い定常状態に比べて高まることが言える[15].最後に,全ての時点において成長率が高まることは全ての時点において消費の経路も高まることを意味するので,両国の厚生も高まっている.

このように,ある国の一方的貿易自由化は,古い定常状態に比べて,全ての国の全ての時点における成長率と輸入・輸出の外延,および厚生を高める.一方的貿易自由化は自由化国が貿易相手国の中間財をより安く輸入することを可能にするので,その国の成長率と輸入の外延が高まることは自然である.しかし,それだけでなく,自由化国の資本への派生需要の減少を通じてその国の資本レンタル率が下がるので,その貿易相手国の成長率と輸入の外延も高まる.最後の結果は,自由化国の輸出の外延が高まっていることを意味する.

次に,$N=3$ の場合,(1),(2)式はそれぞれ2つずつある.

$$\dot{\kappa}_1/\kappa_1 = \gamma_1(1, \tau_{12}r_2/r_1, \tau_{13}/r_1) - \gamma_3(\tau_{31}r_1, \tau_{32}r_2, 1),$$
$$\dot{\kappa}_2/\kappa_2 = \gamma_2(\tau_{21}r_1/r_2, 1, \tau_{23}/r_2) - \gamma_3(\tau_{31}r_1, \tau_{32}r_2, 1),$$
$$\kappa_1 = \pi_{11}(1, \tau_{12}r_2/r_1, \tau_{13}/r_1)\kappa_1$$
$$\quad + \pi_{21}(\tau_{21}r_1/r_2, 1, \tau_{23}/r_2)\kappa_2/(r_1/r_2) + \pi_{31}(\tau_{31}r_1, \tau_{32}r_2, 1)/r_1,$$
$$\kappa_2 = \pi_{12}(1, \tau_{12}r_2/r_1, \tau_{13}/r_1)\kappa_1/(r_2/r_1)$$
$$\quad + \pi_{22}(\tau_{21}r_1/r_2, 1, \tau_{23}/r_2)\kappa_2 + \pi_{32}(\tau_{31}r_1, \tau_{32}r_2, 1)/r_2.$$

$N=2$ の場合と同様に,定常状態は以上の式に $\dot{\kappa}_1/\kappa_1 = \dot{\kappa}_2/\kappa_2 = 0$ を課すこと

---

[15] 初期時点において,r_1 の低下分が十分大きい場合,$\gamma_1(1, \tau_{12}/r_1) < \gamma_2(\tau_{21}r_1, 1)$ となる可能性がある.このとき,κ_1 は古い定常状態から新しい定常状態にかけて単調に減っていくと共に,r_1 は単調に上がっていく.

によって決定される[16]．

　まず，貿易自由化の長期的効果は以下のようにまとめられる．第1に，任意の貿易費用の永続的な低下は成長率を必ず高める．例えば，第1国の第2国からの輸入貿易費用 τ_{12} が下がると，第1国は他の国々より速く成長し始めるので，r_1^* と r_1^*/r_2^* の両方が下がる．これはそれぞれ第3国と第2国の第1国に対する交易条件の改善を意味するので，全ての国は長期的には古い定常状態より速く成長する．第2に，第1国の一方的な特恵的貿易自由化としての τ_{12} の永続的な低下は，π_{13}^* を低める一方，$\pi_{12}^*, \pi_{21}^*, \pi_{31}^*$ を高める．第1国の最終財企業にとっては第3国より第2国の中間財が割安になるので，第1国の輸入の外延の一部が第3国から第2国に置き換えられる．一方，r_1^* と r_1^*/r_2^* の低下はそれぞれ第2国と第3国にとって第1国の中間財を他の貿易相手国より割安にするので，第1国の輸出の外延が全ての貿易相手国に対して高まる．第3に，2国間の特恵的貿易自由化として，第1国と第2国が互いに対する輸入貿易費用 τ_{12} と τ_{21} のみ同時に引き下げる状況を考える．特に，r_1^*/r_2^* を不変とするような τ_{12} と τ_{21} の永続的な低下は，$\pi_{11}^*, \pi_{13}^*, \pi_{22}^*, \pi_{23}^*, \pi_{33}^*$ を低める一方，$\pi_{12}^*, \pi_{21}^*, \pi_{31}^*, \pi_{32}^*$ を高める．ここで，特恵貿易協定の理論における重要な結果である貿易創出効果（π_{11}^* が π_{12}^* に，π_{22}^* が π_{21}^* に代替される）と貿易転換効果（π_{13}^* が π_{12}^* に，π_{23}^* が π_{21}^* に代替される）が観察される．また，r_1^*, r_2^* が比率を一定として下がるので，第1国と第2国それぞれの輸出の外延が，域内の貿易相手国に対してだけでなく，域外国である第3国に対しても高まる．

　貿易自由化の短期的効果については，一般的に言えることは少ないので，Naito（forthcoming）は古い定常状態が対称的な場合に注目して解析的な結果を得ている．第1に，τ_{12} の永続的な低下は，第1国の最終財企業に自国から第2国への中間財の代替を引き起こさせるので，r_2 は上がる一方，r_1 は下がる．第2国の第1国と第3国に対する交易条件 r_2/r_1 と r_2 は共に改善しているので，その国の成長率は高まる．また，τ_{12} の低下の直接的効果が

---

16) 2国モデルとは異なり，3国以上のモデルでは定常状態の一意性と安定性が常に成り立つわけではない．しかしながら，国々が極端に異ならない限り，一意性と安定性は保証される．

第II部 国際貿易の新潮流

交易条件の悪化を通じた間接的効果を上回るので,第1国の成長率も高まる.しかしながら,第3国にとっては第2国に対する交易条件の悪化の影響が第1国に対する交易条件の改善の影響を上回るため,その国の成長率は低まる.第2に,r_1^*/r_2^*を不変とするようなτ_{12}とτ_{21}の永続的な低下は,r_1, r_2を比率を一定として上げる.これは第1国と第2国の互いに対する交易条件を不変としつつ第3国に対する交易条件を改善するので,第1国と第2国の成長率は共に高まる.一方,第3国の交易条件は全ての貿易相手国に対して悪化しているので,その国の成長率は低まる.したがって,一方的であれ2国間であれ,特恵的貿易自由化に直接関与しない国の成長率は短期的には低まる.

　2国モデルと3国モデルで共通して言えるのは,輸入における貿易自由化は,長期的には自由化国の輸出の外延を高めることである.貿易自由化は自由化国を他の国々より速く成長させ,それは前者の後者に対する相対資本レンタル率の低下を通じて前者の中間財を割安にするからである.これはまさに,輸出の外延の変化を国々の経済成長率の違いによって説明するHummels and Klenow(2005)やKehoe and Ruhl(2013)を理論的に支持する結果である.

　その一方で,3国モデルの2国モデルとの決定的な違いは,貿易自由化の長期的効果が短期的効果と異なり得ることである.特に,いかなる形の貿易自由化も長期的には成長率を必ず高めるが,一方あるいは2国間の特恵的貿易自由化は短期的にはそれに直接関与しない国の成長率を低め得る.これは,動学的に拡張されたイートン・コータム・モデルが元々の静学的モデルに比べて異なる厚生的含意をもたらし得ることを意味する.現在の動学的イートン・コータム・モデルにおいて投資をゼロとすれば,資本供給量を所与とした静学的イートン・コータム・モデルに帰着するが,後者におけるj国の厚生はj国の資本収益率$r_j/Q_j(\{\tau_{jn}r_n\}_{n=1}^N)=1/Q_j(\{\tau_{jn}r_n/r_j\}_{n=1}^N)$に比例する.したがって,動学的イートン・コータム・モデルにおいて一方的,あるいは2国間の特恵的貿易自由化が短期的に第3国の成長率を低める場合,対応する静学的イートン・コータム・モデルにおいて,第3国の厚生は低まる.これに対して,動学的イートン・コータム・モデルではそのような貿易自由化は長期的な成長率を高めるので,第3国の厚生も高まり得る.

特に，2 国間の特恵的貿易自由化が，第 3 国に対する輸入貿易費用が不変にもかかわらず後者の厚生も高め得るという結果は，第 11 章で紹介される地域貿易協定（Regional Trade Agreement: RTA）の文献においても注目すべき結果である．静学モデルにおいて，域外関税が不変の場合，域内貿易自由化は域外国の域内国への輸出を相対的に不利にするため，域外国の厚生は通常低まる．一方，各国が常に最適関税を設定し合う場合，最恵国待遇（Most Favored Nation: MFN）から 2 国間の自由貿易協定（Free Trade Agreement: FTA）へのレジームチェンジは，最適域外関税を低めるという関税の補完性効果（tariff complementary effect）を生み，それによって域外国の厚生も高まり得る（例えば，Bagwell and Staiger (1999), Ornelas (2005)）．それに対して Naito (forthcoming) は，域外国の厚生の上昇が域外関税の低下を伴う必要なしに起こり得ることを示している．

5. おわりに

本章では，今世紀における国際貿易の 2 大モデルであるメリッツ・モデルとイートン・コータム・モデルそれぞれに基づく貿易と成長の理論を概観してきた．前者を代表する Baldwin and Robert-Nicoud (2008) によれば，グローバルな貿易自由化が Melitz (2003) と同様に低生産性企業の選別と貿易の外延の拡大をもたらし，それらは新規参入企業の期待固定費用の増加を通じて長期的な成長率を低める方向に働く．しかしながら，そのモデルは国々の対称性に依存しているので，ある国の相対的な高度成長がその国の輸出の外延を増やすという経験的事実を説明できない．それに対して，イートン・コータム・モデルを動学化した Naito (forthcoming) は，（必ずしもグローバルでなくてもよい）貿易自由化は自由化国を短期的に速く成長させ，それがその国の資本を相対的に安くすることにより輸出の外延を拡大することを示した．これは上の事実を説明する理論的基礎を与えている．

本章の議論は，R&D に基づく内生成長モデルが全く国々の非対称性を許容しないという印象を与えたかもしれないが，これは必ずしも真ではない．とりわけ，先進国が新製品を開発し，開発途上国が先進国の製品をライセン

シングや模倣を通じて導入するという，まさに非対称性を前提とした「南北モデル」（North-South model）と呼ばれる分野が存在する（例えば，Tanaka, Iwaisako, and Futagami (2007))．その南北モデルに企業の異質性を導入することに成功すれば，Baldwin and Robert-Nicoud (2008) や Naito (forthcoming) では得られなかった新たな政策的含意が得られるかもしれない．

参考文献

Acemoglu, Daron and Jaume Ventura (2002), "The World Income Distribution," *Quarterly Journal of Economics*, Vol. 117 (2), pp. 659–694.

Bagwell, Kyle and Robert W. Staiger (1999), "Regionalism and Multilateral Tariff Co-operation," in: John Piggott and A. D. Woodland (eds.), *International Trade Policy and the Pacific Rim: Proceedings of the IEA Conference Held in Sydney, Australia*, New York: St. Martin's Press, pp. 157–185.

Baldwin, Richard E. and Frédéric Robert-Nicoud (2008), "Trade and Growth with Heterogeneous Firms," *Journal of International Economics*, Vol. 74 (1), pp. 21–34.

Coe, David T. and Elhanan Helpman (1995), "International R&D Spillovers," *European Economic Review*, Vol. 39 (5), pp. 859–887.

Dinopoulos, Elias and Bulent Unel (2011), "Quality heterogeneity and global economic growth," *European Economic Review*, Vol. 55 (5), pp. 595–612.

Dollar, David (1992), "Outward-Oriented Developing Economies Really Do Grow More Rapidly: Evidence from 95 LDCs, 1976–1985," *Economic Development and Cultural Change*, Vol. 40 (3), pp. 523–544.

Dornbusch, Rudiger, Stanley Fischer, and Paul A. Samuelson (1977), "Comparative Advantage, Trade, and Payments in a Ricardian Model with a Continuum of Goods," *American Economic Review*, Vol. 67 (5), pp. 823–839.

Eaton, Jonathan and Samuel Kortum (2002), "Technology, Geography, and Trade," *Econometrica*, Vol. 70 (5), pp. 1741–1779.

Eaton, Jonathan and Samuel Kortum (2012), "Putting Ricardo to Work," *Journal of Economic Perspectives*, Vol. 26 (2), pp. 65–90.

Estevadeordal, Antoni and Alan M. Taylor (2013), "Is the Washington Consensus Dead? Growth, Openness, and the Great Liberalization, 1970s–2000s," *Review of Economics and Statistics*, Vol. 95 (5), pp. 1669–1690

Ghironi, Fabio and Marc J. Melitz (2005), "International Trade and Macroeconomic Dynamics with Heterogeneous Firms," *Quarterly Journal of Economics*, Vol. 120 (3), pp. 865–915.

Grossman, Gene M. and Elhanan Helpman (1991), *Innovation and Growth in the Global Economy*, Cambridge, Mass.: MIT Press.

Gustafsson, Peter and Paul Segerstrom (2010), "Trade Liberalization and Productivity Growth," *Review of International Economics*, Vol. 18 (2), pp. 207–228.

Hummels, David and Peter J. Klenow (2005), "The Variety and Quality of a Nation's Exports," *American Economic Review*, Vol. 95 (3), pp. 704–723.

Jones, Charles I. (1995), "R&D-Based Models of Economic Growth," *Journal of Political Economy*, Vol. 103 (4), pp. 759–784.

Kehoe, Timothy J. and Kim J. Ruhl (2013), "How Important Is the New Goods Margin in International Trade?" *Journal of Political Economy*, Vol. 121 (2), pp. 358–392.

Melitz, Marc J. (2003), "The Impact of Trade on Intra-Industry Reallocations and Aggregate Industry Productivity," *Econometrica*, Vol. 71 (6), pp. 1695–1725.

Melitz, Marc J. and Gianmarco I. P. Ottaviano (2008), "Market Size, Trade, and Productivity," *Review of Economic Studies*, Vol. 75 (1), pp. 295–316.

Melitz, Marc J. and Stephen J. Redding (2014), "Heterogeneous Firms and Trade," in: Gita Gopinath, Elhanan Helpman, and Kenneth Rogoff (eds.), *Handbook of International Economics, Volume 4*, Amsterdam: Elsevier B. V., pp. 1–54.

Naito, Takumi (2010), "Trade Policy and Accumulation-based Endogenous Growth: A Selective Survey," *Waseda Journal of Political Science and Economics*, Vol. 378–379, pp. 50–57.

Naito, Takumi (2012), "A Ricardian Model of Trade and Growth with Endogenous Trade Status," *Journal of International Economics*, Vol. 87 (1), pp. 80–88.

Naito, Takumi (forthcoming), "An Eaton-Kortum Model of Trade and Growth," *Canadian Journal of Economics*.

Nunn, Nathan and Daniel Trefler (2010), "The Structure of Tariffs and Long-Term Growth," *American Economic Journal: Macroeconomics*, Vol. 2 (4), pp. 158–194.

Ornelas, Emanuel (2005), "Trade-Creating Free Trade Areas and the Undermining of Multilateralism," *European Economic Review*, Vol. 49 (7), pp. 1717–1735.

Rivera-Batiz, Luis A. and Paul M. Romer (1991), "Economic Integration and Endogenous Growth," *Quarterly Journal of Economics*, Vol. 106 (2), pp. 531–555.

Rodriguez, Francisco and Dani Rodrik (2001), "Trade Policy and Economic Growth: A Skeptic's Guide to the Cross-National Evidence," in: Ben S. Bernanke and Kenneth S. Rogoff (eds.), *NBER Macroeconomics Annual 2000*, Cambridge, Mass.: MIT Press, pp. 261–325.

Sachs, Jeffrey D. and Andrew Warner (1995), "Economic Reform and the Process of Global Integration," *Brookings Papers on Economic Activity*, Vol. 26 (1), pp. 1–118.

Segerstrom, Paul S. (2011), "Trade and Economic Growth," in: Daniel Bernhofen, Rod Falvey, David Greenaway, and Udo Kreickemeier (eds.), *Palgrave Handbook of International Trade*, Basingstoke: Palgrave Macmillan, pp. 594–621.

Tanaka, Hitoshi, Tatsuro Iwaisako, and Koichi Futagami (2007), "Dynamic Analysis of Innovation and International Transfer of Technology through Licensing," *Journal of International Economics*, Vol. 73 (1), pp. 189–212.

Wacziarg, Romain and Karen H. Welch (2008), "Trade Liberalization and Growth: New Evidence," *World Bank Economic Review*, Vol. 22 (2), pp. 187–231.

第 III 部

多国籍企業の経済活動

第7章

多国籍企業の海外進出決定要因
―― 生産性の差異はなぜ重要なのか

伊藤 由希子

1. はじめに

「なぜ，企業が，異なる方法で，同じ海外市場に参入するのか？」驚くべきことに，この素朴な疑問に答える経済理論が10年ほど前まではほとんど存在していなかった．企業の異なる特徴と，海外市場への参入や退出の行動とは，一体どのように関係しているのだろうか．

実証研究の分野では以前から，企業の様々な差異（観察しやすい性質としては雇用規模，企業年数，子会社数など）が海外進出に「影響」することは考慮されていた．しかし，企業の異質性という要素は，国・産業レベルの要素（進出先の被投資国市場や，投資国－被投資国の2国間関係など）に比べると，あくまで海外進出に「影響」する付帯事項のような扱いに留まっていた．どの国や産業に進出するのかという観点のほうが，そこでの企業の進出形態がなぜ違うのか，という点よりも，理論・実証両面で重視されていたためである．

したがって，様々な企業の異質性を「生産性」という概念に帰着させ，生産性によってこそ海外進出が異なるという理論の普及は，実証の方法論も大きく変えた．また，企業レベルのデータの質や量が拡大し，それらの利用可能性が格段に向上した．企業の異質性が，海外進出を「決定」する要因として，分析における脇役から主役に押し上げられたのである．

Melitz (2003) は，生産性の高い企業が輸出し，そうでない企業が国内市場に留まるという結論を導く[1]．そこから生産性の差異を取り入れた研究が続々と登場し，Antràs and Helpman (2004) は「生産性の高い企業は，外

製(outsourcing)するよりも内製(producing in house)する」，と述べる．さらに，Helpman, Melitz, and Yeaple (2004) は「生産性の高い企業は輸出よりも(水平的)海外直接投資によって海外市場に供給する」と述べる[2]．この研究は，異なる生産性レベルの企業が，輸出・水平的直接投資を含めた異なる進出形態をとることを示した先駆的研究である．本章ではこの研究を端緒とする理論・実証研究を概説する[3]．

特に，(1) 企業の生産性は，輸出や海外直接投資の有無，進出拠点の選択，活動内容をどのように説明できるのか，(2) 生産性の異質性に応じて，相手国の市場規模や生産要素の価格(賃金)，貿易障壁など，外生的な条件への感度がどう異なるのか，という2点を主に考察していきたい[4]．

前者では，もし生産性が説明要因として強力であるならば，生産性の高低に応じて，企業の進出のパターンも序列的であると仮定する．序列的とは，参入障壁が低い国には多くの企業が進出し，参入障壁の高い国には限られた(生産性の高い)企業のみが進出する状態である．企業別に見れば，生産性の高い企業ほど多くの国に進出するという序列となる．実際の観測や推計を通じ，この仮説が成立するのか否か，そしてその理由について論じる．

後者では，相手国の与件(市場規模・賃金・貿易障壁)の影響力は企業の生

---

1) この結論だけを述べると陳腐な印象を与えてしまうが，Melitz (2003) は，国際貿易の研究者にとっての中心命題である「貿易の利益(Gains from Trade)」を企業の異質性を仮定した一般均衡モデルで明示的に示した点で画期的であった．貿易の自由化は，生産性の低い企業の退出と生産性の高い企業の参入をもたらす．したがって，各企業の所与の生産性レベルが不変であっても，一国全体での企業の生産性(aggregate productivity)が上昇するという貿易の利益が生まれる．
2) Helpman, Melitz, and Yeaple (2004) は CES (Constant Elasticity of Substitution: 代替弾力性が一定)型効用関数下の独占的競争 (Dixit-Stiglitz 型とも呼ばれる)と，企業の生産性のパレート (Pareto) 分布を仮定している．効用関数や生産性分布の仮定によって結果(企業の進出形態)は影響を受ける．
3) 企業の異質性は，国際貿易に限らず生産活動一般に応用可能な概念である．したがって，他にも，「生産性の高い企業は，高い賃金を払う」という分析が Egger and Kreickemeier (2009) や Helpman, Itskhoki, and Redding (2010) によって示された．他にも例えば，「生産性の高い企業は，より技術集約的 (skill-intensive) な生産活動を行う」という分析が，Lileeva and Trefler (2010) や Bustos (2011) によって示されている．
4) 市場規模・賃金・貿易障壁は長期的には貿易や国際資本移動による影響を受ける内生的要因であるが，短期的には外生的な要因として扱う．

産性の高低に応じてどの程度異なるのかを考える．例えば，相手国の賃金が10％上昇することは，生産性が高い企業にとっては軽微な問題でも，生産性が低い企業にとっては操業ができるか否かの死活問題のはずだ．このように企業の所与の生産性に応じて，他の参入条件への感度は異なるであろう．したがって生産性と参入条件との交差項を用いたり，弾力性を計測したりして，企業の行動への影響を推計する．

多国籍企業が開発や生産，販売やマーケティングなどの事業活動を，世界のどこで，どの規模で行うのかを説明する上で，これらの考察は欠かせない．結果的に，多国籍企業の参入や撤退は，グローバリゼーションの進展の方向性を大きく規定する．とりわけ，立地環境上の優位性がある地域の産業発展と，立地環境の劣った地域の衰退は避けがたい現象である．また，第5章で示したように，生産性の高い企業ほど，発展した地域に立地・集積するという階層化がおこり，二極化の傾向に拍車がかかる[5]．これは特定の多国籍企業に限らず，国内で活動する全ての企業活動に大きな影響がある問題だ．

このように地域自体が競争にさらされる中で，開発・製造・販売の各工程を担う国際分業体制であるグローバル・バリュー・チェーン（GVCs: Global Value Chains）に参画することは先進国・途上国を問わず重要である．貿易の自由化や輸送費用の低下は，企業が立地条件を比較検討する範囲が地理的に拡大することを示す．国境を越えた産業連関を通じて付加価値を提供することは，企業にとってはもちろん，地域の生産性の向上にも不可欠な要素である．

本章では，第2節において，多国籍企業の進出形態，および，企業の異質性を考慮した海外進出の決定要因について先行研究を整理する．また，理論上の生産性の仮定と，実証上計測する生産性には齟齬がある点を，今後の課題として挙げる．第3節では，多様性を増す多国籍企業活動と，グローバル・バリュー・チェーンの関係を論じる．第4節では多国籍企業の生産・流

---

[5] Krugman（1991）は企業の立地選択の累積的なプロセスによって生じる産業集積を理論化した先駆的研究である．産業の中心・外縁形成の特徴として，均衡点が複数存在するとともに，それを決定するのは初期条件（歴史的な偶然を含む）であることを示した．また，輸送費用等の変化により，地理的な淘汰や自己実現的な期待を通じて別の均衡状態に達することを示している．

通・販売を捉える上で，分析上の残された課題について提示する．第5節では，産業組織論（企業の視点）と国際貿易論（国際的な資源配分の視点）に立った研究の重要性に触れる．

2. 海外進出決定要因の変遷

2.1 企業の異質性と海外進出パターンの多様化

前節では，過去10年程度の間に，企業の異質性に焦点を当てた理論面・実証面での新たな方法論が国際経済学の研究を大きく進展させたことに触れた．この研究の進展は，企業の海外進出の歴史が蓄積し，そして，企業ごとに多様化してきたという事実に裏打ちされるものでもある．過去50年を大まかに二分すると，前半（1960年代後半から1980年代末まで）は，いかに相手国に参入するのか，が企業にとって重要であった．したがって，被投資国の与件や貿易政策を含む2国間関係を立地決定要因として重視していた．一方，後半（1990年代以降）は，すでに一定の海外進出を果たした企業が，進出した拠点間の資源配分・ネットワークをどう効率化するのかという次の課題に直面した．また，一定の貿易自由化が進む中で，海外進出拠点の地理的な集積や分散を進める動機が強まった．そのため周辺国の立地環境や既存の企業内・企業間ネットワークが複雑に作用するようになった．

表7-1は多国籍企業の進出決定の主要な要因と，その結果どのような企業活動が観察されているのかの変遷を概略的に示したものである．もちろん被投資国や投資国の個別要因により，その形態は多少異なる．ここでは，先行研究における研究課題がその調査年代によっておおよそどこにあるのか，という一般的な流れを示すものと捉えてほしい．

まず，海外進出決定の要因（与件）を，被投資国の生産要素市場，被投資国の消費市場，投資国－被投資国の2国間関係，周辺国（経済圏）の存在，産業・企業特殊的な要因の5つに大別し，それぞれに関連する要素（評価指標）を示した．

それぞれの要因は時代を越えて重要であるが，何がどの程度重視されるの

表7-1 多国籍企業の進出決定要因の時代的な変遷

多国籍企業の進出決定要因	1970年代・1980年代の多国籍企業活動（主に同質的な企業を仮定）	1990年代・2000年代の多国籍企業活動（主に異質的な企業を仮定）
1. 被投資国の生産要素市場 （労働・天然資源等） ―賃金・教育水準 ―地価・インフラ	被投資国の生産要素の質的・量的な比較優位を活かした原材料や中間財の調達（輸入・垂直的直接投資）	被投資国における，企業レベルの規模の経済性を活かした資源開発・輸出基地（資本集約的資源開発）（輸出基地型直接投資）
2. 被投資国の消費市場 （貿易財・非貿易財） ―所得水準・市場規模 ―商慣行・法制度 ―税制度・出資規制 ―前方連関・後方連関	：関税障壁等の回避のための現地生産（関税回避的・貿易摩擦回避的直接投資） ：被投資国市場における価格支配力の拡大（投資国の比較優位部門の資本移動）（非製造業での水平的直接投資）	：被投資国での規模の経済性に応じた，現地生産継続か，輸入による代替かの選択 ：被投資国における前方連関・後方連関の拡大 ：大規模・成長市場への投資の集中
3. 投資国-被投資国関係 ―投資国の関税 ―被投資国の関税 ―輸送費用 ―為替水準 ―地政学的要因	：水平的直接投資における貿易と直接投資の代替的関係（為替変動回避のための現地生産） ：垂直的直接投資における貿易と直接投資の補完的関係（重力モデルとの対応）	：集積の経済性（空間的クラスターの利用）による効率化 ：ネットワークの経済性（知識資本の複製）による効率化
4. 周辺国（広域経済圏） ―中心と外縁 ―貿易自由度 ―投資優遇制度	：中継貿易拠点の利用 ：租税回避地（タックス・ヘイブン）の利用	：被投資国からの調達 ：被投資国への供給 ：技術移転の費用に応じた空間的ネットワークの形成
5. 産業・企業特殊的な要因 ―生産性／品質・ノウハウ ―無形資産 ―取引関係	：資産所有・管理のメリットに応じた投資形態（グリーンフィールド投資，合併買収，アウトソーシング）	：知識資本（企業特殊的知識）の地理的配置 ：被投資国の人的資本の育成と活用

かは時代によって変動してきた．1970年代は輸送費用や政府の規制の重要度が比較的高く，それらが企業の進出形態を規定してきた部分が大きい．一方1990年代以降は，規模の経済性やネットワークの経済性など，空間的集積に関わる側面が重視され，企業ごとの意思決定の重要度が相対的に高まった．また，企業特殊的な知識資本に応じた，前方連関・後方連関の強さや労働力の水準の高さなど，継続的に行ってきた海外活動の成果が立地選択に与える影響が考慮されるようになった．

表7-1の1の垂直的直接投資を例にみてみよう．進出の動機となる被投資国の比較優位として，以前はその拠点に所与の技術や資源について静学的優位を指すことが多かった．しかし近年は，集中生産による規模の経済性を追求した結果比較優位がさらに高まり，周辺の複数拠点への供給基地に発展する場合など動学的優位も考慮する．このように垂直的分業のすすんだ形態をHanson, Mataloni, and Slaughter（2001）やEkholm, Forslid, and Markusen（2007）らは，輸出基地型直接投資（Export Platform FDI）と分類する．

輸出基地型直接投資では，被投資国における生産要素市場（表7-1の1）に加え，第3の輸出先とのネットワーク（表7-1の4）も重要だ．したがって空間的な立地条件の考慮が欠かせない．また，規模の経済性はそもそもの企業の生産性（表7-1の5）によっても異なる．このように，企業の異質性は規模の経済性の程度や空間的な集積／分散の程度を不可避的に変化させる．したがって，進出決定において多方面の要素を複層的に考察することとなる．

さらに，投資国と被投資国との間の輸送費用や貿易障壁（表7-1の3）についても同様の議論ができる．過去には，輸送費用や貿易障壁は，貿易と補完的な垂直的直接投資を行うにあたっては阻害要因であり，貿易を代替する水平的直接投資を行うにあたっては促進要因であると捉えられてきた．しかし，企業の異質性を加味すれば，直接投資のパターンは単純に輸送費用や貿易障壁だけでは規定できないことが近年ではコンセンサスとなっている．

Keller and Yeaple（2013）は，水平的直接投資に関し，投資国で形成した技術や知識資本の移転は，無形ゆえに輸送（被投資国での複製）費用が多大にかかると述べる．つまり，企業の知識資本は簡単に複製できないので，両

国の言語・宗教・文化的な親和性が高い（広い意味で障壁が低い）ことがむしろ重要となる．この場合輸送費用や貿易障壁の上昇は，水平的直接投資をかえって阻むことになる．一方，垂直的直接投資に関し，Buch, Kleinert, and Toubal（2004）や Bergstrand and Egger（2007）は重力モデルを考察した．そこでは貿易における重力モデルと同様，投資額が市場規模に比例し，輸送費用に反比例する関係がみられる．ただし，彼らは垂直的直接投資に対する動的な影響は貿易に対する影響力に比べて小さいことを示した．直接投資においては，貿易に比べ，数量的関係よりも質的な相互関係の比重が高く，地政学的な周辺環境が重視されている．これらから分かるように，水平的であれ垂直的であれ，直接投資は長期的な現地での活動を要する．両者の進出要因は，相違点よりも共通点が多くなってきている．

事実，投資形態としての水平的・垂直的という区分も近年の企業活動においては混然としている．企業レベルの個票分析としては最大規模の研究である Alfaro and Charlton（2009）の結果（約 90 カ国，400 産業分類，65 万社の現地法人データを用いた分析）を紹介しよう．まず彼らは，過去の多くの研究における水平・垂直の分類の精度の低さを指摘する．その多くは 2 桁程度の粗い産業分類を基に，親企業と子会社が同じ産業分類であることを「水平的」展開とみなした．そのため，本来「垂直的」な分業が「水平的」と誤認されたと指摘する．

そこで彼らは 4 桁以上の産業分類コードを用いている．例えば，米国の自動車企業 GM（SIC: 3711）はメキシコ子会社で製造したエアバッグ（SIC: 3714）を使用する．これは 2 桁産業分類に従うと同じ（37）なので「水平的」分業とされるが，4 桁産業分類では異なるので「垂直的」分業である．事実，後者のような詳細な分類のほうが，現実の工程とも整合的である．

彼らの論文では現地法人の進出形態を以下の 4 つに分類する．(1) 水平的：親会社と子会社の製造製品が同一あるいは同一物を含む．(2) 垂直的：子会社の製造製品が親会社の製造製品に投入される財の一部である．(3) 複合的：(1) と (2) の双方の性質を満たすが，親会社と子会社の製造製品の集合は同一ではない．(4) その他：(1)〜(3) の関係がいずれも当てはまらない．その結果 (3) が全体の 26.5%，(4) が全体の 11% であった．この 2

つ（計 37.5%）を対象から外すと，残りのうち 48% が（1）水平的，52% が（2）垂直的となった．また，垂直的と分類した 52% のうち，20% は 2 桁産業分類までは同一であり，その分これまで垂直的分業の割合が過小評価されていたことになる．さらに（3）（4）のように垂直・水平いずれとも明確に区分できない現地法人が 4 割弱存在する．後述する GVCs のように，現代の企業活動は非常に複層的となっており，注意深い分類や定義が求められる．

2.2 企業の異質性と立地条件との関係

　前項の議論を踏まえつつ，各進出決定要因に対する先行研究と，企業の異質性への感度を示したい．第 3 章にある通り，Helpman, Melitz, and Yeaple（2004）では，生産性が高いほど，より多額の固定費用を毎期支払える．したがって直接投資と輸出，輸出，国内生産，退出といった企業行動が生産性の高い順に序列的（階層的）に分化すると説明する．現実にもそうなっているとする分析もあるが，統一的な結論には至っていない．例えば，非常に生産性が高い企業にとっては，現地生産によってあえて可変費用（賃金・輸送コスト等）を節約するメリットは相対的に非常に小さくなる．そのため，高い固定費をかけて海外生産をしなくても，輸出をすればすむと考えるかもしれない．このような場合，高い生産性の企業ゆえに，むやみに海外直接投資を行わないことになる．

　実際に Yeaple（2009）は米国多国籍企業の海外進出において，生産性の高さが比例的に投資先（国）の拡大につながるわけではないことを指摘している．Yeaple（2008）では中心（ハブ）となる拠点に参入が進めば，その外縁国（スポーク）への輸送コストは低下し，外縁国にはあえて直接投資をするメリットがなくなると論じた．直接投資が進むことが，やがては直接投資の手間を省くことにつながる．したがって，企業の生産性以外に，進出段階を考慮することが必要である．

(1) 被投資国の立地条件（生産要素市場・消費市場）（表 7-1 の 1・2）

　市場規模の大きさ・所得水準の高さは，現地の消費需要の高さを示し，水平的海外進出を促進する重要な要因である．需要地の近くに進出して活動を

行うこと（Proximity）のメリットは，様々にある．まず，投資国から輸出して現地で販売する場合と比べ，輸送費・関税等のコストが節約でき，為替変動のリスクも避けられることである．次に，需要の変化，今後の市況などをいち早く把握し，適切に生産調整できることである．一方，デメリットとしては（上記のような可変費用を節約する代わりに）参入費用や固定費用がその都度発生することである[6]．

一方，生産拠点を集中すると，需要地からは離れてしまうものの，規模の経済性（増産によって限界費用が低下し，生産性が高まること）を活かすことができる．つまり，規模の経済性を持つ産業や企業ほど，水平的な海外展開は相対的に限界費用の増加につながるため，進出意欲が減退する．

ここにさらに，企業の異質性を考慮しよう．理論上は企業の生産性の違いが所与のものと仮定する．そして，被投資国の市場も投資国と同質な独占的競争市場であり財の代替弾力性等は一定とする．この場合，どの被投資国にも生産性の高い企業から順に参入する．一方，被投資国の市場競争環境が投資国と異なっており，例えば，マークアップ（価格／限界費用）が自国より高い独占的競争や，マークアップが一部の企業のみ高い寡占市場であるような場合はどうだろうか．この場合は，企業の異質性の度合が（マークアップに比して）低くなるので，異質性に由来する海外進出の形態は統一的でない[7]．

消費財市場の規模と同様，被投資国の生産要素市場の規模や生産要素の価格も，投資（垂直的分業）の決定要因として重要である．一定の質が担保された安価な労働力を用いて生産することは，可変費用の節減というメリットをもたらす[8]．一方，当初は自国内で統合されていた工程を海外移管する際，

---

[6] これはBrainard（1997）によってProximity-Concentration Trade-offs「距離の近接性と生産集中度のトレードオフ」と名付けられた現象である．

[7] Melitz（2003）では生産性の異質性は財の代替弾力性に比べて大きい（言い換えれば，後者が無視できるほど，企業数が多く，マークアップが低い）という条件固定をしている．一方，Melitz and Ottaviano（2008）は，CES型効用関数の仮定をゆるめ，生産性（この場合はマークアップ）を内生化している点で，他の一連の企業の異質性に関する論文とは一線を画す．この論文での議論の対象は，市場規模が異なる相手国との輸出入による生産性の変化である．例えば相手国への輸出は，生産量の拡大をもたらす一方（より多くの生産者との競争によって）マークアップが低下するという相殺効果がある．同様に，輸入においても相手国の生産者の参入余地は（マークアップの低下により）限定的となる．

輸送コスト・貿易コスト・工程間の事業計画の調整などが新たに生じるので，企業は追加的なメリットをそれぞれ考慮する．

この点について，Hanson, Mataloni, and Slaughter（2005）は，生産性の比較的低い企業は，賃金水準が低い国ほど（参入可能な閾値が低く）垂直的直接投資に参入しやすいという結論を導いている．Chen and Moore（2010）はフランス企業のデータからこの傾向を確認している．ただし，垂直的直接投資（生産工程を分割し異なる財を生産する）形態は Melitz（2003）の水平的展開の理論ではそもそも捉えてはおらず，理論を援用するにあたり注意を要する．

(2) 投資国－被投資国の要因（表7-1の3）

被投資国と投資国の2国間関係に由来する要因としては，2国間の貿易政策（関税，非関税障壁，自由貿易協定の有無），2国間の輸送コスト，2国間の為替水準の変動などが挙げられる．具体的には，物理的な距離や時間を（可変費用の）指標とすることもあれば，言語・文化など相互交流に関わる障壁を広義に考慮することもある[9]．

伝統的な議論では，2国間の貿易障壁（関税・輸送コストなど）が高いほど，貿易障壁回避のための水平的展開（Tariff-Jumping FDI）が促進される．一方，2国間の貿易障壁が高いほど，垂直的展開は阻害される．この特徴を利用して，貿易障壁に対する正負の反応を調べ，企業の進出形態を推計するタイプの研究が多く行われた[10]．ただし，近年は貿易（関税）の自由化が進み，関税の影響力自体が薄れているとの見方が多い．よって明示的な違いは実証しにくくなっている．

2国間の為替水準の差は，輸送コストなどと同じ可変費用の一つと捉えら

---

[8] 労働の質と量の安定は，間接的には，人材採用に関わる固定費用の節減にもつながると考えられる．
[9] 相手国との貿易障壁と市場規模とは完全に独立ではない場合がある．例えば，国内市場が小さいと非関税障壁が大きく，外国企業にとっての財市場や労働市場へのアクセスが制限される場合がある．
[10] 例えば，Carr, Markusen, and Maskus（2001）や Hanson, Mataloni, and Slaughter（2001）が挙げられる．

れるが，これには予期せぬ変動がある．したがって，為替の「水準」を議論するか，為替の「変動」を議論するかで企業の対応は異なる．「変動」が長期にわたり不安定な場合は，生産コストの変動リスク回避のため，海外直接投資自体が縮小する（参入要因として有意に負の）傾向が見られる．ただし，ごく短期の為替変動では，事実上企業が輸出入計画を変更する余地はない（参入要因に影響しない）ため，観察期間によって考察は異なる．一方，「水準」として自国通貨が継続的に減価している場合は，被投資国の要素価格（賃金）や外貨建ての輸送費用が上昇する．このような場合，本国からの輸出で海外拠点での生産を代替することが考えられる．また，さらに長期的に自国通貨が減価する傾向が続けば，親企業の外貨建ての購買力（出資能力）が相対的に低下することになるので親企業による海外直接投資全体が縮小する．ただし，地域統括機能を持つ現地法人を有する場合は話は複雑だ．現地法人は独自資金を親会社と逆のポジションで運用し，為替リスクに対応可能だ．この場合は，結局のところ為替の影響も一意には定まらないことになる．

　2国間関係にまつわるこれらのコストは，多国籍企業が必ず直面するもので，生産における可変費用に一定割合が課される（氷山型）と解釈することが多い[11]．前出の議論と同様，可変費用が相対的に低い被投資国への参入に対しては生産性の閾値が低下すると推論できる[12]．また，言語・文化の違いなどは参入費用や固定費用の違い（拠点を新設・運営するときの費用の違い）と解釈できる．したがって，例えば地政学的に関連の深まる地域間では固定費用と可変費用の双方が下がり，空間的クラスター（集積の経済性）のメリットが拡大する．すると，企業の生産性の違いによって，参入への静学的な影響に加えて動学的な影響（集積の経済性の差）が生じて，結果的にさらに複雑な関係が計測される．この点を次項でとりあげる．

---

11)　氷山型とは，1単位を相手国に届けるために1より多いT単位の出荷が必要という概念である．輸送費が固定費ではなく，従価型にかかるとみなすところが特徴である．
12)　ただし，Chaney（2008）で論じられるように，個々の企業の貿易量（生産量）に与える変化は，企業の異質性の度合とその企業の財の代替弾力性によって異なる．

(3) 被投資国周辺国との空間的依存関係（表7-1の4）

投資国−被投資国の2国間関係に偏重していたともいえる国際貿易論の分野で（周辺国との）空間的依存関係（Spatial Dependency）を取り入れるようになったのは，ごく最近のことである．

貿易量に関しては Anderson and van Wincoop（2003）の研究が広く知られている．彼らは重力モデル（Gravity Model）を応用し，その他の国からどれだけ輸入しやすいか（Multilateral Resistance）をモデルに取り入れた（例えば，貿易相手国にとって，他に調達しやすい第三国が存在する場合は，自国からの輸出はおこりにくい）．その結果，従来のように2国間関係指標だけでは，2国間の貿易量は推計できないことを示した[13]．

Chaney（2011）はさらに（企業の異質性を仮定した Chaney（2008）の拡張として）実際には一部の企業しか輸出を行わないという性質と，相手国は多様なので参入の容易さが一様ではないという性質をモデル化した[14]．

貿易量に関して注目されていた周辺国（第三国）の影響を海外直接投資において論じた先駆けは Yeaple（2003）である．この論文では，3国間のモデルで，なぜ企業が垂直的な展開と水平的な展開を同時に行う（Complex Integration）のか動機を解明した．彼は，被投資国である2国の役割は補完的であり，また国家間の貿易障壁が低下することで，Complex Integration のパターンは普及するとの考察を示した．

Baltagi, Egger, and Pfaffermayr（2007）も3国間モデルを用いた分析

---

[13] 重力モデルとは貿易量に関する経験則の一種である．貿易量が，各国の GDP の大きさに比例し，距離の自乗に反比例するという性質が，重力加速度の方程式に似ていることから，このような名前がついている．特定の理論的裏付けは無く，言い換えればどの理論とも一定の親和性があることや，実証的な当てはまりに優れていることから多用された．しかし，近年の貿易は，必ずしも相互の市場を最終消費地として輸出するものではなく，再輸出や中継貿易が拡大しているため，当初の単純な推計を見直す必要が出てきた．

[14] Chaney（2008）は，企業の異質性を取り入れ，重力モデルの変動要因を大きく二分している．具体的には，貿易量の変化が，輸出企業数の変化によるのか，企業当たりの輸出量の変化によるのか，という考察である．Extensive な margin（輸出活動を行う企業数など，外的な参加企業の変化に関するもの）と Intensive な margin（1企業当たりの輸出高など，輸出企業の内的な活動の変化に関するもの）に分けて，その相殺的な影響について論じている．

である．投資国，被投資国（既進出），周辺の第三国（候補国）を想定し，候補国が海外直接投資において受ける影響を論じ，2つの相反する効果を示した．一方は，既進出国から候補国へ輸出すれば良いので，あえて候補国で海外直接投資を行うインセンティブがないという影響である．他方は，候補国から既進出国むけの中間財を調達する（候補国から輸入する）ため，むしろ候補国で海外直接投資を行うインセンティブが生じるという影響である．つまり既進出国で需要に応じた供給能力があるか次第で，結果が変わってくる．

具体例で考えてみよう．例えば，日系多国籍企業が米国にだけ海外直接投資を行っている場合を出発点とする．この場合，米国に進出している企業がさらにメキシコに進出する動機があるかどうかを考える．米国での供給能力が需要より大きければ既にある米国現地法人からメキシコへ輸出すればよい．一方，米国での供給能力が需要より小さければ，メキシコを米国への供給基地とみて進出し，工程分業のメリットを追求できる．このように考えると，実証面において，（理想的には，その企業の海外進出履歴や，納入先企業の海外展開等を考慮に入れて）周辺国の影響を加味する分析が欠かせないといえる[15]．

(4) 企業の異質性（表7-1の5）

企業個票を用いて海外展開の進出動機を実証する研究では，伝統的に何らかの企業特性が考慮されていた．企業規模（雇用者数）・子会社数・売上高利益率・研究開発費・立地などデータから得られる指標は（企業の異質性の理論化が進展する以前から）考慮されていた．しかし，あくまで脇役的な扱いであり，国レベル・産業レベルの決定要因の頑健性を検証する方が重要であった．

企業の異質性を進出動機の主役と考えることで生じる，これまでの研究課題との違いにはどのような特徴があるだろうか．

第1に，投資国の企業に生産性の異質性を仮定するということは，被投資国の市場にも生産性の異質性（分布）があることを前提とする．そして，被

---

[15] 米国多国籍企業の海外展開（1983〜1998年）を分析した Blonigen et al. (2005) は，既進出国の周辺の第三国に海外展開が進むという正の関係（positive spatial interdependence）が西欧諸国間では見られるものの，その他の地域については見られないとしている．

投資国の財市場の大きさ,固定・可変費用の小ささなど,企業にとって有利な条件があるほど被投資国の市場における生産性の閾値(参入水準となる生産性)が低い.生産性が低くともその市場で活動できるからである.その場合,生産性の閾値が低い外国市場ほど,外国資本の現地法人数が多くなるという相関が高い.

第2に,投資国企業の進出先別の生産性を考えると,生産性の閾値が高い被投資国に進出した企業の生産性分布は,生産性の閾値が低い被投資国に進出した企業の生産性分布を凌駕(First-order Stochastically Dominate)する[16].

第3に,生産性の高い投資国の企業ほど,生産性の閾値が高い被投資国にも進出する追加的なメリット(高い参入費用や固定費用に見合うだけの一定の期待利得)がある.したがって理論的には,より序列的に多くの海外現地法人を所有する.このような3つの視点は企業の異質性を考慮する以前はほとんど考慮されなかった.

これらに加え,第4に,冒頭にも述べたが,企業の生産性の高低によって貿易コスト,輸送費,賃金といった他の決定要因から受ける影響力が異なるという視点が重要だ.結果として,生産性によって進出動機や活動規模が線形的に説明できるものではなく,他の要因と交絡することで,非線形的な関係が生じることになる.これに対する最も容易な推定方法は,生産性と,(生産性と独立な)説明変数(例えば2国間の距離)との交差項を取るという方法である[17].例えば,Chen and Moore(2010)では,生産性が高いほど,進出動機において(被投資国との)距離から受ける影響が逓減すると述べて

---

[16] 両者の生産性の累積分布関数を取り,任意の生産性の値に対し一方(Aとする)の累積確率が他方(Bとする)より高いとき,A は B を1次確率支配(First-order Stochastically Dominate)するという.

[17] Eaton, Kortum, and Kramarz(2011)ではフランスの企業レベルデータを用いて輸出企業と輸出先の選択について,構造パラメータを推計する方法(構造推計)を行っている.その結果,進出先を決める最も重要な要素は企業の生産性であり,モデルを基に進出先を予測すると,その57%を生産性の違いで説明できる,と述べている.ただし,Melitz(2003)に依拠した構造推定は,生産性を過大に評価している可能性は否定できない.なぜなら,企業による多品種生産・他業種展開・財の品質の高さ(ブランド)による製品差別化・市場支配力の高さによる収益性など,事実上生産性(収益性)の異質性を生む様々な「要因」までは区別できないためである.

いる．彼らによれば，フランスの製造業において，平均的な生産性の企業は，被投資国までの距離が2倍になると，その国に進出する確率が30%減少するが，その2倍の生産性の企業にとっては，進出確率は10%減少に留まると示されている．

ただし，ある時点で観測される企業の生産性には，企業の本来の生産性と被投資国に展開した結果（変化）としての生産性が反映されている．例えば，進出先を多数持つ企業は，本来の高い生産性によってそうなったともいえるし，海外に進出する度に（事後的に）生産性が上昇したともいえる．したがって前述の結果を例にとれば，距離のハンディを軽減する要因が本来の生産性に由来するのか，企業が海外進出の過程で獲得した別の要因に由来するものかまでは定かでない．この点については次項でも触れたい．

2.3 生産性に関する理論と実証

企業の異質性を取り入れることで，企業の進出動機の解明の複雑さも増し，実証すべき課題が大きく広がってくる．特に「生産性」には，「市場規模」や「賃金」などと異なり，理論を実証に応用する過程でいくつかの留意点がある．「生産性」は，理論的にも実証的にも抽象的な概念であるため，導出過程の確認が必要である．それは，理論において何を仮定しているか，実証において何を推計しているか，理論と実証とで定義の齟齬がないか，といった点である．

第1の留意点は，理論モデルにおける制約条件である．具体的には，効用関数（CES，二次効用関数など），生産性の分布（パレート分布など）をはじめ，モデルの根本的な構造が，生産性の差異を示すパラメータを定める．パラメータの数が複雑化しないように（理論的な結果が導出可能なように），相手国の市場規模や生産性の分布は同一（対称的）であると仮定することが多い．これは理論モデルでは頻用されるが，当然現実の世界には当てはまらない[18]．

---

18) このような仮定の下での結果の一つとして，企業の生産性の分布と海外進出の決定が序列的となるという特徴があるが，実証結果は必ずしも統一的ではない．日本のデータを用いた Tomiura（2007），フランスのデータを用いた Corcos et al.（2013），スペインのデータを用いた Kohler and Smolka（2012）では海外直接投資企業が海外アウトソーシング企業に対して生産性が高いことを示している．一方，米国データを用いた

表 7-2 理論上の生産性と計測上の生産性の対比

理論上の生産性	計測上の生産性
所与の生産性分布が存在する (パレート分布など)	全要素生産性 (TFP) から計測する企業の収入から投入要因を考慮した「残渣」
高い生産性＝低い限界費用 (生産性＝生産効率)	高い生産性＝高い収益性 (マークアップや品質の違いを反映する)
財の代替弾力性は一定* (*CES 型効用関数を仮定した場合) かつ，企業の異質性に比べ十分に低い水準	・財の代替弾力性は市場規模が大きいほど高い ・財の代替弾力性は市場競争が激しいほど高い
マークアップ（価格／限界費用）と生産性は独立の概念	マークアップと生産性は区別して観測できない
参入閾値以下の生産性を仮定できる	参入閾値以下の生産性は観測できない (サンプルセレクション・バイアス)
静学的概念（時系列変化しない）	動学的概念（時系列変化を伴う）

　第 2 に，実証（推計）に用いる情報にも留意する必要がある．企業の生産性の推計に用いられるのは収入 (Revenue) であり，生産性は結局のところ収益性を示すものでしかない．収益性は，生産性以外の様々な要因（例えば，需要の一時的な増加や減少）に左右される．完全競争などの条件が満たされる場合は，（投入に対する産出としての）物的生産性と収入生産性は同等とみなすことができるが，不完全競争市場では，理論に即した生産性を推定することができない．

　表 7-2 は理論上の概念としての生産性と，計測上の生産性との対比をまとめ，理論と実証との齟齬を示したものである．まず，理論では所与の概念として生産性を規定できるが，実証の対象としての企業の生産性は，関係依存的で不安定な指標であり，企業内での時系列の変動も大きい．また，実証分析では生産性の指標として全要素生産性を用いることが多いが，これは計測可能な投入（資本・労働等）では説明しきれない「残渣」である．要は，計測できない様々な影響の集計である．この点で，理論研究で多用される「生産性」（例えば限界生産性）と，実証研究で多用される「生産性」（例えば全要素

Yeaple (2009) や Defever and Toubal (2013) のフランスのデータなどでは必ずしもそうならないことが指摘されている．

生産性)には相当の乖離があるといえる．

　この点に関し，De Loecker and Warzynski（2012）は，実証上「生産性」と捉えているもの（Revenue-based Productivity と称される）の要因は「マークアップ（価格／限界費用）」であると述べている．つまり，市場が競争的でなくその企業が支配力を保つ場合や，ブランド等から差別化を図っている場合の収益性が，生産性の背景であると指摘する[19]．現実の事例でも，水平的展開において，自国での市場支配力がその背景にあることは十分に考えられる．また，海外進出する動機が，被投資国で，財市場における市場支配力の獲得を目指すものであることも十分に考えられる[20]．このようなマークアップと生産性は，データ上区別できない場合が多い．

　そもそも，国際貿易上の関心は，いわゆる貿易の利益の配分や余剰分析であり，全要素生産性の計測はその目的に沿った推計方法であった．一方，産業組織論的に，企業の異質性を分析する指標は，市場支配力やマークアップ，事業の多角化などである．両者の実証手法については，De Loecker（2011）などが問題点を提起しているが，十分に実証上考慮されておらず，今後の大きな課題である．

3. 多国籍企業の海外展開とグローバル・バリュー・チェーン

3.1　直接投資額か，売上高推移か

　本章の冒頭で述べたように，海外進出決定要因を分析する目的は，多国籍企業という，数の上ではごく一部の企業について論じるためではない．むしろ多国籍企業の立地選択を通じて，どのような生産ネットワークや産業連関

---

[19]　Hottman, Redding, and Weinstein（2014）は，米国の製品バーコードデータの分析から企業の収益性や規模の異質性を説明する要因を推計した．その結果，異質性の 60〜80% は「品質」によるもので，「生産性」の寄与はたかだか 20% ではないかとの見解を示している．
[20]　De Loecker and Warzynski（2012）はスロベニアの企業レベルデータを用いて，輸出企業のマークアップが輸出の決定要因になっていることや，実際に輸出した企業のマークアップが上昇していることを精緻な手法で実証している．

が生じるかが重要である．これらは，被投資国や投資国の国内企業，国内地域の発展や衰退に密接に関わるからだ．

そこで，海外進出の決定要因を実証する対象として「海外直接投資額」という一時点の投資の情報を扱うのか，それとも「多国籍企業の海外現地法人の売上高」という生産活動の情報を扱うのか改めて考えてみたい．両者はいずれも「海外進出」の指標であるが，前者は，それを行うか行わないかという二者択一的な（参入費用を伴う）意思決定である．一方，後者は前者（進出）を前提とし（参入費用はサンクされ）た上で，毎期の固定費用・可変費用を投入とする産出の結果である[21]．

1990年代までの研究においては，この「海外直接投資額」の国・産業レベルでの決定要因は何か，というのが主要な問いであった．つまり，国単位での海外直接投資額や受入額を基に，どの程度の投資（資本移動）が新規に発生するのか，という点に関心があった．また，実証面でも，定量的かつ一義的に捉えることのできる数値は，国際収支統計に計上される「海外直接投資額」に限られていた．

2000年代以降になると，企業ごとの意思決定としての海外直接投資，貿易（輸出入），現地法人の設立や生産規模の決定，海外拠点間ネットワークの形成要因を分析する研究が急速に増加した[22]．理論的な発展に加え，各国において，企業レベルで多国籍企業の活動内容を示す統計が整備され，実証面での利用が拡大した[23]．

---

21) Mrázová and Neary (2012) は，前者のような二者択一的選択を「First-order Selection」，後者のように対象とする市場にどのように供給するかという（継続性のある）選択を「Second-order Selection」と区分して理論的整理を行っている．
22) 企業にとって海外直接投資を行うことは，目的ではなく手段であり，調達や販売を最適化するための選択の一つである．また，最初の海外直接投資後，現地法人独自の資金調達によってその活動規模を調整する場合は「海外直接投資」として定義されない．つまり企業から見れば「海外直接投資」は，海外展開の拡大縮小という全体決定の中のごく一時期かつ初期の投資活動を指すものにすぎない．
23) Carr, Markusen, and Maskus (2001) は，企業が知識資本（Knowledge Capital）という，複製可能だが企業ごとに差別化が進んだ資本（研究開発・特許などの無形資産で，世界の複数拠点での同時利用が理論上可能な資本）を投入するモデルを示す．ここでの知識資本は企業特殊的とは仮定せず，実証では産業レベルの集計値を用いているが，概念としては企業の異質性につながる考えである．Melitz (2003) の提示は，企業の生

多国籍企業活動の継続的な活動やその影響を捉える上では，近年多用されている売上高を用いる方が利点が多い．しかし，継続的に活動している企業や国の情報だけ（つまり，成功例だけ）を収集することから，多国籍企業活動の影響を過大評価しやすい．海外直接投資が低調な国や産業，撤退が多い投資形態に着目することも重要である．Javorcik and Poelhekke（2014）は多国籍企業が撤退（divestment）し現地企業となった事例の生産性の下落を捉えることで，多国籍企業の現地企業への影響を計測している．

3.2 多国籍企業内のネットワーク

多国籍企業の活動により多数の前方・後方連関（バリュー・チェーン）が拡大していることはいうまでもないが，その空間的な広がりはどのように捉えることができるだろうか．貿易（貿易財）には明示的な輸送費用が存在するため，輸送費用と貿易が反比例的であることが知られる一方，多国籍企業活動では，関係性が複雑である．

Keller and Yeaple（2013）は，米国データにおいて，多国籍企業の海外売上が，貿易と同様に距離とともに低下することを示した上で，その理由を下記のように論じている．直接投資では「財に体化された（Embodied な）知識」（中間財），あるいは「財に体化されない（Disembodied な）知識」（コミュニケーション）のいずれかの移転を要する．前者は輸送費用が必要であり，後者はその知識が高度であるほど移転は難しい．その点で企業内ネットワークには「重力」がある．

一方，Yeaple（2008）では，特定の中心拠点（Hub）に設備（売上）を集中させ，外縁国との貿易によってネットワークを形成する企業内ネットワーク理論を実証している．この場合は米国から距離が離れるほど，拠点の集中化（大規模化）がおこりやすく，企業内ネットワークは「重力」に反する．

産性が一定の確率分布の下に与えられる（初期条件として企業の生産性の水準が異なる）モデルである．なお，ここでの生産性とは，製品を1単位作るための可変費用が小さいことである．

第Ⅲ部　多国籍企業の経済活動

3.3　グローバル・バリュー・チェーン

多国籍企業内の空間的ネットワークだけでなく，グローバル・バリュー・チェーン（GVCs）の中身の分析が近年盛んに行われている．そこでは多国籍企業が企業グループ内での参入・退出にとどまらず，企業間（多国籍・多産業）の国際産業連関を牽引することに着目する[24]．その内容は個別の企業の調達活動を追ったミクロ的な視点から，国際産業連関表を用いたマクロ的な視点まで多岐にわたる．

ボーイング社のページ（www.newairplane.com）には Boeing 787 の機体製造サプライヤー 45 社のリストとその製造箇所が公表されている．またアップル社のページ（www.apple.com）では，サプライヤー上位 200 社のリストと，そのサプライヤーが手がけるアップル社製品の情報が公開されている．利用者としては通常意識しないが，非常に多数で広範なサプライヤーネットワークによって，我々は絶えず新しい財やサービスを手にしているのである．

さらに，バリュー・チェーンの集計的な推計値からも，多国籍企業が（主に被投資国に対して）与えている影響力を測ることができる．図7-1は，UNCTAD「World Investment Report」（2013）の報告する3つの指標である[25]．それぞれ，(1) ある国の輸出額に占める外国の（中間財の）付加価値の割合，(2) ある国のグローバル・バリュー・チェーン（GVCs）への参加度（GVC Participation），(3) ある国の自国付加価値の輸出が，その国のGDPに占める割合である[26]．世界180ヵ国を，海外直接投資受入残高が対

---

[24] GVCs は国際産業連関と同値の概念であり，多国籍企業の企業単位の活動（生産ネットワーク）よりは広範な概念である．GVCs は生産ネットワークを国・産業レベルでマクロ的に捉える視点であり，アウトソーシングやオフショアリングはそれを企業レベルでミクロ的に捉える視点である．

[25] UNCTAD（2014）によると，多国籍企業の活動内容の統計は，政府統計（25 ヵ国）を集計したもので，推計値を含む．海外直接投資は，168 ヵ国の政府統計の集計による情報である．一部に IMF「World Economic Outlook」（2014 年）の情報を含む．

[26] 図7-1の視点はマクロの視点としてのGVCsといえる．(1) と (3) において，自国の輸出額における外国付加価値を算出するために産業連関表を用いた分析を行っている．補論1において，その手法を概説する．(2) のGVCsへの参加度は，自国の輸出のうち，国際的な工程分業に位置づけられる付加価値の割合を示す指標である．具体的には，「自国の輸出における外国（中間財）の付加価値（前方連関）」と「自国の輸出の

244

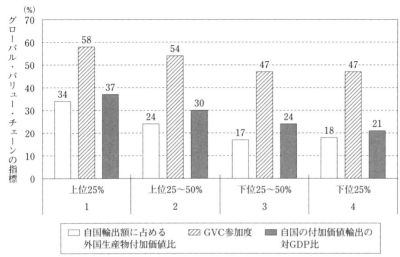

図7-1 多国籍企業のグローバル・バリュー・チェーンにおける影響力
注:180カ国を対象として,海外直接投資受入額残高(FDI Stock)の対GDP比を取り,上位から順に4つのグループに分け,各種指標を算出したもの.
出所:UNCTAD-Eora GVC Database, UNCTAD FDI Statistics.

GDP比で高い順に4グループに分けて示している.

企業が現地法人や取引先企業との工程分業(工程ごとの特化)を進め,最終生産物までの輸出入が増すほど,GVCsへの貢献度が上昇する[27].海外直接投資受入残高の対GDP比が最も高いグループでは,その国が多国籍企業の輸出入の拠点としても重要な役割を果たしている.上位25%グループでは,自国輸出における外国付加価値の導入(対輸出高比34%)も,自国の付加価値の輸出(対GDP比37%)も他グループより高い.このように海外直接投資受入と多国籍企業による工程分業の規模は,正の関係にあると考えられる.

うち,さらに外国の輸出に投入される付加価値(後方連関)」の合計(対輸出額比)である.これは,Koopman et al.(2010)が新たに導入した概念である.この指標を用いることで,自国が主にバリュー・チェーンの下流にある(前者の比率が高い)場合も,上流にある(後者の比率が高い)場合も,等しく工程分業への参加度を測ることができる.

[27] 自国輸出の中に他国から輸入した付加価値が多く含まれる場合,「自国輸出=自国付加価値」という仮定はもはや通用しない.UNCTAD(2013)は,全世界の輸出を合計すると,その28%が二重計上されていると指摘している.

3.4 GVCs の活用による海外進出決定要因の解明

　グローバル・バリュー・チェーンへの物理的な参入障壁が低くなるとともに，多数のプレイヤーが加わり，製造工程は「タスク（Task）」（例えば，ある部品を明日までに届ける）というレベルにまで細分化されている．そこで再び，ミクロ的な側面でのグローバル・バリュー・チェーンを考えたい．個々のプレイヤーにとっては Task を担うとともに，そこに付加価値をつける（例えば，納期を必ず守る，取引先のニーズに応える）中で，その Task に特化し，ノウハウを身につけていく．結果的に取引先との連携を強め，バリュー・チェーンの中で他の競争相手との差別化を図っている．そして，差別化のメリットよりも Task を細分化することのデメリットが強まると，別の Task と統合されたり，競合する企業に代替されたりする．現代では，旅客機から手の平サイズの携帯端末に至るまで，このような「Task Trade」なしには生産・物流・販売が成り立たないほどになっている．

　多国籍企業の活動も，結局このような細かい Task を取り入れるか取り入れないかという意思決定の集合と見ることができる．貿易財はもちろんのこと，製品開発，物流，販売，アフターサービスを含めると多くの子会社・関連会社・取引企業によってその活動が成り立っているからである．

　Antràs and Chor（2013）は，GVCs の中で（多国籍企業の）生産ステージが連続的に存在するモデルを示している．そのステージ間には（部品の仕様をカスタマイズするなど）特定のサプライヤー間においてのみ価値を持つ工程（Compatible Inputs）がある．そして取引関係を統合（内部化）するか否かのインセンティブもステージごとに異なる．

　このような理論は非常に興味深いものであるが，企業レベルの個票で捉えられる範疇をはるかに越えた，細分化された概念であるため，直接的な推計はできない．そこで彼らは，産業別の集計情報を活用して，モデルの仮説を検証している．これについては次節および補論 2 で改めて詳説する．

4. 多国籍企業の生産・流通・販売を捉えるために

4.1 企業間取引関係の説明

　企業レベルの統計情報の整備と理論の蓄積により，膨大な実証研究が進められるようになったとはいえ，基本的な考察は変わっていない．被投資国の投資環境，2国間関係における地理的・経済的・政治的要因，2国間関係の周辺に存在する空間的依存関係等は海外展開の要因として避けて通れない．そして，近年の研究では企業レベルデータから計測した「生産性」によって，過去の研究では線形的に捉えていた関係（例えば，輸送コストが下がるほど海外展開が進むといった比例的な関係）が見直されるようになった．例えば，企業の生産性の差異によって，輸送コストをどの程度進出動機として重視するかが変わる．ただし，前節でも述べたように「生産性」の概念をどう捉えることが現実の企業の行動に近いのかは，模索の途上である．

　企業レベルのデータについて言えば，整備は非常に進んでいるものの，数と質のトレードオフがある．詳細なデータを把握するには，特定の財，地域，企業に対象を絞るという制約が生じる．一方で，一般性を失わないように大量の数のデータを収集しようとすれば，一つの企業に対して得られる情報は限られる．

　一方マクロレベルのデータでも，うまく活用すれば，理論的仮説から，説得力のある実証結果を提示することができる．Antràs and Chor（2013）はマクロデータを利用して「Task Trade」を扱ったものである．Task の流れは，それ自体のデータを実際に得ることは非常に困難であるが，国全体としては産業連関表の主要変数としての投入（Inputs）と産出（Outputs）で代表的に捉えることができる．また，その特徴から，川上（原材料）の産業から川下（消費財・サービス）の産業まで分類することが可能である．彼らの研究は産業と産業の関係を産業連関表で捉え直すことで，Task レベルのバリュー・チェーン分析に対応させている．そして，企業が何を内製し，何を外製するかを考察することでバリュー・チェーン構築の動機を解明している．

4.2　企業間取引関係の付加価値

　グローバル・バリュー・チェーンは，何よりもまず財の流れが複雑である．関係する国の数，産業の数が多数であると考えられるため，国際連関表を駆使した分析が必要である．国際分業を全く仮定しない状況では，「A 国の輸出＝A 国で産出した輸出付加価値」である．ここで，加工貿易（B 国で生産した中間財を A 国が輸入して，付加価値をつけ，輸出する場合）を考える．すると，輸出において「A 国の輸出−B 国の中間財の投入＝A 国で産出した輸出付加価値」となる．さらに，工程分業（B 国中間財には A 国の原材料が投入されている場合）を考える．この場合，輸出において「A 国の輸入−B 国の中間財＋A 国の原材料＝A 国で産出した輸出付加価値」となる．このような付加価値分析を精緻にすることで，「どこで，どのような付加価値が生じているのか」を産業別・国別に解明することができる．詳細は Koopman et al.（2010）の分析が参考になる．

　しかし「どの国で」付加価値が生じているのか，と「誰が（どの企業が）」付加価値を生み出しているのか，は一致しない．例えば，iPad・iPhone 等の一連の製品は世界中で販売され，世界中の販売拠点や販売代理店が付加価値を生み出している．しかし，これらの付加価値による収益を最も得ているのはアップル社であろう．したがって企業にとって重要なことは，単にその GVCs の一角としての Task を担うことだけではなく，その Task でなるべく高い付加価値を生み出し，自身の利益を得ることである．国際連関表分析のみでは，このような企業レベルの配分を分析することはできず，今後の研究の余地がある．

　また，結局のところどのように貿易利益を最大化するのかというのも，古くから国際貿易論（貿易政策論）において重要な問題である．基本的には，GVCs の中で高い付加価値を提供する Task を担うこと，そして，その付加価値と企業や国の利益を連動させることが必要である．海外進出（輸出や直接投資）を行っている企業，あるいは海外進出を可能とする要件を備えた企業にとって，適切なタイミングで適切な環境（貿易・投資に関する制度や政策）に置かれることは非常に重要である．イノベーション（研究開発）・知的所有

権・環境規制・労働政策など企業活動が直面するあらゆる問題について，制度設計を考える研究面での考察が必要である．

5. おわりに

　本章では，多国籍企業の進出動機と，多国籍企業の生産・流通・販売のネットワークを考察した．このような考察においては，異質な企業間の競争を考える産業組織論的視点，そして生産要素等の条件が異なる2国における生産活動の最適化を考える国際貿易論的視点の双方の視点が有益である．

　産業組織論的に考えれば，多国籍企業であれ国内企業であれ，結局のところ「どこで何を製造するのか？」「どこで何を販売するのか？」を決めるという点では全く同じである．小さな国内企業であれば製造から販売まで通常1カ所で完結する．その後，生産量を増やしたり，販売量を増やしたりするには，拠点を増やす，ないし取引先企業を開拓することが必要となる．それが国内にとどまらず，海外になる場合もあるが，基本的には取引費用の違いや，市場の統合度の違いでしかない．つまり，企業の意思決定においては，拠点の規模や立地，事業内容やその経営権について，本来，あえて国内取引と海外取引を分ける理由はない．しかし，複数の選択肢を考える中で，自己の資本による海外拠点の設立が偶発的に考慮に加わることで「多国籍」となる．例えば，「インテル（米国企業）が中国に設立した現地法人でプロセッサーを製造する」という事象は，産業組織論的視点に立てば，2つの地域で分業してはいるが，米国企業が内部化（所有）している米国企業のグループとしての利潤の最大化を図るものといえる．

　一方で，貿易理論から発展した海外直接投資決定理論は，国内と海外という生産条件の異なる2国の生産・貿易関係の解明を出発点とする．つまり一企業の意思決定というよりも，まず何らかの2国が存在するという条件が先にあり，その立地における活動の主体（出資者である企業）が誰なのか，については中立的であった．例えば，A・Bの2国間で「B国内企業が，A国内子会社で生産してB国に輸出する」こと，「B国内企業とのアウトソーシング契約でA国内企業がB国に輸出する」こと，「A国内企業が自ら輸出を

拡大してB国市場に供給する」ことの3つを考えよう．これらは古典的貿易論ではA国の生産活動によって，(もし貿易がなければ)B国で行っていたはずの生産活動を代替するという点で本質的に同等であると考える．つまりA国の生産要素とB国の生産要素が財の貿易や海外直接投資を通じて(間接的であれ直接的であれ)移動するメカニズムこそが重要であった．

　上記が「古典的」考え方であるが，その後の「新」貿易理論では，差別化された財を生産する企業とその市場の特徴が考慮された．差別化された財の市場が拡大するほどその産業は規模の経済(収穫逓増)による利益を得る．そして消費者は，差別化された多様な財がもたらす効用を得る．ここで，仮に企業レベルでの規模の経済性を仮定すれば，「生産量を拡大して規模の経済性を追求すること」が重要なので，企業が海外進出(ないし，新しい何らかの市場を開拓)することで(貿易の)利益を生むことができる[28]．

　国際貿易論的視点に立てば，先ほどのインテルの例は，プロセッサーの研究開発における規模の経済性を本国で追求し，プロセッサーの生産・販売における規模の経済性を中国で追求するものである．つまり規模の経済性による「適材適所」が生じ，米国と中国の双方に貿易の利益をもたらす．

　しかし，企業の移動が自由(国際貿易・海外直接投資も自由)に行われている近年，企業の立地や契約関係が固定化することはほとんどない．例えば，産業組織論的には「インテルが内部化(内製)し続けることが最適か，それとも外部に生産委託すべきか」という検討が絶えずあり，工程間分業は変化し続ける．

　企業の規模には一定の限界があり，その中で最も効率的な立地や取引形態を考えることで国際分業が生まれる．国際貿易的観点と産業組織的観点はどちらも欠かすことのできない車の両輪として捉えることができよう．

---

[28] 「新」貿易理論における財の差別化では，同質的(生産関数の同じ)企業を仮定している．消費者が多様な財の消費を求めるため企業が生産する財の種類も差別化される．規模の経済性を仮定すれば，全く同一の2国間(生産要素の移動による貿易利益がない状態)でも，財の種類が両国で拡大するという貿易の利益が存在する．規模の経済性に加え，さらに企業間の生産性の差異を仮定すれば，生産性の高い企業が海外に輸出や直接投資を行うことによる参入退出(生産性分布の変化＝貿易の利益)が説明できる．

補論1　国際産業連関表を用いた GVCs の導出

GVCs の分析においては，自国輸出に占める，外国財の付加価値の投入量を産業連関表を用いて求めている．同様の手法で，自国輸出（中間財）が，外国でその輸出の付加価値として投入される量も求めることができる．ここで，セクター数を N，国数を G とする．このとき，産出（gross output）X は $GN \times 1$ 行列となる．全ての産出は中間財としてさらに投入されるか，最終財となるので，

$$X = AX + F \tag{1}$$

が成り立つ．ここで，A は投入産出係数で，F は最終財の世界全体の需要である．より具体的には，各セクターに番号を付け，国ごとに情報をまとめる．つまり，$N \times 1$ 行列 X_i を i 国の産出，$N \times N$ 行列 A_{ij} を i 国から j 国への産出係数，$N \times 1$ 行列 F_i を i 国における最終財需要とおいて，

$$X = \begin{pmatrix} X_1 \\ \vdots \\ X_G \end{pmatrix},\ A = \begin{pmatrix} A_{11} & \cdots & A_{1G} \\ \vdots & \ddots & \vdots \\ A_{G1} & \cdots & A_{GG} \end{pmatrix},\ F = \begin{pmatrix} F_1 \\ \vdots \\ F_G \end{pmatrix}$$

としたときに（1）が成り立つ．さらに，最終財は，国内で（最終財として）消費されるか，外国に輸出されるので，

$$F_i = \sum_{j=1}^{G} F_{ij}$$

$$\begin{pmatrix} F_{11} & \cdots & F_{1G} \\ \vdots & \ddots & \vdots \\ F_{G1} & \cdots & F_{GG} \end{pmatrix} = \underbrace{\begin{pmatrix} D_{11} & 0 & \cdots & 0 \\ 0 & D_{22} & \cdots & 0 \\ \vdots & \ddots & \ddots & \vdots \\ 0 & \cdots & 0 & D_{GG} \end{pmatrix}}_{D} + \underbrace{\begin{pmatrix} 0 & E_{12} & \cdots & E_{1G} \\ E_{21} & \ddots & & \vdots \\ \vdots & & \ddots & E_{G-1,G} \\ E_{G1} & \cdots & E_{G,G-1} & 0 \end{pmatrix}}_{E}$$

が成り立つ．ここで，$N \times N$ 行列 D_{ii} は国内で消費される財やサービス，$N \times N$ 行列 E_{ij} は i 国から j 国に輸出される最終財である．（1）を書き直すと，$(I-A)X = F$ となるので，$I-A$ が正則行列だと仮定し，$B = (I-A)^{-1}$ とす

第Ⅲ部　多国籍企業の経済活動

る．B はレオンチェフ逆行列と呼ばれ，i 国における最終財産出のための投入量を示す．ここで，V を X 産出に占める付加価値分を表すことにすると，行列 VX は GDP と同値となるが，式 $X=BF$ より，

$$VX = VBF = VBD + VBE$$

が成り立つ．つまり，VBE を導出することで，輸出に占める各国財の付加価値の投入量が分かることになる．

補論 2　GVCs における企業の内製・外製の決定

　GVCs では，多数の工程の分業が，多数の国・地域で行われている．しかし，それらを分析するには，企業レベルの個票をもってしても限界がある．通常は企業の取引関係に関する詳細な情報は入手できないためである．そこで，GVCs の理論分析によって得られる命題を，国別・産業別データで検証する方法が採られている．以下では，その代表例である Antràs and Chor (2013) の実証方法を紹介する．彼らは U.S. Census Bureau の Related Party Trade Database（257 の製造業種；2000～2010 年の 11 年分）を用いている．Related Party Trade では，企業内（Intra-firm）貿易シェアを産業別に求めることができる．また，それは，ある産業の製造工程が国際的に内製・統合（Integrated）されているか，外製・独立しているかを示す指標といえる．したがって企業の境界の決定要因を産業別に実証するための被説明変数となる．

$$S_{it} = \beta_1 D_i \cdot \mathbb{1}(\rho_i < \rho_{\mathrm{med}}) + \beta_2 D_i \cdot \mathbb{1}(\rho_i > \rho_{\mathrm{med}}) \\ + \beta_3 \mathbb{1}(\rho_i > \rho_{\mathrm{med}}) + \beta_x X_{it} + \alpha_t + \epsilon_{it}.$$

　上記の推計式において，S_{it} は産業別・年度別の企業内貿易シェアである．その決定要因としての主要な説明変数は，D_i：下流工程度（Downstreamness）と，$\mathbb{1}(\rho_i \lessgtr \rho_{\mathrm{med}})$：需要弾力性から測った，産業 i と他の産業の補完性・代替性の 2 つである．

より詳しくは，D_i は，産業連関表を用いて，産業 i の生産物が最終財に近い（大部分が直接的に投入される）か，原材料に近い（大部分がまず他産業に投入されて，間接的に最終財に投入される）か，を指標とする．例として自動車（完成車）は 0.99 と，ほぼ最終財に近い下流工程であり，印刷用インクは 0.12 と原材料に近い上流工程である．

また，$\mathbb{1}(\rho_i \leq \rho_{\mathrm{med}})$ は，産業 i の生産物を中間投入に用いる他の（後方・下流の）産業群にとって，産業 i の需要の弾力性 ρ_i を（産業連関表の投入係数の）加重平均で示したものである．弾力性が高い（マークアップが低い）場合を補完的，弾力性が低い（マークアップが高い）場合を代替的と捉える．

その他，X_{it} は，産業別のコントロール変数として資本集約度 $\log\left(\frac{k}{\ell}\right)$ や，研究開発集約度 $\log\left(\frac{\mathrm{R\&D}}{\mathrm{sales}}\right)$ を用いている．α_t は年度固定効果である．この推計の結果，理論と整合的な次の 2 つの結果が得られている．

- $\beta_2 > 0$：産業 i が下流工程と補完的である（ρ_i が中央値以上の）場合，最終財に近い（D_i が高い）産業ほど企業内貿易比率が高い（内製・統合型である）
- $\beta_1 < 0$：産業 i が下流工程と代替的である（ρ_i が中央値以下の）場合，最終財に近い（D_i が高い）産業ほど企業内貿易比率が低い（外製・独立型である）

需要の弾力性が低い（すなわち彼らの論文では「代替的」な）産業は高いマークアップ（マーケットパワー）を持っていると考えられ，あえて他の産業の工程と統合するインセンティブが低く，独立した企業間での取引になりやすい（また，彼らのモデルでは最終財に近い産業で高いマークアップを持つほど，マーケットパワーが高く，統合されにくい．一方，最終財に近い産業でマークアップが低い場合は，統合されやすい）．これらの仮説については今後の検証を要するところではあるが，産業レベルの貿易データや産業連関表という公表統計によって，本来は個別性が強いと思われる企業の意思決定を解明するこれらの試みは非常に興味深い．

参考文献

Alfaro, Laura and Andrew Charlton (2009), "Intra-industry Foreign Direct Investment," *American Economic Review*, Vol. 99 (5), pp. 2096–2119.

Anderson, James E. and Eric van Wincoop (2003), "Gravity with Gravitas: A Solution to the Border Puzzle," *American Economic Review*, Vol. 93 (1), pp. 170–192.

Antràs, Pol and Davin Chor (2013), "Organizing the Global Value Chain," *Econometrica*, Vol. 81 (6), pp. 2127–2204.

Antràs, Pol and Elhanan Helpman (2004), "Global Sourcing," *Journal of Political Economy*, Vol. 112 (3), pp. 552–580.

Baltagi, Badi H., Peter H. Egger, and Michael Pfaffermayr (2007), "Estimating Models of Complex FDI: Are there Third-country Effects?" *Journal of Econometrics*, Vol. 140 (1), pp. 260–281.

Bergstrand, Jeffrey H. and Peter Egger (2007), "A Knowledge-and-physical-capital Model of International Trade Flows, Foreign Direct Investment, and Multinational Enterprises," *Journal of International Economics*, Vol. 73 (2), pp. 278–308.

Blonigen, Bruce A., Ronald B. Davies, Helen T. Naughton, and Glen R. Waddell (2005), "Spacey Parents: Spatial Autoregressive Patterns in Inbound FDI," NBER Working Paper, No. 11466.

Brainard, S. Lael (1997), "An Empirical Assessment of the Proximity-Concentration Trade-off Between Multinational Sales and Trade," *American Economic Review*, Vol. 87 (4), pp. 520–544.

Buch, Claudia M., Jörn Kleinert, and Farid Toubal (2004), "The Distance Puzzle: On the Interpretation of the Distance Coefficient in Gravity Equations," *Economics Letters*, Vol. 83 (3), pp. 293–298.

Bustos, Paula (2011), "Trade Liberalization, Exports, and Technology Upgrading: Evidence on the Impact of MERCOSUR on Argentinian Firms," *American Economic Review*, Vol. 101 (1), pp. 304–340.

Carr, David L., James R. Markusen, and Keith E. Maskus (2001), "Estimating the Knowledge-Capital Model of the Multinational Enterprise," *American Economic Review*, Vol. 91 (3), pp. 693–708.

Chaney, Thomas (2008), "Distorted Gravity: The Intensive and Extensive Margins of International Trade," *American Economic Review*, Vol. 98 (4), pp. 1707–1721.

Chaney, Thomas (2011), "The Network Structure of International Trade,"

NBER Working Paper, No. 16753. http://www.nber.org/papers/w16753.pdf

Chen, Maggie X. and Michael O. Moore (2010), "Location Decision of Heterogeneous Multinational Firms," *Journal of International Economics*, Vol. 80 (2), pp. 188–199.

Corcos, Grégory, Delphine Irac, Giordano Mion, and Thierry Verdier (2013), "The Determinants of Intrafirm Trade: Evidence from French Firms," *Review of Economics and Statistics*, Vol. 95 (3), pp. 825–838.

De Loecker, Jan (2011), "Product Differentiation, Multiproduct Firms, and Estimating the Impact of Trade Liberalization on Productivity," *Econometrica*, Vol. 79 (5), pp. 1407–1451.

De Loecker, Jan and Frederic Warzynski (2012), "Markups and Firm-Level Export Status," *American Economic Review*, Vol. 102 (6), pp. 2437–2471.

Defever, Fabrice and Farid Toubal (2013), "Productivity, Relationship-specific Inputs and the Sourcing Modes of Multinationals," *Journal of Economic Behavior & Organization*, Vol. 94, pp. 345–357.

Eaton, Jonathan, Samuel Kortum, and Francis Kramarz (2011), "An Anatomy of International Trade: Evidence From French Firms," *Econometrica*, Vol. 79 (5), pp. 1453–1498.

Egger, Hartmut and Udo Kreickemeier (2009), "Firm Heterogeneity and the Labor Market Effects of Trade Liberalization," *International Economic Review*, Vol. 50 (1), pp. 187–216.

Ekholm, Karolina, Rikard Forslid, and James R. Markusen (2007), "Export-Platform Foreign Direct Investment," *Journal of the European Economic Association*, Vol. 5 (4), pp. 776–795.

Hanson, Gordon H., Raymond J. Mataloni, Jr., and Matthew J. Slaughter (2001), "Expansion Strategies of U.S. Multinational Firms," NBER Working Paper, No. 8433. http://www.nber.org/papers/w8433.pdf

Hanson, Gordon H., Raymond J. Mataloni, Jr., and Matthew J. Slaughter (2005), "Vertical Production Networks in Multinational Firms," *Review of Economics and Statistics*, Vol. 87 (4), pp. 664–678.

Helpman, Elhanan, Oleg Itskhoki, and Stephen Redding (2010), "Inequality and Unemployment in a Global Economy," *Econometrica*, Vol. 78 (4), pp. 1239–1283.

Helpman, Elhanan, Marc J. Melitz, and Stephen R. Yeaple (2004), "Export Versus FDI with Heterogeneous Firms," *American Economic Review*, Vol. 94 (1), pp. 300–316.

Hottman, Colin, Stephen J. Redding, and David E. Weinstein (2014), "What is 'Firm Heterogeneity' in Trade Models? The Role of Quality, Scope, Markups, and Cost," CEPR Discussion Paper, No. DP10133.

Javorcik, Beata S. and Steven Poelhekke (2014), "Former Foreign Affiliates: Cast Out and Outperformed?" CESifo Working Paper, No. 5111.

Keller, Wolfgang and Stephen R. Yeaple (2009), "Multinational Enterprises, International Trade, and Productivity Growth: Firm-Level Evidence from the United States," *Review of Economics and Statistics*, Vol. 91 (4), pp. 821–831.

Keller, Wolfgang and Stephen R. Yeaple (2013), "The Gravity of Knowledge," *American Economic Review*, Vol. 103 (4), pp. 1414–1444.

Kohler, Wilhelm K. and Marcel Smolka (2012), "Global Sourcing: Evidence from Spanish Firm-level Data," in: Robert M. Stern (ed.), *Quantitative Analysis of Newly Evolving Patterns of International Trade: Fragmentation, Offshoring of Activities, and Vertical Intra-industry Trade*, Singapore: World Scientific, pp. 139–189.

Koopman, Robert, William M. Powers, Zhi Wang, and Shang-Jin Wei (2010), "Give Credit Where Credit is Due: Tracing Value Added in Global Production Chains," NBER Working Paper, No. w16426.

Krugman, Paul R. (1991), *Geography and Trade*, Cambridge, Mass.: MIT Press.（ポール・クルーグマン，北村行伸・妹尾美起・高橋亘［訳］『脱「国境」の経済学――産業立地と貿易の新理論』東洋経済新報社，1994 年）

Lileeva, Alla and Daniel Trefler (2010), "Improved Access to Foreign Markets Raises Plant-level Productivity...For Some Plants," *Quarterly Journal of Economics*, Vol. 125 (3), pp. 1051–1099.

Melitz, Marc J. (2003), "The Impact of Trade on Intra-Industry Reallocations and Aggregate Industry Productivity," *Econometrica*, Vol. 71 (6), pp. 1695–1725.

Melitz, Marc J. and Gianmarco I. P. Ottaviano (2008), "Market Size, Trade, and Productivity," *Review of Economic Studies*, Vol. 75 (1), pp. 295–316.

Mrázová, Monika and J. Peter Neary (2012), "Selection Effects with Heterogeneous Firms," CEP Discussion Paper, No. 1174, Centre for Economic Performance, London School of Economics and Political Science. http://eprints.lse.ac.uk/51521/1/dp1174.pdf

Tomiura, Eiichi (2007), "Foreign Outsourcing, Exporting, and FDI: A Productivity Comparison at the Firm Level," *Journal of International Economics*, Vol. 72 (1), pp. 113–127.

UNCTAD (United Nations Conference on Trade and Development) (2013), *World Investment Report 2013: Global Value Chains: Investment and Trade for Development*, New York: United Nations.

UNCTAD (United Nations Conference on Trade and Development) (2014), *World Investment report. 2014, Investing in the SDGs: An Action Plan*, New York: United Nations.

Yeaple, Stephen R. (2003), "The Complex Integration Strategies of Multinationals and Cross Country Dependencies in the Structure of Foreign Direct Investment," *Journal of International Economics*, Vol. 60 (2), pp. 293–314.

Yeaple, Stephen R. (2008), "Firm Heterogeneity, Intra-Firm Trade, and the Role of Central Locations," in: Elhanan Helpman, Dalia Marin, and Thierry Verdier (eds.), *The Organization of Firms in a Global Economy*, Cambridge, Mass.: Harvard University Press, pp. 200–230.

Yeaple, Stephen R. (2009), "Firm Heterogeneity and the Structure of U.S. Multinational Activity," *Journal of International Economics*, Vol. 78 (2), pp. 206–215.

第 8 章

多国籍企業の経済効果
——投資国・被投資国に対する影響

早川和伸

1. はじめに

　平成 26 年 4 月に経済産業省から発表された「国際展開戦略の現状と課題について」では，3 つの重要な柱として，第 11 章で議論される自由貿易協定等，経済連携の拡大，深化に加え，我が国企業の海外進出支援，対内直接投資の促進が挙げられた．前者の海外進出支援では，中小企業に対する支援強化，投資協定締結のスピードアップなどが施策として挙げられ，後者の対内直接投資は，イノベーションの創出・生産性の向上，また地域経済活性化の観点からも重要である点が述べられている．前章では，どのようにして多国籍企業が生まれるのか，そして進出先においてどのような活動を行っているのかについて議論した．これに対して本章では，多国籍企業が投資国，被投資国に対してどのような影響を与えているのかを紹介する．これらは，我が国が推し進めている対外・対内直接投資の促進が，日本経済に対してどのような影響を及ぼすかを知るうえでも重要である．

　本章が対象とする事象は図 8-1 に整理されている．第 2 節では，企業の海外進出が投資国経済に与える影響について議論する．具体的には，企業が海外進出を行うことに伴い，当該企業の母国における経営パフォーマンスがどのように変化しているか，について分析している研究成果を紹介する[1]．第

＊本章を作成するにあたり，乾友彦氏，黒岩郁雄氏，高橋和志氏，松浦寿幸氏から有益なコメントをいただいた．ここに記して謝意を示したい．ただし，残る誤謬の責任は筆者に帰する．

第Ⅲ部　多国籍企業の経済活動

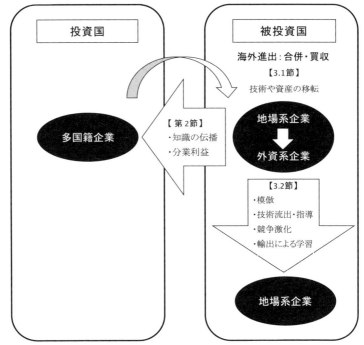

図8-1　多国籍企業の海外進出の効果

出所：筆者作成．

　3章でも触れているように，企業の海外進出は，投資国にとって，少なくとも部分的には経営資源，利潤機会の海外流出にもなるため，投資国内における負の影響がクローズアップされることが多い．真にどのような影響がもたらされるのかを知ることは，政策担当者にとっても，企業の海外進出をどの程度推し進めるべきかを判断するうえで重要である．

　第3節では，被投資国経済に与える影響について，直接的な影響と間接的な影響をそれぞれ議論する．直接的な影響としては，現地地場企業の合併・買収という形態で多国籍企業が進出した際に，合併・買収された地場企業の経営パフォーマンスが合併・買収前後で受ける影響について議論する．他方

---

1) 本章では詳しく取り上げないが，第4章で解説されたオフショアリングについて，その企業パフォーマンスに対する影響を分析した研究として，Hijzen, Inui, and Todo (2010) が挙げられる．

間接的な影響として，多国籍企業が保有する様々な優れた技術やノウハウが地場企業に対して裨益することで受ける，経営パフォーマンスへの影響を紹介する．先の投資国経済への影響と同様，被投資国にとっても，多国籍企業の進出は期待と不安が混じる．上記のように，多国籍企業の保有する先進的な経営情報に触れることで地場企業が成長できるという期待がある一方，多くの多国籍企業が進出することで地場企業が駆逐されてしまうのではないかといった不安がある．実際にどのような影響がどの程度あるのか知ることは，被投資国側の不安を払拭するうえでも重要である．最後に，第4節において，これらの研究の今後の方向性について議論する．

2. 投資国に対する影響

対外直接投資の増加は，投資国経済に対して様々な経路を通じて影響を与える．これを考える際に，直接的な影響と間接的な影響を分けることが重要である．直接的な影響とは，ある企業が海外に進出することで，当該企業の自国における活動に与える影響である．間接的な影響とは，自社自体は海外進出をしないが，その他の企業が海外進出をすることでその企業が受ける影響である．例えば，ある企業が海外に進出し，母国での生産の一部を海外で行うようになると（つまり水平的直接投資），母国での生産量が減少するため（直接的影響），当該企業に対する母国でのサプライヤーは注文数が減少し，生産や雇用など，様々な経営指標が悪化するかもしれない（間接的影響）．対外直接投資の投資国経済に対する全体的な影響は，こうした直接的影響と間接的影響の合計となる．この大きさを測る際には，国レベルや産業レベルのデータを用いて，対外直接投資が投資国の経済指標（雇用など）に与える影響を分析する必要がある．本章では，そうした全体的な影響ではなく，直接的な影響を分析した研究を紹介する[2]．

---

[2] 全体的な影響に関しては，第3章を参照していただきたいが，その他に Mariotti, Mutinelli, and Piscitello（2003）や Molnár, Pain, and Taglioni（2007）などが参考になる．また，間接的な影響を企業レベルで分析した研究として，第3章でも紹介されているように，Ito and Tanaka（2014）が挙げられる．

第Ⅲ部　多国籍企業の経済活動

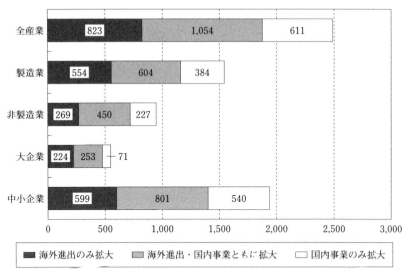

図 8－2　海外進出・国内事業の拡大を図る企業（社数）

注：資本金と従業員数より中小企業基本法に基づいた要件で大企業と中小企業に分類されている．
出所：「2013年度日本企業の海外事業展開に関するアンケート調査」（日本貿易振興機構）．

　企業は海外進出を行うことに伴い，当該企業の母国における経営パフォーマンスをどのように変化させているのであろうか．研究成果を紹介する前に，事例やアンケート結果を紹介したい．事例としては，例えば，2013年版の『通商白書』でも紹介されているように，バーコード読み取り機器を中心とした自動認識装置の製造および販売を主力事業としている「株式会社オプトエレクトロニクス」の例が挙げられる．同社は1984年にバーコード技術の本場である米国に現地子会社を設立し，シンボルテクノロジー社（現モトローラ社）と競争する中で，レーザーモジュールエンジン（バーコードスキャナの心臓部に当たる部分）の技術・質の向上により付加価値を高め，生産性の向上に成功した．こうした海外市場での経験を生かし，同社は低価格・高品質なレーザーモジュールエンジン開発を実現し，現在同製品で国内シェア1位（90％以上）を誇っている（『通商白書2013』26-27頁）．

　次に，2種類のアンケート結果を紹介したい．まず日本貿易振興機構による「2013年度日本企業の海外事業展開に関するアンケート調査」をもとに，企業の海外進出と国内事業に対する姿勢を概観してみよう．同調査は，海外

表 8-1　直接投資は国内雇用を増加させるか

	合計	製造業	非製造業
全くそう思う	3%	3%	4%
まあそう思う	9%	7%	12%
どちらとも言えない	43%	41%	46%
あまりそう思わない	32%	35%	27%
全くそう思わない	13%	14%	11%
回答企業数	1,212	779	423

出所：「平成23年度　海外展開による中小企業の競争力向上に関する調査」（三菱UFJリサーチ＆コンサルティング）．

ビジネスに関心が高い日本企業9,800社を対象としたアンケート調査であり，有効回収数は3,471社（有効回答率は35.4%）である．図8-2は，海外進出および国内事業の拡大を図る企業数をグラフにしたものである．業種別，もしくは企業規模別の場合も示されている．この図から，いずれのカテゴリーにおいても，海外進出のみ拡大する企業，もしくは国内事業のみを拡大する企業よりも，海外進出と国内事業の両方を拡大する企業が多いことが分かる．

一方，中小企業に対する，より直接的なアンケート調査では，異なった結果が見られる．三菱UFJリサーチ＆コンサルティングによる「平成23年度　海外展開による中小企業の競争力向上に関する調査」（以下，三菱UFJ調査）では，中小企業に対するアンケート調査を行い（回収数6,472社，回収率17.4%），輸出や海外直接投資の現状，課題について調査している（回答企業の海外進出先の90%程度はアジア諸国）．表8-1では，「直接投資は国内雇用を増加させる」と思うか，という設問に対する回答が示されている．「どちらとも言えない」と回答している企業が半数近くであるが，それに続いて「あまりそう思わない」，「全くそう思わない」が続いており，少なくとも中小企業は海外進出の国内雇用に対する影響についてネガティブな印象を持っているようである．

母国における経営パフォーマンスに与える影響として，理論的には，様々な経路が考えられる．シンプルな経路としては，先の「株式会社オプトエレクトロニクス」の例にあるように，多国籍企業自身が，被投資国において先進技術等，経営上有益な情報・ノウハウなどに触れ，それらが国内活動でフィードバックされる経路である．また，海外と国内で工程間分業を行うよう

な場合には，分業により経営資源配分が効率化され，生産性等が上昇することが期待される．一方で，産業の空洞化として知られるように，国内から海外生産に切り替えることで，国内生産が減少するため，一定程度，雇用に対して負の影響があるかもしれない．またこうした国内生産の減少は，規模の経済性を阻害し，生産性に対して負の影響を及ぼすかもしれない．このように，全体として正負，いずれの影響があるのかを判断するには，実証的な検証が必要であり，多くの研究が行われた．

この分野の分析には，注意しなければならない点がある．分析の際に，例えば，海外進出を行った企業の国内生産性と，そうでない企業の国内生産性を比較したとする．両者の差は，2つの要因に基づく．一つは，海外進出の有無に関わらず存在していた差であり，もう一つは海外進出の結果発生した差である．実際，前章で述べられているように，海外進出を行う企業は，そもそも事前に相対的に高い生産性を有しているため，前者の差は無視できない．したがって，後者の差を検出するためには，前者の差を除去しなければならない．そのために，操作変数法や傾向スコア・マッチング（propensity score matching）法が用いられている．詳しくは補論を参照していただきたいが，大雑把に言うと，傾向スコア・マッチング法とは，各海外進出企業に対して，進出前時点において同様の生産性など企業特性を有する非進出企業，すなわち各海外進出企業と同程度，海外進出をしそうな非進出企業を抽出することで，前者の差を除いたもとで，進出後の企業特性を進出企業と非進出企業の間で比較することで，後者の差を検出しようという手法である．

国際経済学におけるその他のトピック同様，本トピックでも適当な操作変数が利用可能なケースが少ないため，近年では，この傾向スコア・マッチング法を用いた検証が主流であり，その研究成果を以下に紹介する．表8-2に研究結果が整理されている．実際には，サンプル企業の固定効果を除去するために，この傾向スコア・マッチング手法と差分の差分法（difference-in-differences method）を組み合わせた手法が用いられている．表8-2から，日本やヨーロッパ先進国を対象とした分析が多いことが分かる．国内における雇用や生産性に対する影響を分析しているものが多く，必ずしも雇用に対する負の影響は検出されていない．生産性に対する影響も必ずしも明確では

表 8-2 自国パフォーマンスへの影響に関する実証研究結果

論文	サンプル年	対象国	経営指標	サービス業	投資タイプ	主要結果
Edamura, Hering, Inui, and Poncet (2011)	1995～2005	日本	雇用，生産性，賃金，資本・労働比率など	あり	あり	サービス業では3年後に生産性が2～10%上昇．HFDI（水平的直接投資）では，3年後に生産性が3～13%上昇し，2～3年後に資本・労働比率が6～9%低下．VFDI（垂直的直接投資）では，3年後に雇用が2%減少し，賃金が4%上昇．
Ito (2015)	1980～2005	日本	生産性	あり	なし	サービス業では2年後に生産性が1.5%上昇し，製造業では影響なし．
Hayakawa, Matsuura, Motohashi, and Obashi (2013)	1992～2005	日本	雇用，生産性，賃金	なし	あり	HFDIでは3年後に非生産部門の雇用が30%増加．VFDIでは1年後に生産労働者が15%増加，生産性が4%増加し，生産労働賃金が1年後から3%上昇．
Masso, Varblane, and Vahter (2008)	1995～2002	エストニア	雇用	あり	なし	製造業で1年後から雇用が10～45%増加し，サービス業でも同様に11～22%増加．
Debaere, Lee, and Lee (2010)	1980～1996	韓国	雇用	なし	あり	HFDIでは1年後に雇用が5%減少．VFDIでは短期的に1～2年後に雇用が6～8%減少．
Kleinert and Toubal (2007)	1996～2004	ドイツ	雇用，資本，売上，生産性	なし	なし	少なくとも正の効果はどの指標においてもなし．
Imbriani, Pittiglio, and Reganati (2011)	2002～2007	イタリア	雇用，生産性	あり	なし	製造業では雇用が3年後に2%増加，生産性が1年目から7～8%程度上昇．サービス業では影響なし．
Navaretti and Castellani (2007)	1993～1997	イタリア	雇用，売上，生産性	なし	なし	売上は11%増加するが，生産性と雇用には影響なし．
Hijzen, Jean, and Mayer (2011)	1987～1999	フランス	雇用，生産性	あり	あり	製造業HFDIでは，直後から雇用が5～16%増加し，2年後から生産性が7%低下，製造業VFDIでは1年後に雇用が8%増加．サービス業では，1年後から雇用が9～17%増加し，1年後に生産性が10%上昇．
Navaretti, Castellani, and Disdier (2010)	1993～2000	フランスとイタリア	雇用，売上，付加価値，生産性	なし	あり	フランス：HFDIでは，1年後から付加価値が8～19%増加し，売上が15～26%増加，雇用が13～19%増加．VFDIでは，1～2年後に売上が8～12%増加，雇用が8～10%増加．
						イタリア：先進国向けでは，1年後から8～13%生産性が上昇，14～25%付加価値が増加，13～23%売上が増加，2年後から13～14%雇用が増加，途上国向けでは2年後から9%付加価値が増加，3年後に8%雇用が増加．

出所：筆者作成．

ない.いくつかの研究で賃金に対する影響も分析されているが,結果は一様ではない.

　分析対象国の違いの他に,これらの研究は2つの点で相互に異なる.第1に,いくつかの研究では,前章で紹介されたような直接投資のタイプに応じて分析している点である.実際,現地における先進的技術・ノウハウを得るという効果は,相対的に先進国向けに多い水平的直接投資においてより期待されるし,工程間分業に伴う効率化も垂直的直接投資においてより効果が期待されるであろう.そこで,例えば,Debaere, Lee, and Lee (2010), Edamura *et al.* (2011), Navaretti, Castellani, and Disdier (2010), Hayakawa *et al.* (2013) では,途上国向け直接投資を垂直的直接投資,先進国向け投資を水平的直接投資と分類している.Hijzen, Jean, and Mayer (2011) ではさらに,途上国向けかつ,比較劣位産業における投資を垂直的直接投資,先進国向けかつ,比較優位産業における投資を水平的直接投資として分類し,それぞれ分析を行っている.そして,これらの研究では投資タイプに応じ,異なった分析結果を得ている.例えば,Edamura *et al.* (2011) や,Navaretti, Castellani, and Disdier (2010) のイタリアを対象とした分析では,生産性に対する影響として,水平的直接投資では正の影響を検出しているが,垂直的直接投資では正の影響を得ていない.

　第2に,直接投資の影響について,製造業とサービス業に分けて分析を行っているものがある点である.サービス業における直接投資の動機および影響に関する理論的考察は必ずしも進んでいないが,近年のサービス業における直接投資の増加を受けて,製造業のみならず,サービス業における直接投資の影響を調べようという研究が現れている.その結果,製造業とサービス業の間で異なった結果が検出されている.例えば,日本を対象としているIto (2015) やフランスを対象としているHijzen, Jean, and Mayer (2011) では,生産性に対する効果として,サービス業では正の効果を検出している一方,製造業では正に有意な結果が得られていない.一方,イタリアを対象としているImbriani, Pittiglio, and Reganati (2011) では,製造業においては,生産性,雇用両面においてプラスの効果が示されているが,サービス業においてはいずれも有意な結果が得られていない.エストニアを対象とし

た Masso, Varblane, and Vahter（2008）では，製造業，サービス業，いずれにおいても雇用に対する正の効果が検出されている．

　以上，投資国に対する影響を分析した研究を紹介してきたが，分析結果は研究によって異なり，統一された結論を得られない状況である．投資タイプを分けたり，業種を分けたりしてもなお，統一された実証的見解が得られていない．このような状況で必要なことは，異なった国での分析など，さらに実証結果を積み上げるとともに，メタ解析を行うことである．すなわち，分析結果自体を横断的に分析し，分析対象国の違い，分析手法の違い等を考慮したうえで得られる「結果」を調べることで，統一された結論を模索することが重要となろう．実際，これらの研究の間には，その他の点でも多くの違いが見られる．例えば，直接投資後の影響を測る際に，直接投資時点での状態と比較するか，直接投資前の時点での状態と比較するかにも違いが見られる．生産性指標についても，労働生産性，全要素生産性など，様々な指標が用いられている．

3．被投資国に対する影響

3.1　クロスボーダー M&A──直接効果

　一般に，企業の海外進出形態として，以下の3つの方法が挙げられる．第1に，単独で被投資国に法人を設立する形態のものであり，グリーンフィールド投資と呼ばれる．第2に，現地地場企業と互いに出資し，法人を設立する形態のものであり，ジョイントベンチャー投資と呼ばれる．第3に，現地地場企業を合併・買収する形態であり，クロスボーダー M&A と呼ばれる．2011年度における，進出形態別の在日外資系企業数が表 8-3 に示されている．最も多い形態はグリーンフィールド投資であり，ジョイントベンチャー投資とクロスボーダー M&A 投資が同程度で続く．ただし，近年ほど，ジョイントベンチャー投資よりもクロスボーダー M&A 投資による進出が多いことも分かる．いずれの形態にも一長一短があり，企業は自身の事業内容，資金力，そして生産性等に応じ，進出形態を選択することになる[3]．

表 8-3 2011年度における在日外資系企業の進出形態

(社数, %)

	グリーンフィールド		ジョイントベンチャー		クロスボーダーM&A		その他		合計
	企業数	構成比	企業数	構成比	企業数	構成比	企業数	構成比	企業数
全産業	1923	61	566	18	464	15	217	7	3,170
製造業	211	38	160	29	134	24	49	9	554
非製造業	1712	65	406	16	330	13	168	6	2,616
母国籍北米系	568	62	164	18	127	14	55	6	914
(〃 米国系)	(542)	(61)	(161)	(18)	(125)	(14)	(55)	(6)	(883)
〃 中南米系	61	50	10	8	31	25	21	17	123
〃 アジア系	424	63	110	16	91	14	47	7	672
〃 中東系	14	58	5	21	5	21	0	0	24
〃 ヨーロッパ系	825	60	267	19	200	14	92	7	1,384
〃 オセアニア系	28	61	9	20	8	17	1	2	46
〃 アフリカ系	0	0	1	33	1	33	1	33	3
〃 不明	3	75	0	0	1	25	0	0	4
参入時期1986年度以前	374	59	165	26	47	7	45	7	631
〃 1987~91年度	180	65	63	23	25	9	10	4	278
〃 1992~96年度	228	65	73	21	26	7	22	6	349
〃 1997~01年度	420	61	125	18	95	14	43	6	683
〃 2002~06年度	442	61	96	13	138	19	52	7	728
〃 2007~11年度	278	56	44	9	132	27	42	8	496
〃 不明	1	20	0	0	1	20	3	60	5

出所:「第46回 外資系企業動向調査」(経済産業省).

新法人の設立により，グリーンフィールド投資やジョイントベンチャー投資は，現地で雇用を創出するなどの目に見える経済効果を生むであろう．一方，クロスボーダーM&Aは既存の現地企業の資源を継続して利用するため，正の経済効果を生むかどうかにおいて，合併・買収による「シナジー効果」の有無が重要となる．一般に，多国籍企業は相対的に高い生産性を持つ一方，現地地場企業は現地のマーケット情報，法制度等に優位性を持つ．したがって，多国籍企業の持つ高い生産性と地場企業の保有する現地経営ノウハウが融合されることで，地場企業の経営パフォーマンスは，合併・買収により改善することが期待される．本小節では，多国籍企業によって合併・買収された地場企業において，合併・買収前後で経営パフォーマンスが改善しているかどうかを実証的に検証している研究を紹介する．

　研究結果を紹介する前に，日本における事例を紹介しよう．『ジェトロセンサー』2009年9月号で紹介されているように，生産現場で使用される操作表示機の専門メーカーである「デジタル」は2002年，フランスのシュナイダーエレクトリックによる100%出資を受け入れ，シュナイダーの完全子会社となった．しかし，出資受け入れ後も旧経営陣はそのまま残り，主体的な事業運営が維持されている．さらに，以前から技術を重んじてきたデジタルにおいて，開発コストと市場性のシミュレーションを徹底的に行うシュナイダー側の手法を導入して以来，国内外でそのマーケティング力が格段に向上した．上述した地場企業と多国籍企業の優位性とは逆のケースではあるが，このように，日本側の優れた生産技術とフランス側の優れたマーケティング手法が融合し，デジタルの業績は発展している．

　それでは以下で実証研究の結果を紹介していく．第2節における研究同様，これらの研究についても，分析には注意が必要である．例えば，多国籍企業もより生産性の高い地場企業を合併・買収すると考えられるため，合併・買収後における企業の生産性と地場企業の生産性の差は，合併・買収に関わらず存在していた差と合併・買収の結果発生した差の両方を含む．そのため，先と同様，操作変数法や傾向スコア・マッチング法が用いられている．ここ

---

3) 進出形態の選択に関する理論的研究については，第3章および，Nocke and Yeaple (2007) や Raff, Ryan, and Stähler (2009)，Qiu (2010) を参照せよ．

第Ⅲ部　多国籍企業の経済活動

表8-4　クロスオーバーM&Aが被合併・買収企業のパフォーマンスに与える影響に関する実証研究結果

論文	サンプル年	対象国	経営指標	国籍	産業	主要結果
Bandick and Karpaty (2011)	1993〜2002	スウェーデン	雇用	なし	製造業	1年後から熟練労働者が7〜12%増加し、非熟練労働者が4年後に6%増加、同じく4年後に雇用全体も6%増加。ただし、被買収企業を多国籍企業と非多国籍企業に分けると、非多国籍企業において大きな効果が認められ、1年後から熟練労働者が9〜12%増加、非熟練労働者が2年後から6〜10%増加、雇用全体も2年後から6〜9%増加。
Bandick, Görg, and Karpaty (2014)	1993〜2002	スウェーデン	研究開発費	なし	製造業	1年後から3年後にかけて、4〜12%研究開発費が増加。
Arnold and Javorcik (2009)	1983〜2001	インドネシア	生産性、売上、雇用、賃金、投資、設備投資、輸出シェア、輸入シェア	なし	製造業	合併年から生産性は11〜14%上昇し、売上は50〜70%増加し、雇用は19〜22%増加し、賃金は27〜34%上昇し、投資は87〜120%増加し、とくに設備投資は79〜102%増加し、輸出シェアは1年後から10〜14%上昇し、輸入シェアは合併年から10〜11%上昇している。
Bertrand and Zitouna (2008)	1993〜2000	フランス	生産性、利潤	なし	製造業	合併後、生産性が38%程度上昇するが、利潤には影響なし。
Salis (2008)	1994〜1999	スロベニア	生産性	なし	製造業	影響なし。
Chen (2011)	1979〜2006	米国	生産性、雇用、売上、総資産利益率	あり	全て	国内企業による合併・買収による効果との相対値であることに注意。先進国企業による合併・買収は、3年後に総資産利益率を6%上昇させ、売上は当年から11〜25%増加、雇用は5年後に22%増加、生産性は1年後から3年後にかけて11〜13%上昇。途上国企業による合併・買収は、4年後から7〜9%総資産利益率を上昇させ、売上を1年後から3年後にかけて19〜22%低下させ、雇用を1〜2年後に21〜31%減少させ、生産性を4年後に26%低下させる。
Fukao, Ito, Kwon, and Takizawa (2006)	1994〜2002	日本	生産性、総資産利益率	なし	製造業、非製造業別	製造業では、3年後に生産性が4%上昇し、総資産利益率が3〜4年後に2%上昇。非製造業では、3年後に生産性が9%上昇し、総資産利益率は1〜4年後にかけて4〜9%上昇。
Girma and Görg (2007)	1980〜1994	英国	熟練労働賃金、非熟練労働賃金	あり	製造業	熟練労働賃金は合併年に2%上昇、非熟練労働賃金は合併年から2年後にかけて2〜3%上昇。米国企業による効果として、熟練労働賃金は1年後から3年後にかけて4〜5%上昇、非熟練労働賃金は当年から2年後にかけて4〜6%上昇。欧州企業による合併は効果なし。その他諸国企業による効果として、非熟練労働賃金が当年から1年後にかけて3%上昇。

出所：筆者作成。

では，傾向スコア・マッチング法を用いた研究を紹介する．主要な先行研究は表8-4に整理されている．日米欧に加え，インドネシアを対象とした研究が存在している．生産性への影響を調べている研究が多く，結果として，先の直接投資のケースとは異なり，地場企業の生産性は，多国籍企業による合併・買収により上昇していることが一致して示されている．

この分野の研究は4つの方向に広がりを見せている．第1に，様々な経営指標を分析対象としている点である．例えば，インドネシアを対象としたArnold and Javorcik（2009）は，生産性や雇用のみならず，輸出入シェアへの影響を調べている．結果として，合併・買収により，輸出シェアが10〜14％上昇，輸入シェアが10〜11％上昇していることを示した．このことは，多国籍企業による合併・買収により，海外市場との結びつきが強くなっていることを示していると言える．また，英国を対象としたGirma and Görg（2007）では，賃金への影響を，熟練労働者に対する賃金と非熟練労働者に対する賃金に分けて分析している．結果として，いずれに対する賃金も2〜3％上昇していることを明らかにした[4]．また，スウェーデンを対象としたBandick, Görg, and Karpaty（2014）では，合併・買収前後において，地場企業の研究開発費に与えた影響を分析しており，1年後から3年後にかけて，4〜12％増加していることを示している．

第2に，多国籍企業の国籍を分けることで，どのような多国籍企業による合併・買収がより大きな効果をもたらしているかを調べている．Chen（2011）で整理されているように，先進国における合併・買収を考えたとき，先進国系の企業による合併・買収に比べ，途上国系の企業によるそれは，より優れた技術・ノウハウの移転をあまり期待できないため，生産性に対する効果はより小さくなることが予想される．また，要素価格等の違いから，途上国系の企業は，合併・買収後，先進国で行われていた労働集約工程等，生

---

[4] ただし，より詳細なデータを用いて分析すると，賃金に対する影響は必ずしも大きくないかもしれない．例えば，Heyman, Sjöholm, and Tingvall（2007）は，スウェーデンにおける雇用者・従業者接続データ（employer-employee matched database）を用いて，従業員レベルの賃金への影響を調べた．その結果，企業特性のみならず，各従業員特性をコントロールしたもとでは，クロスボーダーM&Aによる合併・買収は，ほとんど賃金に対して影響を与えないことを発見した．

産工程の一部を母国に移転しやすいため，地場企業の雇用も減少させられやすいことが予想される．実際，米国を対象としたChen（2011）では，（米国国内企業による合併・買収の効果に比べ）先進国企業による合併・買収は，生産性，総資産利益率，売上高，雇用それぞれにおいて，大きな正の効果をもたらす一方，途上国企業によるそれは，生産性，売上高，雇用に対する効果を小さくすることを明らかにした．ただし，英国を対象としたGirma and Görg（2007）では，米国企業による合併・買収は，熟練・非熟練労働者の賃金を上昇させている一方，欧州企業による合併・買収は効果がないこと，その他諸国企業による合併・買収は，非熟練労働者の賃金を上昇させていることを示している．

第3に，産業別の分析が行われている．米国を対象としたChen（2011）が非製造業を含め全ての産業を分析対象としているように，本分野では，他の国際経済学における実証に比べ，非製造業を対象とした分析も行われている．これは，表8-3から分かる通り，クロスオーバーM&Aが一般に，製造業よりも非製造業において多く観察されることにも起因しているかもしれない．とくに日本を対象としたFukao et al.（2006）では，製造業よりも，非製造業において大きな正の効果を発見している．彼らは，非製造業においてより大きな効果を得た理由として，日本では，他の先進国に比べた非製造業における非効率性は，製造業におけるそれよりも大きいため，非製造業の多国籍企業がもたらす優れた経営ノウハウ等の移転により，非製造業ではより大きな正の効果を享受しているのであろうと述べている．

第4に，多国籍企業の合併・買収による効果が，地場企業の特性に応じて異なるかどうかが検証されている．例えば，英国を対象としたGirma and Görg（2007）では，地場企業を輸出企業に限定したうえで，合併前時点における生産性がより高い地場企業ほど，より早い時期に生産性改善効果を享受することを発見している．また，操作変数法による分析であるが，同じく英国を対象としたGirma（2005b）では，地場企業の技術吸収力に焦点が当てられている．結果として，合併・買収前の生産性が高い地場企業ほど，大きな効果を受けていること，ただしある一定以上の生産性を有している場合，効果は減衰していくことが示された．そして，こうした減衰が起こる理由と

して，多国籍企業の技術水準に近づくほど，限界的なベネフィットが縮小することを挙げている．

　以上，クロスボーダー M&A が被合併・買収地場企業に与える影響を分析した研究を紹介してきた．前節における研究結果に比べると，正の効果が一致して得られていると言ってもよいであろう．とくに，先進国系企業による合併・買収，また中位の程度の生産性を有する地場企業に対する合併・買収が，より大きな効果を持つことが示された．引き続き，研究の蓄積を行っていくことが重要であるが，前節同様，ある程度実証結果が積みあがった段階で，メタ解析を行い，統一された結論を模索することが重要となろう．実際，この分野においても，研究間において様々な違いが見られる．例えば，前節同様，合併・買収後の影響を測る際に，合併・買収時点での状態と比較するか，合併・買収前の時点での状態と比較するかにも違いが見られる．また，多国籍企業による合併・買収の絶対的な効果を計測している研究が大半であるが，地場企業による合併・買収の効果との相対値を示している研究もある[5]．

3.2　スピルオーバー効果——間接効果

　本小節では，多国籍企業が保有する様々な優れた技術やノウハウが裨益することで受ける，地場企業の経営パフォーマンスへの影響を紹介する．そうした間接的な効果はスピルオーバー効果と呼ばれている．スピルオーバーの経路としては，以下の4つが主要なものとして考えられている．第1に，多国籍企業の活動方法，経営手法の模倣を行うことによるものである．第2に，多国籍企業との取引であったり，従業員の転職を通じた，技術やノウハウの習得や拡散である．第3に，外資系企業の参入による市場自体の競争激化に伴う効率性の改善である．第4に，多国籍企業が行う輸出等，国際活動に関するノウハウ等を学ぶことにより，地場企業の国際化が進むことである．こうした経路を通じ，地場企業の生産性等，経営パフォーマンスが上昇するこ

---

[5]　関連して，国内企業による M&A の効果と，外資系企業による M&A の効果を比較している研究もあり，例えばフランスを対象とした Bertrand and Zitouna（2008）では，後者の効果がより大きいという結果を得ている．

とが期待されている．

　実際，一部の外資系企業は現地地場企業に対して積極的に技術移転を行っている．例えば，1994年にタイに進出した「株式会社丸順」の例が挙げられる．同社は，岐阜県大垣市に本社を置く自動車用プレス金型および部品などを製造，販売する企業である．平塚（2002）が紹介しているように，当該企業が治具や金型を調達する際には，現地地場企業に対して技術支援を惜しみなく行っている．また，トヨタ自動車は1962年にタイに進出したが，現地企業の品質，納期，コストに関わる改善活動に積極的に取り組んでいる．とくに，トヨタ・コーポレーション・クラブ（TCC）という協力会を結成し，これに現地日系企業のみならず，現地地場企業もメンバーとして参加している．TCCは単なる親睦団体ではなく，メンバー企業内における技術移転，経営移転において大きな役割を果たしている[6]．

　先の2つの研究分野に比べ，この分野には，非常に多くの研究蓄積がある．本分野の研究を整理した展望論文も複数存在しており，Görg and Greenaway（2004）やCrespo and Fontoura（2007），Smeets（2008）が挙げられる．一般に，この分野の研究では，シンプルな分析手法が用いられている．分析対象を現地地場企業に絞り，多国籍企業の多い産業，もしくは地域における地場企業ほど，高い生産性を有するか否かが検証されている．地場企業の生産性指標には，労働生産性や全要素生産性が用いられ，多国籍企業の規模は付加価値額や雇用量で測られている．とくに初期の研究においては，産業レベルや地域レベルの集計データを用いて分析がなされていたが，本章では企業・事業所レベルのデータを用いた分析の結果を紹介する[7]．

　本分野では，多くの研究蓄積がある一方，必ずしも一致して正の効果が検出されているわけではない．とくに研究初期においては，台湾を対象としたChuan and Lin（1999）は正の効果を検出しているが，モロッコを対象としたHaddad and Harrison（1993），ウルグアイを対象としたKokko, Tansi-

---

[6] 詳しくは川邊（2011）を参照せよ．
[7] 残念ながら，日本を対象とした研究はほとんど存在しない．ただし，付加価値額や雇用ではなく，外資系企業の研究開発費（ストック額）が日本企業の生産性に与える影響は，Todo（2006）で分析されており，正のスピルオーバー効果を発見している．

ni, and Zejan（1996）では効果が検出されなかった．さらに，Aitken and Harrison（1999）では負の効果さえ検出されている．このように，初期の研究では結果が安定しなかった理由として，競争の程度の影響をコントロールしていなかった点が挙げられる．多くの多国籍企業が参入すると，競争が激化し，これまでよりも企業当たりの販売量は減少する．すなわち，規模の経済性が損なわれ，生産性は減少する．したがって，スピルオーバー効果の分析では，競争の程度をコントロールすることが重要である．しかしながら，競争の程度をコントロールした研究間でもなお，分析結果は依然として安定しなかった．

　その後，本分野の研究は，4種類の広がりを見せた．第1に，初期の研究では同一産業内に存在する多国籍企業の影響のみを分析していたが，スピルオーバー効果は必ずしも同一産業内に限定されるものではない．スピルオーバー効果には，同一産業に属する多国籍企業から受ける産業内スピルオーバー効果に加え，異なった産業に属する多国籍企業から受ける産業間スピルオーバー効果が考えられ，これはさらに，上流産業の多国籍企業から受ける前方連関効果と，下流産業の多国籍企業から受ける後方連関効果に分けられる．Javorcik（2004）は，これら3種類のスピルオーバー効果を区別して，精緻な分析を行った先駆的論文である．彼女は，前方・後方連関効果の大きさを産業連関表の情報を用いて計測した．すなわち，前方連関効果は，当該産業に対する各産業の投入シェアをウェイトとした，各産業における多国籍企業の規模の加重和により捉えられる．一方，後方連関効果は，当該産業から各産業に対する投入シェアをウェイトとした，各産業における多国籍企業の規模の加重和により捉えられる．結果として，後方連関効果では正の効果を検出したが，産業内スピルオーバー効果や前方連関効果では有意な結果を得られなかった[8]．この論文に倣い，その後多くの研究が3種類のスピルオーバー効果を分けて分析するようになった．

---

[8] ただし，Barrios, Görg, and Strobl（2011）では，後方連関効果を捉えるための指標の作成方法に応じて，分析結果が変わる可能性があることが示されている．このように，「そもそも多国籍企業の規模をどのように計測することが望ましいか」についても研究を進めることが重要であろう．

第2に，先に挙げたスピルオーバーの経路を直接分析する研究である．例えば，第2の経路として，多国籍企業との取引であったり，従業員の転職を通じた，技術やノウハウの習得や拡散が起こることを述べた．この経路を直接分析した研究として，チェコを対象としたJavorcik and Spatareanu（2009）が挙げられる．この研究では，多国籍企業に製品供給をしている地場企業ほど生産性が改善していることが示されており，このことは多国籍企業との実際の取引がスピルオーバー効果の源泉となっていることを示唆している．また，Poole（2013）は，第3章で紹介されたような雇用者・従業者接続データ（employer-employee matched database）を用いて，多国籍企業に勤務経験のある従業員が多い地場企業ほど，賃金が高いことを示した．このことは，多国籍企業からの転職者を通して技術やノウハウを習得し，生産性が高まり，しいては賃金を上昇させていることを示唆しているものと考えられる．第4の経路である，多国籍企業の輸出ノウハウが裨益しているかどうかを調べているのが，メキシコを対象としたAitken, Hanson, and Harrison（1997）や英国を対象としたGreenaway, Sousa, and Wakelin（2004）である．これらの研究では，輸出を行っている多国籍企業が集中している地域もしくは産業に属す地場企業ほど輸出を開始しやすいことを発見している．

第3に，いくつかのメタ解析から，分析方法や対象などの違いが分析結果に大きな違いを生んでいることが明らかとなった．先の2つの研究分野とは異なり，本分野では既にメタ解析が行われている．Hanousek, Kocenda, and Maurel（2011）は移行経済諸国を分析対象とした21個の研究結果を，Havránek and Iršová（2010）は産業内スピルオーバー効果を分析した67本の研究で報告されている97個の分析結果を，Havránek and Iršová（2011, 2012）は産業間スピルオーバー効果を分析した57本の研究で報告されている3,626個の分析結果を横断的に分析した．その結果，分析対象年数，地場企業の経営パフォーマンス指標として何を用いるか（労働生産性，全要素生産性等），多国籍企業の規模を何で測るか（付加価値，雇用等），分析対象が途上国か先進国か，執筆時期（2000年以前か2001年以後かなど）によって，分析結果が大きく異なることを明らかにした．また，査読付き学術誌に掲載されている分析結果ほど正の効果が報告されやすいという，掲載バイアスにつ

いては，産業間スピルオーバー効果，とくに後方連関効果において強く検出された．こうした分析方法や対象等の影響を除くと，平均的には，産業内スピルオーバー効果や前方連関効果は観察されない一方，後方連関効果は検出されることが示された．したがって，3種類のスピルオーバー効果のうち，とくに強い正の効果を持っているのは後方連関効果と言える．

第4に，多国籍企業および地場企業の不均一性が挙げられる．すなわち，多国籍企業の特性によって，与えるスピルオーバー効果は異なり，また地場企業の特性によっても，受けるスピルオーバー効果は異なるであろうというものである．いくつかの特性は上記の通りである．すなわち，実際に多国籍企業と取引している地場企業や，多国籍企業での勤務経験のある従業員を多く有する地場企業はより大きなスピルオーバー効果を受ける．ここでは，それ以外の特性について紹介する．

多国籍企業の不均一性として，以下の2つが挙げられる．第1に，多国籍企業の国籍の違いである．例えば，インドを対象としたBanga（2003）は，日系多国籍企業からはスピルオーバー効果が検出される一方，米系多国籍企業からは検出されないことを示した．この一つの解釈として，日系企業が使用している技術は広く利用されているものであり，相対的に模倣しやすいものであるからとしている．ルーマニアを対象としたJavorcik and Spatareanu（2011）は，米系多国籍企業からの後方連関効果は検出される一方，欧州系多国籍企業からは検出されないことを示した．そして，この結果は，欧州系企業は欧州連合による特恵関税率の存在や，地理的近接性により，母国から容易に中間財を調達できる一方，米系企業はそうでないため，米系企業はより地場企業を含む現地企業から中間財を調達するインセンティブがあり，すなわち取引関係を持つ可能性が高いことに起因すると述べている．第2に，直接投資のタイプである．例えば，英国を対象としたGirma, Görg, and Pisu（2008）は，輸出目的の多国籍企業からはスピルオーバー効果が検出される一方，現地市場向けの生産を行っている多国籍企業からはそれが検出されないことを示した．これは，後者のタイプの企業は地場企業にとって競争相手，脅威となるため，先述した競争激化による負の効果が大きくなることによると考えられる．

一方,地場企業の不均一性は以下の通りである.第1に,地場企業の技術吸収力の違いである.例えば,英国を対象とした Girma(2005a)は,研究開発集約的でない産業において,中位の生産性を有する地場企業のみがスピルオーバー効果を受けていることを示した.すなわち,生産性が高く,多国籍企業の技術水準とさほど変わらない地場企業,および生産性が低く,多国籍企業の優れた技術・ノウハウを生かし切れない地場企業は,スピルオーバー効果を享受しないことを明らかにした.第2に,地場企業の多国籍企業との地理的近接性である.これは,より多国籍企業に近接している地場企業ほど大きなスピルオーバー効果を受けていることを期待するものである.この仮説は Girma and Wakelin(2002)や Halpern and Muraközy(2007)で分析されているが,期待された結果は得られていない.

4. おわりに

本章では,①企業が海外進出を行うことに伴い,当該企業の母国における経営パフォーマンスがどのように変化しているか(対外直接投資の研究),②地場企業の合併・買収という形態で多国籍企業が進出した際に,当該地場企業の経営パフォーマンスが合併・買収前後で受ける変化(合併・買収の研究),③多国籍企業が進出することで優れた技術やノウハウが地場企業に対して裨益する効果(スピルオーバー効果の研究),の3種類の研究の分析結果について整理して紹介してきた.

1つ目の研究では未だ結論を出せる状況にない一方,2つ目の研究では一致して正の効果が得られており,とくに先進国系企業による合併・買収,また中位の程度の生産性を有する地場企業に対する合併・買収が,より大きな効果を持つことが示された.したがって,少なくとも日本企業の生産性の向上という観点からは,外資系企業,とくに先進国系企業による対日 M&A を促進することが正当化される.また3つ目の研究によれば,同一産業や上流産業の多国籍企業から受ける効果はあまり観察されないものの,下流産業の多国籍企業から受ける効果は確かに正であると言えよう.したがって,対日直接投資を誘致する際に,下流産業の外資系企業を主要なターゲットとす

ることが正当化できよう．とくに，日本から地理的に遠い，もしくは日本と特恵協定のない国からの進出，および輸出目的の多国籍企業の進出が効果を大きくするかもしれない．

　このように，3種類の研究を横並びで見ると，研究の広がり方に共通性が見られることが分かる．前節までにメタ解析の必要性を述べてきたが，これに加え，そうした研究の広がり方を明確にすることで，各分野において，どの部分の研究が足りないかが明白になる．第1に，分析対象となる経営パフォーマンス指標の多様化である．対外直接投資の研究が雇用や生産性，賃金に，スピルオーバー効果の研究では生産性に分析対象が集中している一方，合併・買収の研究では研究開発費や設備投資，貿易への影響も分析対象としている．前者の2つの研究においても，経営指標の拡張が，包括的な効果を知るうえで重要であろう．

　第2に，多国籍企業側の多様性がもたらす分析結果の違いである．例えば，水平的・垂直的直接投資の違いに応じた分析が行われていた．一方，クロスボーダーM&Aの効果の文脈では，直接投資タイプに応じた分析はほとんどされていない．また，前章で取り上げられているような，より複雑なタイプの直接投資の効果も含めて分析し，水平的・垂直的直接投資の効果との違いを分析することが考えられる．単純な拡張として，対外直接投資の研究やスピルオーバー効果の研究では，グリーンフィールド等，投資形態の違いに応じた分析も有益かもしれない[9]．また，国籍に応じた分析についても，上述したJavorcik and Spatareanu（2011）が一部明らかにしているように，違いを生む本源的な要素を明らかにしたい．

　第3に，地場企業側の多様性がもたらす分析結果の違いである．事前の生産性の違い，多国籍企業との地理的距離の違いに応じた分析が行われている．またスピルオーバー効果の研究では，実際の多国籍企業との取引状況，多国籍企業における勤務経験のある従業員数についても焦点が当てられた．これらと同様の分析が，クロスボーダーM&Aの効果の分析においても有用であろう．すなわち，もともと合併・買収企業との取引がある地場企業ほど，

---

[9]　例えば，クロスボーダーM&Aによる海外進出が母国におけるパフォーマンスに与える影響を分析した研究として，Edamura et al.（2014）が挙げられる．

第Ⅲ部　多国籍企業の経済活動

また多国籍企業での勤務経験があり，外資系企業の経営スタイルに慣れた従業員が多い地場企業ほど，合併・買収は成功する，すなわち経営パフォーマンスへの影響も大きいであろう．

第4に，製造業とサービス業に分けた分析である．貿易に関する分析同様，直接投資の分析においても，製造業を対象とした研究が圧倒的に多い．しかし，規模などの面から，製造業を対象とした分析をすることと少なくとも同程度，サービス業における直接投資を分析することは重要である．これまで生産基地としての位置づけがなされてきた東アジアにおいても，近年では，サービス業の直接投資額の方が製造業のそれよりも大きい．このように，サービス業における直接投資の効果を分析していくことが重要であるが，同時に理論的な分析も必要とされている．実際，これまでのサービス業を対象とした先行研究では，製造業における違いとサービス業における違いがなぜ観察されるのか，説得的な議論が展開されていない．

補　論　傾向スコア・マッチング法

本文で述べたように，多国籍企業の効果を分析する際には，傾向スコア・マッチング（Propensity Score Matching: PSM）法が用いられることが多い．本補論では，傾向スコア・マッチング法について簡単に紹介する．本手法はRosenbaum and Rubin（1983）によって提唱され，自然科学の分野で利用されていたが，とくに近年では，経済学の分析においても広く利用されている．ここでは，第2節において議論した，対外直接投資の国内パフォーマンスに対する影響を題材として，本手法を紹介する．とくに，企業の海外進出が，当該企業の国内生産性に対する影響を分析する際に，どのような分析が行われるかを紹介する．傾向スコア・マッチング法に関する様々なトピックについて関心のある読者は，例えばCaliendo and Kopeinig（2008）を参照されたい．

海外進出を行った企業を海外進出企業，そうでない企業を国内企業と呼ぶ．企業iのt年における国内生産性をy_{it}とする．とくに，海外進出をしたときに実現する生産性をy_{1it}，海外進出をしなかったときに実現する生産性を

y_{0it} とする.また,実際に当該企業が海外進出をした際に 1 をとるダミー変数を FDI_{it} とする.このとき,処置群(海外進出企業)に対する平均処置効果(Average Treatment Effect on Treated: ATT)と呼ばれる海外進出の効果は以下のように表される.

$$\text{ATT} \equiv \text{E}(y_{1it} - y_{0it} | FDI_{it}=1) = \text{E}(y_{1it}|FDI_{it}=1) - \text{E}(y_{0it}|FDI_{it}=1) \quad (1)$$

E は期待値をとる表記である.すなわち,実際に海外進出をした際に,「進出時に実現した生産性」と「進出しなければ実現するはずであった生産性」の平均的な差が,ここで計算される海外進出の効果となる.

しかしながら,後者の生産性は実際には観察できない.そのため,実際に観察可能な,国内企業の生産性,$\text{E}(y_{0it}|FDI_{it}=0)$ が代わりに用いられる.先の式は以下のように変形できる.

$$\begin{aligned}&\text{E}(y_{1it}|FDI_{it}=1) - \text{E}(y_{0it}|FDI_{it}=0) \\&\quad = \text{ATT} + \{\text{E}(y_{0it}|FDI_{it}=1) - \text{E}(y_{0it}|FDI_{it}=0)\} \quad (2)\end{aligned}$$

左辺は,「海外進出企業の進出時に実現した生産性」と「国内企業の進出しなかった際の生産性」の差のため,いずれも観察可能である.したがって,この左辺を計算することで,海外進出の効果を測りたいわけであるが,右辺から分かる通り,これは海外進出の効果(ATT)の他に,2 項目で構成されるバイアスを含んでいる.右辺の 2 項目は,「海外進出企業が進出しなければ実現したはずの生産性」と「国内企業の進出しなかった際の生産性」の差であり,上述した通り,前者の生産性は観察不可能である.観察可能な左辺は,この右辺の 2 項目がゼロであるときに,海外進出の効果の一致推定量となる.

しかしながら,第 2 節でも述べたように,海外進出企業の生産性と国内企業の生産性は,海外進出の有無に関わらず異なっている.とくに,前章で議論されているように,前者の企業はもともとより高い生産性を持っており,それがゆえに海外進出を達成している.したがって,(2)式右辺の 2 項目はゼロとならず,左辺を計算しても,それはサンプル選択バイアスを含んだ,海外進出の効果となる.

そこで，Rosenbaum and Rubin（1983）が提唱した方法は以下の通りである．まず，2つの仮定をする．ここでは ATT を計算するために必要最小限の仮定のみ取り上げる．第1の仮定は次のように表される．

$$y_{0it} \perp\!\!\!\perp FDI_{it} | \mathbf{X}_{it} \tag{3}$$

⊥⊥ は独立を示す表記である．これは，ある観察可能な変数群 $\mathbf{X}$ が共通ならば，進出の事実に関わらず，「進出しなかった際に実現する生産性」は変わらない，という仮定である．したがって，この仮定が満たされるか否かにおいて，どのような $\mathbf{X}$ を準備できるかが決定的に重要である．ただし，実際には $\mathbf{X}$ が多くの要素を含む場合，それらの全てを共通化させることは困難である．したがって，同等な，以下が仮定される．

$$y_{0it} \perp\!\!\!\perp FDI_{it} | \mathrm{Prob}(FDI_{it}=1|\mathbf{X}_{it}) \tag{4}$$

$\mathrm{Prob}(FDI_{it}=1|\mathbf{X}_{it})$ は傾向スコアと呼ばれており，$\mathbf{X}$ が与えられた際の海外進出確率を表している．すなわち，ある観察可能な変数群 $\mathbf{X}$ によって説明される海外進出確率が同じならば，進出の事実に関わらず，「進出しなかった際に実現する生産性」は変わらない，という仮定である．第2に，全く同じ観察可能な変数群を持っている企業同士でも，海外進出をする企業もいれば，それを行わない企業もいるという仮定である．これは次のように記述できる．

$$\mathrm{Prob}(FDI_{it}=1|\mathbf{X}_{it}) < 1 \tag{5}$$

これらの仮定が満たされているとき，傾向スコア $\mathrm{Prob}(FDI_{it}=1|\mathbf{X}_{it})$ が共通であるもとでは，(2)式の右辺2項目がゼロとなり，観察可能な変数のみで ATT が計算可能となる．すなわち，1つ目の仮定から，同一の傾向スコアを持つ企業間の生産性の差が海外進出の効果に関する一致推定量となり，また2つ目の仮定から，そうした同一の傾向スコアを持つ企業同士でも実際に進出した企業とそうでない企業の存在が確保されているため，実際に両社の生産性の差が計算可能となる．

ただし，実際のデータにおいて，（確率の有効桁を上げれば上げるほど）完全

に同一の傾向スコアを持つ,海外進出企業と国内企業のペアを見つけるのは困難になるであろう.そのため,こうしたペアの作り方,すなわちマッチングの仕方には,いくつかのアルゴリズムが提唱されている.ここでは,最近傍 (nearest-neighbor) 法について取り上げる.この手法では,海外進出企業 i に対してマッチングされる国内企業 j は,企業 i が有する傾向スコアと最も近い傾向スコアを持つ国内企業が選ばれる.I_0 を国内企業の集合,I_1 を海外進出企業の集合とし,

$$P_{it} \equiv \mathrm{Prob}(FDI_{it}=1|\mathbf{X}_{it}) \tag{6}$$

および,

$$C(P_i) = \{P_j|\min_j\|P_i-P_j\|\},\ j \in I_0 \tag{7}$$

とすると($\|\cdot\|$はユークリッド距離),企業 i に対してマッチングされる企業 j は(正確には t 年における,という意味であるが,t については省略),以下のような A_i という集合に属す.

$$A_i = \{j \in I_0 | P_j \in C(P_i)\} \tag{8}$$

こうして選ばれた,海外進出企業と国内企業のペアが,十分に先の1つ目の仮定を満たしていると見なせるならば,このペアに対して,(2) 式の左辺を計算することで,以下の通り,海外進出の効果に関する一致推定量を得ることができる.

$$\mathrm{ATT}^{PSM} = \frac{1}{n}\left\{\sum_{i \in I_1}\left(y_{1it} - \sum_{j \in A_i} y_{0jt}\right)\right\} \tag{9}$$

n はマッチングされる海外進出企業数である.これは最近傍法による ATT であるが,その他にも半径(radius)法やカーネル(Kernel)法がある.これらは,最近傍法では,最も進出確率が近い1社を国内企業から選んでいたのに対して,複数の国内企業をペア相手として選ぶ方法である.また,ペアが十分に1つ目の仮定を満たしているかどうかを検定する方法も,いくつか提唱されている.

第Ⅲ部　多国籍企業の経済活動

　本文でも述べたように，実際は差分の差分（Difference-in-differences: DID）法が組み合わされることが多い．これは，生産性の水準同士を比較するのではなく，生産性の変化分同士を比較することで，時間に対して変わらない観察不可能な要素の影響を除去しようというものである．このとき，（4）式の代わりに以下を仮定する．

$$(y_{0it}-y_{0it-1}) \perp\!\!\!\perp FDI_{it} \,|\, \mathrm{Prob}(FDI_{it}=1\,|\,\mathbf{X}_{it}) \tag{10}$$

また（9）式は以下のようになる．

$$\mathrm{ATT}^{PSM-DID} = \frac{1}{n}\left\{\sum_{i \in I_1}\left((y_{1it}-y_{1it-1}) - \sum_{j \in A_i}(y_{0jt}-y_{0jt-1})\right)\right\} \tag{11}$$

本文中で取り上げた多くの研究は，この PSM-DID 法によって ATT を計算し，報告している．

参考文献

Aitken, Brian J. and Ann E. Harrison (1999), "Do Domestic Firms Benefit from Direct Foreign Investment? Evidence from Venezuela," *American Economic Review*, Vol. 89 (3), pp. 605–618.

Aitken, Brian J., Gordon H. Hanson, and Ann E. Harrison (1997), "Spillovers, Foreign Investment, and Export Behavior," *Journal of International Economics*, Vol. 43 (1–2), pp. 103–132.

Arnold, Jens M. and Beata S. Javorcik (2009), "Gifted Kids or Pushy Parents? Foreign Direct Investment and Plant Productivity in Indonesia," *Journal of International Economics*, Vol. 79 (1), pp. 42–53.

Bandick, Roger and Patrik Karpaty (2011), "Employment Effects of Foreign Acquisition," *International Review of Economics & Finance*, Vol. 20 (2), pp. 211–224.

Bandick, Roger, Holger Görg, and Patrik Karpaty (2014), "Foreign Acquisitions, Domestic Multinationals, and R&D," *Scandinavian Journal of Economics*, Vol. 116 (4), pp. 1091–1115.

Banga, Rashmi (2003), "Do Productivity Spillovers from Japanese and US FDI Differ," in: Raghbendra Jha (ed.), *Indian Economic Reform*, New York: Palgrave Macmillan, pp. 256–273.

Barrios, Salvador, Holger Görg, and Eric Strobl (2011), "Spillovers Through Backward Linkages from Multinationals: Measurement Matters!" *European Economic Review*, Vol. 55 (6), pp. 862–875.

Bertrand, Olivier and Habib Zitouna (2008), "Domestic versus Cross-border Acquisitions: Which Impact on the Target Firms' Performance?" *Applied Economics*, Vol. 40 (17), pp. 2221–2238.

Caliendo, Marco, and Sabine Kopeinig (2008), "Some Practical Guidance for the Implementation of Propensity Score Matching," *Journal of Economic Surveys*, Vol. 22 (1), pp. 31–72.

Chen, Wenjie (2011), "The Effect of Investor Origin on Firm Performance: Domestic and Foreign Direct Investment in the United States," *Journal of International Economics*, Vol. 83 (2), pp. 219–228.

Chuang, Yih-Chyi and Chi-Mei Lin (1999), "Foreign Direct Investment, R&D and Spillover Efficiency: Evidence from Taiwan's Manufacturing Firms," *Journal of Development Studies*, Vol. 35 (4), pp. 117–137.

Crespo, Nuno and Maria P. Fontoura (2007), "Determinant Factors of FDI Spillovers — What Do We Really Know?" *World Development*, Vol. 35 (3), pp. 410–425.

Debaere, Peter, Hongshik Lee, and Joonhyung Lee (2010), "It Matters where You Go: Outward Foreign Direct Investment and Multinational Employment Growth at Home," *Journal of Development Economics*, Vol. 91 (2), pp. 301–309.

Edamura, Kazuma, Laura Hering, Tomohiko Inui, and Sandra Poncet (2011), "The Overseas Subsidiary Activities and Their Impact on the Performance of Japanese Parent Firms," RIETI Discussion Paper, No. 11-E-069.

Edamura, Kazuma, Sho Haneda, Tomohiko Inui, Xiaofei Tan, and Yasuyuki Todo (2014), "Impact of Chinese Cross-border Outbound M&As on Firm Performance: Econometric Analysis Using Firm-level Data," *China Economic Review*, Vol. 30, pp. 169–179.

Fukao, Kyoji, Keiko Ito, Hyeog U. Kwon, and Miho Takizawa (2006), "Cross-border Acquisitions and Target Firms' Performance: Evidence from Japanese Firm-level Data," NBER Working Paper, No. 12422. http://www.nber.org/papers/w12422

Girma Sourafel (2005a), "Absorptive Capacity and Productivity Spillovers from FDI: A Threshold Regression Analysis," *Oxford Bulletin of Economics and*

Statistics, Vol. 67 (3), pp. 281-306.

Girma, Sourafel (2005b), "Technology Transfer from Acquisition FDI and the Absorptive Capacity of Domestic Firms: An Empirical Investigation," *Open Economies Review*, Vol. 16 (2), pp. 175-187.

Girma, Sourafel and Holger Görg (2007), "The Role of the Efficiency Gap for Spillovers from FDI: Evidence from the UK Electronics and Engineering Sectors," *Open Economies Review*, Vol. 18 (2), pp. 215-232.

Girma, Sourafel and Katharine Wakelin (2002), "Are there Regional Spillovers from FDI in the UK?" in: David Greenaway, Richard Upward, and Katharine Wakelin (eds.), *Trade, Investment, Migration and Labour Market Adjustment*, New York: Palgrave Macmillan, pp. 172-186.

Girma, Sourafel, Holger Görg, and Mauro Pisu (2008), "Exporting, Linkages and Productivity Spillovers from Foreign Direct Investment," *Canadian Journal of Economics*, Vol. 41 (1), pp. 320-340.

Girma, Sourafel, Richard Kneller, and Mauro Pisu (2007), "Do Exporters Have Anything to Learn from Foreign Multinationals?" *European Economic Review*, Vol. 51 (4), pp. 993-1010.

Görg, Holger and David Greenaway (2004), "Much Ado about Nothing? Do Domestic Firms Really Benefit from Foreign Direct Investment?" *World Bank Res Obs*, Vol. 19 (2), pp. 171-197.

Greenaway, David, Nuno Sousa, and Katharine Wakelin (2004), "Do Domestic Firms Learn to Export from Multinationals?" *European Journal of Political Economy*, Vol. 20 (4), pp. 1027-1043.

Haddad, Mona and Ann E. Harrison (1993), "Are There Positive Spillovers From Direct Foreign Investment?: Evidence From Panel Data for Morocco," *Journal of Development Economics*, Vol. 42 (1), pp. 51-74.

Halpern, László and Balázs Muraközy (2007), "Does Distance Matter in Spillover?" *Economics of Transition*, Vol. 15 (4), pp. 781-805.

Hanousek, Jan, Evzen Kocenda, and Mathilde Maurel (2011), "Direct and Indirect Effects of FDI in Emerging European Markets: A Survey and Meta-Analysis," *Economic Systems*, Vol. 35 (3), pp. 301-322.

Havránek, Tomáš and Zuzana Iršová (2010), "Meta-Analysis of Intra-Industry FDI Spillovers: Updated Evidence," *Czech Journal of Economics and Finance*, Vol. 60 (2), pp. 151-174.

Havránek, Tomáš and Zuzana Iršová (2011), "Estimating Vertical Sillovers from FDI: Why Results Vary and What the True Effect Is," *Journal of In-*

ternational Economics, Vol. 85 (2), pp. 234-244.

Havránek, Tomáš and Zuzana Iršová (2012), "Survey Article: Publication Bias in the Literature on Foreign Direct Investment Spillovers," *Journal of Development Studies*, Vol. 48 (10), pp. 1375-1396.

Hayakawa, Kazunobu, Toshiyuki Matsuura, Kazuyuki Motohashi, and Ayako Obashi (2013), "Two-dimensional Analysis of the Impact of Outward FDI on Performance at Home: Evidence from Japanese Manufacturing Firms," *Japan and the World Economy*, Vol. 27, pp. 25-33.

Heyman, Fredrik, Fredrik Sjöholm, and Patrik G. Tingvall (2007), "Is There Really a Foreign Ownership Wage Premium? Evidence from Matched Employer-Employee Data," *Journal of International Economics*, Vol. 73 (2), pp. 355-376.

Hijzen, Alexander, Tomohiko Inui, and Yasuyuki Todo (2010), "Does Offshoring Pay? Firm-level Evidence from Japan," *Economic Inquiry*, Vol. 48 (4), pp. 880-895.

Hijzen, Alexander, Sébastien Jean, and Thierry Mayer (2011), "The Effects at Home of Initiating Production Abroad: Evidence from Matched French Firms," *Review of World Economics*, Vol. 147 (3), pp. 457-483.

Imbriani, Cesare, Rosanna Pittiglio, and Filippo Reganati (2011), "Outward Foreign Direct Investment and Domestic Performance: the Italian Manufacturing and Services Sectors," *Atlantic Economic Journal*, Vol. 39 (4), pp. 369-381.

Ito, Keiko and Tanaka Ayumu (2014), "The Impact of Multinationals' Overseas Expansion on Employment at Suppliers at Home: New Evidence From Firm-level Transaction Relationship Data for Japan," RIETI Discussion Paper, No. 14-E-011.

Ito, Yukiko (2015), "Is Starting FDI More Productive than Staying at Home?: Manufacturing and Service Sectors in Japan," *Journal of International Trade & Economic Development*, Vol. 24 (1), pp. 105-131.

Javorcik, Beata S. (2004), "Does Foreign Direct Investment Increase the Productivity of Domestic Firms? In Search of Spillovers Through Backward Linkages," *American Economic Review*, Vol. 94 (3), pp. 605-627.

Javorcik, Beata S. and Mariana Spatareanu (2009), "Tough Love: Do Czech Suppliers Learn from Their Relationships with Multinationals?" *Scandinavian Journal of Economics*, Vol. 111 (4), pp. 811-833.

Javorcik, Beata S. and Mariana Spatareanu (2011), "Does it Matter where You

Come from? Vertical Spillovers from Foreign Direct Investment and the Origin of Investors," *Journal of Development Economics*, Vol. 96 (1), pp. 126–138.

Kleinert, Jörn and Farid Toubal (2007), "The Impact of Locating Production Abroad on Activities at Home," *Tübinger Diskussionsbeiträge*, No. 314.

Kokko, Ari, Ruben Tansini, and Mario C. Zejan (1996), "Local Technological Capability and Productivity Spillovers from FDI in the Uruguayan Manufacturing Sector," *Journal of Development Studies*, Vol. 32 (4), pp. 602–611.

Mariotti, Sergio, Marco Mutinelli, and Lucia Piscitello (2003), "Home Country Employment and Foreign Direct Investment: Evidence from the Italian Case," *Cambridge Journal of Economics*, Vol. 27 (3), pp. 419–431.

Masso, Jaan, Urmas Varblane, and Priit Vahter (2008), "The Effect of Outward Foreign Direct Investment on Home-Country Employment in a Low-cost Transition Economy," *Eastern European Economics*, Vol. 46 (6), pp. 25–59.

Molnár, Margit, Nigel Pain, and Daria Taglioni (2007), "The Internationalisation of Production, International Outsourcing and Employment in the OECD," OECD Economics Department Working Papers, No. 561.

Navaretti, Giorgio B. and Davide Castellani (2007), "Do Italian Firms Improve Their Performance at Home by Investing Abroad?" in: Steven Brakman and Harry Garretsen (eds.), *Foreign Direct Investment and the Multinational Enterprise*, Cambridge, MA: MIT Press, pp. 199–224.

Navaretti, Giorgio B., Davide Castellani, and Anne-Célia Disdier (2010), "How does Investing in Cheap Labour Countries Affect Performance at Home? Firm-level Evidence from France and Italy," *Oxford Economic Papers*, Vol. 62 (2), pp. 234–260.

Nocke, Volker and Stephen Yeaple (2007), "Cross-border Mergers and Acquisitions vs. Greenfield Foreign Direct Investment: The Role of Firm Heterogeneity," *Journal of International Economics*, Vol. 72 (2), pp. 336–365.

Poole, Jennifer P. (2013), "Knowledge Transfers from Multinational to Domestic Firms: Evidence from Worker Mobility," *Review of Economics and Statistics*, Vol. 95 (2), pp. 393–406.

Qiu, Larry D. (2010), "Cross-border Mergers and Strategic Alliances," *European Economic Review*, Vol. 54 (6), pp. 818–831.

Raff, Horst, Michael Ryan, and Frank Stähler (2009), "The Choice of Market Entry Mode: Greenfield Investment, M&A and Joint Venture," *International Review of Economics & Finance*, Vol. 18 (1), pp. 3–10.

Rosenbaum, Paul R. and Donald B. Rubin (1983), "The Central Role of the Propensity Score in Observational Studies for Causal Effects," *Biometrika*, Vol. 70 (1), pp. 41-55.

Smeets, Roger (2008), "Collecting the Pieces of the FDI Knowledge Spillovers Puzzle," *World Bank Research Observer*, Vol. 23 (2), pp. 107-138.

Todo, Yasuyuki (2006), "Knowledge Spillovers from Foreign Direct Investment in R&D: Evidence from Japanese Firm-level Data," *Journal of Asian Economics*, Vol. 17 (6), pp. 996-1013.

川邉信雄（2011），『タイトヨタの経営史――海外子会社の自立と途上国産業の自立』有斐閣．

平塚大祐（2002），「グローバリゼーション時代の日系企業のタイ進出事例――アジア進出とは何か」岐阜県産業経済振興センター『台頭するアジア諸国と岐阜県製造業のグローバル展開』平成13年度地方連携研究事業「岐阜県製造業のアジア諸国におけるグローバル展開の将来像」研究会調査研究報告書，共同刊行：日本貿易振興会アジア経済研究所，73-88頁．

第9章

多国籍企業の生産ネットワーク
―― 新しい形の国際分業の諸相と実態

木 村 福 成
安 藤 光 代

1. はじめに

　1980年代以降，情報通信革命が進行する中，国際分業と国際貿易，とりわけ先進国と新興国・発展途上国の間の関係は，大きな変貌を遂げつつある．そこでは，産業単位の国際分業から生産工程・タスク単位の国際分業へ，原材料・完成品中心の国際貿易から部品・中間財中心の国際貿易へ，という変化が見られる．それらを通じ，立地の優位性のより弾力的な利用が可能となり，またサービス・リンクの重要性が増大し，伝統的な比較優位理論の微修正では説明しきれない新たな経済現象が生じてきている．そして，国際的生産・流通ネットワーク（以下，「生産ネットワーク」と呼ぶ）に参加できる新興国・発展途上国とそうでない国とがはっきりと分かれつつある．このことは，新興国・発展途上国の開発戦略，経済統合の含意，先進国における空洞化の回避・遅延，生産ネットワークの安定性・頑健性などをめぐる政策論にも大きな影響を与えている．

　この新しい国際分業・国際貿易に関する経済学からのアプローチは，未だに現実に追いつけない状況にある．本章では，経済学とりわけ国際貿易論からのアプローチに限定して，現状の到達点と今後の研究課題について議論していく．

2. 概念枠組みの構築

 生産ネットワークに関する経済学からのアプローチは，未だに理論と呼べるところまで成熟していない．しかし，一定の概念枠組みが構築されてきたことは重要である．以下では，フラグメンテーション理論，第2のアンバンドリング，産業集積形成と2次元のフラグメンテーションという3つのアプローチの概略とその含意を議論する．

2.1 フラグメンテーション理論

 国際的生産ネットワークをめぐる経済学からのアプローチが本格化するのは，Jones and Kierzkowski（1990）が提唱したフラグメンテーション理論からである．それは，理論上の発想としては，Sanyal and Jones（1982）の中間財貿易理論の延長線上で生まれてきた[1]．

 図9–1に生産のフラグメンテーションを図示した．生産ブロックとは，生産工程の一部を切り出したものである．狭義の「生産」機能を持つものに限定する必要はなく，研究開発あるいは財務など一定の機能を単位とするものや，卸売・小売といった流通を担うものも，ここに含めてよい．サービス・リンクは分離して配置された生産ブロックを結びつけるものであり，そのためのコストには部品・中間財等の輸送費，電気通信費，各種コーディネーション・コストなどが含まれる．生産のフラグメンテーションが行われるためには，(i) 生産ブロックにおける生産費用を大幅に節減できること，(ii) サービス・リンク・コストが高すぎないこと，という2つの条件が満たされる必要がある．

 フラグメンテーション理論における主要な学術的関心は，国際分業パターンの説明にあった．生産工程を単位とする国際分業において，ヘクシャー＝オリーン的な分業の論理がどこまで成り立つのかを考察すれば，従来の理論から逸脱する部分が抽出されてくる．

 まず第1に強調されたのは，サービス・リンクの重要性である．一つの典

---

[1] Deardorff（2001），Arndt and Kierzkowski（2001），Cheng and Kierzkowski（2001）などを参照．

第9章 多国籍企業の生産ネットワーク

フラグメンテーション前

フラグメンテーション後

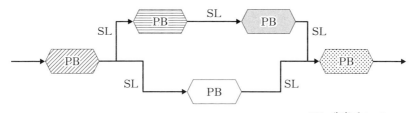

PB：生産ブロック
SL：サービス・リンク

図9-1　生産のフラグメンテーション

型的な設定としては，個々の生産ネットワークにおいて生産工程を分散立地させると，サービス・リンク・コストという固定費用が追加的にかかるが，その代わりに生産そのものにかかる変動費用を下落させることができるとする．あるいは，より一般的に，サービス・リンク・コストは固定費用と変動費用の両方にかかってきてもよいし，そこに規模の経済性が存在していてもよい．そして，それらの固定費用，変動費用の大きさは，経済・政策環境によって決まってくると考える．

実際，生産ネットワークへの参加の可否においては，投資環境によって左右されるサービス・リンク・コストの大きさが決定的に重要となる．貿易政策，関税のみならず，通関業務の円滑化やロジスティックス・サービスの自由化なども効いてくる．ハード，ソフトのロジスティックス・インフラの整備など，所得水準あるいは賃金水準とは異なる次元の経済環境が，生産ネットワークの構築に大きく影響してくる．

第2に，産業単位の国際分業と異なり，生産工程・タスクの生産ブロックへの切り分け方に一定の自由度が存在する点も重要である．このことは，生産ネットワークを構築する企業側にも，それをホストする受入国側にも，大切な戦略的判断の余地を残すことになる．

企業の意思決定においては，賃金水準などごく一般的な立地の優位性の構

成要素によって進出先が決まってくる部分もある．しかしそれに加えて，生産ネットワーク構築に際しては，企業の異質性が発揮される．同じ業種であっても，企業によって生産ブロックの切り出し方が違ってくる．これは伝統的な比較優位理論では説明できない現象である．たとえば単純な資本と労働からなる2要素モデルの枠組みから出発したとしても，純粋に労働のみを使用する生産ブロックを切り出せるわけではない．労働集約的な生産ブロックを切り出す際にも，やはり一定の資本投入が必要となる．しかし，そこで企業は一定の自由度を享受できる．どの程度の資本・労働投入比率の生産ブロックを設計するかは，個々の企業の判断に任されている．要素価格差を利用して生産ブロックにおける生産コスト軽減を目指す際にも，円滑に機能しうる生産活動の単位を考え，コーディネーション等に要するサービス・リンク・コストがどうなるのかも考慮に入れる．企業はそれぞれ，技術・経営能力や過去の経験等が異なっており，どのように生産ブロックを切り出すかの決定に際し企業特殊の判断が入りうる．

一方，受入国側としては，最初から産業・業種を丸ごと育成ないし誘致する必要がなくなり，生産ブロックに合わせた立地条件さえ整えれば，生産ネットワークに参加し，工業化を始められる．最初からサポーティング・インダストリーがなくてもよい．国全体の投資環境を改善しなくても，工業団地や輸出加工区を単位として投資環境とサービス・リンクを改善すれば，それで工業化を開始できる．そこから，首都圏などの人口密集地だけでなく，サービス・リンク・コストの低い国境地帯に工業団地を建設することも可能となる．このことは後発国の工業化戦略を大きく変えることになった．

サービス・リンク・コストの重要性と生産ブロックの切り出し方に関わる自由度，この2つが，フラグメンテーション理論を伝統的な比較優位理論と異なるものにしている．

2.2 第2のアンバンドリング

Baldwin（2011）が提示した第2のアンバンドリングという概念も重要である．そこでは，主として南北間国際分業と貿易を念頭に置きながら，特にサービス・リンクの構成要素やそれを支える政策環境を詳細に検討し，さら

第9章　多国籍企業の生産ネットワーク

に新たな分業体制の歴史的発展過程についての議論を展開している．

対比される概念，第1のアンバンドリングとは，国境を越えて生産と消費を分離（アンバンドル）することを意味する．これは19世紀末から蒸気船や鉄道などの大量輸送手段の普及に喚起されて世界に広がった産業・業種単位の国際分業形態であり，そこでの貿易の大宗は原材料か完成品によって占められていた．それに対し第2のアンバンドリングは，1980年代からIT革命を踏まえて生じてきたもので，そこでは国境を越えて生産工程・タスクがアンバンドルされる．生産工程・タスク単位の国際分業によって，貿易の大きな部分が部品・中間財となる．

第2のアンバンドリングによって分離された生産ブロックの間を動くものは，財，アイデア，技術，資本，技術者など多岐にわたる．そこでは，たとえば財の移動に限っても，単に金銭的貿易費用が問題になるのではなく，時間費用やロジスティックスの信頼性も重要となり，輸送モードも動くものや緊急度に対応すべくマルチモーダルとならなければならない．このような分業のために求められる国際政策環境も変化し，関税撤廃中心の国際通商政策から，サービス・投資等を含むより深い自由化，知財保護・競争・基準認証などの国際ルールの構築が求められるようになる．そして，どの程度の国際政策環境が整備できたかによって，第2のアンバンドリングに参加できる発展途上国・地域と，できない発展途上国・地域が生じてくる．現在，世界貿易機関（WTO）がグローバル化に対応する守備範囲の拡大に手間取る中，世界各国が自由貿易協定（FTAs）等によってWTO＋（WTOによってカバーされている政策モードについてさらに深いコミットメントをするもの）やWTO-x（WTOではカバーされていない政策モード）に踏み込んだ深い経済統合を志向するのも，第2のアンバンドリングに対応する国際政策環境の必要性が認識されているからである[2]．

近年，グローバル・バリュー・チェーン（GVC）という言葉がしばしば用いられるが[3]，全てのGVCがここで言うところの第2のアンバンドリングではない．一般に，国際産業連関さえあれば，GVCと呼ぶことができる．

---

[2] WTO＋，WTO-xについてはHorn, Mavroidis, and Sapir（2010）参照．
[3] GVCについてはElms and Low（2013）参照．

たとえば，中東の原油をシンガポールに運んで精製し，ガソリンの形で東南アジア諸国に輸出するのも，一種の GVC である．あるいは，中国で生産された綿布をカンボジアが輸入し，縫製工場でベビー服にして米国に輸出する，というのも GVC である．前者の例では，タンカー等の大量輸送手段によって生産・消費拠点が結ばれている．後者においては，2～3 週間に一度部材がまとめて輸入され，出来上がった製品も 2～3 週間に一度出荷される．これらは第 1 のアンバンドリングに属するものであり，機械産業において数多くの部品・中間財が同期化されて頻繁に輸出入される，生産ネットワークあるいは第 2 のアンバンドリングとは異質のものである．第 1 のアンバンドリングと第 2 のアンバンドリングの違いは，産業・業種分類によって決まってくるというよりは，どのような性質のリンクによって結ばれているかによって判断すべきものである．

2.3 産業集積の形成

集積の研究はヨーロッパが先行してきた．その文脈では，多くの場合，人が一番動きにくい要素となり，輸送費の高い産業・業種の人口密集地への集積が実現される．また，以前の発展途上国における産業集積は，貿易障壁等に守られながら人為的に形成されたものであった．現在の東アジアでは，それらとは異なるタイプの集積が形成されつつある．そこでは，分散立地と集積形成の同時進行が見られる[4]．

東アジアで展開されている生産ネットワーク内の取引では，距離の長いものは企業内取引，短いものは企業間取引の比率が高い．1992 年から 2001 年までの 3 年ごとの『海外事業活動基本調査』から入手した企業内・企業間取引のデータを見てみると，東アジア（中国，ASEAN 4, NIEs 4）の日系海外子会社による売上・仕入において，日本との取引では売上げで 8～9 割，仕入で 7～8 割が企業内取引である[5]．その一方で，進出国内取引のほとんど

---

[4] 分散立地と産業集積形成の同時進行については，Baldwin and Venables (2013) など若干の例外を除き，フォーマルなモデル化はまだほとんど試みられていない．
[5] ASEAN 4 と NIEs 4 には，それぞれ，インドネシア，フィリピン，タイ，マレーシアの 4 カ国および韓国，台湾，香港，シンガポールの 4 カ国が含まれる．

は企業間取引，他の東南アジア諸国との取引は企業内と企業間が半々である[6]．また，東アジア域内での集積の形成に伴い，他の東アジア諸国との取引の割合が増加傾向にある点も強調しておきたい．企業間の分業は企業内に比べ取引費用が高いはずで，しかもその取引費用は，地理的距離が長くなると急速に高くなる．一方，企業内取引は，比較的距離にセンシティブでない．ここから，生産ネットワークがもっとも発達している東アジアにおいて，外に開かれた生産ネットワークの展開と同時に，企業間の垂直分業を核とする産業集積の形成が始まった．

このような新たなタイプの産業集積形成を説明するために，Kimura and Ando（2005）は2次元のフラグメンテーションという概念を提示した（図9-2参照）．企業が生産ブロックを分離して遠くに配置する際には，2つの次

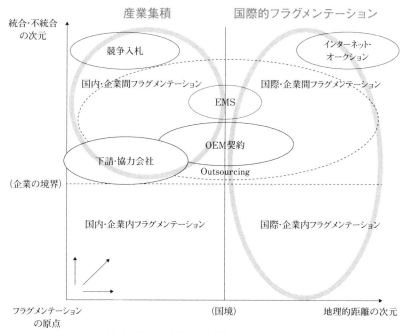

図9-2 2次元のフラグメンテーション
出所：Kimura and Ando（2005）．

---

6) ただし，日本との企業内取引は減少傾向に，現地での企業内取引は増加傾向にある．

元が存在する．一つは，図 9-2 の横軸に示したように，地理的距離の次元である．ここでは，サービス・リンク・コストは生産ブロックを遠くに置くほど高くなるが，とりわけ国境を越える時に跳ね上がる．その代わり，国境を越えれば立地の優位性の大きな違いも享受できるわけで，そこにトレードオフが存在する．縦軸は企業内か企業間かという統合・不統合の次元のフラグメンテーションを示している．この次元でも，どの程度企業の統治が及ぶかというグラデーションが存在しており，統治が有効に機能しなくなるほど取引費用が増大する．特に，企業の境界を越えて企業内から企業間へと移行するところで，取引費用が非連続的に上昇する．一方で，そこでは他の企業の企業特殊資産の強みを利用することができるわけで，ここにもトレードオフが存在する．

東アジアにおけるフラグメンテーションは，地理的次元にとどまらず，統合・不統合の次元でも大きく展開されている．下請け・協力企業から OEM (original equipment manufacturer) 契約や EMS (electronics manufacturing services) 企業，さらにはインターネット・オークションによる部品供給まで，さまざまなアウトソーシングが広範に行われている[7]．

生産ネットワークは，最初は図 9-3 (a) のような，越境生産共有 (cross-border production sharing) と呼ばれる単純な形態のものが中心である．そこでは，企業内分業が主体で，ホスト国の国内経済とのリンクもほとんど存在しない．1980 年代のマレーシア・ペナンにおける半導体製造オペレーション，香港と広東省の間の来料・進料委託加工，サンディエゴ＝ティファナ間やエルパソ＝シウダフアレス間の越境生産共有がその例である．ごく最近までの米国＝メキシコ間，西欧＝中東欧間の生産ネットワークのほとんどはこの形態であった．

それに対し，東アジアでは，越境生産共有にとどまらず，多くの国・地域にまたがる生産「ネットワーク」へと発展している．そこでは，遠距離取引は企業内で行われる一方，企業間取引を核とする産業集積が形成される．電気・電子産業の場合には，図 9-3 (b) のハードディスクドライブ (HDD)

---

[7] OEM とは他社ブランドの製品を製造すること，また，EMS 企業とは電子機器の受託生産を専門とする企業である．

生産のように，分散立地の論理が勝りつつ，電子部品生産に関する産業集積が形成される．一方，自動車の場合は，新興国・発展途上国側での垂直的な産業集積の形成を補完する形で，先進国あるいは先行国からの部品・中間財と完成車の輸入がなされるパターンになる（図9-3（c）参照）．

　企業間垂直分業を核とする産業集積形成には，さまざまなパターンが存在する．生産ブロックが高密度で立地するようになれば，生産ブロック間の取引が自然に発生してくる場合もある．一方，自動車産業のように，アセンブラーを中心に部品サプライヤーが意図して集まってくるパターンもある．また，発展途上国の場合，時間的な順序としては逆のケースの方が多いだろうが，サポーティング・インダストリーの層が厚いところにアセンブラーが立地するということもありうる．人的資本の蓄積や物的インフラの整備による立地の優位性が，集積を必要とする生産ブロックを引きつけることもある．

　産業集積の形成は，新興国・発展途上国の工業化が新たな段階に入ったことを意味する．産業集積内の地場系企業は，外資系企業から競争圧力を受ける一方，外資系企業が構築した生産ネットワークに参加していく可能性も高まる．産業集積内の企業間垂直分業は，当初は上流・下流とも外資系企業によって構成されているが，そこに地場系企業が食い込む機会も増えてくる．産業・業種や企業戦略によって事情は大きく異なるが，たとえば自動車産業の場合，地場系サプライヤーは外資系サプライヤーと比べ，品質の安定性や納期の正確性などの非価格競争力では劣るが，低賃金等を背景とする価格競争力には強みを持ちうる．したがって，外資系アセンブラーとしても，もし地場系サプライヤーの非価格競争力が許容範囲に入ってくる可能性があるならば，積極的に技術移転を行って使っていくインセンティヴを持ちうる．半導体製造の場合でも，生産ラインサービスなどから地場系企業が育っていった例が存在する．

　発展途上国側から見て，生産ネットワークを積極的に利用していくことは，工業化を一気に開始するには有効だが，外資系企業に頼り切った産業構造となっていく危険性もある．産業集積を有効に形成し，その中で地場系企業も育っていけるかどうかは，中進国から一段進んでさらなる産業高度化を進めていくために重要な論点となる．

第Ⅲ部　多国籍企業の経済活動

(a) 越境生産共有

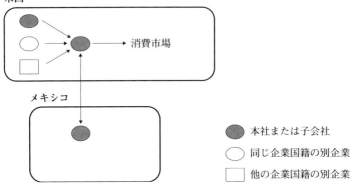

(b) 電気・電子産業の生産ネットワーク

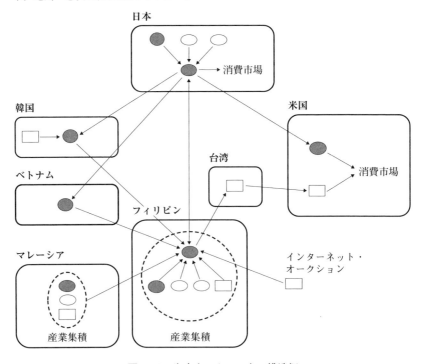

図9-3　生産ネットワークの構造例

(c) 自動車産業の産業集積と生産ネットワーク

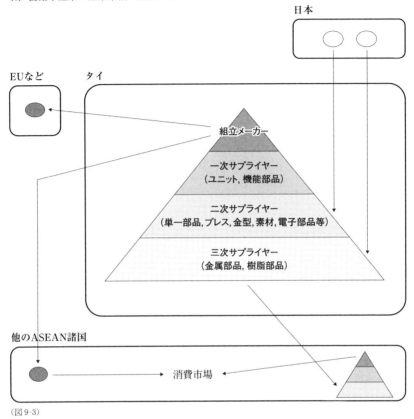

（図9-3）

3. 生産ネットワークの展開とその実証研究の進展

3.1 生産ネットワーク構築の実証的把握

　生産ネットワークをどうとらえるか．個々の企業まで降りたケース・スタディを行うならばともかく，統計的に集計レベルで把握しようとするとなかなか難しい．

　生産構造からアプローチするとすれば，企業・事業所の間の取引関係を把

握する必要が生じてくる．しかし，そのようなデータは極めて限られている．もう一つのアプローチは，部品・中間財貿易のデータを用いるものである．ここで第1のアンバンドリングと第2のアンバンドリングの違いをとらえるには，本来，取引の頻度，時間費用の大きさ，ロジスティックス・サービスの重要性などを基準に，生産ネットワーク内あるいは第2のアンバンドリングの取引を分離したいところである．しかし，そのような区別を集計レベルで行うのは難しい．

ともあれ，製造業に関する限り，一般機械，電気機械，輸送機械，精密機械からなる機械産業が生産ネットワーク，第2のアンバンドリングの主役であることは間違いない．機械産業は，部品・中間財の点数も多く，2次元のフラグメンテーションを多用する産業である．もちろん，機械産業以外でも生産ネットワーク，第2のアンバンドリングを展開している産業・業種は存在する．たとえば，衣料産業でもユニクロのように中間在庫を圧縮している場合には生産ネットワークと呼んでよいだろうし，航空輸送を使った切り花産業やバンガロールのソフトウェア・アウトソーシングも一種の生産ネットワークだろう．しかし多くの場合，機械産業が生産ネットワーク展開の先兵となってきた[8]．

実際，機械類とりわけ機械部品の輸出入比率を見れば，その国がどの程度生産ネットワークに参加しているかがわかる．図9-4（a）は，東アジア各国の対世界財貨輸出入に占める機械類・機械部品輸出入の割合を，1970年以降について示したものである[9]．1970年の段階で機械類を大量に輸出しているのは日本のみで，それもほとんどが完成品輸出である．シンガポール，韓国，香港には，まだ比率は低いが，輸出加工区での部品の輸出入が現れつつある．マレーシア以下の東南アジア諸国ではほぼ輸入のみであり，機械部品輸入も輸入代替的な組立工場への供給かスペアパーツ供給だろう．1980年になると，シンガポール，香港，韓国の機械輸出が伸びてきて，マレーシアも機械部品輸出を開始する．そして1990年には，マレーシア，シ

---

[8] Ando and Kimura（2005）や Athukorala and Yamashita（2006）も，まずは機械産業の生産ネットワークに注目するところから実証研究を展開している．
[9] 機械類・機械部品の定義については図9-4（a）の注参照．

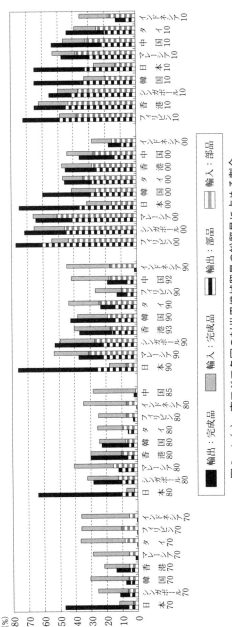

図9-4 (a) 東アジア各国の対世界機械貿易の総貿易に占める割合

注:1970年と1980年についてSITC分類、1990年と2010年についてはHS分類(1990年のフィリピンのみSITC分類)に基づく。1980年の中国は1985年、1990年の中国と香港はそれぞれ1992年と1993年のデータを用いている。機械類の定義はHS84-92、機械部品の定義は、HS1992ベースで8406, 8407, 8408, 8409, 8410, 8411, 8412, 8413, 8414, 8416, 8417, 8431, 8448, 8466, 8473, 8480, 8481, 8482, 8483, 8484, 8485, 8503, 8505, 8507, 8511, 8512, 8522, 8529, 8531, 8532, 8533, 8534, 8535, 8536, 8537, 8538, 8539, 8540, 8541, 8542, 8544, 8545, 8546, 8547, 8548, 8607, 8706, 8707, 8708, 8714, 8803, 8805, 9001, 9002, 9003, 9013, 9014, 9033, 9104, 9110, 9111, 9112, 9113, 9114, 9209, 840140, 840290, 840390, 840490, 840590, 841590, 841891, 841899, 841990, 842091, 842099, 842123, 842129, 842131, 842191, 842199, 842290, 842390, 842490, 843290, 843390, 843490, 843590, 843691, 843699, 843790, 843890, 843991, 843999, 844190, 844210, 844390, 845090, 845190, 845240, 845290, 845390, 845490, 845590, 845690, 846791, 846792, 846799, 846890, 847490, 847590, 847690, 847790, 847890, 847990, 850490, 850690, 850890, 850990, 851090, 851390, 851490, 851590, 851690, 851790, 851840, 851850, 851890, 853090, 854390, 870990, 871690, 900590, 900691, 900699, 900792, 900890, 900990, 901090, 901190, 901290, 901590, 901790, 902490, 902590, 902690, 902790, 902890, 902990, 903090, 903190, 903290, 機械完成品の定義はこれらの部品以外である(HS1996ベース、HS2002ベース、HS2007ベースはHS1992ベースの7, 861, 864, 891, 7294, 7295, 7297, 72991, 72995, 72996, 72998, 7317, 7326, 7327, 7328, 73292, 73312, 73492, 8611, 8612, 86199, 86414, 86426, 86429, 8919, のを微修正したものである)。また、SITC rev. 1ベースの機械の定義は7,861,864,891, 機械部品の定義は71492, 71498, 71499, 71954, 7197, 7199, 7222, 723, 7293, SITC rev.1に基づく機械部品分類は、HSをベースとするものに比べ、2割程度過小となっていることに注意されたい。なお、機械完成品は部品以外である。
出所:UN comtradeをもとに著者作成。

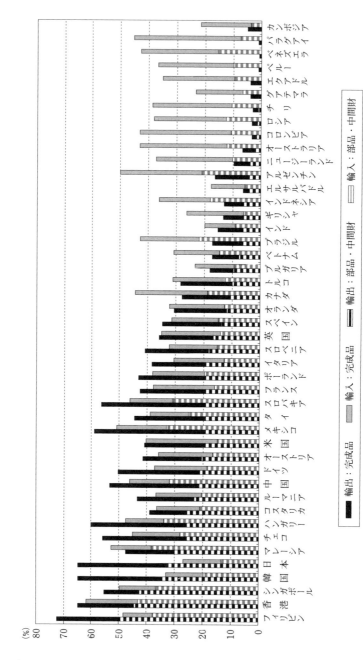

図9-4 (b) 2010年における各国の対世界機械貿易の総貿易に占める割合

出所：Ando and Kimura (2013).

ンガポールの機械部品輸出比率は20％を超え，香港，韓国，タイのそれも上がり始める．最後の2010年には，日本，韓国，中国，香港（製造活動はほとんどなくなっているが），シンガポール，マレーシア，タイが，機械部品を輸入も輸出もするという典型的な生産ネットワークのパターンを示している．このように，東アジア諸国は，1980年代から90年代にかけて，一方向でかつ完成品の貿易を中心とする第1のアンバンドリングの世界から，双方向の部品貿易を特徴とする第2のアンバンドリングの世界へと，順次移行していった．

図9-4（b）のように，2010年の時点で世界全体を見渡せば，機械産業について国際的生産ネットワークに参加している国としていない国がはっきりと分かれていることがわかる．東アジア以外の発展途上経済で第2のアンバンドリングを盛んに行っているのは，中東欧の数カ国とメキシコ，コスタリカのみである．

東アジアの後発国も，順次，国際的生産ネットワークに参加しつつある．アセアン後発国であるカンボジア，ラオス，ミャンマー，ベトナム（CLMV）について，輸出入される機械類・機械部品の種類と貿易相手国の数（extensive margin）の変化率を計算してみると，貿易項目数が大きく伸びている（図9-5参照）．

生産ネットワークあるいは第2のアンバンドリングが発達すると，産業内貿易が盛んに行われる．しかしその産業内貿易は，従来の国際貿易理論において想定されていたような，水平的・垂直的製品差別化によって喚起される産業内貿易とは異質なものである．Ando（2006）は，輸出単価と輸入単価の差を基準に水平的産業内貿易と垂直的産業内貿易をデータ上分離する手法を用いて，東アジアの機械貿易を分析した．多くの国で，水平的産業内貿易がほとんどなく，一方的貿易あるいは垂直的産業内貿易であったことは，予想通りであった．しかしそこで，高所得国である日本などの垂直的産業内貿易では輸出単価よりも輸入単価の方が高い傾向があり，逆に低所得国であるインドネシアなどの垂直的産業内貿易の場合には輸出単価の方が輸入単価よりも高いことがわかった．もし垂直的製品差別化による垂直的産業内貿易が中心であれば，高所得国から高品質・高価格の製品が，低所得国から低品

第Ⅲ部　多国籍企業の経済活動

(a) 機械部品輸出

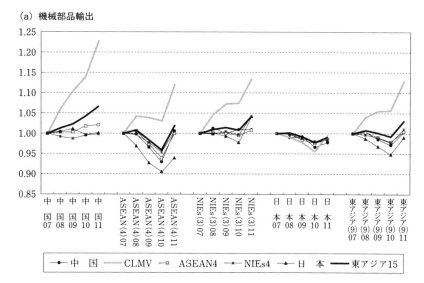

(b) 機械完成品輸出

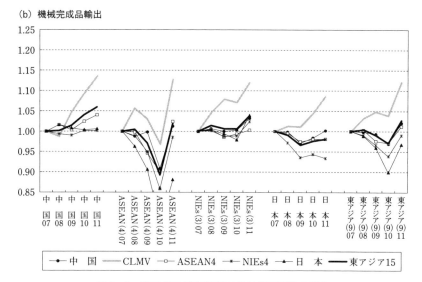

図9-5　東アジア域内貿易における項目数の変化

注：2007年の各相手国・地域との項目数を1として指数化したもの．項目数は相手国別かつ品目別のデータをもとに計算したものである．
出所：Ando (2013).

第9章　多国籍企業の生産ネットワーク

(c) 機械部品輸入

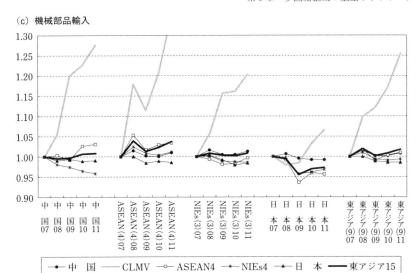

(d) 機械完成品輸入

(図9-5)

307

質・低価格の製品が，より多く輸出されるはずである．しかし，実際にはそうなっていない．産業内貿易が，垂直的製品差別化によるものばかりでなく，むしろ多くの部分が生産ネットワークの中での工程間分業によってもたらされていることが，ここから見て取れる．

なぜ東アジアが先行する形で生産ネットワークが発達したのか．Kimura, Takahashi, and Hayakawa（2007）は，機械・機械部品の国際貿易データをグラヴィティ・モデルを用いて分析し，東アジアとヨーロッパとの比較を試みた．そして，東アジアの方がヨーロッパよりも構成国間の所得格差が大きいことが，新興国・発展途上国側の立地の優位性をより高めたこと，また東アジアにおけるサービス・リンク・コストが低いことが，生産ネットワークのより顕著な発達を促したのではないかとの仮説を提示している．

立地の優位性の一つの構成要素として，工業化の初期段階では，豊富で安価な非熟練労働者の供給が重要である．各国の1人当たり所得とその国の主要都市におけるワーカーの賃金水準を見てみると，東アジアの国々ではアフリカやラテンアメリカの国々に比べ，1人当たり所得の割にはワーカーの賃金が安い．これは，製造業をはじめとする生産部門が先導する経済成長の中で，インフォーマルセクターからフォーマルセクターへ，農村から都市へ，農業から製造業への労働移動が順調に進んできたことを反映している．円滑な労働供給のための条件が整っていたという点で東アジアは生産ネットワークの展開に優位性を有していたし，また逆に，生産ネットワークへの参加によって製造業を中心とする生産部門が経済成長を牽引したため円滑な国内・産業間労働移動が進んだ，とも言えるだろう．

また，サービス・リンク・コストの違いをごく大づかみに見るために，世界銀行が作成しているロジスティックス・パフォーマンス・インデックス（LPI）を所得水準ごとに見てみると，まだ生産ネットワークに参加できていないカンボジア，ラオス，ミャンマーを除き，東アジア諸国はいずれも，世界の他地域の国々よりもLPIが高いことがわかる．

3.2 生産ネットワークの空間構造

立地の優位性の違いが生み出す利益と，離れた生産ブロックを結ぶサービ

表 9-1　4層からなる生産ネットワーク内取引

	第1層 (産業集積内)	第2層 (サブ地域内)	第3層 (地域内)	第4層 (グローバル)
リードタイム	2.5時間以内	1〜7日	1〜2週間	2週間〜2カ月
取引頻度	1日1回以上	週1回以上	週1回	週1回以下
輸送モード	トラック	トラック／船／飛行機	船／飛行機	船／飛行機
トリップ長	100 km以内	100〜1,500 km	1,500〜6,000 km	6,000 km以上

出所：Kimura (2009). 若干の修正を加えた．

ス・リンクのコストとのトレードオフが，生産ネットワーク展開の決め手となる．ここから，産業・業種の違いあるいは企業戦略の相違に基づき，生産ネットワークの空間構造が決定されていくことになる．生産ネットワークは，一般にはグローバルではなく，リージョナルである．安易にグローバル・バリュー・チェーン（GVC）と呼んでしまうと，その本質を見失ってしまう．以下，第2節の議論をさらに発展させ，生産ネットワークの空間的構造について論じていく．

　生産ネットワークに参加している工場の部品・完成品在庫を見ると，上流・下流の生産ブロックとの距離によって，重層的に管理されていることがわかる．上流・下流との取引を，第1層：産業集積内（100 km以内），第2層：サブ地域内（100〜1,500 km），第3層：地域内（1,500〜6,000 km），第4層：グローバル（6,000 km以上）と4つの層に分けると，それぞれの取引に典型的なリードタイム，取引頻度，輸送モードがわかる（表9-1）．部品在庫を生産の2時間分に切り詰めるような本当の意味でのジャスト＝イン＝タイムは，第1層のみで行われている．第2層もまだ時間費用を十分に意識した取引となるが，第3層，第4層となるにつれてゆったりとした管理体制となり，部品・完成品在庫も2週間〜1.5カ月分持つようになる．各工場は，これら4つの層の取引を適宜組み合わせ，生産ネットワーク上の役割を担っている．

　企業・事業所は，上流・下流の取引の性質に応じて，4つの層を使い分けている．その決定要因は，2次元のフラグメンテーションの概念枠組みを用いると，表9-2のように整理できる．地理的距離の次元のフラグメンテーシ

表9-2 生産ネットワーク内取引における4層の選択基準

	第1層	第2層	第3層	第4層
〈地理的距離の次元のフラグメンテーション〉				
ネットワーク・セットアップ・コスト（サプライヤーを呼び寄せるコストなど）	小	←―――	―――→	大
サービス・リンク・コスト（輸送費など）	大	←―――	―――→	小
立地の優位性の違い（賃金水準，規模の経済性など）	小	←―――	→大	
〈統合・不統合の次元のフラグメンテーション〉				
企業内・企業間	企業間	←―――	―――→	企業内
企業間取引の場合：				
・信用度		弱 ←――→ 強		
・パワーバランス		アンバランス ←―→ バランス		
・企業間インターフェイスのアーキテクチャーがモジュール型かインテグラル型か	インテグラル	←―――	―――→	モジュール

出所：Kimura (2009). 若干の修正を加えた．

ョンでは，ネットワーク・セットアップ・コスト，サービス・リンク・コスト，立地の優位性の3つが問題となるが，それぞれ小・大・小であれば近距離，大・小・大であれば長距離の取引が選ばれる．統合・不統合の次元のフラグメンテーションでは，まず企業内取引か企業間取引かという選択がある．前者は長距離でもよいが，後者は近距離でないと成り立たない．企業間取引の中では，上流・下流の企業相互の信頼度が高い，パワーバランスが釣り合っている，企業間インターフェイスのアーキテクチャーがモジュール型であるといった条件が揃うと，相対的に長距離の取引が選択される．

このような4層の取引の決定要因は，生産ネットワークの展開パターンが異なる電気・電子産業と自動車産業の間の違いを明解に説明する．電気・電子産業では，多くの場合，部品・中間財の重量・体積当たり価値が高く，したがってサービス・リンク・コストが低い．また，部品サプライヤー，アセンブラーとも一定の力を有していて，企業間関係も釣り合っている場合が多い．さらに，企業間インターフェイスはモジュール型である．以上のことから，長距離取引を積極的に含んだ生産ネットワークを構築する．それに対し

自動車産業では，体積・重量の大きい部品・中間財が多く，サービス・リンク・コストが高い．部品サプライヤーに比べてアセンブラーの力が強く，また企業間インターフェイスはフルインテグラル型の傾向が強い．したがって，近距離取引を中心とする生産ネットワークとなる[10]．

　Ando and Kimura（2013, 2014）は，東アジア，北米，ヨーロッパという 3 つの機械産業の生産ネットワークの中心地が 1990 年代から現在にかけてどのように相互に関係してきたかを，国際貿易データを用いて分析している（表 9-3 参照）．過去 10～15 年は，北米においてはメキシコ，ヨーロッパにおいては中東欧諸国が，それぞれの地域の生産ネットワークに組み込まれていく時期に当たっている．これら新興国による東アジアからの電気・電子部品輸入は，爆発的に増加している．これは，電気・電子産業の生産ネットワークが，第 3 層である地域を越えて第 4 層のグローバルに展開されつつあることを示唆する．それに対し，これら新興国による東アジアからの輸送機械部品輸入は，伸び率は高いが，それぞれの地域内輸入に比べれば小さな比率にとどまっている．これは，自動車産業が第 1 層と第 2 層の取引を中心とするものであり，地域でほぼ完結する傾向が強いことを示している．

　第 1 層の企業間取引を支える産業集積において，効率的に正の集積の利益を享受するためには，一定の大きさの空間構造が必要となる．製造業に限って議論するならば，リードタイム 2 時間半内に多くの工場が立地できること，潤沢な労働供給と広い土地があって賃金・住居費・土地代が高騰しないこと，都市生活を好む高学歴のマネージャーやエンジニアが町から工場へと通えることが必要である．これらの条件を満たすには，半径 100 km 程度の大きさの物的インフラに支えられた産業集積が求められる．図 9-6 の右側にバンコク首都圏の産業集積を示した．おおよそ半径 100 km の範囲に約 50 の工業団地が面で展開し，それらが高速道路網で結ばれ，大規模港湾と空港サービス，電力供給等のインフラサービスによって支えられている．

10）この概念枠組みは，シリコンバレーとバンガロールの間のソフトウェア・アウトソーシングがなぜ成り立つのかを説明するのにも役立つ．インターネット接続によってサービス・リンク・コストが低くなっていること，技術者同士が旧知の間柄での取引から始まっていて信用度が高いことが，このような遠距離アウトソーシングを可能にしている．

表9-3 北米および中東欧諸国による機械輸入における東アジアの重要性

(1) 北米のケース

	年	輸入元	米国			輸入元	メキシコ		
			合計	部品	完成品		合計	部品	完成品
(a) 電気電子産業									
金額 (1991=1)	2011	世　界	4.5	3.3	5.8	世　界	19.5	29.8	10.7
	2011	東アジア	4.3	3.1	5.3	東アジア	72.5	179.7	28.5
	2011	メキシコ	6.6	4.2	10.2	米　国	9.6	13.7	6.2
	2011	カナダ	1.7	1.1	3.4	カナダ	11.2	11.8	10.4
対世界 比率 (%)	1991	東アジア	60.7	52.4	70.1	東アジア	15.0	9.5	19.8
	1991	メキシコ	13.2	14.9	11.4	米　国	55.4	55.3	55.5
	1991	カナダ	8.0	11.7	3.9	カナダ	1.7	2.0	1.4
	2011	東アジア	57.7	49.5	63.0	東アジア	55.9	57.1	53.0
	2011	メキシコ	19.5	18.8	19.9	米　国	27.4	25.4	32.3
	2011	カナダ	2.9	3.9	2.3	カナダ	1.0	0.8	1.4
(b) 輸送機器産業									
金額 (1991=1)	2011	世　界	2.8	3.3	2.6	世　界	16.5	29.5	9.5
	2011	東アジア	2.1	3.4	1.7	東アジア	65.5	145.5	35.2
	2011	メキシコ	10.8	9.8	11.3	米　国	14.3	26.6	7.2
	2011	カナダ	2.0	1.7	2.0	カナダ	42.6	62.5	31.9
対世界 比率 (%)	1991	東アジア	39.8	34.2	41.6	東アジア	4.8	3.8	5.4
	1991	メキシコ	5.2	7.5	4.5	米　国	65.3	68.2	63.7
	1991	カナダ	34.3	31.4	35.2	カナダ	2.2	2.2	2.2
	2011	東アジア	29.7	35.2	27.6	東アジア	19.2	18.7	20.1
	2011	メキシコ	20.3	22.3	19.5	米　国	56.5	61.6	48.0
	2011	カナダ	24.2	16.6	27.3	カナダ	5.7	4.6	7.4

	年	輸入元	カナダ		
			合計	部品	完成品
(a) 電気電子産業					
金額 (1991=1)	2011	世　界	3.3	2.4	5.0
	2011	東アジア	6.4	6.3	6.4
	2011	米　国	1.8	1.5	2.4
	2011	メキシコ	19.6	9.9	36.1
対世界 比率 (%)	1991	東アジア	20.5	11.2	35.7
	1991	米　国	59.3	64.5	50.8
	1991	メキシコ	2.5	2.6	2.5
	2011	東アジア	39.0	30.2	46.0
	2011	米　国	31.8	41.8	24.0
	2011	メキシコ	14.9	10.8	18.0
(b) 輸送機器産業					
金額 (1991=1)	2011	世　界	2.8	2.3	3.1
	2011	東アジア	2.3	4.2	1.8
	2011	米　国	2.5	1.9	3.0
	2011	メキシコ	6.4	4.0	8.1
対世界 比率 (%)	1991	東アジア	15.1	7.1	20.6
	1991	米　国	71.7	82.3	64.4
	1991	メキシコ	4.1	4.2	4.0
	2011	東アジア	12.4	13.3	12.0
	2011	米　国	65.1	69.2	63.1
	2011	メキシコ	9.5	7.4	10.5

出所：Ando and Kimura (2013, 2014).

(表9-3)
(2) 中東欧のケース

	年	輸入元	中東欧（5カ国）		
			合計	部品	完成品
(a) 電気電子産業					
金額 (1995=1)	2010	世　界	11.3	12.1	9.8
	2010	東アジア	38.8	56.9	21.3
	2010	西　欧	5.4	5.9	4.2
	2010	中東欧	24.5	18.5	36.1
対世界 比率 (%)	1995	東アジア	12.6	9.5	18.1
	1995	西　欧	55.8	61.4	45.6
	1995	中東欧	5.3	5.4	5.1
	2010	東アジア	43.2	44.9	39.5
	2010	西　欧	26.8	29.9	19.8
	2010	中東欧	11.5	8.3	18.7
(b) 輸送機器産業					
金額 (1995=1)	2010	世　界	8.4	12.2	6.4
	2010	東アジア	7.6	45.3	3.4
	2010	西　欧	7.7	12.4	5.2
	2010	中東欧	10.0	10.0	9.9
対世界 比率 (%)	1995	東アジア	10.0	3.0	13.7
	1995	西　欧	57.5	59.4	56.5
	1995	中東欧	11.1	18.5	7.3
	2010	東アジア	9.0	11.0	7.1
	2010	西　欧	52.8	60.4	45.5
	2010	中東欧	13.1	15.2	11.1

	年	輸入元	チェコ	ハンガリー	ポーランド	ルーマニア	スロヴァキア
			部　品				
(a) 電気電子産業							
金額 (1995=1)	2010	世　界	8.4	16.9	9.6	12.9	24.6
	2010	東アジア	50.8	112.6	54.4	7.5	210.6
	2010	西　欧	3.6	8.0	4.1	11.9	13.4
	2010	中東欧	12.2	47.9	35.1	100.3	6.6
対世界 比率 (%)	1995	東アジア	6.7	6.9	11.2	25.3	5.2
	1995	西　欧	70.9	66.1	52.5	51.9	44.1
	1995	中東欧	5.7	2.0	1.7	2.7	30.8
	2010	東アジア	40.8	45.8	63.4	14.7	44.1
	2010	西　欧	30.4	31.4	22.6	47.9	24.1
	2010	中東欧	8.3	5.6	6.1	21.0	8.3
(b) 輸送機器産業							
金額 (1995=1)	2010	世　界	11.2	13.8	7.3	26.6	35.3
	2010	東アジア	57.6	9.0	33.2	25.0	508.4
	2010	西　欧	11.4	14.2	7.7	25.7	57.1
	2010	中東欧	6.7	28.9	6.3	62.1	13.3
対世界 比率 (%)	1995	東アジア	2.2	9.0	2.2	4.3	1.3
	1995	西　欧	59.6	67.8	62.0	59.6	30.5
	1995	中東欧	27.2	7.2	10.6	6.8	56.0
	2010	東アジア	11.2	5.8	9.9	4.0	18.1
	2010	西　欧	60.6	69.6	65.7	57.7	49.3
	2010	中東欧	16.4	15.0	9.2	15.8	21.0

第Ⅲ部　多国籍企業の経済活動

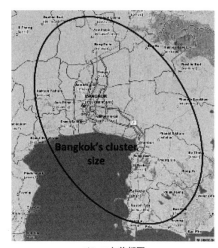

ジャカルタ首都圏　　　　　　　バンコク首都圏
図9-6　産業集積の形成例

出所：ERIA資料．

　このような効率の良い産業集積を形成するには，物的インフラ整備を含む積極的な政策が必要となる．適切なタイミングで政策を発動できずに困難に直面している例として，ジャカルタ首都圏（JABODETABEK）の状況を図9-6の左側に示した．ジャカルタ首都圏は，バンコク首都圏よりも大きな人口を抱えているにもかかわらず，面としての物的インフラ開発が遅れ，非効率が顕在化している．図9-6の2枚の地図は同じ縮尺に合わせてあり，ジャカルタ首都圏がいかに狭い範囲に押し込められているかがわかる．しかも工業団地は，市内と南方面には数個，西には5つあるだけなのに対し，主要港であるタンジュンプリオク港から環状道路の東の辺を通り，東に延びる高速道路沿いにその他の10数個が軒を連ねる形となっている．工場同士あるいは工場と港を結ぶ高速道路の渋滞は激しく，生産効率が著しく損なわれている．インドネシア政府も問題を明確に認識して対策に乗り出しているが，土地投機も顕著な中，工業化の速度に物的インフラ整備が追いつかない．同様の問題は，東南アジアで言えば，マニラ，ホーチミン市，ハノイ，ヤンゴンなどでも発生しつつある．制度的に土地収用が楽な中国とタイは例外的な存在である．

国際的に展開される生産ネットワークについては，国際貿易データで把握できる部分も多いが，産業集積の中で何が起こっているのかを集計レベルで統計的に把捉するのは容易でない．近年，二次統計として整備されつつある付加価値貿易（trade in value added）統計はその点で興味深い．しかし，部品・中間財の企業間・事業所間の取引をどの程度正確に把握できるか，経済規模の大きな国では必然的に国内付加価値が大きくなってしまうことをどのようにコントロールしてデータを読むかなど，解決しなければならない問題も多い．

3.3　直接投資パターン

生産ネットワークを主体的に設計・運用しているのは多国籍企業であり，直接投資はそのための一つの手段である．しかし，国際貿易論における直接投資に関する概念枠組みは，時代の動きに十分追いつけていない．

一定の理論的背景を伴う直接投資の類型化の出発点は，マークセンらが提示した水平的・垂直的直接投資（HFDI，VFDI）である[11]．HFDI とは本国と基本的に同じオペレーションを投資先で行うタイプの直接投資である．典型的には，合併・買収（M&A）によるものが多く，サービス業の比率が高く，基本的には対先進国向け，広義の貿易障壁・輸送費の回避を動機とし，市場志向型である．一方，VFDI は，本国と直接投資先とで垂直的な分業を行うタイプの直接投資である．新規投資（greenfield）によるものが多く，製造業または製造業と流通業の組み合わせであり，対新興国・発展途上国向け，部品・中間財貿易の自由化によって喚起される生産効率志向型投資である．

問題は，生産ネットワークの複雑化によって，HFDI，VFDI という区分では適切に把握できないケースが生じてきていることである．VFDI はもともと，比較的単純な国境生産共有あるいは輸出プラットフォームを想定している．米国とメキシコの間のマキラドーラのオペレーションや，最近までの西欧と中東欧の間の生産ネットワーク，さらにはかつての輸出加工区の 100% 輸入 = 100% 輸出オペレーションなどは，典型的な VFDI である．

11）詳しくは Markusen and Maskus（2002）参照．

しかし，生産ネットワークの展開に伴い，このVFDIの概念からはみ出てしまう直接投資が重要となってきた．一つのタイプは，一企業が複数の新興国・発展途上国に海外子会社を持って生産「ネットワーク」を展開するというものである．ここで進出先の拠点同士で垂直的分業を行っているとすると，通常のVFDIの分類からはみ出てしまう．これに対応するために，Hayakawa and Matsuura（2011）は，複数の海外子会社を有していて3国で（企業内）生産ネットワークを組んでいる場合をComplex VFDIと定義している．しかしそれ以外にも，企業内のみならず企業間で生産ネットワークが展開されている例も，東南アジアといったサブ地域のレベルでは数多く観察される．特に電気・電子では，産業集積間の企業間取引もかなり大きい．

もう一つのタイプは，新興国・発展途上国の国内に産業集積が形成され，それに伴って行われる直接投資である．たとえば自動車産業のアセンブラーは，産業集積が十分に大きくなって現地における部品供給体制が整うまでは，本国あるいは近隣国の拠点から一定の部材を輸入する．この場合，本国の親会社との関係は，HFDIとVFDIの両方の性格を有することになる．また，アセンブラーを追いかけて部品サプライヤーが現地に進出する場合，現地で部材を仕入れていればHFDI，部材を本国から調達していればVFDIと分類すべきであろうか．生産ネットワークに参加するための直接投資を従来のHFDI，VFDIの枠で括ってしまうことには多くの困難がある．

Baldwin and Okubo（2014）は，本国の親会社との関係をいったん脇に置き，『海外事業活動基本調査』の個票データを用いて，日系海外子会社を仕向地別売上（現地販売か輸出か），調達元別仕入（現地仕入か輸入か）という2次元にプロットし（The sales-sourcing box diagram），その性格を分類した．一つの発見は，日系子会社の場合，pure outward processing FDI（現地販売，現地仕入ともゼロ）というパターンは極めてまれなことである．そして，アジアに進出している機械産業の子会社では，現地販売，現地仕入とも中間的な値を示すもの（networked FDI）が多いとの結果を得ている．

統合・不統合の次元のフラグメンテーションが重要となって一企業内で国際分業が完結しなくなってきた東アジアの状況を踏まえると，HFDI，VFDIのように親会社との関係を軸に類型化するだけではもはや十分でない．

生産ネットワークの複雑化が進み，新興国・発展途上国における産業集積形成も始まる中，直接投資の動機を再整理し，理論枠組みを整備する必要性が生じてきている．

4. 政策的含意と実証

　生産ネットワークという新しい形の国際分業は，政策論にも大きな影響を与えている．その大きな潮流を象徴する動きを，実証研究の結果を踏まえながら，以下で紹介したい．

4.1　新興国・発展途上国の開発戦略の変貌

　生産ネットワークあるいは第2のアンバンドリングによる新しい国際分業の出現は，新興国・発展途上国の開発戦略を根本から改変させるものとなった．それ以前の幼稚産業保護論や輸入代替型工業化モデルなどは完全に時代遅れとなった．現在の東南アジアおよび中国はかつてない新しい開発戦略を提示している[12]．

　東南アジアおよび中国の政策決定者としては，はじめから新しい開発戦略の全貌が見えていたわけではないだろう．最初は，韓国・台湾の複線型工業化（今岡・大野 1985）にならって，輸入代替型工業化戦略を維持しつつ，輸出加工区をベースとする輸出振興を始めた．そこでは，多国籍企業による競争圧力から国内企業を守るため，あえてエンクレーヴとしての輸出加工区を建設した．しかし次第に，輸出加工区における雇用創出に限定せず，国内経済とのリンケージを重視するようになる．その中で，輸出品製造のための輸入品免税措置（duty-drawback system），保税工場，保税トラックなどの制度が導入されていく．そして，外資系企業を恐れず，積極的に受け入れるところから，生産ネットワークの構築が始まる．いったん受け入れ始めると，生産ネットワークを構築・運用する上でのさまざまな問題点が表面化し，それに対応するために直接投資受入戦略の明文化と細かいトラブル・シューティ

---

[12]　新しい開発戦略の提示については Kimura（2013）で詳しく論じた．

表 9-4　生産ネットワークのために求められる諸政策

	ネットワーク・セットアップ・コストの軽減	サービス・リンク・コストの軽減	生産コストそのものの軽減
国際間の生産のフラグメンテーション［地理的距離の次元］	・投資円滑化・投資促進	・制度的な連結性（関税撤廃、貿易円滑化など） ・物理的な連結性（ハード・ソフトのロジスティックス／ICTインフラ開発など）	・生産サポートサービスの自由化・競争力強化 ・投資自由化 ・知財保護 ・電力供給、工業団地等のインフラサービスの向上
企業間のフラグメンテーションと産業集積の形成［統合・不統合の次元］	・多国籍企業と地場系企業のビジネスマッチング	・経済活動に関わる取引費用の軽減	・中小企業振興や都市圏インフラ整備による正の集積効果創出 ・イノベーションの強化

ングが進み，投資環境が改善されていく．こうして生産ネットワークに適した政策環境が整ってきた．

　生産ネットワークに参加し，さらにそれへの関与を強めていくためには，(i) ネットワーク・セットアップ・コスト，(ii) サービス・リンク・コスト，(iii) 生産ブロックにおける生産コストという3種のコストを軽減していくことが求められる．そのためにどのような政策が必要かを2次元のフラグメンテーションの枠組みで整理したのが表9-4である[13]．

　生産ネットワークに参加して工業化を開始しようとする後発国の場合には，当面，表9-4上段の，地理的距離の次元のフラグメンテーションのために必要な政策が，取り組むべき課題となる．まずは，ネットワーク・セットアップ・コスト軽減のため，生産ネットワークを持ってくる外資系企業誘致のための投資円滑化・投資促進政策が必要となる．サービス・リンク・コスト軽減のためには，ソフトとハードの連結性（connectivity）強化政策が求められる．そして，生産ブロック内の生産コスト軽減のためには，生産サポートサ

---

[13] 筆者の一人がチーフエコノミストを務める東アジア・アセアン経済研究センター（ERIA）は，ここで示す概念枠組みに基づき，物的インフラ整備を中心とするアセアンおよび東アジアの開発計画（ERIA 2010）を提示し，2010年の東アジアサミットに提出した．

ービスの強化，投資自由化，知財保護，電力供給・工業団地等のインフラサービス供給のための政策が課題となる．生産ネットワークになかなか参加できない，あるいは生産ネットワークが太くなっていかないといった時には，これらの政策をチェックしてボトルネックを解消していく必要がある．

　ある程度生産ブロックが積み上がり，産業集積を形成し始めると，表9-4下段の統合・不統合の次元のフラグメンテーションに対応する政策の重要性が増してくる．そこでは，多国籍企業と地場系企業とのビジネス・マッチングを促進する政策，法制・経済制度の整備等を通じての取引費用軽減のための政策，中小企業振興や都市圏インフラ整備による効率的な産業集積の形成，イノベーションの強化などが課題となってくる．

　この開発戦略は，工業化の前半については，東アジア内に成功例も多く，何をしなければならないのかはすでに明確になっている．問題は，中進国になり，産業集積を形成し始めてからあとの部分である．そこまでは外資系企業に対する依存が深い形で工業化が進められてきたわけで，それを地場系企業も含めていかに厚みのあるものにして，産業構造を高度化し，先進国への道筋を切り開くかが課題となる．そのシナリオを描くためには，産業集積の中で起こりうることを綿密に分析する必要がある．地場系企業の生産ネットワークへの参加，技術移転・漏出，イノベーションの高度化がどのような要因によってもたらされるのか，ボトルネックが存在するのであればそれを解消するにはどうすればよいのかについて，詳細に検討していかなければならない[14]．

　グローバリゼーションあるいは経済統合は空間と時間の圧縮をもたらすが，開発格差はその圧縮を不均一なものにする．その不均一な空間と時間の圧縮を逆に利用して経済成長を加速し，同時に開発格差を縮小しようとしているのが，新しい開発戦略である．ここでは，2つの開発格差，すなわち地理的な（geographical）開発格差と産業内・産業間（industrial）開発格差の是正が課題となる．国と国，都市と地方の間の開発格差が前者であるが，これは制度的・物理的連結性（connectivity）を高めて後発国・地域を生産ネットワー

---

14) ERIA の政策研究の多くの部分は，この問題の検討に充てられている．たとえば Kimura, Machikita, and Ueki（2015）参照．

クに参加させ，工業化の初期段階を加速することによって克服できる．一方，後者は，外資系企業と地場企業，大企業と中小企業，製造業と非製造業の間に存在する開発格差である．ここでも空間の圧縮が起きていて，技術水準の異なる企業が隣り合わせに並んでいるといった状況が生まれてくる．この空間の圧縮をうまく利用して産業内・産業間開発格差を是正していくシナリオを書けるかどうかが，今問われている．

4.2　経済統合

現在，アセアンおよびその周辺国を含めた東アジアで起きている経済統合ブームも，生産ネットワークの展開と密接に関連している．

アセアン経済共同体（AEC）は，発展途上国を中心とする経済統合としてはもっとも成功した例である[15]．自由貿易協定の基本となる関税撤廃は，先行6カ国についてほぼ例外のない撤廃が実現され，後発4カ国の関税もスケジュール通り切り下げられている．一方で，域内の開発格差は未だに大きい．財の移動のみならず，サービスや投資さらには生産要素の移動まで完全に自由化するような単一市場を即座に実現するのは不可能である．アセアン諸国は，生産ネットワークの展開を明確に意識し，生産ベースの統合のために必要な原産地規則の整備，貿易円滑化，生産サポートサービスの自由化，製造業を中心とする投資の自由化などを優先的に進めている．

アセアンはまた，周辺国を含むFTAs作りにも積極的で，ASEAN＋1 FTAs，すなわちASEAN＝中国，ASEAN＝日本，ASEAN＝韓国，ASEAN＝オーストラリア＝ニュージーランド，ASEAN＝インドのFTAsも2010年初めまでに締結している．このFTAs網は，これから生産ネットワークに参加してくるインドも含め，東アジアの生産ネットワークの地理的範囲を包摂するものとなっている．

一方，アジア＝太平洋では，2015年10月に環太平洋パートナーシップ協定（TPP）交渉が12カ国の間で合意され，高いレベルの自由化と国際ルール作りを目指すこととなった．世界貿易機関（WTO）が生産ネットワークへ

---

15) AECの進捗状況の詳細についてはASEAN（2015a），2015年以降のAECについてはIntal *et al.*（2014），ASEAN（2015b）参照．

の対応に遅れる中，世界の主要国は新たな国際経済秩序の構築に向けて動き出している．米国が交渉の主導権を握っているということで必ずしも製造業の生産ネットワークに優先順位を置いて交渉が進んでいるわけではないが，広い意味での第2のアンバンドリングのさらなる活性化を意図していることは明らかである．

多数国が参加するメガFTAsは，当然のことながら交渉は難しいが，新たな国際ルール作りを進めていくという点では，2国間FTAsや関税同盟よりも優れている．2国間FTAsでもメガFTAsと同じく一種のドミノ効果が生じてくるが，前者の場合には第三国よりも先行して貿易転換を狙うという意図が前面に出てくるのに対し，後者ではなるべく仲間を増やした方がよいというインセンティヴが働く．また，EUのような関税同盟の場合には，深い統合を実現する代償としてメンバー構成が硬直的になる．さまざまな国の組み合わせを自由に試すことができるメガFTAsは，メガFTAs相互の競争を使いながら国際ルール作りを進められる点に強みがある．

TPPの進捗が伝えられると，他のメガFTAsについても交渉が加速され，また合意の質も上がってくる．特に東アジア全体の統合を目指す東アジア地域包括的経済連携協定 (RCEP) は，生産ネットワークが展開されている地域全体をカバーしており，どの程度の質のものができてくるか，注目される．また，日中韓FTAや日＝EU FTAも，もっと前向きで戦略的な国際ルール作りという意図が明確になってくれば，意味のあるものとなってくるかも知れない．

4.3　先進国と企業活動のグローバル化

生産ネットワークが先進国内の雇用と経済活動にどのようなインパクトを与えるのかは，政策論上極めて重要な問題である．一般論としては，産業・業種単位の国際分業よりも生産工程・タスク単位の国際分業の方が，100%国内か全て海外かという極端な二者択一を迫られず，弾力的に国内雇用・オペレーションを残しうる，とは言える．しかし本当に空洞化を回避あるいは遅延させることができるのかは，実証研究で確認すべき問題である．

これまでの実証研究は，海外に進出した企業が国内雇用を減少させたかど

うか，また国内に残っているオペレーションがより資本集約的・人的資本集約的なものにシフトしたのか（スキルシフトと呼ばれる），という2点について，蓄積が進んでいる．以下では特に前者について，日本の文脈を追ってみる．

　企業・事業所別のマイクロ・データを用いた実証分析では，主として2つのアプローチがとられてきた．第1は，企業ベースで直接投資の国内雇用へのインパクトを検出しようとするものである[16]．このアプローチは，因果関係を厳密に検証するという点で大いに意味のあるものである．しかしその作業過程で多くのサンプルをそぎ落としてしまうため，全体像が把握しにくくなるというコストを負うことになる．多くの場合，初めて直接投資を行った企業と国内にとどまっている企業とを比較するため，すでに海外子会社を有していた企業が分析からはずれてしまう．第2のアプローチは，多国籍企業の労働需要関数を推計するというものである[17]．この場合には，すでに海外子会社を有している企業も含めて分析できるという利点がある一方で，国内にとどまっている企業との比較という視点は入れづらい．

　以上のような先行研究を踏まえつつ，これらの研究を補完するものとして，全体像を鳥瞰する実証研究を行った Ando and Kimura（2015）では，厳密な因果関係の検出は行わず，代わりに雇用創出・喪失分析の手法を『企業活動基本調査』の個票データ分析に適用し，日本の製造業企業の雇用空洞化が進んでいるのかどうかを検証した．

　この手法を用いると，雇用の粗創出と粗喪失の大きなダイナミズムの中でごく小さな雇用の純変化率が決まってくることがわかる．また，企業規模による足切りや退出をとらえにくいなどのデータ特性を踏まえつつ解釈する必要があるが，このデータに関する限り，日本の製造業企業の雇用は，1998～2002年を除く3期間（2002～2006年，2006～2008年，2008～2010年）についてはわずかであるが純増であることがわかった．

---

[16] たとえば，Hijzen, Inui, and Todo（2007），Edamura et al.（2011），Hayakawa et al.（2013），Tanaka（2012）参照．
[17] 例としては，Yamashita and Fukao（2010），Kambayashi and Kiyota（2015）があげられる．

第9章　多国籍企業の生産ネットワーク

表9-5　企業のグローバル化と国内オペレーションの変化：国内雇用のケース

年	MNE1			MNE2			Local		
	C	D (−)	Net G	C	D (−)	Net G	C	D (−)	Net G
(a) 中小企業									
国内雇用									
1998-2002	0.072	−0.126	−0.054	0.046	−0.168	−0.123	0.058	−0.130	−0.072
2002-2006	0.129	−0.052	0.077	0.085	−0.084	0.001	0.092	−0.072	0.020
2006-2008	0.072	−0.046	0.026	0.049	−0.060	−0.010	0.054	−0.054	−0.001
2008-2010	0.051	−0.058	−0.007	0.046	−0.072	−0.026	0.051	−0.058	−0.007
雇用：本社機能部門									
1998-2002	0.183	−0.269	−0.087	0.140	−0.293	−0.154	0.143	−0.295	−0.152
2002-2006	0.249	−0.137	0.112	0.180	−0.187	−0.007	0.188	−0.171	0.017
2006-2008	0.177	−0.124	0.053	0.138	−0.123	0.015	0.131	−0.130	0.001
2008-2010	0.140	−0.146	−0.006	0.095	−0.142	−0.047	0.123	−0.132	−0.009
雇用：製造業部門									
1998-2002	0.114	−0.183	−0.069	0.075	−0.231	−0.156	0.102	−0.165	−0.063
2002-2006	0.145	−0.147	−0.002	0.119	−0.152	−0.033	0.113	−0.150	−0.038
2006-2008	0.124	−0.126	−0.003	0.094	−0.120	−0.026	0.099	−0.110	−0.011
2008-2010	0.106	−0.129	−0.023	0.104	−0.104	0.000	0.104	−0.095	0.009
(b) 大企業									
国内雇用									
1998-2002	0.045	−0.164	−0.119	0.043	−0.166	−0.123	0.076	−0.126	−0.050
2002-2006	0.113	−0.064	0.049	0.077	−0.097	−0.020	0.135	−0.076	0.060
2006-2008	0.057	−0.030	0.027	0.050	−0.046	0.005	0.079	−0.041	0.037
2008-2010	0.051	−0.035	0.016	0.045	−0.051	−0.006	0.073	−0.054	0.019
雇用：本社機能部門									
1998-2002	0.106	−0.332	−0.227	0.098	−0.294	−0.196	0.124	−0.286	−0.162
2002-2006	0.172	−0.124	0.048	0.143	−0.190	−0.048	0.190	−0.174	0.016
2006-2008	0.107	−0.060	0.047	0.131	−0.084	0.048	0.148	−0.116	0.032
2008-2010	0.115	−0.053	0.062	0.144	−0.088	0.057	0.136	−0.131	0.005
雇用：製造業部門									
1998-2002	0.050	−0.225	−0.175	0.035	−0.270	−0.235	0.107	−0.188	−0.082
2002-2006	0.100	−0.144	−0.043	0.098	−0.194	−0.097	0.168	−0.158	0.010
2006-2008	0.089	−0.069	0.020	0.090	−0.082	0.007	0.123	−0.107	0.016
2008-2010	0.067	−0.064	0.004	0.081	−0.082	0.000	0.127	−0.079	0.047

注：データは各期間におけるパネルデータに基づいている．C, D (−)，および Net G は粗（雇用）創出率，粗（雇用）喪失率，純変化率を指す．企業タイプ（MNE1, MNE2, Local）については，本文を参照のこと．なお，各期間の C, D (−), Net G について，値が3つの企業タイプの中で最も大きい（粗喪失率としては最も小さい）ところを網掛けしている．
出所：Ando and Kimura (2015).

表9-5は，各期間中の参入・退出企業を除いたパネルデータをベースに，従業員数299人以下の中小企業とそれ以外（大企業）にサンプルを分け，さらに各期間中に海外子会社を増加させた企業（MNE1），海外子会社を有しているが増加させなかった企業（MNE2），海外子会社を持っていない企業（Local）に分類し，それぞれのグループごとの雇用創出率（C），雇用喪失率（D（－）），純変化率（Net G）を計算したものである．ここからは，特に海外子会社を増加させている中小企業がその他の中小企業に比して国内雇用を拡大する傾向にあること，海外子会社を増加させている企業は本社機能部門の雇用を拡大していることなどが，読み取れる．この時期，海外子会社を増加させている企業の約9割は東アジアにおける子会社を増加させているので，これらの企業は生産ネットワークを拡張した企業と考えてもよいだろう．ここから，少なくとも2000年代の中規模以上の製造業企業に関しては，日本の製造業の空洞化はごくゆっくりとしか進まず，また海外展開を活発化させた中小企業はむしろ雇用を創出する傾向が強かった，と結論づけられる[18]．

4.4 ショックへの耐性

生産ネットワークは予想しづらいショックを嫌う．生産工程が地理的に広い範囲で展開され，一部は他企業にアウトソースされ，なおかつタイトなサービス・リンクが求められるのだから，どこかで問題が起きればそれが生産ネットワーク全体を止めてしまうことになりかねない．もちろん，在庫を多めに持つとか複数の調達先を設定するなどしてショックにそなえることもできるが，そうすれば当然コスト増ともなる．だからこそ，進出先の国・地域は慎重に選ばれるし，アウトソース先の企業も注意深く選定される．Hayakawa and Kimura（2009）は，東アジアにおける2国間の実質為替レート変動と機械部品貿易との間には負の相関があることを確認している．

いったんショックに見舞われると，生産ネットワークはどうなるのか．緊

[18) なお，Kodama and Inui（2015）は，同じく雇用創出・喪失分析の手法を用いて日本の経済センサスデータを分析し，1990年代以降について大きな雇用喪失を検出している．これは特に小規模の製造業企業における雇用減少や退出によるものと考えられ，さらなる分析が求められる．

表 9-6　実質輸出変化率の分解：世界金融危機における輸出減少のケース

(％)

		2008年10月～2009年1月				2007年10月～2008年1月			
	合計	インテンシブマージン		エクステンシブマージン		合計	インテンシブマージン		エクステンシブマージン	
		数量効果	価格効果	参入効果	退出効果		数量効果	価格効果	参入効果	退出効果
全製品										
世界	−36.6	−79.4	45.1	3.1	−5.3	−6.3	−16.1	10.3	3.3	−3.8
東アジア	−40.0	−110.7	71.9	1.9	−3.2	−5.7	−19.2	13.9	2.5	−2.8
米国	−40.4	−54.8	15.9	0.5	−1.6	−10.6	−16.0	5.3	1.1	−1.5
EU	−30.0	−60.4	34.0	4.5	−8.1	−4.0	−13.0	10.7	3.3	−5.0
機械部品・中間財										
世界	−37.9	−59.5	22.1	0.9	−1.6	−8.9	−17.5	8.7	1.3	−1.3
東アジア	−44.3	−63.7	20.0	0.3	−0.7	−7.2	−20.9	13.7	0.6	−0.6
米国	−25.9	−41.6	16.3	0.2	−0.8	−11.6	−14.1	2.7	0.2	−0.5
EU	−29.6	−70.3	40.3	1.8	−1.4	−6.8	−13.2	6.4	1.3	−1.3
機械完成品										
世界	−38.8	−55.4	18.8	4.8	−7.1	−4.5	−14.9	10.5	3.9	−4.2
東アジア	−35.1	−69.6	33.6	7.0	−6.1	−14.9	−28.7	16.3	4.0	−6.5
米国	−55.6	−68.8	13.6	0.1	−0.4	−8.4	−14.4	6.1	1.2	−1.3
EU	−35.3	−38.0	9.5	6.0	−12.8	−0.2	−12.3	12.6	3.9	−4.4
完成車（HS87の完成品のみ）										
世界	−52.0	−60.8	11.4	0.7	−3.3	−2.6	−9.6	7.2	1.0	−0.6
東アジア	−52.8	−58.4	11.7	0.8	−6.8	0.2	−7.0	7.5	1.4	−1.7
米国	−64.2	−73.3	9.3	0.0	−0.2	−4.5	−9.8	5.3	0.1	0.0
EU	−31.1	−41.5	12.5	1.0	−3.1	21.7	10.5	11.0	0.8	−0.6

注：相手国別・品目別のデータ（米ドル）をもとに計算したものである．対米為替レートの変化率は2008年10月から2009年1月で−12.7％，前年同時期で−4.6％である．
出所：Ando and Kimura（2012）．

密なサービス・リンクで結ばれていればいるほど，生産ネットワークがショックを伝達するチャンネルとなってしまう．しかし，ここで興味深いのは，生産ネットワーク内の取引はその他の取引よりも途切れにくく，またいったん途切れても回復しやすいことである．この生産ネットワークの有する安定性，頑健性は，アジア通貨危機（Obashi 2011），世界金融危機（Ando and Kimura 2012; Okubo, Kimura, and Teshima 2014），東日本大震災（Ando and Kimura 2012; Todo, Nakajima, and Matous 2013）について確認されている．生

産ネットワークはいったん構築されるとそれを維持しようという強い動機が生まれる．また，生産ネットワークのどこかが途切れてしまうと全体が止まってしまうことにもなりかねないため，一刻も早く回復しようとの強いインセンティヴが働く．

表 9-6 は，Ando and Kimura（2012）による実証分析の結果の一部を示したものである．2008 年 10 月から 2009 年 1 月の世界金融危機の景気下降期における日本の対世界・対東アジア・対米国・対 EU 実質輸出（米ドルベース）の変化率を，もっとも細かい HS 9 桁ベースのデータを用いて，intensive margin（数量効果と価格効果）と extensive margin（参入効果と退出効果）に分解した．extensive margin という部分が同期間内に新たに開始されたもの（参入）と最初は輸出があったが途切れてしまったもの（退出）の貢献を意味する．参考までに，1 年前の同時期のデータを右側に示している．退出効果の部分に注目すると，機械部品・中間財輸出，とりわけ対東アジア輸出についての退出効果が，その他の輸出に比べ，顕著に小さいことがわかる．ここには示していないが，2009 年 1 月以降の景気回復期については，これと対照的に，機械部品・中間財輸出はいったん途切れても回復しやすいとの結果が得られている．逆説的に聞こえるかも知れないが，生産ネットワークは経済全体のショックからの回復を早める性質を有していると言える．

5. おわりに

現実に展開されつつある生産ネットワークの諸相を全て描き尽くすような単一の理論モデルの開発はおそらく不可能である．しかし，実証研究からのフィードバックを受けつつ，また統計データでも見えてこない生産ネットワークの実態を観察しながら，大事な部分を切り取ってきて経済論理を理論的に分析することは，極めて重要である．ここでは企業特殊資産の役割が大きいため，それを産業やマクロに積み上げて議論することは容易でない．しかし特に，生産ブロックの設計に自由度があること，サービス・リンク・コストあるいは質の高い連結性が決定的に重要であることは，理論的にも分析のしがいのある経済現象ではないだろうか．

企業・事業所ベースの実証研究は多くの場面で有効である．Melitz流の発想は，企業の異質性が大きい新興国・発展途上国の状況によくあてはまる．このアプローチに足りないのは企業間の分業である．大企業と中小企業，外資系企業と地場系企業の生産活動は同一のものではなく，むしろ異なった活動に特化する形で分業している．そして，企業間のダイナミックな相互作用も重要である．企業の生産性は固定されているわけではない．技術移転・漏出，生産性向上，イノベーションの高度化が生み出す経済成長のダイナミズムについての分析を展開するためには，ミクロからの積み上げが必要である．

生産ネットワークをめぐる政策論の需要は高く，学術的検討が成熟するのをのんびりと待っていてはくれない．しかし，経済に新しい展開が見られるということは，我々研究者が政策担当者に政策論をインプットする好機でもある．幸い，東アジアとアジア・太平洋には官民学の対話の場が数多く提供されている．経済学が現実社会と乖離して involution に陥ってしまわないよう，我々の目の前にある政策論の最前線にも目配りを忘れないようにしたい．

参考文献

Ando, Mitsuyo (2006), "Fragmentation and Vertical Intra-industry Trade in East Asia," *North American Journal of Economics and Finance*, Vol. 17 (3), pp. 257–281.

Ando, Mitsuyo (2013), "Development and Restructuring of Production/Distribution Networks in East Asia," ERA Discussion Paper Series, No. 2013–33. http://www.eria.org/ERIA-DP-2013-33.pdf

Ando, Mitsuyo and Fukunari Kimura (2005), "The Formation of International Production and Distribution Networks in East Asia," in: Takatoshi Itō and Andrew Rose (eds.), *International trade in East Asia* (*NBER-East Asia Seminar on Economics, Volume 14*), Chicago: University of Chicago Press, pp. 177–216.

Ando, Mitsuyo and Fukunari Kimura (2012), "How Did the Japanese Exports Respond to Two Crises in the International Production Networks? The Global Financial Crisis and the Great East Japan Earthquake," *Asian Eco-*

nomic Journal, Vol. 26 (3), pp. 261-287.
Ando, Mitsuyo and Fukunari Kimura (2013), "Production Linkage of Asia and Europe via Central and Eastern Europe," Journal of Economic Integration, Vol. 28 (2), pp. 204-240.
Ando, Mitsuyo and Fukunari Kimura (2014), "Evolution of Machinery Production Networks: Linkage of North America with East Asia," Asian Economic Papers, Vol. 13 (3), pp. 121-160.
Ando, Mitsuyo and Fukunari Kimura (2015), "Globalization and Domestic Operations: Applying the JC/JD Method to Japanese Manufacturing Firms," Asian Economic Papers, Vol. 14 (2), pp. 1-35.
Arndt, Sven W. and Henryk Kierzkowski (eds.) (2001), Fragmentation: New Production Patterns in the World Economy, Oxford: Oxford University Press.
Association of Southeast Asia Nations (ASEAN) (2015a), ASEAN Integration Report 2015, Jakarta: The ASEAN Secretariat. http://www.asean.org/storage/images/2015/November/media-summary-ABIS/ASEAN%20Integration%20Report%202015.pdf
Association of Southeast Asia Nations (ASEAN) (2015b), ASEAN Economic Community Blueprint 2025, Jakarta: The ASEAN Secretariat. http://www.asean.org/storage/images/2015/November/aec-page/AEC-Blueprint-2025-FINAL.pdf
Athukorala, Prema-chandra and Nobuaki Yamashita (2006), "Production Fragmentation and Trade Integration: East Asia in a Global Context," North American Journal of Economics and Finance, Vol. 17 (3), pp. 233-256.
Baldwin, Richard (2011), "21st Century Regionalism: Filling the Gap between 21st Century Trade and 20th Century Trade Rules," Centre for Economic Policy Research Policy Insight No. 56 (May). http://cepr.org/active/publications/policy_insights/pilist.php
Baldwin, Richard and Toshihiro Okubo (2014), "Networked FDI: Sales and Sourcing Patterns of Japanese Foreign Affiliates," World Economy, Vol. 37 (8), pp. 1051-1080.
Baldwin, Richard and Anthony J. Venables (2013), "Spiders and Snakes: Offshoring and Agglomeration in the Global Economy," Journal of International Economics, Vol. 90 (2), pp. 245-254.
Cheng, Leonard K. and Henryk Kierzkowski (eds.) (2001), Global Production and Trade in East Asia, Boston: Kluwer Academic Publishers.

Deardorff, Alan V. (2001), "Fragmentation in Simple Trade Models," *North American Journal of Economics and Finance*, Vol. 12 (2), pp. 121–137.

Economic Research Institute for ASEAN and East Asia (ERIA) (2010), *The Comprehensive Asia Development Plan,* Jakarta: ERIA.

Edamura, Kazuma, Laura Hering, Tomohiko Inui, and Sandra Poncet (2011), "The Overseas Subsidiary Activities and Their Impact on the Performance of Japanese Parent Firms," RIETI Discussion Paper Series, No. 11-E-069.

Elms, Deborah K. and Patrick Low (eds.) (2013), *Global Value Chains in a Changing World*, Geneva: World Trade Organization.

Hayakawa, Kazunobu and Fukunari Kimura (2009), "The Effect of Exchange Rate Volatility on International Trade in East Asia," *Journal of the Japanese and International Economies*, Vol. 23 (4), pp. 395–406.

Hayakawa, Kazunobu and Toshiyuki Matsuura (2011), "Complex Vertical FDI and Firm Heterogeneity: Evidence from East Asia," *Journal of the Japanese and International Economies*, Vol. 25 (3), pp. 273–289.

Hayakawa, Kazunobu, Toshiyuki Matsuura, Kazuyuki Motohashi, and Ayako Obashi (2013), "Two-dimensional Analysis of the Impact of Outward FDI on Performance at Home: Evidence from Japanese Manufacturing Firms," *Japan and the World Economy*, Vol. 27, pp. 25–33.

Hijzen, Alexander, Tomohiko Inui, and Yasuyuki Todo (2007), "The Effects of Multinational Production on Domestic Performance: Evidence from Japanese Firms," RIETI Discussion Paper Series, No. 07-E-006.

Horn, Henrik, Petros C. Mavroidis, and André Sapir (2010), "Beyond the WTO? An Anatomy of EU and US Preferential Trade Agreements," *World Economy*, Vol. 33 (11), pp. 1565–1588.

Intal, Ponciano, Jr., Yoshifumi Fukunaga, Fukunari Kimura, Phoumin Han, Philippa Dee, Dionisius Narjoko, and Sothea Oum (2014), *ASEAN Rising: ASEAN and AEC Beyond 2015*, Jakarta: ERIA. http://www.eria.org/publications/key_reports/ASEAN-Rising.html

Jones, Ronald W. and Henryk Kierzkowski (1990), "The Role of Services in Production and International Trade: A Theoretical Framework," in: Ronald W. Jones and Robert E. Baldwin (eds.), *The Political Economy of International Trade: Essays in Honor of Robert B. Baldwin*, Oxford: Basil Blackwell, pp. 31–48.

Kambayashi, Ryo and Kozo Kiyota (2015), "Disemployment Caused by Foreign Direct Investment? Multinationals and Japanese Employment," *Review of*

World Economics, Vol. 151 (3), pp. 433–460.

Kimura, Fukunari (2009), "Expansion of the Production Networks into the Less Developed ASEAN Region: Implications for Development Strategy," in: Ikuo Kuroiwa (ed.), *Plugging into Production Networks: Industrialization Strategy in Less Developed Southeast Asian Countries*, Singapore: Institute of Southeast Asian Studies, JETRO and Institute of Southeast Asian Studies, pp. 15–35.

Kimura, Fukunari (2013), "How Have Production Networks Changed Development Strategies in Asia?" in: Deborah K. Elms and Patrick Low (eds.), *Global Value Chains in a Changing World*, Geneva: World Trade Organization, pp. 361–383.

Kimura, Fukunari and Mitsuyo Ando (2005), "Two-dimensional Fragmentation in East Asia: Conceptual Framework and Empirics," *International Review of Economics & Finance*, special issue on "Outsourcing and Fragmentation: Blessing or Threat" edited by Henryk Kierzkowski, Vol. 14 (3), pp. 317–348.

Kimura, Fukunari, Tomohiro Machikita, and Yasushi Ueki (2015), "Technology Transfer in ASEAN Countries: Some Evidence from Buyer-Provided Training Network Data," *Economic Change and Restructuring*, published online; 21 June 2015, pp. 1–25.

Kimura, Fukunari, Yuya Takahashi, and Kazunobu Hayakawa (2007), "Fragmentation and Parts and Components Trade: Comparison between East Asia and Europe," *North American Journal of Economics and Finance*, Vol. 18 (1), pp. 23–40.

Kodama, Naomi and Tomohiko Inui (2015), "The Impact of Globalization on Establishment-Level Employment Dynamics in Japan," *Asian Economic Papers*, Vol. 14 (2), pp. 41–65.

Markusen, James R. and Keith E. Maskus (2002), "Discriminating Among Alternative Theories of the Multinational Enterprise," *Review of International Economics*, Vol. 10 (4), pp. 695–707.

Obashi, Ayako (2011), "Resiliency of Production Networks in Asia: Evidence from the Asian Crisis," in: Simon J. Evenett, Mia Mikić, and Ravi Ratnayake (eds.), *Trade-led Growth: A Sound Strategy for Asia*, Bangkok, Thailand: United Nations ESCAP, pp. 29–52.

Okubo, Toshihiro, Fukunari Kimura, and Nozomu Teshima (2014), "Asian Fragmentation in the Global Financial Crisis," *International Review of Economics and Finance*, Vol. 31, pp. 114–127.

Sanyal, Kalyan K. and Ronald W. Jones (1982), "The Theory of Trade in Middle Products," *American Economic Review*, Vol. 72 (1), pp. 16–31.

Tanaka, Ayumu (2012), "Firm Productivity and the Number of FDI Destinations: Evidence from a Non-Parametric Test," *Economics Letters*, Vol. 117 (1), pp. 1–3.

Todo, Yasuyuki, Kentaro Nakajima, and Petr Matous (2013), "How Do Supply Chain Networks Affect the Resilience of Firms to Natural Disasters? Evidence from the Great East Japan Earthquake," RIETI Discussion Paper Series, No. 13–E–028.

Yamashita, Nobuaki and Kyoji Fukao (2010), "Expansion Abroad and Jobs at Home: Evidence from Japanese Multinational Enterprises," *Japan and the World Economy*, Vol. 22 (2), pp. 88–97.

今岡日出紀・大野幸一 (1985),「韓国・台湾の工業発展――複線型成長パターンの実証」今岡日出紀・大野幸一・横山久［編］『中進国の工業発展――複線型成長の論理と実証』アジア経済研究所, 11-56 頁.

第 IV 部

貿易障壁と貿易政策

第10章

貿易コストの実証分析
―― 経済活動における重要性と変動要因

武智一貴

1. はじめに

　貿易コストとは，貿易に関係する様々な要因によって生み出される費用のことである．その存在は，市場供給を行う上での障壁であり，地域・国家間の貿易を阻害し，その価格差を拡大するといった影響をもたらす．これらは，財の供給や生産資源・中間財の移動が貿易コストのために困難になり，高い貿易コストのために分断化された市場で高価格が維持されることなどによるものと考えられる．効率性の観点からは，財の供給・資源の投入が歪められた形で起こることを示唆しており，貿易コストが厚生の改善にとっての障壁となる．したがって，貿易コストの存在を検証し，その影響や低減のための政策を考案することは重要な課題である．本章では貿易コストの測定と，貿易コストの存在がもたらす影響について考察していく．

　消費者や生産者が直面する貿易コストの内訳は多岐にわたる．例えば国境を越える財やサービスの移動に課される関税は，貿易コストの典型的なものである．ほかにも，輸送費用，情報獲得コストなど貿易コストは様々な形で存在する．政策的な含意との関連で言えば，関税などの貿易コストは，自由貿易協定などの影響を考える上で中心的な役割を果たす．これに対し，輸送費用などは地理的な要因により発生するコストであり，インフラ整備などについての議論と関連して重要である．また，情報コストなどは企業のネットワーク，広告・宣伝戦略といった市場の機能・役割，不完全性により生じるものであり，市場インフラの整備と関連している．

このように様々な形式をとる貿易コストであるが，本章では貿易コストの地理的要因を中心に扱う．また，スタンダードな貿易モデルにおいて重要な要素である貿易コストに関する近年の国際貿易の研究を紹介し，今後に残る課題について紹介する．特に，生産者レベルの意思決定および生産性の異質性を取り込んだ形での研究の発展に焦点を当てる．すでに貿易コストに関してはAnderson and van Wincoop (2004) による優れたサーベイがある．本章では，Anderson and van Wincoop (2004) でも議論されている点を踏まえ，その後Eaton and Kortum (2002) やMelitz (2003) 以降に発展した異質性モデルを考慮した形での貿易コストに関する研究について中心的に議論する．以下，まず第2節では，貿易コストの重要性について議論する．なぜ我々にとって貿易コストの研究が重要であるのか，その困難な点は何かについてこれまでの研究の流れを概観しつつ紹介する．

貿易コストに関わる問題には，貿易コストの測定と貿易コストの影響の評価という大きく分けて2点の重要な論点が存在する．まず第1の測定については，貿易政策の影響の大きさや輸送費そのものについて直接データを入手する方法と，経済モデルを構築し推定により求める方法がある．直接データを入手するというのは，例えば輸送業者の輸送運賃のデータを入手するという方法である (Limao and Venables (2001) やHummels (2001))．経済モデルから推定するというのは，重力モデルなどを構築し，貿易量とリンクする形で推定する方法である（例えばJacks, Meissner, and Novy (2011)）．第3節では，経済モデルを構築し推定する方法に焦点を当てて議論する．特に，Helpman, Melitz, and Rubinstein (2008) とKano, Kano, and Takechi (2013) のフレームワークについて紹介する．また，Kano, Kano, and Takechi (2013) の議論と関連して，直接貿易コストデータを入手しても貿易コストの影響を正しく識別できない可能性について考えつつ，貿易コスト特に輸送費の識別の問題について紹介する．

第2の論点として，貿易コストの影響の評価がある．貿易コストがいかに貿易量に影響を与えて，地域間価格差を生み出しているのかについて，多くの検証が行われている．例えば，国境が何らかの貿易コストを生み出す要因であると考えられ，国境を越えない取引に比べ越えた取引は貿易量が大きく

下落することや，国内地域間価格差よりも国際的な地域間価格差の方が大きいことが知られている（McCallum（1995）および Engel and Rogers（1996））．これら国境効果（border effect）と呼ばれる影響は，貿易パターンを考慮する上で重要である．また，インフラの整備が貿易コストを下落させ，貿易を促進する可能性が考えられる．これについては，貿易を促進するためにインフラを整備するという内生性の問題があり，識別が困難なケースが多いものの，近年はいくつかの重要な分析が行われている（Donaldson（2013）や Volpe Martincus and Blyde（2013））．第 4 節では，国境効果とインフラの影響について紹介する．

最後の第 5 節では，貿易コストに関わる問題で近年研究が進んでいる，財の品質と貿易コストの関係について紹介する．この点については，企業の異質性を製品の品質の異質性と考える品質選抜（quality sorting）のフレームワーク（Baldwin and Harrigan 2011）と，従量コスト（specific cost）の存在が生み出す関係を検証した Alchian-Allen 効果のフレームワーク（Hummels and Skiba 2004）が存在する．そこで，財の品質を考慮した下での貿易コストの研究について紹介し，今後の課題について議論する．

本章でカバーしきれない多くの重要な貿易コストの研究が存在するため，本章では包括的な貿易コストの研究の紹介ではなく，特有のトピックを限定して扱っている点には注意が必要である．その他の貿易コストに関する重要な問題としては，例えば貿易コストの非対称性（Eaton and Kortum 2002; Waugh 2010），輸送セクターの市場構造（Hummels, Lugovskyy, and Skiba 2009），情報コストの測定（Allen 2014），貿易コストの負担（Anderson and Yotov 2010），時間コストの評価（Hummels and Schaur 2013）などがあるが，本章では扱わなかった．興味のある読者の方はこれらの論文を参照されたい．

2．貿易コストはなぜ重要か

財や商品を生産者から消費者へ届けるためには，生産コストの他に流通に関わる様々なコストがかかる．財を移動するために必要な輸送コスト，財の存在を消費者に伝えるための情報・宣伝コスト，実際に消費者に配送するま

でに保管するときにかかる在庫コストなどが考えられる．それらのコストは，生産者と消費者が地理的に離れていたり，異なる国家にそれぞれが属していたりしている場合により大きくなると考えられる．そういった生産コスト以外のコストを，ここでは貿易コストと呼ぶ．

　貿易コストにより引き起こされる貿易量の減少や地域間価格差は，資源の移動が地域間でスムーズに行われないことを表している．この場合，資源配分が地域間で正しい生産コストに基づいて行われない可能性を示しており，地域間の場合は一国全体，国家間の場合は世界の社会厚生の観点からも望ましくないと考えられる．また，比較優位に基づく効率的な地域間・国家間の分業構造が達成できず，例えば研究開発部門に望ましい資源の配分が可能にならなければ，経済成長にも影響を与えると考えられる．そして，本書の第5章で詳細に議論されているように，貿易コストは産業の集積にとっても中心となる要因の一つである．したがって，貿易コストがどういった経済的要因に起因するのかを明らかにし，貿易コストの規模・影響の識別を行うことは，効率的資源配分を達成する経済政策の策定にとって重要である．

　貿易コストはそのタイプにより分類することができる．大きく分けると，制度的要因によるものと，地理的要因によるものである．制度的要因としては，関税などの貿易政策によるものがある．他にも，「制度の質」といった文脈で，法律やその執行，汚職や犯罪といったものも貿易コストに影響を与える．貿易政策に関しては，関税の大きさの測定やその影響（もしくは関税削減の効果）については古くから多くの研究の蓄積が存在する．関税の影響の分析は，自由貿易協定の進展を評価する際に重要となるため，近年も研究が多く行われているが，平均的な関税率が低下していることもあり，トータルの貿易コストに占める関税の割合は小さくなっていると考えられる．これらに対し，貿易コストに関する地理的要因とは，地域間の距離であったり，海に面している国であるか否かといった地理的特徴のことである．地理的要因についても，それらの特徴が輸送費，取引費用を通じて貿易に与える影響が分析されている．

　これら地理的，制度的な要因両方に関係するものとして，インフラストラクチャー（以下，インフラ）が挙げられる．地理的な輸送に対する阻害要因を，

インフラにより克服することができる可能性があり，そしてインフラ整備は各国の政策に大きく依存するためである．インフラの貿易に対する影響は多くの文献で確認されている（例えば Limao and Venables (2001) や Blonigen and Wilson (2008)）．ただし，影響を正しく評価するためには，インフラの影響の識別という困難な問題が存在する．この点についても，第4節で紹介するが，様々な研究が注意深い分析を行い，インフラが貿易・地域間価格差に与える影響を明らかにしている（Donaldson (2013) や Volpe Martincus and Blyde (2013)）．インフラによる貿易コストの低減が国際貿易・地域間取引を促進させるという認識は，望ましいインフラ整備という政策課題に重要なインプリケーションを与える．そのため，インフラと貿易コストの関係は，今後も正しい識別を行う実証分析の蓄積が必要とされる課題である．

貿易コストの存在の重要性は様々な文献でも指摘されている（例えば Hummels (2001), Obstfeld and Rogoff (2001), Anderson and van Wincoop (2004) や Head and Mayer (2013)）．Anderson and van Wincoop (2004) では，関税データや非関税障壁データ・流通コスト・輸送費データなどから，消費者が直面する価格のうち，貿易コストが占める割合が大きいことを紹介している．彼らは Bradford と Lawrence による産業連関表を用いた研究を引用し，例えば日本では製造費用に対する流通費用の割合が，女性用衣服で130%，ビールで70% などと示されている．また，非関税障壁についても，各国の様々な産業で非関税障壁が採用されていることが示されており，例えば米国ではおよそ30%の産業で何らかの非関税障壁が存在していることが示されている．

以上から，貿易コストの大きさは経済活動にとって無視できない規模を有し，また，あらゆる産業や局面で観察される．したがって，国家間や地域間取引を扱う経済分析は貿易コストを取り込んだ形で行う必要があると考えられる．

データとして観察できるコストの他に，観察できないコストの存在についても，その重要性が考えられる．この観察できない貿易コストの存在は，Trefler (1995) などにおいて貿易消失 (missing trade) と呼ばれているように，理論的な貿易量よりも実際に観察される貿易量が小さいというパズルの

説明として考えられている．すなわち，観察できる関税や輸送費を用いただけでは，過小な貿易量が説明できないためである．一つの考え方は関税などの観察できる要因以外に，先に述べたような一国の「制度の質」が貿易に影響を与えるというものである．すなわち，民事契約の容易さや汚職の少なさなどが実現することで，民間取引が促進され，貿易も拡大するという考え方である（Anderson and Marcouiller 2002）．

また同様の問題として，輸送技術・情報通信技術の発達や平均的な関税率の低下にもかかわらず，貿易が距離と国境に影響を受けて減少するという事実は，パズルとして捉えられている．Head and Mayer（2013）はそれら2つの要因を分析した研究を概観している．Head and Mayer（2013）で指摘されている点は，貿易コストとして全てを明示的に観測することはできず，観察できる要因以外の部分の貢献が大きいということである．通常考えられている貿易コストの要素である関税などに加え，文化的・歴史的・制度的要因が存在する．そして，文化的な差異が距離に比例して広がる場合には，それが原因となっている貿易量の減少を，距離を要因として捉えることで，距離の影響が大きいというケースがあることを議論している．無視できない大きさを持つ貿易コストの主要な要因の解明という問題は重要なテーマであり，多様な視点からのアプローチが行われるべきと考えられる．

国際貿易だけでなく，国際金融（マクロ）の分野においても貿易コストの影響の重要性は認識されている．Obstfeld and Rogoff（2001）は，国際マクロにおける6つのパズルが，貿易コストを考慮することで解決されるとした論文である．6つのパズルのうち，貿易に関連するパズルは第1のパズルと第5，第6のパズルである．パズルの1つ目はホームバイアス（home bias）パズルで，外国財に対して自国財の消費が大きい点を指している．これは貿易消失に密接に関係している点であり，貿易コストの存在により説明されるとしている．また，パズルの5つ目は購買力平価パズル，6つ目は為替レートディスコネクト（exchange rate disconnect）パズルである．これらは，貿易コストにより地域間価格差が消滅しない問題を議論していると言える．

購買力平価は各国の物価が等しくなるように為替レートが決定されるとい

う考えであるが,現実には成立は困難な命題である.その一つの理由が貿易コストの存在である.同じ財であったとしても,輸送などにコストがかかる場合,異なる地域間で異なる費用構造を持つことになり,異なる価格が設定されるため,物価が等しくはならないことによる.国際マクロ経済での問題は,長期的には為替レートは購買力平価レートに近づくと考えられるが,その収束スピードが遅いという点にある.それについては様々な理由が分析されているが,一つは価格の硬直性の下での金融政策の影響であり,分析のためにはニューケインジアン国際マクロ経済(new Keynesian open macroeconomics)のフレームワークが必要であるとされている.ただし国際マクロ経済の研究の多くは相対購買力平価の検証を行っており,貿易コストそのものの測定はあまり焦点とはなっていない.本章では,絶対購買力平価の考え方の基礎である一物一価の法則に関連した貿易コストの問題について,主に第3節で議論する.

本書の第1章を中心に,各章においても多くの議論が行われているが,貿易コストの影響の経路を考察する際にも,近年の企業の異質性の議論を踏まえた分析が重要である.貿易コストが地域間(国家間)の取引に必然的であるため,企業が貿易コストを負担する場合は,それらのコストをカバーできないときには供給を諦め,消費者が負担する場合も同様に貿易コストにより高価格でしか消費できないときは,その消費を諦める.したがって,貿易コストは地域間の取引を大きく阻害する要因である.貿易コストの低下は新規市場への参入を促すと考えられるため,貿易コストは地域間取引を単に阻害するだけでなく,生産者の供給先選択(需要者の調達先選択)に影響を与えると考えられる(Eaton, Kortum, and Kramarz 2011).また,企業の異質性による輸出企業と国内企業の選択によって,貿易財と非貿易財とが分割され,物価や為替レートに影響を与える点も,近年国際マクロ経済モデルでは取り込まれている(Ghironi and Melitz (2005), Bergin, Glick, and Taylor (2006) や Atkeson and Burstein (2008)).生産性の異質性の下では,国際貿易・国際金融のモデル化や分析からのインプリケーションに対して,貿易コストは重要な役割を果たしているのである.

そして,スタンダードな異質性モデルでは生産性の異質性が考えられてい

るが，第5節では異質性が品質の次元に存在するケースを考える．品質が異なる財については，貿易コストが企業の参入や相対需要の変化に影響を与える．貿易コストの存在は，企業にとって利潤低下要因であり，全ての企業が貿易を行うことができるわけではない．その際に，どういった企業が貿易コストを負担しても供給できるのかという点が問題となる．スタンダードな企業の異質性モデルでは，最も高い生産性，すなわち最も低い価格を設定できる企業が輸出（他市場に供給）できるが，実際のデータでは高価格（高品質）財が輸出されているケースが確認されている（Baldwin and Harrigan (2011) や Manova and Zhang (2012)）．したがって，品質を考慮した場合には，貿易コストと企業の供給パターンについての新しい説明が必要とされる．第5節では，企業の供給パターンという重要な問題に対して，貿易コストが与える影響を詳しく分析する．

3．貿易コストの測定・その影響

第2節でも触れたように，貿易コストの測定には，直接データを得る方法と，モデルを用いて推定する方法がある．例えば輸送費データについては運送業者の料金表などによる入手が考えられるが，通常は入手が困難である．また，実際に負担するコストには，単なる輸送運賃以外の多岐にわたる要素が影響するため，運送業の運賃を入手するだけでは不十分である．そして，実際の負担コストの計測には，取引が行われなかったケースを考慮する必要がある．すなわち，標準的な輸送運賃データが入手できたとしても，実際の配達にかかるコストがより大きく，結果として配達そのものが行われない可能性を考慮する必要がある（Hummels (2001) や Kano, Kano, and Takechi (2013))．その場合，観察できるデータからでは，取引が行われた場合にかかったであろうコストの大きさは分からないのである．よって本節では，モデルを用いて輸送費を推定し，その影響を分析した研究に焦点を当てる．

まず最初に，貿易コストの定式化に関して議論する．貿易コストの経済モデルにおける最も典型的な定式化の方法は，氷山型（iceberg type）と呼ばれる定式化である．Samuelson (1954) により定式化された氷山型の貿易コ

ストは，物理的にその財の一部が輸送時に消失するという形で分析が行われている．これにより，明示的に輸送部門を考えることなく一般均衡を分析することができ，また，従価（ad valorem）型のコストとして表されるため free on board（FOB）価格がどの市場向けであっても一定といった単純な構造をモデルにもたらすこととなる．したがって，氷山型の貿易コストは，そのモデル上の取り扱いの容易さで最も典型的な定式化として用いられている．具体的には，地域 j から n への貿易コストを t_{nj} とすると，

$$p_{nj} = t_{nj} p_j$$

であり，$t_{nj}>1$ である．すなわち，FOB 価格 p_j に貿易コストが上乗せされて，現地価格となる．これは，物理的に財が消滅するという観点からは，1単位の財を移動したときに，$1/t_{nj}$ だけが現地に届き，$1-\dfrac{1}{t_{nj}}=\dfrac{t_{nj}-1}{t_{nj}}$ だけが移送中に消滅すると解釈される．よって，数量で考えた場合は，現地に x_{nj} の供給を行うためには，$t_{nj}x_{nj}$ だけ産地 j で生産を行う必要があるのである．

貿易コストの存在自体は極めて自然なものとして考えられるが，経済モデルにおける氷山型による取り扱いは，様々な制約を貿易コストの導入について課していると言える．現実世界では，貿易コストの支払いは輸送サービスを利用する経済主体によって負担されるのに対し，モデル上では輸送サービスの提供側の主体は明示的に扱われない．また，理論では貿易コストは多くの場合対称的なものとして扱われる．すなわち，地域 j から地域 i へのコストと，地域 i から地域 j へのコストが同一なものとされる．しかしながら，財の発送時と受取時の手続きの違いなどそれらが対称的でないケースは十分に存在しうる．そして，氷山型の特徴として，貿易コストが輸送する財の金額に比例するという点も，問題となる可能性がある．金額に関係ない固定費のような要因は氷山型としては定式化ができないのである．

以上のように，多くの制約が典型的な貿易コストの取り扱いには課されている．しかし，先に述べたように氷山型の制約は，問題・モデルの単純化に寄与していると考えられる．国際貿易の際には，輸送費を含め様々なコストがかかるため，本来ならば例えば輸送サービス市場を扱う必要がある．輸送

部門そのものに焦点が無い場合には，輸送費部門を考慮しない形で一般均衡を記述することを可能にする氷山型の定式化は，分析を明確にする上で重要な方法である．また，企業が独占的競争に従っているモデルと組み合わされたときには，企業が一定のマークアップを費用に上乗せした形で価格付けを行うというインプリケーションが得られる．これは，FOB 価格一定というインプリケーションとセットで考えることができる．すなわち，FOB 価格がマークアップ一定で設定され，そして各市場での価格は貿易コストの違いによってもたらされることとなる．また，価格指数（Anderson and van Wincoop（2003）の multilateral resistance term）は個別価格の指数乗の和（もしくは積分）で表されるため，氷山型の乗法型の性質により，価格指数を明示的に（解析的に）表すことが可能となるメリットもある．したがって，貿易コストの分析には，氷山型の制約の下で，他の論点を議論するというアプローチと，氷山型の制約を外す形で分析を行い，様々な新しいインプリケーション，もしくは氷山型の制約の厳しさを検証するというアプローチが採用されるケースがある．

そこでここでは，貿易コストの実証分析フレームワークの一つを紹介する．貿易コストそのものの測定が困難なため，貿易量のデータを用いて重力モデルを設定し，その中で中心的な役割を果たす氷山型の貿易コストの項を推定するという方法である．そして，貿易コストは地理的要因，特に距離の関数であるとする．すなわち，距離が長いほど貿易コストが高くなり，貿易をより阻害し価格差を拡大させると考えるのである．距離が表すコストが，貿易コストのどういった面なのかについては様々な要因が考えられ（Allen 2014），その貿易に与える影響が現代でも大きい点について様々な議論がある（Disdier and Head 2008; Head and Mayer 2013）．そこでここでは，Kano, Kano, and Takechi（2013）を単純化したモデルを紹介し，氷山型の制約の下で，貿易コストを経済モデルから測定する手法について考え，距離の影響の識別について見ていく．

モデルとしては標準的な Helpman, Melitz, and Rubinstein（2008）型の重力モデルを考える．まず地域 n に存在する消費者が，以下のような CES 効用関数を持つとする．

$$u_n = \left[\int_\omega x_{n(\omega)}^{\frac{\sigma-1}{\sigma}}\right]^{\frac{\sigma}{\sigma-1}}$$

ここで $x_{n(\omega)}$ は地域 n における財 ω の消費量であり，σ は代替の弾力性パラメータである．予算制約は，

$$y_n = \int_\omega p_n(\omega) x_n(\omega)$$

として表され，$p_n(\omega)$ は財 ω の地域 n での価格である．効用最大化から，需要関数は，

$$x_n(\omega) = \frac{p_n(\omega)^{-\sigma} y_n}{P_n^{1-\sigma}}$$

となり，ここで $P_n^{1-\sigma} = \int p_n(\omega)^{1-\sigma}$ であり，P_n は地域 n の価格指数である．

生産者は，独占的競争に従っているとする．各生産者は差別化財を 1 個供給すると考え，したがって各企業は別々の製品を生産している．企業は生産性によって異なると仮定されているため，財のインデックス ω と企業の生産性 $\phi = \dfrac{1}{a}$ が 1 対 1 対応をするため（a はコスト），以下では企業の生産性を用いて各財を表すことにする．地域 i に立地している生産者の市場 j からの利潤は，以下のように表される．

$$\pi_j = p_{nj} x_{nj} - \tau_{nj} a c_j x_{nj}$$

最適価格は利潤最大化から求められ，

$$p_{nj} = \frac{\sigma}{\sigma - 1} \tau_{nj} a c_j$$

となる．各生産者はコスト a がそれぞれ異なり，それらは F$(1/a)$ という分布に従うとする．このとき，貿易額 M_{nj} は，

$$M_{nj} = \int N_j p_{nj} x_{nj} = \left(\tau_{nj} \frac{c_j}{\alpha P}\right)^{1-\sigma} Y_n N_j V_{nj}$$

となる ($V_{nj} = \int a^{1-\sigma} da$). ここで, 貿易均衡の条件,

$$y_j = \sum_h M_{hj}$$

から,

$$N_j = \frac{Y_j}{\sum \left(\frac{\tau_{hj}}{P_h}\right)^{1-\sigma} Y_h V_{hj}} \left(\frac{c_j}{\alpha}\right)^{\sigma-1}$$

となり, これを貿易額の式に代入すると, 貿易額は,

$$M_{nj} = Y_n Y_j \frac{\left(\frac{\tau_{nj}}{P_n}\right)^{1-\sigma}}{\sum \left(\frac{\tau_{hj}}{P_h}\right)^{1-\sigma} Y_h V_{hj}}$$

として表される.

　我々の関心は, この重力モデルの貿易コストの項 τ_{nj} の推定である. 一般に, この貿易コストは様々な要因の関数と考えられるが, ここではその一つの大きな要因として, 2国間の距離を用いる. したがって, 推定では説明変数として距離を用い, 距離の係数が貿易コストが貿易に与える影響を捉えていると考える (Arkolakis, Costinot, and Rodríguez-Clare (2012) や Simonovska and Waugh (2014)). ただし, 以下で Kano, Kano, and Takechi (2013) を紹介するときに詳しく示すが, 係数は2つの構造パラメータ, 代替の弾力性と貿易コストの距離に関する弾力性の積からなっており, 通常の重力タイプのモデルでは, 輸送費か価格差などのデータが利用できない限り, 貿易コストの距離に関する弾力性の識別はできない. 例外として, 輸送価格のデータを用いた Hummels (2001) は距離弾力性の推定を行っている. ここでは, 輸送費の推定式と重力モデルの推定式を同時に用いることで距離弾力性と代替の弾力性を別々に識別できることを示す.

　Kano, Kano, and Takechi (2013) は日本の野菜の卸売価格データを用い, 各卸売価格の差と, 産地から卸売市場への供給パターンを重力タイプのモデ

ルで記述し，距離弾力性と代替の弾力性を識別した．そこで用いているデータは全国生鮮食料品流通情報センターが提供している青果物市況データファイルである．このファイルにより日次の各都道府県における中央卸売市場での取引価格の情報が得られる．

価格データを用いた分析においては，単なる地域間価格差のデータでは貿易コストを正しく測定できないという点に注意が必要である．単なる市場ごとの価格ではなく，生産地の情報が入手できるならば，価格データを用いて貿易コストを測定することができるのである．この点については，Anderson and van Wincoop（2004）で紹介されており，以下のように考えることができる．

地域 i と j を考える．地域 i は地域 z_i から最も低価格で輸入を行うことができ，同じように地域 j は地域 z_j から最も低価格で輸入を行えるとする．このとき，地域 z_i における FOB 価格に貿易コスト t_{iz_i} がかかり，それが上乗せされたものが地域 i での価格となる．

$$t_{iz_i} p_{z_i} = p_i$$

そしてこの価格は地域 z_j から輸入したケースよりも低いはずである．

$$t_{iz_i} p_{z_i} = p_i < t_{iz_j} p_{z_j}$$

同様に，地域 j も z_j から最も低価格で輸入し，その価格は z_i から輸入したケースよりも低いはずである．

$$t_{jz_j} p_{z_j} = p_j < t_{jz_i} p_{z_i}$$

ここで，$t_{iz_i} p_{z_i} = p_i$ から，$p_{z_i} = p_i / t_{iz_i}$ であるので，上に代入すると，

$$\frac{t_{iz_i}}{t_{jz_i}} < \frac{p_i}{p_j}$$

となる．同様に，$t_{jz_j} p_{z_j} = p_j$ を地域 i の裁定（arbitrage）条件に代入すると，

$$\frac{p_i}{p_j} < \frac{t_{iz_j}}{t_{jz_j}}$$

となるから,結果として,

$$\frac{t_{iz_i}}{t_{jz_i}} < \frac{p_i}{p_j} < \frac{t_{iz_j}}{t_{jz_j}}$$

が成立する.この時もし地域iとjが同じ地域mから輸入するならば,

$$\frac{t_{im}}{t_{jm}} = \frac{p_i}{p_j}$$

となる.この表現から,単なる地域間価格差は貿易コストを反映していない可能性があることが分かる.例えば,もし $t_{im}=t_{jm}$ であるならば,$\frac{p_i}{p_j}=1$ となり,貿易コストが存在するにもかかわらず,貿易コストが存在しないという結果が出てしまう.

したがって,地域iと地域jの価格差は,その地域間で実際に取引している財を用いて検証しない限り,貿易コストを反映したものではない可能性を否定できないということが言える.すなわち,供給する地域mがもし地域jであるならば,

$$\frac{t_{ij}}{t_{jj}} = \frac{p_i}{p_j}$$

であり,$t_{jj}=1$ と基準化するならば,貿易コスト t_{ij} は地域間価格差によって測定されることになるのである.したがって産地の価格が分かるならば,それと市場での価格を用いることで,そこに実際に配送が行われているため,貿易コストを測定することができることになる.

以上見てきたように,供給地の価格を用いた裁定条件から,価格差の表現が貿易コストを表していると言えるのである.よって,産地と消費地の価格差を用いることが貿易コストの正しい測定には必要になる.通常そういったデータは特に小売価格データでは存在しないが,Kano, Kano, and Takechi

(2013) では卸売市場に注目し，野菜の卸売価格データには産地の情報が存在するため，消費地の卸売価格と，同じ野菜の産地での価格データを用いて貿易コストの測定を行っている．地域 j から地域 n へ供給した財の価格を p_{nj}, 地域 j での価格を p_{jj} とすると，その価格差が貿易コストであり，距離の関数として表される．

$$\ln(p_{nj}/p_{jj}) = \ln \tau_{nj} = \delta \ln D_{nj} + u_{nj}$$

ここで，D_{nj} は地域間の距離，u_{nj} はその他の貿易コストを表す誤差項であり，中心となるパラメータは距離弾力性 δ である．

Kano, Kano, and Takechi (2013) と同様に産地の価格データを用いている研究に Atkin and Donaldson (2012) がある．エチオピアとナイジェリアの小売物価調査を用い，通常の消費者物価指数の価格調査では含まれない個別企業の製造地を電話調査して，産地情報を得ている．また，推測変分 (conjectural variation) を用いて市場構造を柔軟な形で考慮することで，価格差のデータが輸送費などの貿易コストだけでなく，マークアップを含む形で表されることを示した．この価格差が貿易コストとマークアップを含む点は Kano, Kano, and Takechi (2015) と同様である．市場ごとの価格付け (pricing to market) を考慮したモデルを構築し，マークアップの影響を考慮することで，可変的なマークアップが存在するケースであっても，貿易コストの測定を行うことができる．可変的なマークアップについては，市場構造から定式化するケースや (Atkeson and Burstein 2008)，非ホモセティック効用関数 (Markusen 2013) を用いて導出するケースがある (Melitz and Ottaviano 2008; Simonovska 2010).

そして，貿易コストの識別には，価格差の情報だけでなく，配達のパターンの情報を重力タイプのモデルにより考慮する点が重要である．これは，本節の最初で指摘したように，貿易コストの識別にはセレクションの問題が存在するからである．すなわち，実際に地域 i から地域 j に供給を行う企業は，利潤がプラスの企業のみである．よって，利潤ゼロの条件，

第Ⅳ部　貿易障壁と貿易政策

$$\pi_{nj} = (1-\alpha)\left(\frac{\tau_{nj} c_j}{\alpha P_j \phi}\right)^{1-\sigma} y_n - f_j = 0$$

から，市場供給の条件が求められる．この条件を満たす生産性 ϕ よりも高い生産性を持つ企業が供給を行う．したがって，この市場参加条件と，価格差の式を用いて距離の弾力性パラメータを推定することができる．この市場参加条件の重要性は，サンプルセレクションの問題を考慮することで明らかになる（Hummels 2001; Helpman, Melitz, and Rubinstein 2008）．もし観測されるデータのみを利用し，価格差を距離で回帰した場合，距離弾力性が過小に推定されるバイアスが存在する．そこで，サンプルセレクションを考慮した推定が必要となるのである．

サンプルセレクションを考慮しないケースと考慮したケースの推定結果は，表 10−1 のようになる（詳しくは Kano, Kano, and Takechi（2013）参照．最小自乗法（Ordinary Least Square: OLS）の推定結果とサンプルセレクションを考慮した推定結果の比較から，バイアスをコントロールすることで，コントロールしないケースに比べ，大きい距離の弾力性の推定値が得られていることが分かる．

Kano, Kano, and Takechi（2013）の貢献の一つとして，距離の弾力性と代替の弾力性のパラメータをそれぞれ別々に識別し，推定できるという点がある．通常の重力モデルで，距離を貿易コストの代理変数として使用した場合，貿易量の距離に関する弾力性のパラメータが得られる．これは，貿易量の貿易コストに関する弾力性と，貿易コストの距離に対する弾力性からなっている．貿易量の貿易コストに関する弾力性は，CES 効用関数を用いた場合は重力モデルの貿易コストの項は $(1-\sigma)\ln \tau$ であるから，1−代替の弾力性になる．貿易コストが距離の関数であるとすると，この項は $(1-\sigma)\ln \tau = (1-\sigma)\delta \ln$ *距離* と表されることから分かる．

この，貿易コストの距離に対する弾力性（δ）は，距離の影響を評価する際に重要になるパラメータである．このパラメータは，価格データを用いた研究では多く推定されている．価格データを用いた分析は，国際マクロ経済の文献，特に一物一価の法則（law of one price: LOP）を扱った文献で行われ

表 10-1　Kano, Kano, and Takechi (2013) の推定結果

推定パラメータ	キャベツ	白菜	レタス
Sample selection			
距離弾力性	0.210	0.304	0.325
	(0.001)	(0.003)	(0.003)
代替の弾力性	3.907	3.435	2.876
	(0.012)	(0.016)	(0.013)
誤差項の相関	−0.629	−0.646	−0.691
	(0.003)	(0.002)	(0.002)
対数尤度	−36,434.7	−11,670.9	−54,524.4
OLS			
距離弾力性	0.033	0.062	0.068
観測数	369,343	241,871	239,703

注：（　）の中の数値は標準誤差である．

ている（Engel and Rogers (1996), Parsley and Wei (1996) や Crucini, Shintani, and Tsuruga (2010) など）．LOP を分析した文献では，小売価格差を距離に回帰することで，価格差が生じる点が確認されている．また，価格情報を用いた研究は国際貿易の分野でも行われている．国際貿易の文献では，運賃保険料込み価格（cost, insurance, and freight: CIF）と FOB 価格の比（CIF／FOB）により貿易コストを測定するか，収集した輸送業者の価格データを用いて同様の推定を行っている．

どちらの文献でも，距離の貿易コストに与える弾力性は非常に小さいことが示されている．弾力性の推定の際に注意が必要な点は，Grossman (1998), Anderson and van Wincoop (2004) や Head and Mayer (2013) でも指摘されているように，貿易コスト関数の定式化である．明示的に輸送料金などのデータを用いた研究（例えば Hummels (2001)）では，輸送費の部分のみが距離に依存しているとしているから，

$$\tau_{nj} - 1 = D_{nj}^{\delta}$$

という関係を想定している．これに対し，通常の重力モデルでは，財の価格そのものを含んだ定式化により，

第Ⅳ部　貿易障壁と貿易政策

$$\tau_{nj} = D_{nj}^{\tilde{\delta}}$$

という形で距離に依存すると考える．したがって，どちらの定式化により推定されたものか注意する必要がある．対数微分をとると，$d\ln(\tau_{nj}-1)=\tilde{\delta}d\ln D_{nj}$, $d\ln\tau_{nj}=\tilde{\delta}d\ln D_{nj}$ であるから，$\dfrac{d\tau_{nj}}{\tau_{nj}-1}=\tilde{\delta}d\ln D_{nj}$ および $\dfrac{d\tau_{nj}}{\tau_{nj}}=\delta\ln D_{nj}$ となり，$\delta=\tilde{\delta}\dfrac{\tau_{nj}-1}{\tau_{nj}}$ という関係になる．通常 τ_{nj} は1から2の間の値をとるため，δ の方が $\tilde{\delta}$ より非常に小さくなる．本章で考える距離弾力性は δ である．

　価格データや輸送料金データを用いた分析における距離弾力性の推定値は，重力モデルで得られた貿易コスト弾力性から代替の弾力性パラメータをカリブレートし得られた距離弾力性や，構造重力モデルを構築し距離弾力性を推定したときの値と大きく乖離している．例えば Anderson and van Wincoop（2003）では，代替の弾力性が 5，10，20 のケースをそれぞれ考えている．このとき，対応する距離弾力性は 0.2，0.09，0.04 となる．Balistreri, Hillberry, and Rutherford（2011）では代替の弾力性を 3.8 にとり，推定を行った結果，距離弾力性は 0.155 という値になっている．また，Crozet and Koenig（2010）による構造モデルの推定では，弾力性の推定値は多くの産業において 0.2 を超えている．さらに，米国内のデータを用い，産業別マークアップの計測から代替の弾力性を導出し，距離弾力性の値を求めた Yilmazkuday（2012）では，平均して 0.45 という弾力性の値を得ている．

　このように距離の影響が大きいことについて，CIF／FOB や観察できる輸送価格データから得られた貿易コスト以外のダークコスト（dark cost）が存在していると Head and Mayer（2013）では議論している．しかしながら，これらの研究ではセレクションの問題を Kano, Kano, and Takechi（2013）のようにはコントロールしていないため，過小な推定が行われているためであり，貿易コストの正しい推定値はより大きいとも考えられる．先に表 10-1 で紹介したように，セレクションの問題をコントロールすることで，距離の影響の推定値は，代替の弾力性をカリブレートした時の距離弾力性と似た結果が得られるケースがあるのである．

　本節の最後に，貿易コストの形式として，固定費の形をとるものの測定に

ついて簡単に述べる．企業の異質性モデルでは，固定費が輸出を行うか行わないかのセレクションなどに重要な役割を果たす．しかしながら，固定費の項は実証的には重力モデルでは識別が困難である．本節のように，固定費の項が定数項や地域特殊要因の一要素として吸収され，固定費のみを分けて識別することができないケースが多い．サンクコストに関しては，企業レベルのパネルデータを用いた実証分析でその存在や大きさを推定するという研究が行われている（Roberts and Tybout（1997）や Das, Roberts, and Tybout（2007））．また，企業の輸出を参入という形で考えることができるならば，戦略的状況ではあるが，実証産業組織論における参入モデルでは，参入の際に固定費がかかるとするモデル化を行っており（Bresnahan and Reiss（1991）や Berry（1992）），固定費の推定について国際貿易への応用が考えられる．

4. 国境効果とインフラ効果

これまで述べてきたように，モデルを用いて貿易コストを測定する際には様々な問題が存在する．本節では，モデルを用いた貿易コストの測定の際に特に重要となる2つのトピックを紹介する．一つは国境がもたらすコストの増加に関するものであり，もう一つは国境とは関係なく，道路や鉄道といったインフラの影響の識別に関するものである．

国境を越える際には，関税や税関手続きに関わるコスト，手続きに関連してかかる保管コスト，配送ラグの際の在庫費用や配送が遅れることによる時間コストなどがかかると考えられる．しかしながら，そういった煩雑な国境での手続きが必要ないケースでも，国境が貿易や価格差に影響を及ぼす点が指摘されている．この問題は，北米市場やEU市場において，域内の市場の統合に関する検証を行う際に重要である．すなわち，果たして経済的な国際的取引の障壁を取り除いたとしても，国境が何らかの影響を持ち続けるのかという疑問が生じるのである．

国境が与える影響を米国－カナダの州間貿易データを用いて実証的に明らかにした研究が McCallum（1995）である．米国－カナダ間の国境は簡素化された手続きで越えることができ，国境に関わる関税などもほぼ存在しな

いため，国境の影響は小さいと考えられる．そこで，McCallum（1995）は以下のような重力モデルを推定することで，国境の効果を推定した．

$$\ln x_{nj} = \alpha_1 + \alpha_2 \ln GDP_n + \alpha_3 \ln GDP_j + \alpha_4 \ln distance_{nj} + \alpha_5 \delta_{nj} + \epsilon_{nj}$$

ここで，δ_{nj} は同一国州間の貿易では 1，国境を越える貿易の場合は 0 をとるダミー変数である．もしこの係数 α_5 がプラスの値を取るならば，GDP や距離をコントロールした上でも，国境を越えない取引量が国境を越える取引量よりも大きいことを意味する．推定では米国内貿易・カナダ内貿易とそれぞれのダミー変数を用い，実際に係数がプラスであることが確認されている．国境が貿易に大きな影響を与えるというこの国境効果（border effect）は，その影響が大きすぎるというパズルとして考えられている．

Anderson and van Wincoop（2003）は，この国境効果に対して，重力モデルの一般均衡の側面を正しくモデル化することで解決を行おうとした研究である．Anderson and van Wincoop（2003）を単純化したモデルを以下で紹介する．財はアーミントン仮説を用いて，産地ごとに差別化されているとする．地域 n に存在する消費者の効用関数は，CES 型を取るとする．

$$u_n = \left(\sum_j c_{nj}^{\frac{\sigma-1}{\sigma}} \right)^{\frac{\sigma}{\sigma-1}}$$

ここで，c_{nj} は地域 j から供給された財の地域 n での消費量である．予算制約は，

$$y_n = \sum_j p_{nj} c_{nj}$$

であり，y_n は所得，p_{nj} は価格である．貿易コストの存在のため，$p_{nj} = \tau_{nj} p_j$ である．効用最大によって求められる需要関数は，

$$c_{nj} = \frac{p_{nj}^{-\sigma} y_n}{P_n^{1-\sigma}}$$

となるため（分母は価格指数，$P_n = \left(\sum_j (p_n t_{nj})^{1-\sigma} \right)^{1/(1-\sigma)}$），貿易額を $x_{nj} = p_{nj} c_{nj}$ と表すとすると，

$$x_{nj} = \left(\frac{p_j t_{nj}}{P_n}\right)^{1-\sigma} y_n$$

と表される．供給サイドについては，ここでは単純化のため供給量一定とする．均衡は以下の貿易均衡の条件を用いて表される．

$$y_j = \sum_n x_{nj}$$

導出される均衡価格は，

$$p_j^{1-\sigma} = \frac{y_j}{\sum_n \left(\frac{t_{nj}}{P_n}\right)^{1-\sigma} y_n}$$

となり，これを貿易額の式に代入することで，以下の重力モデルを得ることができる．

$$x_{nj} = \frac{y_n y_j}{y_w}\left(\frac{t_{nj}}{\Pi_j P_n}\right)^{1-\sigma}$$

ここで，$\Pi_j = \left(\sum_n \left(\frac{t_{nj}}{P_n}\right)^{1-\sigma}(y_n/y_w)\right)^{\frac{1}{1-\sigma}}$ である．

注目すべき項は，Π_j と P_n という価格指数の項である．国境が与える影響については，国境を越える取引と越えない取引を単に比較するのではなく，越える取引と越えない取引の違いを，国境が存在する状態と存在しない状態で比較する必要がある．これは，価格指数の中に貿易コストの要因が含まれているため，国境の存在に関するコストが変化したときは，価格指数が変化するためである．したがって，価格指数の変化を考慮しないときには，国境効果の識別が正しく行われない可能性がある．そのために，国境が存在しないという仮想的な状況の経済均衡の導出が必要となる．単なる McCallum (1995) の国境の係数は，その点を比較していないため，正しい国境効果の測定が行われていない可能性がある．そこで，Anderson and van Wincoop (2003) は，国境が存在しないという状態での価格指数を新たに計算し，その下での貿易量の評価を行った．これにより，McCallum (1995) の回帰分

析による影響よりも国境効果は小さいことが明らかにされた．

　Anderson and van Wincoop（2003）のフレームワークを適用する際の問題として，前の節で触れた供給のセレクションの問題がある．米国・カナダの州の間の貿易のケースでは，それほど問題とはならないが，国際貿易のデータの場合，貿易がゼロというケースが多い．この点については，サンプルセレクションの問題としてヘックマンの二段階回帰（Heckman two-step estimator）を用いるケース（Helpman, Melitz, and Rubinstein 2008）や，ゼロ観測をポワソン回帰で扱う（Silva and Tenreyro（2006），Anderson and Yotov（2010）や Fally（2015））といった処理が通常なされているが，Anderson and van Wincoop（2003）ではゼロ貿易のサンプルを単純に除くという処理がされており，Anderson and van Wincoop（2003）の制約付き最小自乗法の手法を直接適用する場合には注意が必要である．

　また，Anderson and van Wincoop（2003）の結果により，価格指数の項は，各地域の特殊要因として考えられることから，国境効果の検証が目的ではなく，重力モデルの推定を目的とする場合には，制約付き最小自乗法を用いる必要はなく，輸出地域・輸入地域ダミーを用いることで価格指数の項をコントロールできる．他方，Baldwin and Taglioni（2007）から，パネルデータを用いる場合には，単純な固定効果ではなく，時間を通じて変化する固定効果を用いる必要があるため，重力モデルの推定の際には注意が必要である．

　以上見てきた Anderson and van Wincoop（2003）は，貿易データを用いた研究である．これに対し国境効果を価格データを用いて検証したものが Engel and Rogers（1996）である．具体的には，米国－カナダの都市間の消費者物価指数の標準偏差を国境ダミーと距離に回帰するという方法を用いている．彼らは月次の物価指数の2カ月の差分の標準偏差を価格の分散（dispersion）の指標として考え，この分散が国境内の都市間よりも国際間で大きくなるかどうか検証した．ある月のある財 i の地域 k に対する地域 j の相対的な価格は $\frac{p_j^i}{p_k^i}$ である．この対数値をとり，2カ月の差分を取ったものを P_{jk}^i と表すとすると，回帰式は以下のようになる．

$$V(P^i_{jk}) = a^i_1 \ln distance_{jk} + a^i_2 Border_{jk} + a^i_3 Dummy_j + a^i_4 Dummy_k + u^i_{jk}$$

よって，もし a^i_2 がプラスであるならば，国境を越えた都市間の価格差のボラティリティの方が，国境内よりも大きいことを示している．実際に Engel and Rogers（1996）ではプラスの結果を得ており，国境が価格差についても影響を及ぼしている点が確認された．

この理由としてはいくつかの要因が考えられる．一つは市場ごとの価格付け（pricing to market）である．企業は各市場で別々に価格付けを行う．その場合，国境内の各市場での価格付けの方が，国際的な価格付けよりも変動が少ないと考えられる．また，小売価格には，多くのサービス部門のコストが反映されていると考えられる．そして，サービス部門はローカル性が高いため，賃金の変動は国境内の方が，国際間よりも小さいと考えられ，結果として国際的な場合には小売価格の変動が大きくなるというものである．

Engel and Rogers（1996）以降も価格データを用いて国境効果を推定する研究が行われている．Gopinath *et al.*（2011）は国境近くに存在する小売価格を用いて価格が国境の両側で大きく変化する点を明らかにしている．また，Gorodnichenko and Tesar（2009）は Engel and Rogers（1996）の回帰分析が，正しい国境効果の識別を行っていない点を指摘している．そこでは，価格分布が両国内で異なる場合，単純な回帰分析では各国の分布の違いが国境効果の推定に影響を及ぼすため，国境効果がバイアスを持つ点を示している．以上のように，現在でも多くの研究が行われており，国境効果は貿易コストに関する重要なテーマの一つである．

次に，本節の残りでは国境とは関係なくかかるコストとしてインフラの影響を考える．近年，貿易コストにおいては国境間の移動にかかるコストだけでなく，国境内のコストの占める割合が大きいという問題意識から，国内流通の構造を明示的に扱う研究が行われている（例えば Atkin and Donaldson（2012））．そこで，ここでは国境とは直接は関係のないものとして，国内インフラの影響を考える．第2節では距離の影響の識別の問題について議論したが，それと同様にインフラの影響を正しく識別することは困難である．中心的な問題は内生性である．すなわち，インフラ整備により貿易が上昇した

のか，貿易が活発になりインフラ整備の要求が高まったためにインフラ整備が進められたのか，どちらの因果関係が中心的なのかを識別する必要がある．

そこで，近年の研究では，外生的なショックによりインフラに影響があったときの貿易への影響を分析するということが行われている．Volpe Martincus and Blyde（2013）はチリにおいて発生した地震により，製造業が用いる輸出経路が影響を受け，より距離の長い経路を用いる必要が発生したケースを分析している．この影響は外生的に貿易コストが上昇する企業が存在するケースと考えられ，全ての企業が影響を受けたわけではないため，differences in differences（DD）推定を用いて影響を検証することができる．

具体的な推定式は，貿易額が以下のような輸出に用いる道路状況に影響を受けると考えたものになる．

$$\ln X_{fpct} = \alpha D_{fpct} + \lambda_{fpc} + \delta_{ft} + \rho_{pct} + \epsilon_{fpct}$$

ここで，D_{fpct} は企業 f の製品 p の輸出先 c の期間 t でのインデックスで，もし災害により輸出経路が影響を受けた場合には1を取る変数であり，他の変数は固定効果である．推定では，企業－財－国の固定効果をコントロールするために1期差分をとっている．また，DD 推定で標準偏差に対するバイアスが生じる可能性について，Bertrand, Duflo, and Mullainathan（2004）に従い，災害前と災害後の2期間にサンプル期間をプールして推定を行っている．これにより，推定式は，

$$\Delta \ln X_{fpc1} = \alpha \Delta D_{fpc1} + \delta'_f + \rho'_{pc} + \epsilon'_{fpc}$$

となる．注意する点は，説明変数も差分を取った形になっていることである．また，$\Delta D_{fcpt} = D_{fpc1} - D_{fpc0} = D_{fpc1}$ である．この項は，地震後に輸出ルートが影響を受けた企業に対する貿易への影響を示しており，この係数が分析の中心となるパラメータである．

Volpe Martincus, and Blyde（2013）によると，2010年前後のチリの企業レベルのデータを用いて行った推定結果からは，輸送網インフラへの被害により貿易が減少するという影響があることが確認された．自然災害という外生的な要因を用いて，インフラが貿易に与える影響を識別したという点で，

貿易コストの影響の分析に貢献した研究である．

インフラの影響を分析した研究で，価格データを用いたものが Donaldson（2013）である．Donaldson（2013）では，インドの英国統治下における鉄道建設を分析対象とし，鉄道建設が，貿易コストの削減，所得のボラティリティの減少，実質所得の向上をもたらすか検証している．インフラの影響の識別の問題に関しては，鉄道網建設の動機にその条件を求めている．基本的に鉄道網の建設動機は，大きく3つあり，軍事上の理由，商業上の理由，そして人道上の理由とされている．その中でも，軍事ネットワークの構築という必要性が最も大きい動機であるとされており，この事実を用いて経済的な影響に対して鉄道網というインフラが外生的であるとしている．

Donaldson（2013）で用いられているモデルは Eaton and Kortum（2002）の多国（多地域）リカード・モデルであり，生産面の構造は以下のようである．生産費用を c_j，技術（生産の効率性を表す指標）を z_j とすると，1単位当たりの生産コストは $\frac{c_j}{z_j}$ となる．j地域からn地域への貿易コストは氷山型の d_{nj} で表されるとすると，j地域財のn地域での価格は $p_{nj}=\left(\frac{c_j}{z_j}\right)d_{nj}$ となる．完全競争を仮定していることから，最も低い価格を設定できる地域の財が販売される．したがってn地域での価格は，$p_n=\min[p_{nj}|j=1,\cdots,N]$ となる．実際に産地jから供給された場合価格は先に示した $p_{nj}=\left(\frac{c_j}{z_j}\right)d_{nj}$ であり，この時産地の価格は $p_{jj}=\frac{c_j}{z_j}$ となり，価格差がちょうど貿易コストを表すことになる．Donaldson（2013）は一般均衡モデルであるが，貿易コストの測定に限れば一般均衡は必要なく，市場価格と産地価格の情報により行うことができる．

貿易コストの測定に関して対象とする財は塩であり，インドの8カ所の地域で製造されている．これらは産地によって差別化されていると考えられるが，各産地で製造される塩は同質財であり，完全競争を行っていると考える．貿易コストは，各塩の産地jに対して各t期において，

$$\ln p_{njt} = \ln p_{jjt} + \ln \tau_{njt}$$

という形で表される．そして，推定では，産地の価格を用いるのではなく，産地の価格は産地特殊要因でコントロールするという形を取り，

$$\ln p_{nj} = \beta_{jt} + \beta_{nj} + \phi_{nj} t + \delta \ln TC + \epsilon_{njt}$$

という回帰式を推定している．TC が距離もしくは鉄道の影響を表す項であり，他の項はトレンド項と固定効果である．距離を表す指標として，Donaldson（2013）では最小コスト経路を用いている．これは，地域 i から地域 n に移動する際に，鉄道だけでなく道路や水路の運送も考慮に入れて，最もコストが低い経路を導出したものである．各道路・水路などの距離は鉄道の距離に換算しており，係数 δ は鉄道を用いた時の貿易コストの距離に関する弾力性を示している．推定結果はおよそ 0.24 であり，価格データを使ったこれまでの研究よりも大きい弾力性を示しており，また，同様に産地の情報を用いて推定を行った Kano, Kano, and Takechi（2013）と似た結果になっている．

この推定結果を用いて Donaldson（2013）では，鉄道により下落した貿易コストが，貿易量を拡大し，結果として実質所得の上昇につながった点を明らかにしており，インフラ整備による貿易コストの低減が厚生の改善に重要な役割を果たしたと考えられる．本節で紹介したような内生性をコントロールしたインフラの影響の研究では，インフラが経済（貿易）に大きな影響を与えていることが示されている（他には Duranton, Morrow, and Turner（2014）など）．よって，今後も道路網や航空網などのインフラの影響は識別の問題を考慮した形で行われる必要があると考えられる．

5. 財の品質と貿易コスト

貿易モデルを考えるにあたり，供給パターンの分析について，Melitz（2003）以降生産性の異質性が基本的なメカニズムとして用いられてきた．この生産性の異質性モデルは様々な方向に拡張されている．本節では，生産性から品質という面を考慮した形の拡張について考え，その拡張が貿易コストの測定とどういった関係にあるのか紹介する．

生産性の異質性モデルにより国際貿易に関する多くの現象の説明が試みられてきたが，スタンダードな Melitz モデルでは説明できない事象として，

財価格と供給先との関係がある．標準的な Melitz モデルでは，高生産性の企業は低価格を設定できるため，より貿易コストの高い市場に参入することができる高生産性の企業は，生産者価格が低くなるという結果になる．しかしながら多くのデータからの観測では，生産者価格（もしくは FOB 価格）が高い財を生産する企業が，より参入コストの高い市場に参入する傾向があることが知られている．財の品質が高いほど FOB 価格も高くなり，参入コストが高い市場は距離が遠く，輸送費などが高い市場と考えられる．そのため，高品質の財はより遠距離の市場に供給される傾向にあるということになる．

この，品質と市場までの距離の関係については，近年実証分析が進んでいる．基本的な分析は，FOB 価格を距離に回帰する形で行われている．Bastos and Silva (2010), Baldwin and Harrigan (2011), Manova and Zhang (2012), Martin (2012), Feenstra and Romalis (2014) などで FOB 価格と距離の間に正の関係があることが示されている．企業レベルのデータを使ったものとしては，Bernard *et al.* (2007) では1企業当たりの単位貿易額と距離に正の関係がある点を示しており，インテンシブマージン（intensive margin）において企業の輸出する財の品質が重要となっている可能性が示されている．また，Crozet, Head, and Mayer (2012) では，ワインの品質の指標を用いて，高品質財が貿易コストの高い市場に供給されている点を示している．したがって，これらの結果からは，高価格を設定している高コスト企業は低生産性のためというのではなく，高品質財を生産しているために高価格を付けていると解釈される．この生産コストと品質の間の正の関係については，Kugler and Verhoogen (2012) による企業レベルデータの実証研究などでも確認されている．

これらの実証結果を考える際の一つのモデルが，品質選抜（quality sorting）のモデルである．これは，企業の異質性モデルに品質を導入したモデルであり，高コスト企業は高品質財を生産しており，利潤が低コスト企業よりも高いため，貿易コストの高い市場（すなわち距離の遠い市場）に高コスト企業のみが供給できるというフレームワークである．それによれば，より高品質な財の生産企業，すなわち高価格財生産企業のみがより遠い市場へ供給しているため，それらの財の FOB 価格は高くなるのである（Baldwin and

Harrigan 2011).

　品質と供給先選択の問題については，品質選択とは別のメカニズムとして，従量コストの存在によるものがある．これは，従量コストが存在することで，高価格財の低価格財に対する相対価格が，従量コストが大きくなるにつれて低くなるということから生じる．例えば，高価格財が 100 円，低価格財が 50 円の時に，近距離の市場には 10 円の従量コストがかかり，遠距離の市場には 50 円の従量コストがかかるとする．近距離では，貿易コスト込みの相対価格は $(100+10)/(50+10)=11/6=$ 約 1.83 となるが，遠距離では $(100+50)/(50+50)=1.5$ となり，遠距離の方が高価格財の相対価格が低い．これにより，遠距離の市場の方が相対的に高価格財に対する需要が大きくなるため，高価格財すなわち高品質財が遠距離の市場に供給されるという考え方である．これは Alchian-Allen 効果と呼ばれ，Hummels and Skiba（2004）によって実証的に確認されている．

　この従量コストの存在による影響は，企業の異質性とは関係なく存在するが，従量コストの存在はモデルの取り扱いの容易さ（tractability）を下げるため，あまりこれまでモデル化されてこなかった．しかしながら近年は，解析的に表すことができないケースも，数値的な処理によりモデル化することが行われている．例えば Irarrazabal, Moxnes, and Opromolla（2013）は，従量コストを導入した貿易モデルにより，企業レベルデータを用いて従量コストの大きさを推定している．また，Khandelwal, Schott, and Wei（2013）は Irarrazabal, Moxnes, and Opromolla（2013）のフレームワークを用い，数量割当の分析を行っている．

　現実には品質選択と Alcian Allen 効果の両方が存在すると考えられる．しかしながら，FOB 価格を距離に対して回帰する誘導系の分析では，現実にはどちらの効果が存在しているのか識別することができない．そこで，Takechi（2015）では Melitz モデルに品質の要因を導入し，かつ貿易コストに従量コスト項と従価コスト項を考慮した形で両方の効果を分析している．

　Takechi（2015）では，Kano, Kano, and Takechi（2013）と同様に日本の野菜卸売価格データを用いて分析を行っている．先行研究とデータの性質が似ていることを確認するために，FOB 価格でなく野菜の産地価格を用い

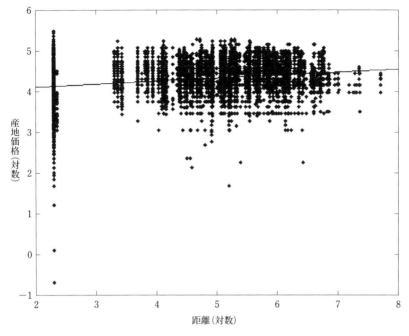

図 10-1 産地価格と距離の関係

て，産地価格が品質の代理変数となるという仮定の下に 2007 年の日本の卸売市場でのキャベツの産地価格と距離の関係をプロットしたものが図 10-1 のグラフである．グラフの右上がりの直線は線形の近似式であり，傾きは正である．よって，日本の野菜データにおいても先行研究と同様の正の関係を持つケースがあることが分かる．

ここで考えるモデルは Baldwin and Harrigan（2011）の品質異質性のモデルである．効用関数は Baldwin and Harrigan（2011）と同様に，Melitz モデルに品質を導入したモデルである．効用関数に品質 q を加えて，

$$u_n = \left(\int_\omega [q\, x_{nj}]^{\frac{\sigma-1}{\sigma}} \right)^{\frac{\sigma}{\sigma-1}\mu} A^{1-\mu}$$

という効用関数を考える．A はニューメレール財であり，1 単位の労働から生産されると考える．これにより，賃金率も 1 と標準化され，ニューメレー

ル財の生産が十分行われるとの仮定の下では，地域間の貿易が均衡すると考えられる．しかしながら，ここでは貿易コストの推定に焦点を当てるため，一般均衡については考えず，価格指数は前節で述べたように地域ダミーによってコントロールする形で推定を行う．したがって差別化財の需要に焦点を当てた分析を行うこととなる．

差別化財に対する予算制約は差別化財に対する支出を y で表すことにより，以下のような式で与えられる．

$$y_n = \int_\omega p_{nj} x_{nj} d\omega$$

効用最大化により需要関数は，

$$x_{nj} = \frac{p_{nj}^{-\sigma}}{q_{nj}^{1-\sigma}} \frac{Y\mu}{P_n^{1-\sigma}}$$

となり，価格指数は $P_n = \left(\int (p_{nj}/q_{nj})^{1-\sigma} \right)^{\frac{1}{1-\sigma}}$ で与えられる．

独占的競争市場を考え，生産者は以下の利潤を最大化する価格を設定する．

$$\pi = p_{nj} x_{nj} - a\tau_{nj} x_{nj} - t_{nj} x_{nj} - f_{nj}$$

よって最適価格は，

$$p_{nj} = \frac{\sigma}{\sigma-1}(\tau_{nj} a + t_{nj})$$

となる．また，生産者はコストをかけることで品質を向上させることができるとする．ここでは，Feenstra and Romalis（2014）のように企業により内生的に品質が選択されるとするのではなく，品質とコストの関係は，Baldwin and Harrigan（2011）と同様に以下の関数形で表されるとする．

$$q = a^{1+\theta}$$

もし θ が 0 より大きいならば，品質がコストの上昇よりも高い率で上昇するため，高コストすなわち高品質企業の方が利潤が高い．よって，より距離が遠くコストがかかる市場において，高コスト企業が供給することになる．

ここで我々は，同地域内での取引の貿易コストを基準化する（$t_{jj}=1$）．よって，産地がjの商品の，市場jでの価格は，

$$p_{jj} = \frac{\sigma a}{\sigma - 1}$$

となる．産地の価格と市場の価格の差は，その市場間での貿易コスト（輸送費）を反映していると考えられる．価格の比率は，

$$\frac{p_{nj}}{p_{jj}} = \tau_{nj} + \frac{t_{nj}}{a}$$

となる．価格差の対数をとると，

$$\ln p_{nj} - \ln p_{jj} = \ln\left(\tau_{nj} + \frac{t_{nj}}{a}\right)$$

となる．よって，価格差は従価コストの貿易コストの項と従量コストと生産性の積の項で表される．生産コストは産地における最適価格の式を変形することにより，

$$a = \frac{(\sigma-1)p_{jj}}{\sigma}$$

として表されるため，以下のような式が得られる．

$$\ln p_{nj} - \ln p_{jj} = \ln\left(\tau_{nj} + \frac{\sigma t_{nj}}{(\sigma-1)p_{jj}}\right)$$

したがって，従価コスト項と，従量コスト項を，交差項の存在により識別することができる．また，Kano, Kano, and Takechi（2013）と同様にセレクションの問題があるため，生産者の利潤を考える．市場nから得られる利潤は，

$$\pi_{nj} = \frac{\left(\frac{\sigma}{\sigma-1}\right)^{1-\sigma}(\tau_{nj}a+t_{nj})^{1-\sigma}}{q_{nj}^{1-\sigma}} \frac{Y\mu}{\sigma P_n^{1-\sigma}} - f$$

となる.よって,供給の意思決定は,以下の式が 1 より大きいか否かで判断される.

$$Z_{nj} = \left(\frac{\left(\frac{\sigma}{\sigma-1}\right)^{1-\sigma}(\tau_{nj}a+t_{nj})^{1-\sigma}}{q_{nj}^{1-\sigma}} \frac{Y\mu}{\sigma P_n^{1-\sigma}}\right)/f$$

よって,推定式は,

$$\ln p_{nj} - \ln p_{jj} = constant + \ln\left(D_{nj}^{\gamma_1} + \frac{\sigma-1}{p_{jj}\sigma}D_{nj}^{\gamma_2}\right) + \epsilon_{nj},$$

$$\ln Z_{nj} = \ln\left(\frac{\sigma}{\sigma-1}\right)^{1-\sigma} + (1-\sigma)\ln\left(\left(p_{jj}\frac{\sigma-1}{\sigma}\right)D_{nj}^{\gamma_1} + D_{nj}^{\gamma_2}\right)$$
$$+ (1-\sigma)(constant + \epsilon_{nj}) + \ln Y\mu$$
$$+ (\sigma-1)(1+\theta)\left(\ln p_{jj} + \ln\frac{\sigma-1}{\sigma}\right) - \ln\sigma(1-\sigma)\ln P_n - f$$

の 2 本からなる.

最尤法により上のモデルを,キャベツのデータを用いて推定した結果は表 10-2 のようになる(詳しくは Takechi(2015)参照).

第 1 列は品質を考慮しない標準的な企業異質性モデルの推定結果である.第 2 列は,品質を考慮したモデルの推定結果を示している.コストと品質の関係を表す品質コスト弾力性パラメータ θ は,マイナスであるが -1 よりは大きいため(-0.041),高コスト生産者が高品質財を生産しているという正の関係があることが明らかになっている.

そして,第 3 列は,上で紹介した品質の次元に加え,従量コストを導入したモデルの推定結果が示されている.距離弾力性については,従価コストの項($\gamma_1=0.162$)よりも,従量コストの項($\gamma_2=0.61$)の方が大きく,従量コストの方が距離に応じてより高くなることが示されている.これは,Hum-

表 10-2　Takechi (2015) の推定結果

推定パラメータ	標準異質性モデル	品質異質性モデル	品質＋従量コスト
距離弾力性（従価）	0.227 (0.016)	0.228 (0.002)	0.162 (0.002)
距離弾力性（従量）			0.610 (0.003)
品質コスト弾力性		−0.041 (0.003)	−0.158 (0.004)
代替の弾力性	4.957 (0.021)	4.966 (0.023)	5.219 (0.022)
誤差項相関	−0.840 (0.002)	−0.847 (0.003)	−0.847 (0.002)
対数尤度	−21,404.133	−21,344.762	−20,234.094
観測数	369,343	369,343	369,343

注：( ) の中の数値は標準誤差である．

mels and Skiba (2004) などにおける，従価コストは関税で表され，距離に依存するのは従量コストの項だけという，貿易コストと距離の関係の定式化とその特徴は一致する．

　また，品質コスト弾力性については，従量コスト項を考慮することで，そのマイナスの大きさが拡大している（−0.158）．したがって，従量コストを考慮しないケースでは，品質コスト弾力性の推定量が従量コストの存在の影響を含むと考えられる．従量コストを考慮することで，過大に評価された品質コスト弾力性の値が，正しく推定されていると考えられる．品質コスト弾力性の推定値は−1よりも大きいため，高コスト生産者が高品質財を生産していると考えられるが，品質改善率は品質選抜を生むほどはコスト上昇率よりも高くはないため，従量コストの存在が品質と距離の関係にとっては重要な役割を果たしていると考えられる．

　ただし，これらの結果は農産物データを用いていることに依存している可能性がある．よって結果を一般化する際には注意が必要である．この点については，貿易コストの測定・定式化を正しく行う研究の蓄積はまだ少なく，正しい貿易コストの推定やその影響の評価について今後も研究が行われる必要がある．

6. おわりに

貿易コストは流通費用や情報獲得費用など様々な要素を含み，その存在は当たり前のものと考えられている．しかしながら実際にどの程度の規模で貿易コストが存在し，どういった影響を貿易に与えているかについては，その識別の困難さから，精緻な研究が必要とされている．本章では，貿易コストを巡る諸問題について，特に貿易コストの測定と，貿易コストが貿易量や地域間価格差に与える影響について議論してきた．多くの研究が示唆する点は，輸送技術や情報通信技術の発展にもかかわらず，貿易コストの規模が未だ大きく，その経済活動に与える影響が無視できないということである．

貿易の促進には円滑な取引を支える基盤の形成が不可欠であるが，低い貿易コストの貿易ルートはその一つである．インフラ整備，貿易自由化，市場取引の円滑化など様々な政策が，貿易コストを低減するものとして考えられる．その際に，貿易コストの規模やその識別を正しく行うことが，正しい貿易コスト低減政策には必要であり，本章で紹介した様々な問題・手法がそういった際の参考になると考えられる．

参考文献

Allen, Treb (2014), "Information Frictions in Trade," *Econometrica*, Vol. 82 (6), pp. 2041–2083.

Anderson, James E., and Douglas Marcouiller (2002), "Insecurity and the Pattern of Trade: An Empirical Investigation," *Review of Economics and Statistics*, Vol. 84 (2), pp. 345–352.

Anderson, James E. and Eric van Wincoop (2003), "Gravity with Gravitas: A Solution to the Border Puzzle," *American Economic Review*, Vol. 93 (1), pp. 170–192.

Anderson, James E. and Eric van Wincoop (2004), "Trade Costs," *Journal of Economic Literature*, Vol. 42 (3), pp. 691–751.

Anderson, James E. and Yoto V. Yotov (2010), "The Changing Incidence of Geography," *American Economic Review*, Vol. 100 (5), pp. 2157–2186.

Arkolakis, Costas, Arnaud Costinot, and Andrés Rodríguez-Clare (2012), "New Trade Models, Same Old Gains?" *American Economic Review*, Vol. 102 (1), pp. 94–130.

Atkeson, Andrew and Ariel Burstein (2008), "Pricing-to-Market, Trade Costs, and International Relative Prices," *American Economic Review*, Vol. 98 (5), pp. 1998–2031.

Atkin, David and Dave Donaldson (2012), "Who's Getting Globalized? The Size and Nature of Intranational Trade Costs," mimeo. http://www.colorado.edu/econ/seminars/SeminarArchive/2012-13/Atkin.pdf

Baldwin, Richard and James Harrigan (2011), "Zeros, Quality, and Space: Trade Theory and Trade Evidence," *American Economic Journal: Microeconomics*, Vol. 3 (2), pp. 60–88.

Baldwin, Richard and Daria Taglioni (2007), "Trade Effects of the Euro: A Comparison of Estimators," *Journal of Economic Integration*, Vol. 22 (4), pp. 780–818.

Balistreri, Edward J., Russell H. Hillberry, and Thomas F. Rutherford (2011), "Structural Estimation and Solution of International Trade Models with Heterogeneous Firms," *Journal of International Economics*, Vol. 83 (2), pp. 95–108.

Bastos, Paulo and Joana Silva (2010), "The Quality of a Firm's Exports: Where you Export to Matters," *Journal of International Economics*, Vol. 82 (2), pp. 99–111.

Bergin, Paul R., Reuven Glick, and Alan M. Taylor (2006), "Productivity, Tradability, and the Long-run Price Puzzle," *Journal of Monetary Economics*, Vol. 53 (8), pp. 2041–2066.

Berman, Nicolas, Philippe Martin, and Thierry Mayer (2012), "How do Different Exporters React to Exchange Rate Changes?" *Quarterly Journal of Economics*, Vol. 127 (1), pp. 437–492.

Bernard, Andrew B., Jonathan Eaton, J. Bradford Jensen, and Samuel Kortum (2003), "Plants and Productivity in International Trade," *American Economic Review*, Vol. 93 (4), pp. 1268–1290.

Bernard, Andrew B., J. Bradford Jensen, Stephen J. Redding, and Peter K. Schott (2007), "Firms in International Trade," *Journal of Economic Perspectives*, Vol. 21 (3), pp. 105–130.

Berry, Steven T (1992), "Estimation of a Model of Entry in the Airline Industry," *Econometrica*, Vol. 60 (4), pp. 889–917.

Bertrand, Marianne, Esther Duflo, and Sendhil Mullainathan (2004), "How Much should We Trust Differences-in-differences Estimates?" *Quarterly Journal of Economics*, Vol. 119 (1), pp. 249-275.

Blonigen, Bruce A. and Wesley W. Wilson (2008), "Port Efficiency and Trade Flows," *Review of International Economics*, Vol. 16 (1), pp. 21-36.

Bresnahan, Timothy F. and Peter C. Reiss (1991), "Entry and Competition in Concentrated Markets," *Journal of Political Economy*, Vol. 99 (5), pp. 977-1009.

Crozet, Matthieu and Pamina Koenig (2010), "Structural Gravity Equations with Intensive and Extensive Margins," *Canadian Journal of Economics*, Vol. 43 (1), pp. 41-62.

Crozet, Matthieu, Keith Head, and Thierry Mayer (2012), "Quality Sorting and Trade: Firm-level Evidence for French Wine," *Review of Economic Studies*, Vol. 79 (2), pp. 609-644.

Crucini, Mario J., Mototsugu Shintani, and Takayuki Tsuruga (2010), "The Law of One Price without the Border: The Role of Distance versus Sticky Prices," *Economic Journal*, Vol. 120 (544), pp. 462-480.

Das, Sanghamitra, Mark J. Roberts, and James R. Tybout (2007), "Market Entry Costs, Producer Heterogeneity, and Export Dynamics," *Econometrica*, Vol. 75 (3), pp. 837-873.

Disdier, Anne-Célia and Keith Head (2008), "The Puzzling Persistence of the Distance Effect on Bilateral Trade," *Review of Economics and Statistics*, Vol. 90 (1), pp. 37-48.

Donaldson, Dave (2013), "Railroads of the Raj: Estimating the Impact of Transportation Infrastructure," *American Economic Review*, forthcoming.

Duranton, Gilles, Peter M. Morrow, and Matthew A. Turner (2014), "Roads and Trade: Evidence from the US," *Review of Economic Studies*, Vol. 81 (2), pp. 681-724.

Eaton, Jonathan and Samuel Kortum (2002), "Technology, Geography, and Trade," *Econometrica*, Vol. 70 (5), pp. 1741-1779.

Eaton, Jonathan, Samuel Kortum, and Francis Kramarz (2011), "An Anatomy of International Trade: Evidence From French Firms," *Econometrica*, Vol. 79 (5), pp. 1453-1498.

Engel, Charles and John Rogers (1996), "How Wide Is the Border?" *American Economic Review*, Vol. 86 (5), pp. 1112-1125.

Fally, Thibault (2015), "Structural Gravity and Fixed Effects," *Journal of Inter-

national Economics, Vol. 97 (1), pp. 76-85.

Feenstra, Robert C. and John Romalis (2014), "International Prices and Endogenous Quality," *Quarterly Journal of Economics*, Vol. 129 (2), pp. 477-527.

Ghironi, Fabio and Marc. J. Melitz (2005), "International Trade And Macroeconomic Dynamics With Heterogeneous Firms," *Quarterly Journal of Economics*, Vol. 120 (3), pp. 865-915.

Gopinath, Gita, Pierre-Olivier Gourinchas, Chang-Tai Hsieh, and Nicholas Li (2011), "International Prices, Costs, and Markup Differences," *American Economic Review*, Vol. 101 (6), pp. 2450-2486.

Gorodnichenko, Yuriy and Linda L. Tesar (2009), "Border Effect or Country Effect? Seattle May Not Be So Far from Vancouver After All," *American Economic Journal: Macroeconomics*, Vol. 1 (1), pp. 219-241.

Grossman, Gene M. (1998), "Comment on 'Determinants of Bilateral Trade: Does Gravity Work in a Neoclassical World?,'" in: Jeffrey A. Frankel (ed.), *Regionalization of the World Economy*, Chicago: University of Chicago Press, pp. 29-31.

Head, Keith and Thierry Mayer (2013), "What Separates Us? Sources of Resistance to Globalization," *Canadian Journal of Economics*, Vol. 46 (4), pp. 1196-1231.

Helpman, Elhanan, Marc Melitz, and Yona Rubinstein (2008), "Estimating Trade Flows: Trading Partners and Trading Volumes," *Quarterly Journal of Economics*, Vol. 123 (2), pp. 441-487.

Hummels, David (2001), "Toward a Geography of Trade Costs," GTAP Working Papers, Purdue University, No. 1162.

Hummels, David (2007), "Transportation Costs and International Trade in the Second Era of Globalization," *Journal of Economic Perspectives*, Vol. 21 (3), pp. 131-154.

Hummels, David L. and Georg Schaur (2013), "Time as a Trade Barrier," *American Economic Review*, Vol. 103 (7), pp. 2935-2959.

Hummels, David L. and Alexandre Skiba (2004), "Shipping the Good Apples Out? An Empirical Confirmation of the Alchian-Allen Conjecture," *Journal of Political Economy*, Vol. 112 (6), pp. 1384-1402.

Hummels, David L., Volodymyr Lugovskyy, and Alexandre Skiba (2009), "The Trade Reducing Effects of Market Power in International Shipping," *Journal of Development Economics*, Vol. 89 (1), pp. 84-97.

Irarrazabal, Alfonso, Andreas Moxnes, and Luca D. Opromolla (2013), "The Tip of the Iceberg: A Quantitative Framework for Estimating Trade Costs," NBER Working Paper, No. 19236.

Jacks, David S., Christopher M. Meissner, and Dennis Novy (2011), "Trade Booms, Trade Busts, and Trade Costs," *Journal of International Economics*, Vol. 83 (2), pp. 185–201.

Kano, Kazuko, Takashi Kano, and Kazutaka Takechi (2013), "Exaggerated Death of Distance: Revisiting Distance Effects on Regional Price Dispersions," *Journal of International Economics*, Vol. 90 (2), pp. 403–413.

Kano, Kazuko, Takashi Kano, and Kazutaka Takechi (2015), "The Price of Distance: Pricing to Market, Producer Heterogeneity, and Geographic Barriers," RIETI Discussion Paper Series, No. 15-E-017.

Khandelwal, Amit K., Peter K. Schott, and Shang-Jin Wei (2013), "Trade Liberalization and Embedded Institutional Reform: Evidence from Chinese Exporters," *American Economic Review*, Vol. 103 (6), pp. 2169–2195.

Kugler, Maurice and Eric Verhoogen (2012), "Prices, Plant Size, and Product Quality," *Review of Economic Studies*, Vol. 79 (1), pp. 307–339.

Limao, Nuno and Anthony J. Venables (2001), "Infrastructure, Geographical Disadvantage, Transport Costs, and Trade," *World Bank Economic Review*, Vol. 15 (3), pp. 451–479.

Manova, Kalina and Zhiwei Zhang (2012), "Export Prices Across Firms and Destinations," *Journal of Economics*, Vol. 127 (1), pp. 379–436.

Markusen, James R. (2013), "Putting Per-capita Income Back into Trade Theory," *Journal of International Economics*, Vol. 90 (2), pp. 255–265.

Martin, Julien (2012), "Markups, Quality, and Transport Costs," *European Economic Review*, Vol. 56 (4), pp. 777–791.

McCallum, John (1995), "National Borders Matter: Canada-U.S. Regional Trade Patterns," *American Economic Review*, Vol. 85, pp. 615–623.

Melitz, Marc (2003), "The Impact of Trade on Intra-Industry Reallocations and Aggregate Industry Productivity," *Econometrica*, Vol. 71 (6), pp. 1695–1725.

Melitz, Marc J. and Gianmarco I. P. Ottaviano (2008), "Market Size, Trade, and Productivity," *Review of Economic Studies*, Vol. 75 (1), pp. 295–316.

Obstfeld, Maurice and Kenneth Rogoff (2001), "The Six Major Puzzles in International Macroeconomics: Is There a Common Cause?" *NBER Macroeconomics Annual 2000*, Vol. 15, pp. 339–412.

Parsley, David C. and Shang-Jin Wei (1996), "Convergence to the Law of One Price Without Trade Barriers or Currency Fluctuations," *Quarterly Journal of Economics*, Vol. 111 (4), pp. 1211–1236.

Roberts, Mark J. and James R. Tybout (1997), "The Decision to Export in Colombia: An Empirical Model of Entry with Sunk Costs," *American Economic Review*, Vol. 87 (4), pp. 545–564.

Samuelson, Paul A. (1954), "The Transfer Problem and Transport Costs, II: Analysis of Effects of Trade Impediments," *Economic Journal*, Vol. 64 (254), pp. 264–289.

Silva, João S. and Silvana Tenreyro (2006), "The Log of Gravity," *Review of Economics and Statistics*, Vol. 88 (4), pp. 641–658.

Simonovska, Ina (2010), "Income Differences and Prices of Tradables: Insights from an Online Retailer," NBER Working Paper, No. 16233.

Simonovska, Ina and Michael E. Waugh (2014), "The Elasticity of Trade: Estimates and Evidence," *Journal of International Economics*, Vol. 92 (1), pp. 34–50.

Takechi, Kazutaka (2015), "The Quality of Distance: Quality Sorting, Alchian-Allen Effect, and Geography," RIETI Discussion Paper, No. 15-E-018.

Trefler, Daniel (1995), "The Case of the Missing Trade and Other Mysteries," *American Economic Review*, Vol. 85 (5), pp. 1029–1046.

Volpe Martincus, Christian and Juan Blyde (2013), "Shaky Roads and Trembling Exports: Assessing the Trade Effects of Domestic Infrastructure Using a Natural Experiment," *Journal of International Economics*, Vol. 90 (1), pp. 148–161.

Waugh, Michael E. (2010), "International Trade and Income Differences," *American Economic Review*, Vol. 100 (5), pp. 2093–2124.

Yilmazkuday, Hakan (2012), "Understanding Interstate Trade Patterns," *Journal of International Economics*, Vol. 86 (1), pp. 158–166.

第11章

地域貿易協定の経済分析
――RTA の活発化は多国間の貿易自由化を実現するか

椋　寛

1. はじめに

　近年，特定の国家間で相互に貿易を自由化する地域貿易協定（Regional Trade Agreement: RTA）の締結が活発化している．世界貿易機関（World Trade Organization: WTO）に報告されている RTA の数は，1990 年当時には 28 に過ぎなかったが，近年急増し，2015 年時点の現存数は 400 を越える．WTO における貿易自由化交渉では，多数の国が加盟しているため一括した合意を得るのが難しく，交渉が難航している．代替的な自由化手段として，RTA が増加しているのである[1]．

　RTA に関する経済分析の歴史は 1950 年代に遡る．Viner（1950）により最初に指摘された貿易創出効果（trade creation effect）と貿易転換効果（trade diversion effect）の分析がその代表例である．RTA による貿易自由化は，域内国間の貿易を促進し域内国の厚生を改善する効果（貿易創出効果）がある一方で，貿易自由化が域内国のみに適用されるため，生産効率が優れた域外国から劣った域内国へ輸入先が転換されるかもしれず，結果的に域内国に損失を生みかねない（貿易転換効果）．さらに，Mundell（1964）は RTA の締結が域内国の域外国に対する交易条件を改善し，域外国の犠牲の下で域内国の厚生を改善する効果があることを指摘した．

---

[1] 実際に日本の RTA の交渉に参加した経験を持つ執筆者が，交渉の経緯などを含めて協定の内容や意義を解説したものとして，外務省経済局 EPA 交渉チーム（2007）が挙げられる．

これら伝統的な分析は引き続き重要であり，特に貿易創出効果や貿易転換効果については，今でも多くの実証研究がなされている[2]．しかし，多数国間の一括した貿易自由化の代替手段として RTA が増加してきた現実を背景に，近年は RTA が多国間の貿易自由化と補完的であるのか，それとも代替的であるのかが重要な研究テーマとして注目され，多くの研究成果が蓄積されている．Bhagwati（1991）は RTA が多国間の貿易自由化を阻害する場合をスタンブリング・ブロック（Stumbling Block），促進する場合をビルディング・ブロック（Building Block）と呼んだ．

本章では，RTA の活発化と多国間の貿易自由化の進展に関する近年の研究成果について，その要点を整理する．まず本節では，RTA の種類と，分析の基本となる経済モデルを説明する．第2節では，RTA の域内国が域外国に対して設定する関税（域外関税）に注目する．第3節では，多国間貿易協定や RTA を各国が締結する誘因に焦点を当て，RTA の存在が世界大の自由貿易の達成と補完的か否かを考察する．第4節では，近年研究が盛んな原産地規則（Rules of Origin: ROO）に関する分析を整理する．第5節では，本章を総括するとともに，将来の研究課題について述べる．

1.1　RTA の分類

RTA には様々な形態があり，その呼称や分類の仕方も多様である．ここでは，WTO の分類を説明しておこう．RTA には財部門の貿易を自由化するものと，サービス部門の貿易を自由化するものがある．財部門の貿易自由化に関しては，さらに (1) 自由貿易協定（Free Trade Agreement: FTA），(2) 関税同盟（Customs Union: CU），(3) 部分領域協定（Partial Scope Agreement: PS）の3つに細分化される．RTA の域内国が域外国に対して，関税をはじめとした貿易政策を独自に設定する（したがってその水準が異なってよい）のが FTA であり，域内国が域外国に対して共通の貿易政策を設定するのが CU である[3]．

---

[2] 例えば，Trefler (2004), Baier and Bergstrand (2007), Romalis (2007), Magee (2008), Fugazza and Nicita (2013) などが代表的な研究として挙げられる．遠藤 (2005) は伝統的な RTA の効果について，実証分析と絡めつつ詳細に解説している．

先進国が参加するRTAでは，財部門の貿易自由化はWTO協定に含まれるGATT 24条の規定に従う必要がある[4]．GATT 24条の規定では，RTAの域内国間で「実質上全ての貿易」について，「妥当な期間内に関税を撤廃」しなければならず，また域外国に対する貿易政策の水準を締結前よりも制限的なものにしてはならない．途上国のみが参加するRTAでは，途上国に対する特恵的な関税引き下げを認めた授権条項（Enabling Clause）に基づき，GATT 24条よりも緩い条件でFTAやCUを締結できる．さらに，途上国間ではPSの締結も認められており，自由化を一部の分野に限定するなどの特別な措置が認められる[5]．サービス部門のRTAは，サービス貿易に関する一般協定（General Agreements of Trade in Services: GATS）の第5条により規定され，経済統合協定（Economic Integration Agreement: EIA）と呼ばれる．

同一の協定で財部門とサービス部門の自由化を同時に行うことも多いが，WTOの分類上は2つの協定が同時に締結されたとみなされる．また，例えば欧州連合（European Union: EU）の新規加盟国の受け入れなど，既存のRTAへの加入も一つの協定と数えられる．それらの重複締結分を統合して数えると，実存するRTAの数は締結数の3分の2程度となる．そのうち，9割がFTAあるいはFTAとEIAを同時に締結したものである．

1.2 基本モデル

本章の説明で用いる理論モデルとして，3国3企業の寡占モデルを採用する[6]．A国・B国・C国の3カ国が存在し，各国には同質財を生産する企業

---

[3] 総称としては，RTA以外に例えば特恵貿易協定（Preferential Trade Agreement: PTA）や，地域統合協定（Regional Integration Agreement: RIA）などが用いられる．FTAは自由貿易地域（Free Trade Area）とも称される．日本においては，貿易協定がサービス部門や投資部門などを含め多くの部門を含むことから，経済連携協定（Economic Partnership Agreement: EPA）と呼ばれることが多い．ただし，PTAは途上国に対する一方的な自由化を指す場合もあり，またEPAはEUがアフリカ・カリブ海・太平洋諸国に供与する関税引き下げ協定の名称でもあることから，混乱を招きがちである．

[4] GATTはWTO設立の基礎となった多国間貿易協定の名称であり，関税と貿易に関する一般協定（General Agreements on Tariffs and Trade）の略称である．

[5] インド，韓国，スリランカ，中国，バングラディッシュ，ラオスによるアジア太平洋貿易協定や，インドとチリ，インドとネパールのRTAなどが，PSの例である．

が1企業ずつ（企業A・企業B・企業C）存在する．i 国（$i \in \{A, B, C\}$）の効用関数は $U_i = u(q_i) + m_i$ で与えられる．同質財の消費量を q_i とすると $u(q_i)$ はその消費から得られる効用を表し，m_i はニュメレール財の消費量である．p_i を i 国における同質財の消費者価格だとすると，消費者の効用最大化問題を解くことによって，その逆需要関数 $p_i(q_i)$ が導出される．

企業 h（$h \in \{A, B, C\}$）が i 国に供給する同質財の量を q_{hi} とすると，財市場の均衡条件より $q_i = \Sigma_h q_{hi}$ が成り立ち，企業 h が i 国で稼ぐ利潤は $\pi_{hi} = [p_i(q_i) - (c_h + t_{ih})]q_{hi}$ となる．ただし，c_h は企業 h の生産の限界費用，t_{ih} は i 国が h 国からの輸入に課す従量関税の水準であり，国内販売には関税がかからないため，$t_{ii} = 0$ である．国家間で消費者による価格裁定活動が無い分離市場を仮定し，したがって各企業は各市場で独立の意思決定ができるとする．利潤最大化の1階条件より，$p_i(q_i) + p'(q_i)q_{hi} = c_h + t_{ih}$ が各企業の各市場への供給に関して成り立つように，均衡での供給量が決定される．

各国の関税の水準をベクトル表示したものを $\boldsymbol{t} = (t_{AB}, t_{AC}, t_{BA}, t_{BC}, t_{CA}, t_{CB})$ とし，外国のインデックスを $j \in \{A, B, C\}$（$j \neq i$），$k \in \{A, B, C\}$（$k \neq i, k \neq j$）とすると，i 国の社会厚生は，

$$W_i(\boldsymbol{t}) = CS_i(t_{ij}, t_{ik}) + TR_i(t_{ij}, t_{ik}) + \Pi_i(\boldsymbol{t}) \tag{1}$$

となる．ただし，$CS_i(\boldsymbol{t}_i) \equiv u(q_i) - p_i(q_i)q_i$ は消費者余剰，$TR_i(t_{ij}, t_{ik}) = \Sigma_j t_{ij} q_{ji}(t_{ij}, t_{ik})$ は関税収入，$\Pi_i(\boldsymbol{t}) = \pi_{ii}(t_{ij}, t_{ik}) + \pi_{ij}(t_{ji}, t_{jk}) + \pi_{ik}(t_{ki}, t_{kj})$ は i 国企業の総利潤である．政府の目的は社会厚生の最大化とは限らず，企業献金や政治圧力などにより，企業利潤を重視して政策決定を行うかもしれない．政府の利得は，

$$\begin{aligned} G_i(\boldsymbol{t}) &= W_i(\boldsymbol{t}) + \gamma_i \Pi_i(\boldsymbol{t}) \\ &= CS_i(t_{ij}, t_{ik}) + TR_i(t_{ij}, t_{ik}) + (1 + \gamma_i)\Pi_i(\boldsymbol{t}) \end{aligned} \tag{2}$$

で与えられ，$\gamma_i (\geq 0)$ は各国政府がどの程度企業利潤を重視しているかを表

---

6) 国や企業の数を絞ったのは分析を簡略化し，結果の直観を摑みやすくするためである．この基本モデルで得られた結果の多くは，国の数や企業数を増やしたモデルや，完全競争モデルでも成り立つ．

す指標である．$\gamma_i=0$ であれば政府は社会厚生を最大にするように行動し，γ_i が大きいほど企業利潤を重視する．

2. RTA の域外関税に関する分析

　RTA の締結が域内国に与える影響については第3節で検討することとし，本節では RTA が域外国に与える影響に注目しよう．伝統的な RTA の分析では，域内国が域外国に課す関税（＝域外関税）の水準は RTA の締結前後で変わらないという前提で行われてきた．しかし，域内国にとって望ましい域外関税の水準は，RTA 締結前の水準と異なるかもしれない．

　GATT 24 条が適用される限りにおいて，域内国は域外関税を締結前の水準から引き上げることはできない．そのため，見かけ上は域外国に不利益は発生しないように思える．しかし，域内関税が撤廃されているため，域外国に適用される関税の水準が絶対的には変化しなくとも，相対的には高くなる[7]．結果として，域外国企業の域内国への輸出は減ることになる．もしも，RTA の締結に伴い域外関税が大幅に下がるのであれば，域外国から域内国への輸出も増加する．果たして，域内国は域外関税を引き下げようとするだろうか．引き下げるとしたら，どの程度まで引き下げるだろうか．

2.1 理論分析——関税補完効果と外部性内部化効果

　まずは，RTA 締結前における各国にとって最適な輸入関税の水準を求めよう．WTO における最恵国待遇（Most Favored Nation: MFN）の原則により，各国は国ごとに異なる関税を設定することはできない．したがって，$t_A \equiv t_{AB} = t_{AC}$, $t_B \equiv t_{BA} = t_{BC}$, $t_C \equiv t_{CA} = t_{CB}$ という条件の下，すなわち関税ベクトル $\boldsymbol{t}^N = (t_A, t_A; t_B, t_B; t_C, t_C)$ の下で，各国は $G_i(\boldsymbol{t}^N)$ を最大化するよう関税 t_i を設定する．以下，A 国を例にして考えよう．(2) 式より，A 国の関税の

---

7) Fugazza and Nicita（2013）は，他国の RTA 締結による相対的な関税水準の上昇が，各国の貿易に与えた影響を実証分析している．また，第6章の分析では，関税の水準が変わらなくても，RTA の締結が域内国の長期的な成長率を上昇させる動態的な効果があることが指摘されている．ここでの議論は，静態的な厚生効果に限定している．

上昇が政府の利得に与える影響は，

$$\frac{dG_A(\boldsymbol{t}^N)}{dt_A} = \frac{dCS_A(t_A,t_A)}{dt_A} + \frac{dTR_A(t_A,t_A)}{dt_A} + (1+\gamma_A)\frac{d\pi_{AA}(t_A,t_A)}{dt_A} \quad (3)$$

となる[8]．関税の上昇は供給量の低下を通じて価格を上昇させるため，消費者余剰の変化（dCS_A/dt_A）は負，国内企業が国内で稼ぐ利潤の変化（$d\pi_{AA}/dt_A$）は正である．関税収入の変化（dTR_A/dt_A）は，関税の上昇に対して逆U字型の動きをする．政府の企業利潤に対するウェイト γ_A が十分に小さいならば，$dG_A(\boldsymbol{t}^N)/dt_A=0$ を満たす最適な関税 $\tilde{t}_A^N$ の下で，3国間で貿易が行われる[9]．$\tilde{t}_B^N, \tilde{t}_C^N$ についても同様である．これらの関税を，最適 MFN 関税と呼ぼう．

　RTA が締結されると，各国が設定する関税の水準はどう変化するだろうか．例えば，A 国と B 国が RTA を締結すると，両国間の関税は撤廃されるため，$t_{AB}=t_{BA}=0$ が成り立つ．RTA が FTA の場合には，両国は C 国に対する域外関税の水準を各々独自に設定するため，関税ベクトル $\boldsymbol{t}^{FTA}=(0, t_{AC}; 0, t_{BC}; t_C, t_C)$ の下，A 国は，

$$\frac{dG_A(\boldsymbol{t}^{FTA})}{dt_{AC}} = \frac{dCS_A(0, t_{AC})}{dt_{AC}} + \frac{dTR_A(0, t_{AC})}{dt_{AC}} + (1+\gamma_A)\frac{d\pi_{AA}(0, t_{AC})}{dt_{AC}} = 0 \quad (4)$$

が成り立つように最適な域外関税率 $\tilde{t}_A^{FTA}$ を設定する．$\tilde{t}_B^{FTA}$ についても同様である．一方，域外国である C 国は，分離市場の仮定により引き続き $\tilde{t}_C^N$ を賦課する（脚注 8 参照）．

　RTA が CU の場合には，A 国と B 国は C 国に対して共通の域外関税を設定する．すなわち，$t_{AC}=t_{BC}=\bar{t}$ が制約条件となる．関税ベクトル $\boldsymbol{t}^{CU}=(0, \bar{t};$

---

[8] 分離市場の仮定により，各国の関税はその国の国内市場にのみ影響を与えるため，t_A の変化は企業 A が輸出から得る利潤に影響しない．そのため，各国の関税の水準は他国が設定する関税の水準に依存しない．

[9] γ_i が一定の大きさを越えると，i 国の輸入がなくなるよう禁止的な輸入関税をかけることが最適となる．

$0, \bar{t}; t_C, t_C$) のもと，A・B 両国政府は共通域外関税の水準に関する交渉を行う．A 国政府にとっての最適な水準 $\tilde{t}_A^{CU}$ は，

$$\frac{dG_A(t^{CU})}{d\bar{t}}$$
$$= \frac{dCS_A(0, \bar{t})}{d\bar{t}} + \frac{dTR_A(0, \bar{t})}{d\bar{t}}$$
$$+ (1+\gamma_A)\left[\frac{d\pi_{AA}(0, \bar{t})}{d\bar{t}} + \frac{d\pi_{AB}(0, \bar{t})}{d\bar{t}}\right] = 0 \qquad (5)$$

を満たす水準であり，$\tilde{t}_B^{CU}$ についても同様である．実際に適用される共通域外関税である $\tilde{t}^{CU}$ は両国の交渉により $\tilde{t}_A^{CU}$ と $\tilde{t}_B^{CU}$ の間に決まる．

(4) 式と (5) 式を比較すると，CU の場合には，第 3 項にプラスの効果である $(1+\gamma_A)d\pi_{AB}(0, \bar{t})/d\bar{t}$ が加わっていることが分かる．B 国の域外関税の上昇は，企業 A の B 国市場への輸出を増やすことを通じて，企業 A の利潤を増加させる．同様に，企業 B も A 国の域外関税の上昇から利益を受ける．FTA の場合には A 国と B 国の関税は各々独立に決定されるため，この域外関税の上昇がもたらす正の外部効果は域外関税の設定の際に考慮されなかった．しかし，CU の場合には，共通域外関税を設定するため，この外部効果を内部化できるのである．この効果は共通域外関税による「外部性内部化効果（externality-internalizing effect）」と呼ばれる．結果的に，CU では各域内国は FTA 時よりも高い域外関税を設定する誘因がある．また，この内部化の影響は，γ_A が大きいほど大きい．

FTA と CU の域外関税の比較：CU の共通域外関税の水準は，FTA の域外関税の水準よりも高くなる傾向にあり，その乖離幅は政府が企業利潤を重視するほど大きい．

GATT 24 条の規定では，RTA の締結国は非締結国に対する関税を締結前の水準よりも高くすることはできない．そこで，(4) 式と (5) 式から求められる FTA と CU の最適域外関税の水準を，(3) 式で求められる最適 MFN 関税と比較しよう．

RTA の締結前は，MFN 関税の引き上げは全ての国からの輸入を減らす効果があったのに対し，RTA の締結後は域外関税の引き上げは域内国からの輸入を増やし域外国からの輸入を大幅に減らす．他の条件を同一としつつ，MFN 関税の引き上げと RTA の域外関税の引き上げを比較すると，

(i) $dCS_A(t_A, t_A)/dt_A < dCS_A(0, t_{AC})/dt_{AC} < 0$ より，消費者余剰の減少分は小さくなる．

(ii) $dTR_A(t_A, t_A)/dt_A > dTR_A(0, t_{AC})/dt_{AC}$ より，関税収入の増加分が小さく（あるいは減少分は大きく）なる．

(iii) $d\pi_{AA}(t_A, t_A)/dt_A > d\pi_{AA}(0, t_{AC})/dt_{AC} > 0$ より，国内企業が国内市場で稼ぐ利潤の増加分は小さくなる．

(i) は最適な関税の水準を引き上げる要因であり，(ii) と (iii) は引き下げる要因である．FTA の場合，(ii) と (iii) の効果が (i) よりも大きければ，最適な域外関税の水準は最適な MFN 関税の水準よりも小さくなる．すなわち，域内国間の関税撤廃は，域外国に対する関税の引き下げにつながる．この効果を，Bagwell and Staiger（1999）は「関税補完効果（tariff-complementarity effect）」と名付けている．逆に，もしも (i) の効果が大きければ，最適な FTA の域外関税は最適な MFN 関税の水準よりも高くなるため，GATT 24 条の規定により非締結国に対する関税の水準は変化しない．どちらのケースが成り立つかは需要関数の形状に依存することが明らかにされている（Saggi and Yildiz 2009）．また，(iii) の効果は，政府が企業利潤を重視すればするほど（すなわち，γ_A が大きいほど）大きくなり，したがって関税補完効果が生じやすくなる．Ornelas（2005a, 2005b）は，生産者の政府へのロビー活動が関税の水準に影響を及ぼす状況では，FTA の締結はロビー活動により得られるレントを少なくする「レント破壊効果（rent-destruction effect）」を生み，結果的に域外関税が大きく低下することを指摘している[10]．CU の場合は，最適な共通域外関税の水準は FTA の域外関税の水準よりも

---

[10] メカニズムは異なるが，政府が政治的な支持を重視して政策決定をする場合に，FTA の域外関税が下落する効果を指摘した論文として Richardson（1993）がある．

高くなるものの，やはり CU の締結が域外国に対する関税を下げる場合がある[11]．

域外関税と MFN 関税の比較：RTA が FTA であり，かつ域内国の政府が企業利潤を重視するほど，域外関税の水準が MFN 関税の水準を下回りやすい．

本節の導入でも説明したように，域外国に対する関税が RTA の締結前と同一水準に保たれたとしても，相対的な水準は上昇している．したがって，域外国から域内国への輸出が RTA 締結前よりも増えるには，域外国に対する関税が元の水準よりも下がるだけではなく，「十分に大きく」下がらなければならない．例えば域外国 C 国から域内国 j 国（$j=A, B$）への輸出を考えると，$\pi_{Cj}(\tilde{t}_j^N, \tilde{t}_j^N) = \pi_{Cj}(t_j^*, 0)$ を満たす t_j^* が C 国から j 国への輸出を一定に保つための関税の水準であり，$t_j^* < \tilde{t}_j^N$ が成り立つ．このような関税の存在を初期に指摘した研究者にちなみ，t_j^* を大山＝ケンプ＝ウァン関税と呼ぶことにしよう[12]．

関税補完効果により FTA や CU の域外関税が MFN 関税の水準よりも下がる場合，その水準は大山＝ケンプ＝ウァン関税よりも低くなるだろうか．もしも需要関数が線型であり，企業の生産性が同一であるならば，

$$\tilde{t}_j^N > \tilde{t}_j^{CU} > t_j^* > \tilde{t}_j^{FTA} > 0 \tag{6}$$

という大小関係が得られる．すなわち，FTA であれ CU であれ関税補完効

---

11) ただし，Panagariya and Findlay（1996）が指摘したように，CU における共通域外関税の設定が域内国間でロビー活動の「ただ乗り問題」を生む場合には，CU の共通域外関税が FTA の域外関税を下回るかもしれない．
12) Ohyama（1972）および Kemp and Wan（1976）は，域外関税を適切に調整することにより，域外国の厚生を下げることなく域内国の厚生を上げる RTA の締結が可能であることを，完全競争モデルにより示した．Long and Soubeyran（1997）は，不完全競争モデルの下でも，同様の関税の調整が可能であることを示している．一方，Endoh, Hamada, and Shimomura（2013）は，完全競争モデルにおいて財が代替的かつ初期関税率が低い場合は，域外国の厚生を一定に保ちつつ域内国に利益をもたらすような域外関税の調整は不可能であることを示した．

第IV部　貿易障壁と貿易政策

果により域外国への関税は締結前よりも下がるが，FTAの場合は引き下げ幅が大きく域外国の輸出を増やすのに対して，CUの場合は引き下げ幅が小さく域外国の輸出を減らす効果がある[13]．

RTAの締結と域外国からの輸入：FTAの締結は域外国からの輸入を増やし，CUの締結は減らす傾向がある．

　域内国の利得を上昇させない限りRTAは締結されず，またRTAの締結が域内国から域外国への輸出に影響を与えないことを考慮すると，FTAの締結は域内国のみならず域外国の利得を上昇させるが，CUの締結は域外国の利得を下落させることになる．

　これらの結果は，関税の水準を内生化したRTAの理論研究の多くで得られており，ある程度の一般性が認められる[14]．ただし，仮定を緩めると大小関係が覆る場合もあり，その現実妥当性は慎重に検討しなければならない．例えば，これまでは企業が各国の市場ごとに価格差別をすることが可能であること，すなわち市場が分離していると仮定してきた．域内関税の撤廃が域内国間で価格裁定行為を容易にするならば，RTAの締結により市場が統合され，域内で価格差別ができなくなるかもしれない．Mukunoki（2004）は，RTAの締結が域内国の市場統合を伴う場合，A国とB国の最適な域外関税の設定には戦略的な補完関係が生じ，最適な域外関税の水準は分離市場の場合よりも高くなることを示した[15]．このとき，FTAであっても域外国に損失を与えるケースが生じる．

　また，RTAの締結は域外国自身が設定する関税の水準にも影響を与える

[13) ただし，域内国が非対称であり t_A^{CU} と t_B^{CU} が異なる場合には，域内国の交渉により最終的に適用される t^{CU} の水準が t_j^N, t_j^*, t_j^{FTA} よりも高いか低いかは分からなくなる．

14) 同様の比較をした初期の研究として，Kennan and Riezman（1990）がある．

15) より具体的なメカニズムは以下の通りである．関税引き上げによる価格上昇効果は，市場統合による価格裁定活動により一部軽減される．一方で，関税引き下げはより域外国からの輸入を減らす効果がある．すなわち，市場統合により関税上昇による消費者負担が小さくなっている一方，関税収入のロスは拡大している．域内企業の利潤に与える影響は変わらない．$t_A^{FTA} = t_B^{FTA}$ では，消費者負担の軽減の効果が大きいため，市場統合は域外関税の水準を引き上げる効果がある．

可能性がある．Bond, Riezman, and Syropoulos（2004）は，市場が統合された完全競争モデルを用いることによって，FTAの締結は最適な域外関税を下げる一方で，域外国の最適関税を上昇させることを明らかにしている．また，Kawabata, Yanase, and Kurata（2010）や Yanase, Kurata, and Kawabata（2012）は，中間財の貿易をモデルに含めると，やはりFTAの締結が域外国の関税の上昇につながることを指摘している．

さらに，国が非対称な場合におけるCUの共通域外関税の設定についても，GATT 24条のルールとの関係も含め，より慎重な検討が必要である．例えば，Mrázová, Vines, and Zissimos（2013）は，GATT 24条により共通域外関税の水準を締結前よりも上げられないという規程が，規模が似通った複数のCUの締結につながり，結果的に世界厚生を下げる可能性があることを指摘している．

2.2 域外国との関税交渉に与える影響

域外関税の水準は，域外国との多国間貿易交渉における交渉力にも影響を与える．多国間貿易交渉により，各国が互いに協力的な関税（協力関税）を設定する状況を考えよう．前期まで各国が協力関税を採用している状況で，自国が今期に協力関税を課すことを選択すると，外国は次期以降も協力関税を保ち続けるとする．しかし，自国が今期に協力関税から逸脱し，自らの利得を最大にするような非協力関税を課すと，相手国も来期から非協力関税を課す．このとき，協力関税の水準は「協力関税を保つことの長期的な利益」と「協力から逸脱して非協力関税を課すことによる短期的利益」がバランスするように決定される．自国のRTAの締結は，自国が課す非協力関税の水準を（6）の不等式に従って変化させるため，協力関税の水準にも影響を与える．

Bagwell and Staiger（1999）は，RTAの締結による関税補完効果は，自らにとって最適な関税の水準を下げるため，直接的には域内国をより協力的にする一方で，域外国が逸脱した場合の「懲罰効果」を弱め，域外国を非協力的にすることを示した．Saggi（2006）は，国際寡占モデルによりBagwell and Staiger（1999）の結果をより詳細に分析し，国が対称である

ときには，FTA は域外国を非協力的にすることを通じて，CU は逆に域内国を非協力的にすることを通じて，協力関税の水準を引き上げることを明らかにした．しかし，国が非対称であるときには，関税協力により消極的な国を FTA の域内国か CU の域外国にすることにより，RTA が協力関税を引き下げることを示した．

　Ornelas（2008）は，各国の協力関税の水準が世界全体の政府の利得の合計を最大にするよう決まる状況を考えた．このとき，社会厚生の面では全ての関税を撤廃することが世界厚生を最大にするとしても，政府が生産者を重視して政策決定を行っている場合，各国の協力関税の水準はプラスになる．RTA の締結は，関税補完効果に加えて，Ornelas（2005a, 2005b）が指摘した域内国の政治的な圧力を弱める「レント破壊効果」を生むため，多国間交渉による協力関税の水準を引き下げる．

RTA の締結と多国間の関税交渉：国の初期条件に違いがない場合，RTA は多国間の関税協力の阻害要因となる．しかし，初期条件に違いがある場合，あるいは政府が国内生産者を重視している場合は，促進要因となる場合がある．

2.3　実証分析

　RTA の域外関税の設定に関しては，実証分析も盛んに行われている．Bohara, Gawande, and Sanguinetti（2004）は，南米諸国による CU であるメルコスールの締結が，域内国であるアルゼンチンの域外関税の引き下げにつながり，特に域内からの輸入増加が大きい部門ほど引き下げ幅が大きいことを示した．Estevadeordal, Freund, and Ornelas（2008）は，ラテンアメリカ諸国の FTA が域外関税の引き下げにつながることを示した．アセアン自由貿易協定（AFTA）の域外関税について検証した Calvo-Pardo, Freund, and Ornelas（2011）も，同様の結果を得ている．また，Ketterer, Bernhofen, and Milner（2014）は，前述した Orenals（2005a, 2005b）のレント破壊効果が米国とカナダの FTA で実際に働いていることを実証した．

これらの結果は，FTA が域外関税を引き下げる傾向にあることを裏付けている．

その一方で，Limão（2006）や Karacaovali and Limão（2008）では，米国や EU が特恵的に関税を引き下げている財は，そうでない財と比較して GATT のウルグアイ・ラウンド交渉時に MFN 関税の引き下げ幅が小さいとの結果を得ている．特に，域内関税が撤廃されている場合，この傾向が強く見られる．上記の理論分析においては，「FTA の域内国である A 国は，域外関税を高く設定することが他の域内国である B 国の利益になることを考慮しない」と仮定されていた．しかし，A 国の FTA 締結の目的が B 国への輸出増加のみならず，B 国の非貿易分野における自由化にもあるのであれば，A 国は B 国に対する関税撤廃だけでは B 国の非貿易分野での譲歩を十分に引き出せないため，自らの域外関税を高く設定し B 国企業の利益を大きくすることにより，さらなる譲歩を引き出そうとするかもしれない．

FTA を締結する国がラテンアメリカ諸国や東南アジア諸国のような途上国である場合，MFN 関税自体が高いため，域内関税の引き下げのみで相手国の譲歩を引き出せるが，米国や EU のような先進国においては，もともとの MFN 関税が低いため，域外関税を相手国の譲歩を引き出すための交渉のツールとせざるを得ない．実際，Limão（2007）において，RTA で知的財産権や環境・労働などの非貿易関連措置の交渉が行われる場合，域外関税を引き下げないことで，他の域内国に利益を供与し，その見返りとしてそれら非貿易関連措置の譲歩を引き出しているとの研究結果が得られている．

域外関税の水準が外国の経済主体の影響を受ける理由は他にもある．Stoyanov（2009）はカナダにおける外国企業のロビー活動に注目し，他の域内国の企業によるロビー活動は域外関税や域外国に対する貿易障壁の水準を上げる効果があるのに対し，域外国企業のロビー活動は逆に下げる効果があることを示している．

域外関税の引下げに関する実証結果：締結前の関税が高いほど，締結の目的が域内の貿易促進であればあるほど，RTA の締結が域外関税の引き下げにつながる．

3. RTAと多国間自由貿易の達成に関する分析

国家間の貿易協定の究極的な目標が単なる関税の削減ではなく，世界全体の自由貿易（Global Free Trade: GFT）の達成であるならば，RTAはその目標達成のエンジンとなるだろうか，それともブレーキとなるであろうか．もしも，RTAが無ければ達成されていたGFTが，RTAの締結により達成できなくなるのであれば，RTAはGFTの達成の阻害要因，すなわちスタンブリング・ブロックとなる．一方，RTAが無い状況では達成不可能であったGFTが，RTAにより達成可能になるならば，RTAはGFTの達成に必要不可欠なもの，すなわちビルディング・ブロックとなる．GFTの実現とRTAの関係については，様々な視点や異なる理論モデルにより分析がなされている．本節では，引き続き3国3企業の基本モデルを用いつつ，既存研究を整理する．

分析に入る前に，貿易協定による関税の相互引き下げが，域内国の厚生に与える影響を整理しておこう．貿易協定の締結により政府は関税収入を一部失い，輸入の増加により企業が国内市場で獲得する利得も減少するが，価格の下落により消費者は利益を受け，また企業も締結相手国への輸出の増加により利益を受ける．貿易協定が国の厚生や政府の利得の上昇をもたらすためには，消費者利益や輸出増加による企業利益の増加分が十分に大きくなければならない．

3.1 多国間の貿易自由化を阻害するRTA

まずは，RTAがGFTの阻害要因となる場合を説明しよう．簡単化のため，需要面でも費用面でも，政府の利得に関しても3国に違いがなく（すなわち，$\gamma_A = \gamma_B = \gamma_C \equiv \gamma$），また域外国に対する関税率が締結前と締結後で$t(>0)$の水準で一定である状況を考える．

RTAが締結される前は，世界の関税ベクトルは$\bm{t}^N = (t, t; t, t; t, t)$であり，各国政府の利得は$G^N = G_A(\bm{t}^N) = G_B(\bm{t}^N) = G_C(\bm{t}^N)$となる．ここで，A国とB国がRTAを締結すると，関税ベクトルは$\bm{t}^R = (0, t; 0, t; t, t)$となり，両

国政府の利得は $G^I=G_A(t^R)=G_B(t^R)$，C 国政府の利得は $G^O=G_C(t^R)$ となる．関税が全て撤廃され GFT が達成されると，関税ベクトルは $t^F=(0, 0; 0, 0; 0, 0)$ となり，各国政府の利得は $G^F=G_A(t^F)=G_B(t^F)=G_C(t^F)$ となる．

このとき，t や γ の水準に関わらず，$G^F > G^N$ が成り立つ．自由貿易は大きな消費者利益をもたらすのみならず，企業利潤も上昇させるため，各国の厚生および政府の利得は必ず上昇する．企業は国内市場における利潤を失うが，他の 2 国への輸出を増やすことができるため，自由貿易により企業も総利潤を上げることができるのである．したがって，もしも RTA を締結するという選択肢がないのであれば，多国間の貿易交渉により GFT が達成される．

一方，A 国と B 国が RTA を締結した場合には，やはり t や γ の水準と無関係に $G^I > G^N > G^O$ が成り立つ．すなわち，RTA の締結は域内国の厚生および政府の利得を上昇させ，輸出面で不利な状況に置かれた域外国の利得を下落させる．RTA の締結により損害を被った域外国（C 国）は，$G^F > G^O$ より GFT の実現に必ず賛成する[16]．しかし，RTA の域内国となった A 国と B 国が C 国を新規メンバーとして既存の RTA に受け入れ（あるいは 3 国間で多国間協定を締結し），GFT を実現しようとするか否かは，定かではない．

もしも，政府が企業利潤を重視する（＝γ が十分に大きい）ならば，$G^I > G^F$ が成り立つため，A 国と B 国は RTA を締結すると，事後的に GFT の実現に反対するようになる．すなわち，RTA の締結は元々実現可能であった GFT を実現不可能なものにしてしまう．RTA を拡大し GFT を達成すると，企業 A と企業 B は C 国市場に無税で輸出できるようになるが，両企業が A 国市場と B 国市場で得ていた特恵的な自由化による利益を失ってしまう．国や企業が対称的である場合，後者の効果が前者の効果を上回るため，企業の立場では C 国の受け入れは損失となる．RTA は域内関税の撤廃により域外企業に対する実質的な関税を上げ，それが域外企業の利潤を奪うという戦略的な効果を生んでいるため，域内企業は GFT で得られる利潤以上の利潤

---

16) RTA の域外国が既存の RTA に加入する誘因が高まる効果を，Baldwin (1995) はドミノ効果（domino effect）と呼んだ．Egger and Larch (2008) は，特に距離が近い国において実際にドミノ効果が働くことを実証している．

をRTAの下で実現しているのである．企業利潤に偏った政策決定により，RTAがスタンブリング・ブロックになる可能性は，Krishna（1998）により最初に指摘された[17]．

一方，政府が社会厚生を十分に重視する（＝γが小さい）ならば，G^IよりもG^Fが大きくなる可能性がある．特に，関税率tが十分に大きいときには，RTAの拡大により企業利潤や関税収入が減少しても，消費者余剰の上昇がそれらを上回るため，$G^F>G^I$が成り立ち，GFTが達成される．一方，tが小さいときには，企業が得ていた特恵的な利益を失う効果が消費者余剰の上昇よりも相対的に大きくなり，$\gamma=0$だったとしても$G^I>G^F$が成り立つ．この場合，RTAはスタンブリング・ブロックになってしまう．RTAにより撤廃される関税の水準tが小さいほど，$G^I>G^F$が成り立ちやすくなることは，Freund（2000b）によって指摘された．低いtはWTOにおける多国間交渉の結果と捉えることもできるため，このことは，多国間の貿易交渉の進展がRTAの締結を促し，そのRTAがスタンブリング・ブロックになってしまうことを示唆している[18]．

また，McLaren（2002）は，$G^I>G^F$が成り立つ理由として，A国とB国とでRTAが締結されることが見込まれると，両国間の貿易を増加させるような「関係特殊的な投資」が行われることを挙げた．RTAの締結が域内国同士の関係を不可逆的に深めてしまい，事後的にA国とB国のGFT達成の誘因を削いでしまうというのである[19]．

---

[17] Krishna（1998）は，企業数や市場規模などが非対称な場合も考慮しつつ，RTAがスタンブリング・ブロックになる条件を求めている．その他，初期の重要な研究として，Levy（1997）が挙げられる．Levy（1997）は，独占的競争モデルとヘクシャー＝オリーンモデルを組み合わせつつ，政策が資本と労働を異なる比率で保有する国民の投票によって決まる状況を考え，自由化による消費される財の数の増加が，かえってGFTの達成を阻害する可能性があることを示している．

[18] Fugazza and Robert-Nicoud（2014）は，米国がGATTの東京ラウンドとウルグアイ・ラウンド交渉で関税を引き下げた品目ほど，RTAの締結時に即時に関税撤廃をしていることを実証しており，Freund（2000b）の結果と整合的である．

[19] ただし，Freund（2000a）は，もしもA国とB国とのRTAを経てからGFTが達成されたのであれば，関係特殊的な投資はGFTの下でA国とB国が実現する利得を拡大する効果があることを指摘している．RTAを経由することで，GFTの下での利得自体が変化する効果は，3.2節のAghion, Antràs, and Helpman（2007）の研究とも関

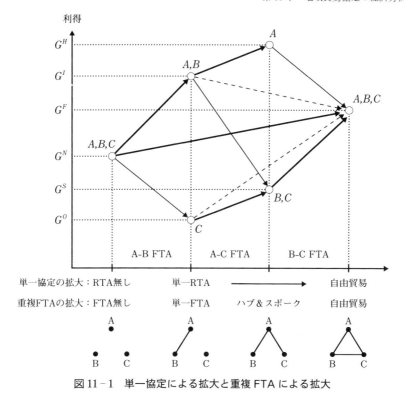

図 11-1　単一協定による拡大と重複 FTA による拡大

単一の RTA の拡大：締結前の MFN 関税の水準が低いほど，政府が企業利潤を重視するほど，単一の RTA の逐次拡大は GFT を達成しにくくする．

RTA による自由貿易の逐次的な拡大は，単一の RTA への新規メンバーの受け入れという方法のみならず，同一の国が異なる相手国と別々の FTA を重複して締結する方法もある．EU のように，共通域外関税を設定する CU の場合には，他の CU 加盟国を含めずに域外国と個別に RTA を締結することはできない．しかし，域外関税の水準を独自に設定できる FTA の場

連する．

合には，重複 FTA の締結による拡大が可能である．図 11-1 は，$G^I > G^F$ の
ケース，すなわち単一の RTA の締結と拡大では GFT を達成できない場合
についての利得の変化を図示している．GFT に至るルートのうち，交渉参
加国が合意できるものについては実線で，合意できないものは破線の矢印で
表している．また，太い実線は当該協定に合意した国における変化，細い実
線は他国の協定締結による変化を表している．

　Mukunoki and Tachi（2006）は，動学的な逐次交渉ゲームを用いて，重
複 FTA の締結による自由化の拡大が GFT を達成するか否かを分析した．
例えば，当初 A 国と B 国が FTA を締結している状態で，A 国が C 国と独
立の FTA を締結した場合には，A 国をハブとし B 国と C 国をスポークと
した，ハブ＆スポーク型の貿易協定が実現する．このとき，関税ベクトルは
$t^{HS} = (0, 0; 0, t; 0, t)$ となり，ハブ国である A 国政府の利得は $G^H = G_A(t^{HS})$，
スポーク国である B 国と C 国政府の利得は $G^S = G_B(t^{HS}) = G_C(t^{HS})$ となる．
ここで，A 国は C 国への輸出に際して B 国よりも有利な立場になるため，
輸出から得られる利潤は増加する．関税収入は減少し国内企業が国内市場で
稼ぐ利潤は下落するが，A 国は B 国と既に FTA を締結しており，国内市場
は既に十分に競争的になっているため，追加の自由化によって企業が失う利
潤も小さくなる．結果的に t や γ の水準と関係なく，$G^H > \max[G^I, G^F]$ が
成り立ち，ハブ国は最も高い利得を実現する．

　一方，新規にスポーク国になった C 国は，自国だけ自由化から取り残さ
れていた状況よりは，利得が上昇する（$G^S > G^O$）．B 国は新たな自由化を得
られないまま，A 国の C 国に対する自由化により A 国市場への輸出から得
る利潤を一部失うため，利得は下落する（$G^S < G^I$）．結果的に，$G^H > G^I > G^S$
$> G^O$ が成り立つ[20]．スポーク国は，両国ともその状態のままでいるよりは，
互いに関税を撤廃し GFT を実現した方が利得が高い（$G^F > G^S$）．各々の A
国に対する自由化によりスポーク国間の貿易はかなり縮小しており，そのた

---

20) Chen and Joshi（2010）は，既に他の FTA メンバーになっている国ほど域外国と
新規に FTA を締結しやすくなり（$G^H > G^I$），一方で域外国は締結相手国が既に他国と
FTA を締結しているほど FTA を締結する誘因が下がること（$G^I > G^S$）を実証的に明
らかにしており，この利得の比較と整合的である．

め得られる関税収入も小さい．そのため，両国間の貿易を自由化し，消費者余剰と輸出の利潤を高めるメリットが相対的に大きいのである．スポーク国間の FTA は A 国の利得を下げるが，A 国にそれを阻止する権限はない．

結果として，単一の RTA の逐次的な拡大では GFT を達成できない場合でも，重複 FTA による拡大は GFT を達成する可能性がある．当初の 2 国間 FTA の域内国である A 国は，ハブ国になれば当期は高い利得を稼げるが，次期以降にスポーク国間の FTA が締結され GFT が達成されることにより，結果的に利得が下がる．しかし，A 国が重複 FTA を締結しないと，B 国が C 国と FTA を締結し，A 国の利得は短期的にはスポーク国の低い利得へと下がってしまうかもしれない．すなわち，各域内国はハブ国になり短期的に高い利得を稼ぐために，あるい他国の重複 FTA の締結によりスポーク国になることを恐れて，FTA を締結しようとする．Mukunoki and Tachi（2006）は，将来の利得に対する割引率が十分に大きい場合，GFT が唯一の均衡となることを示した．すなわち，重複 FTA を結ぶことが可能な FTA は，それが不可能な CU よりも，GFT を達成しやすい．

また，重複 FTA による自由化は，政府が企業利潤を重視したとしても達成できる．単一の RTA の拡大の場合には，C 国の受け入れは企業の利益に反していた．しかし，重複 FTA 締結の場合には，ハブ国になることは企業利潤を上昇させるため，政府が企業利潤を重視するほど，重複 FTA は拡大しやすくなるのである．Mukunoki and Tachi（2006）は，Grossman and Helpman（1995）が構築した政治献金モデルを導入し，t が小さい状況での企業のロビー活動は，それが無かったときと比較して，重複 FTA による GFT の達成を促進することを示している．この結果は，多国間貿易交渉により関税率が十分に引き下げられており，かつ政府が国内の政治圧力の影響を受けている状況では，重複 FTA による自由化の拡大が有効であることを示唆している．

重複 FTA の拡大：FTA は CU よりも重複協定を締結できるという意味で GFT を達成しやすく，企業のロビー活動が重複 FTA による GFT の達成を促す場合がある．

第IV部　貿易障壁と貿易政策

　上記のモデルは，3国3企業の同質財モデルという限定された状況で分析が行われている．Furusawa and Konishi（2007）は，N国間（$N≥3$）で多数の企業が多数の差別化された財で競争する状況を考えたとしても，重複FTAの締結により達成されるGFT，すなわち全ての国が全ての外国と2国間FTAを締結する自由貿易ネットワークが，「どの国も既存の協定を破る動機が無い」という意味で安定的であることを示した．また，初期の関税 t が十分に小さく，異なる財の代替性が大きくない場合，GFTが唯一の均衡として達成される[21]．さらに，需要規模や企業数といった国家間の非対称性を導入したとしても，非対称性の程度が大きくなければ，やはり2国間FTAネットワークによるGFTが安定的になる[22]．より簡便なモデルで重複FTAによるGFTの安定性を論じたGoyal and Joshi（2006）も，同じ結果を得ている．

　上記の分析では，自由化前の関税の水準は外生的に与えられていた．関税が内生的に決定される場合は，域外国が課すMFN関税の水準 $\tilde{t}_i^N$ が相対的に高く設定されるため，域内国にとって貿易協定により域外国の保護を取り除くことのメリットが大きくなり，$G^F > G^I$ が成り立ちやすくなる．他方で，RTAの締結は関税補完効果により域外国に対する関税を引き下げる効果があるため，域外国が域内国の自主的な域外関税の引き下げにフリーライドし，結果的にGFTを達成する誘因を失ってしまうかもしれない．CUの場合には，(6)の不等式が成り立つ限りにおいて，Yi（1996）が示したように関税を内生化しても $G^F > G^O$ が常に成り立つため，域外国が他国のRTAにフリーライドする効果はない．しかしFTAの場合は，大幅な域外関税の引き下げにより域外国の利得がFTA締結前よりも上昇する．すなわち，$G^O >$

---

[21]　GFTが唯一の均衡とならない場合，1ヵ国のみが除外され，他の $N-1$ 国が全て互いにFTAを結ぶ状況も均衡となる．

[22]　非対称性が大きい場合，国の状況が似通った2グループで各々自由貿易ブロックができ，ブロック間でFTAが結ばれない状況が均衡となる．Furusawa and Konishi（2005）では，非対称性の程度が大きくても，締結国間で厚生のトランスファーが可能であるならば，財の代替性が大きくない限り，GFTが唯一の安定的な均衡となることを示した．

G^N が成り立つ．

それでも，国が対称的な3国3企業モデルであれば，$G^F>G^O$ が成り立つため，FTA が GFT を阻害することはない．しかし，Yi（2000）は国が対称的であっても，多数の国が存在し FTA の参加国数が十分に多い場合には，域外関税の大幅な引き下げによるフリーライド効果も大きくなるため，$G^O>G^F$ が成り立つことを示した．この場合，FTA が無ければ実現可能であった GFT が，FTA 締結後は域外国の反対により達成不可能なものになる．Ornelas（2005c）は，3国モデルであっても域内国と域外国との間に非対称性を導入すると，$G^O>G^F$ が成り立ち FTA が域外国のフリーライドによりスタンブリング・ブロックになることを示した．具体的には，域外国である C 国の市場規模が域内国である A 国や B 国よりもある程度大きく，域外国政府の企業利潤に対するウェイト γ_C が γ_A や γ_B よりもある程度大きいことが条件となる[23]．図 11-2 は，A 国と B 国の FTA 締結により C 国が GFT に反対するケースの利得の変化を表している．

FTA による域外国のフリーライド：関税が内生的に決定される場合，域外国が FTA による域外関税の引き下げにフリーライドし，GFT の達成が阻害される可能性がある．

3.2 多国間貿易自由化を促進する RTA

3.1 節の分析では，多国間貿易協定で達成可能だった GFT を RTA が阻害するケースについて整理した．RTA の逐次拡大が GFT を達成する場合でも，それは多国間協定でも実現可能な GFT を RTA が邪魔しないというだけのことであり，RTA が GFT の達成に積極的な役割を果たしてはいなか

---

[23] FTA の締結による域外関税の大幅な引き下げにより，C 国にとっては GFT の達成による追加的な輸出の増加分，すなわち企業利潤の増加分は小さくなっている．一方，追加的な自由化により国内市場では消費者余剰は上昇するものの，関税収入と企業利潤が失われるため国内市場で得られる厚生は小さくなる．域外国の市場規模がより大きく，域外国の政府が企業利潤をより重視するならば，前者の効果よりも後者の効果の方が大きくなるのである．

第Ⅳ部　貿易障壁と貿易政策

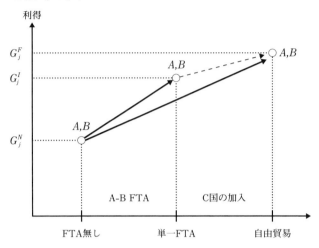

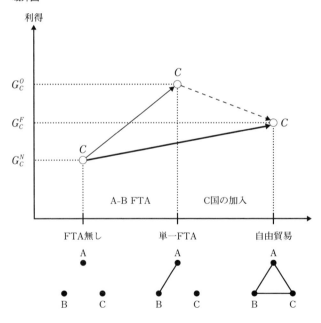

図11-2　FTAと域外国のフリーライド

った．そこで，RTA が存在しない状況では少なくとも特定の国が G^F 以上の利得を獲得するため，多国間貿易協定では GFT が達成できない状況に注目しよう．例えば国家間で需要面や供給面に非対称性がある，あるいは政府が国内企業の利潤を重視して政策決定をしているような場合に，このような状況が生じる．

このとき，RTA がビルディング・ブロックになるためには，「RTA を経由することで，最終的に達成される G^F の水準自体が上がる」か，あるいは「G^F よりも高い利得を獲得していた国の利得が，他国の RTA の締結により，G^F 未満に下がる」ことが必要となる．

このうち前者の効果を指摘した論文として，Aghion, Antràs, and Helpman（2007）がある．同論文は，1 ステップで GFT を達成する多国間交渉と，RTA の締結と拡大という 2 ステップで GFT を達成する逐次的な貿易交渉を比較した．例えば財の輸入国である A 国が，輸出国である B 国と C 国に貿易協定の交渉を提案するとする．GFT が達成された下での 3 国全体の利得の合計を $G(ABC)$ と表し，A 国と B 国が RTA を結んだことによる両国の利得の合計を $G(AB)$ としよう．何かしらの形で国家間で厚生のトランスファーが可能であるとし，そのため A 国は，交渉相手国が貿易協定から得られる利得の増分を，A 国が全てトランスファーとして獲得するような提案を行う．

各国政府が企業利潤を重視して政策決定を行い，かつ A 国が多国間貿易協定を B 国と C 国に提案したとき，企業 A の利潤の減少分を企業 B と企業 C の利潤の増加分の合計が上回らず，$G_A^N > G_A^F = G(ABC) - G_B^N - G_C^N$ が成り立つとする．このとき，A 国は多国間協定の交渉を提案せず，GFT は達成されない．しかし，A 国が B 国と RTA を締結する場合は，自由化の程度が小さいため企業 A の損失は小さい．一方，企業 B が特恵的な利益を獲得するため，B 国から A 国にトランスファーとして移転される企業利潤の増分は大きくなる．結果的に $G_A^I = G(AB) - G_B^N > G_A^N$ が成り立ち，A 国と B 国の RTA が締結される．

ところで，RTA の締結により企業 C の利益は減少しており（$G_C^N > G_C^O$），したがって A 国は C 国と事後的に貿易協定を結ぶことによって，より多く

のトランスファーを C 国から受けることができる．同じ GFT を達成する場合でも，A 国は B 国との RTA により C 国に一度打撃を与えることにより，GFT 達成による C 国からのトランスファーを増やせるのである．すなわち，RTA の締結は域外国との事後的な交渉において自らを有利な立場にし，外国から受けるトランスファーの取り分を増やす「戦略的位置取り（strategic positioning）」の役割を果たすのである[24]．結果として，RTA を通じて 2 ステップで自由化することで，GFT における A 国の利得は $\tilde{G}_A^F = G(ABC) - G_B^N - G_C^O$ となり，G_A^F より大きくなる．以上より，もしも $\tilde{G}_A^F > G_A^I > G_A^N > G_A^F$ が成り立つならば，多国間貿易交渉のみでは達成不可能な GFT が，RTA を経由することで達成可能となる．

一方，後者の効果を指摘した論文として，Ornelas（2007）がある．同論文は，GFT に消極的な国を CU の域外国に追いやることにより，域外国の自由化の誘因が事後的に高まることを示した．図 11-3 の上の図を用いつつ，そのメカニズムを説明しよう．国内市場が大規模な国（C 国）と小規模な 2 国（A 国と B 国）を考える．大規模国は自由化により外国へ輸出を拡大することのメリットが相対的に小さいため $G_C^N > G_C^F$，$G_A^F = G_B^F > G_A^N = G_B^N$ が成り立ち，したがって C 国が多国間貿易協定による GFT の達成を拒む状況を考える．ここで，A 国と B 国が CU を締結すると（6）の不等式が成り立つ限りにおいて，C 国の利得は G_C^N から G_C^O に下がる．もしも $G_C^N > G_C^O$ が成り立ち，かつ $G_A^F = G_B^F > G_A^I = G_B^I > G_A^N = G_B^N$ が成り立つならば，C 国は小規模である A 国と B 国が CU を結ぶことを恐れて，GFT の達成に賛成することになる．CU の締結が，GFT の達成に消極的な国への「脅し」の役割を果たすわけである[25]．

第 3 節のこれまでの分析における多国間貿易協定は，全ての国が関税の撤

---

[24] RTA の戦略的位置取り効果については，Seidmann（2009）が FTA と CU を区別し，かつハブ＆スポーク型の協定も考慮することにより，より詳細に分析している．ただし，RTA がビルディング・ブロックになる効果は出てこない．
[25] 同様の効果は，完全競争モデルにおいて CU が交易条件に与える影響に着目した Campa and Sorenson（1996）や Riezman（1999）のほか，関税を外生的にしつつ，FTA の締結が高コスト企業を抱える国に与える影響を国際寡占モデルにより分析した Saggi and Yildiz（2011）でも得られている

第11章 地域貿易協定の経済分析

域外国への脅し効果 (Ornelas 2007)

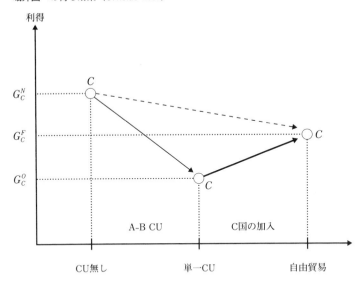

域外国のフリーライドの防止効果 (Saggi and Yildiz 2010)

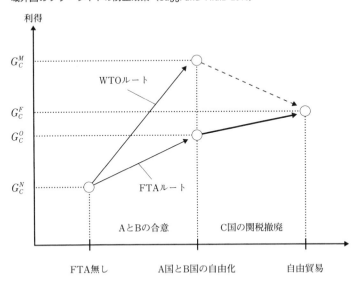

図11-3 CUによる脅し効果と，フリーライドの軽減効果

廃をするという極端な自由化だけを考えていた．しかし，実際の WTO における MFN ベースでの貿易自由化交渉においては，GATT 24 条により関税の撤廃が求められる RTA と異なり，関税の引き下げに留めることができる．したがって，全ての国の合意が得られず，関税の撤廃が実現できなくても，交渉に参加する一部の国だけでも合意ができれば，合意した国だけが MFN ベースで関税の引き下げを行う誘因がある．Saggi and Yildiz（2010）は，MFN ベースでの部分的な合意を考慮することにより，RTA のうち FTA がビルディング・ブロックになる可能性を指摘した．

多国間貿易交渉で 3 国のうち 2 国のみが合意した場合，その 2 国の MFN 関税が，両国の利得の合計を最大化するように決定されるとしよう．例えば，C 国が合意せず A 国と B 国が合意したとする．合意後の A 国の MFN 関税の水準は，

$$\frac{d\{G_A(t^N)+G_B(t^N)\}}{dt_A}$$
$$=\frac{dCS_A(t_A, t_A)}{dt_A}+\frac{dTR_A(t_A, t_A)}{dt_A}$$
$$+(1+\gamma_A)\frac{d\pi_{AA}(t_A, t_A)}{dt_A}+(1+\gamma_B)\frac{d\pi_{BA}(t_A, t_A)}{dt_A}=0 \qquad (7)$$

が満たされるように決定され，その水準は $\tilde{t}_A^M$ で与えられる．$\tilde{t}_B^M$ も同様に決定される．(7) 式と (3) 式を比較すると，新たに加わった最後の項がマイナスであることから，A 国と B 国は互いの国の貿易を促進するために MFN 関税を合意前よりも引き下げ（$\tilde{t}_A^M<\tilde{t}_A^N, \tilde{t}_B^M<\tilde{t}_B^N$），C 国はその引き下げにフリーライドすることになる．A 国と B 国のみが MFN 関税の引き下げに合意した場合の均衡での関税ベクトルは $\tilde{t}^M=(\tilde{t}_A^M, \tilde{t}_A^M; \tilde{t}_B^M, \tilde{t}_B^M; \tilde{t}_C^N, \tilde{t}_C^N)$ となり，その下での各国の利得を $G_h^M\equiv G_h(\tilde{t}^M)$ ($h\in\{A, B, C\}$) とする．

一部の国の合意による MFN 関税の引き下げが可能であれば，全ての国で $G_h^F>G_h^N$ が成り立っているにも関わらず，多国間貿易協定では GFT が達成されない一方，FTA を結べる場合には GFT が達成される可能性がある[26]．

---

26) ここでは，重複 FTA の可能性を排除して説明しているが，Saggi and Yildiz (2010) は，重複 FTA によるハブ＆スポーク体制が生じる可能性を考慮して分析して

図11-3の下の図を用いて説明しよう．$G_C^M > G_C^F$ および $G_A^M = G_B^M > G_A^N = G_B^N$ が成り立てば，多国間貿易協定のみではC国が自由化に反対しGFTが達成されない．一方，A国とB国がFTA締結をすると，(6)の不等式が成り立つ限りにおいて，やはりC国はA国とB国の域外関税の引き下げにフリーライドし，利得が上昇する．しかし，FTAの場合は，A国とB国の関税率が単なる引き下げではなく撤廃されている分，A国とB国の合意によるMFN関税率の引き下げ時と比較して，C国の「フリーライドの程度」，すなわち利得の増分は小さくなっている．結果として $G_C^M > G_C^I$ が成り立つため，もしも $G_C^M > G_C^F > G_C^O$，および $G_A^F = G_B^F > G_A^I = G_B^I > G_A^M = G_B^M$ が同時に満たされれば，FTAが締結可能なときのみGFTが達成される．

具体的には，C国がA国とB国と比較して輸出財の生産力が劣る場合，あるいは政府が生産者ないし企業を重視して政策決定を行う場合，FTAがビルディング・ブロックになる．域外国のフリーライドを防ぐ効果は域外国の損失を与えるCUの方が大きいが，Saggi, Woodland, and Yildiz (2013) は，CUはFTAよりも域内国に大きな利益をもたらすため，逆に域内国の反対によりCUがスタンブリング・ブロックになってしまう可能性を指摘している．

最後に，時間を通じた企業の生産性の変化が，RTAをビルディング・ブロックにする要因となることを説明しよう．Mukunoki (2015) は，3国3企業モデルに企業の異質性を導入し，企業の内生的な新技術の採用と国家間の貿易協定の締結の関係を分析した（図11-4参照）．当初，企業Aは旧技術で生産をしており，固定費用 K を負担して新技術を採用すると，その生産の限界費用は c_H から c_L に下落する．一方，企業Bと企業Cは既に新技術を採用しており，限界費用 c_L で生産している．各国の利得と企業利潤は企業Aの限界費用 $c_A (\in \{c_H, c_L\})$ の水準に左右されることとなり，それぞれ $G_h(c_A)$，$\Pi_h(c_A)$ と表すことにしよう．このとき，B国とC国では企業Aの新技術の採用の有無に関わらずGFTが最も高い利得を生むので，どのような貿易協定にも常に賛成する．一方，A国の利得については c_H と c_L の差が

いる．

第Ⅳ部　貿易障壁と貿易政策

政府の利得の変化

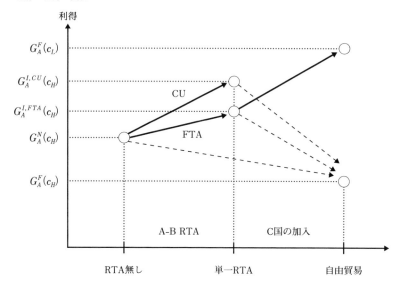

企業 A の利潤の変化

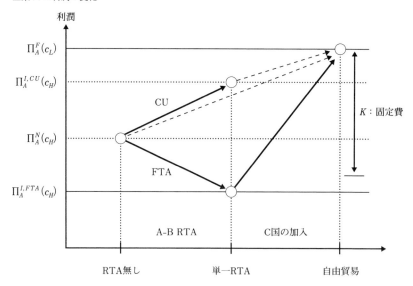

図 11-4　FTA による技術採用の促進と GFT の達成

第11章 地域貿易協定の経済分析

大きくも小さくもない場合,

$$G_A^I(c_H) > G_A^N(c_H) > G_A^F(c_H) \tag{8}$$

が成り立つ.貿易協定が何も無い状態から多国間協定によりGFTをワンステップで達成すると,他国企業と比較して競争力の無い企業Aの利潤がむしろ下がってしまう.自由化による企業利潤の減少分が大きいため,A国は企業Aが新技術を採用していない状態では,GFTの実現に反対する($G_A^N(c_H) > G_A^F(c_H)$).しかし,A国とB国(あるいはC国)とのRTAに関しては,相互に貿易自由化をする相手は1カ国だけであり,企業Aの損失が相対的に小さいため,企業Aが旧技術を用いていてもA国はRTAの締結には賛成する($G_A^I(c_H) > G_A^N(c_H)$).

いったん企業Aが新技術を採用すると,他企業と同じ技術で競争できるようになり,A国の利得の大小関係は,

$$G_A^F(c_L) > G_A^I(c_L) > G_A^N(c_L) \tag{9}$$

に変化する.すなわち,新技術が採用された後は,A国はGFTの実現に賛成する.

このとき,企業Aが将来の貿易協定の締結を予測しつつ技術採用の判断をするのであれば,企業Aは「自分が新技術を採用したら,A国政府は多国間貿易協定に賛成するようになり,GFTが達成される」ことを認識している.RTAを結ぶ選択肢が無い場合,新技術採用による企業利潤の増加分は $\Pi_A^F(c_L) - \Pi_A^N(c_H)$ となる.一方,RTAが締結できる場合,企業Aが新技術を採用しなくてもA国とB国のRTAが締結されるため,利潤の増分は $\Pi_A^F(c_L) - \Pi_A^I(c_H)$ となる.新技術採用後の企業利潤は $\Pi_A^F(c_L)$ で変わらないので,重要なのは旧技術採用時の企業利潤の水準である.(6)の不等式を前提とすると,FTAの締結は域外国からの輸入も増やすため,A国の利得は上がる($G_A^{I\,FTA}(c_H) > G_A^N(c_H)$)が,輸入の大きな増加により企業Aの利潤は下がる($\Pi_A^{I\,FTA}(c_H) < \Pi_A^N(c_H)$)という状況がありうる[27].もしも,$\Pi_A^{I\,FTA}(c_H) <$

---

27) 実際,政府の目的が社会厚生の最大化($\gamma_k = 0$)で,需要関数が線型,かつ(8)式が成り立つ場合は常に $\Pi_A^N(c_H) > \Pi_A^{I\,FTA}(c_H)$ が成り立つことが確認できる.

403

$\Pi_A^N(c_H)$ かつ,

$$\Pi_A^F(c_L) - \Pi_A^{I,FTA}(c_H) > K > \Pi_A^F(c_L) - \Pi_A^N(c_H)$$

が成り立つならば，新技術はA国がFTAを締結可能な場合のみ採用され，結果としてGFTが達成される．一方，多国間貿易協定のみが可能な場合では，新技術は採用されずGFTは達成されなくなる．ところで，RTAがCUの場合には，(6)式により域外国からの輸入は減るため，$\Pi_A^{I,CU}(c_H) > \Pi_A^N(c_H)$ が成り立つ．したがって，A国がCUを締結できることは新技術の採用とGFTの達成を阻害こそすれ，促進することはない[28].

以上より，RTAがビルディング・ブロックとなるメカニズムをまとめておこう．

- **機動的な自由化**：RTAは特恵的な自由化であるため，自由化に消極的な国でも締結しやすい．
- **域外国への脅し**：CUのように域外国に損失を与えるRTAは，自由化に消極的な域外国が多国間貿易協定を結ぶ誘因を事後的に高める．
- **他国の非特恵自由化へのフリーライドの防止**：多国間貿易協定で他国のMFN関税引き下げにフリーライドする国がある場合，RTAの締結が域外国の過度なフリーライドを防ぎ，域外国が多国間協定を結ぶ誘因を事後的に高める．
- **生産性の向上**：域外関税を引き下げ域外国からの輸入を増やすFTAの締結は，生産性の低い域内企業に打撃を与えることにより，それら企業が生産性を高めようとする誘因を高め，域内国が多国間協定を結ぶ誘因を事後的に高める．

GFTの実現とRTAの関係については，研究の余地が未だ多く残されて

---

28) 論文では，技術採用の固定費 K が時間の経過とともに下落する状況を考え，長期的にはどの経路でもGFTが達成されたとしても，技術採用とGFT達成のタイミングはFTAにより早まり，CUにより遅くなることを示している．また，B国とC国がRTAを締結する場合には，Ornelas（2007）と同様，逆にCUがGFTの達成のために必要となる．

第11章 地域貿易協定の経済分析

いる．例えば，海外直接投資の活発化や移民・外国人労働者の増加は，RTA と GFT の関係にいかなる影響をもたらすであろうか．また，3国モデルを用いた研究が多く，そのため4国以上のモデルでのみ考慮できる「参加国が重複しない複数の RTA が併存する状況」があまり論じられていない．さらに，多くの研究では各国政府が短視眼的に行動することが仮定されている．しかし，短期的には貿易協定によりプラスの利得が得られても，長期的には大きなマイナスがもたらされることが予測される場合，貿易協定は締結されないであろう．このような動学的な視点を考慮した研究もいくつかあるものの，まだ十分ではない[29]．

4. 原産地規則

RTA 研究の新潮流として，FTA に付随する原産地規則（ROO）に関する分析が挙げられる．FTA では，同一財であっても，各域内国が設定する域外関税の水準は異なりうる．しかし，域内国間で行われる全ての貿易に特恵関税を適用してしまうと，域外国が域外関税が低い国にいったん輸出し，そこから域外関税が高い国に特恵関税を利用して輸出する迂回輸出が生じる恐れがある．迂回輸出を防ぐために，域内国が原産地であると証明されたものに限って，FTA の特恵関税を適用するルールが ROO である．例えば，域内国原産であると認められるためには，域内で十分な加工が行われたり，一定割合以上の付加価値が生み出される必要がある[30]．

迂回輸出を防ぐため，現実に締結される FTA には必ず ROO が設けられている．したがって，ROO の影響を十分に勘案して FTA の効果を論じる

---

29) Mukunoki and Tachi (2006) は，対称3国モデルにより，動学的な交渉過程を考慮している．Lake (2016) は，国の規模が非対称な3国モデルにより，各国政府が将来の出来事を予想しつつ FTA の交渉を行うモデルを構築している．Nakanishi (2011) や Daisaka and Furusawa (2014) では，多数国間での動学的 FTA 交渉ゲームの帰結が導かれている．

30) 原産地認定の基準としては，(i) 関税分類変更基準，(ii) 付加価値基準，(iii) 加工工程基準などがある．原産地規則の詳細については，WTO のウェブサイトの原産地規則の項目（https://www.wto.org/english/tratop_e/roi_e/roi_e.htm）に詳しい解説がある．

必要がある．特に，原産地証明の取得自体にコストがかかる，あるいはROOの要件を満たすために中間財の調達先を域内にシフトする（中間財に関する貿易転換効果）ことに追加的な費用がかかるならば，一部の企業しかFTAを利用せずに，自由化は実態を伴わなくなるかもしれない[31]．本節では，FTA利用への影響に焦点を当てつつ，ROOの効果に関する既存研究を整理する．なお，ROOは投資先の政府が外資企業に国内での一定割合の部品や中間財の調達を求めるローカル・コンテント規制に類似した政策であるが，ローカル・コンテント規制がWTOで禁止されているのに対し，ROOはFTAの締結に必要なものとして認められている．また，FTAを利用する限りにおいて，外資企業だけでなく国内企業もルールの適用対象となり，逆に（外資企業であっても）輸出をしない企業やFTAを利用しないで域内国に輸出する企業には適用されないという違いがある．

4.1　FTAの利用

まずはFTAの利用とROOの関係を分析した研究を紹介しよう．Ju and Krishna（2002, 2005）は，完全競争モデルにより，ROOの水準が非常に厳しい場合は一部の企業のみFTAを利用することを示した．ROOの水準が厳しいとFTAを利用する企業が少なくなるため，ROOの水準と域内で生産された中間財の価格との関係は曖昧になる．それでも，域内の最終財企業と中間財企業はどちらもFTAにより損失を受けることはない．Takauchi（2014）は，不完全競争モデルにより，ある企業がFTAを利用することによる域内製の中間財価格の上昇が，他企業のFTA利用の阻害要因となるため，やはり一部の企業のみFTAを利用する場合があることを示した．

これらの研究は，域内でFTAを利用する企業としない企業が混在する状況は説明しているが，どのような企業がFTAを利用しやすいのかについては論じていない．これに対しDemidova and Krishna（2008）は，第1章

---

[31]) Takahashi and Urata（2010）によれば，2008年の日本企業のFTA利用率（＝締結相手国にFTAを利用して輸出している企業数／締結相手国に輸出している企業数）はメキシコ，マレーシア，およびチリとのFTAについてそれぞれ32.9％，12.2％，23.3％に過ぎない．

で説明されたメリッツ・モデルを応用しつつ，企業の生産性の違いとFTA利用の関係を理論的に検証している．

簡略化したモデルでその内容を説明しよう．τ を外国が輸入に対して課す従価関税率，w を労働賃金とする．輸出には固定費 f_x が必要となる．FTAを利用せずに輸出する場合は，ROOのルールは満たさなくて良いが，域外関税と同率の関税が賦課される．FTAを利用する場合には，関税は撤廃されるが，ROOの費用を負担する必要がある．ROOを満たすためには固定費 f_R がかかる．加えて，$\theta(\in[0,1])$ の割合の中間財は域内で調達する必要があり，追加的な費用が k だけ労働賃金換算でかかるとする．FTAを利用した輸出の単位費用は $(1-\theta)w+\theta(w+k)=w+\theta k$ となる．$\sigma(>1)$ を代替の弾力性とし，B を外国の需要規模だとすると，生産性 φ を持つ企業が外国で稼ぐ利潤 $\pi_x(\varphi)$ は，

$$\pi_x(\varphi)=\begin{cases}0 & :輸出しない場合\\ A\{(1+\tau)w\}^{1-\sigma}\varphi^{\sigma-1}-wf_x & :\text{FTA}を利用せずに輸出する場合\\ A(w+\theta k)^{1-\sigma}\varphi^{\sigma-1}-w(f_x+f_R) & :\text{FTA}を利用して輸出する場合\end{cases}$$

となる．ただし，$A=B(\sigma-1)^{\sigma-1}\sigma^{2-\sigma}$ である．もしも，τ が高く θ と k が低いため $w+\theta k<(1+\tau)w$ が成り立つのであれば，FTAの利用は固定費用がかかるものの単位費用を引き下げるため，生産性に応じて輸出企業がFTAを利用するか否かの選択が変わる．逆の不等式が成り立つ場合には，誰もFTAを利用しない．

輸出するか否かのカットオフ生産性を φ_x^*，FTAを利用して輸出するか否かのカットオフ生産性を $\varphi_{x,ROO}^*$ とすると，図11-5のように，f_R が十分大きく，かつ θ が小さいときには $\varphi_x^*<\varphi_{x,ROO}^*$ が成り立つ．生産性が $\varphi<\varphi_x^*$ の企業は輸出をせず，生産性が $\varphi_x^*\leq\varphi<\varphi_{x,ROO}^*$ を満たす企業はFTAを利用せずに輸出，$\varphi\geq\varphi_{x,ROO}^*$ を満たす企業はROOの費用を負担しつつFTAを利用して輸出する．一方，f_R が小さく θ が大きいときには，$\varphi_{x,ROO}^*\leq\varphi_x^*$ が成り立つため，輸出企業は全てFTAを利用して輸出する．Demidova and Krishna (2008) では，ROOの厳格化は $\varphi_{x,ROO}^*$ を上昇させFTA利用を難しくするものの，一部の輸出企業のみFTAを利用しているならば，労働需要の下落を

第Ⅳ部　貿易障壁と貿易政策

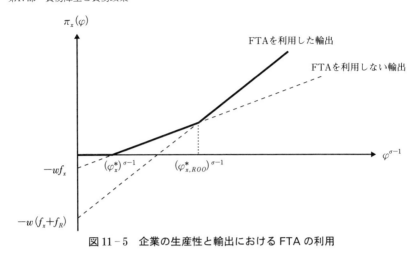

図 11-5　企業の生産性と輸出における FTA の利用

通じた賃金の下落により，結果として φ_x^* を下落させ輸出企業の数を増やす効果があることを導いている．

企業の生産性と FTA 利用：生産性が高い企業ほど，FTA を利用して輸出を行う．

FTA 利用の決定要因は，実証的にも分析されている．Takahashi and Urata（2010）は，企業規模が大きいほど輸出企業は FTA を利用する傾向にあるという，Demidova and Krishna（2008）と整合的な結果を得ている．また，同論文は当該企業が現地に子会社を有している場合，また輸出先が主要な貿易相手国である場合，やはり FTA を利用する傾向にあることを示した．Hayakawa et al.（2013）は，日本企業の在アセアン現地法人について，その規模が大きいほど，より多くの国から中間財の調達を行っているほど，さらに FTA の特恵関税の水準と域外関税の水準の差が大きいほど，現地法人が FTA を利用する傾向があることを示した[32]．Hayakawa and Mat-

---

[32] 中間財の調達先が多様である事は，原産地規則を満たすコストを上げると考えられるが，そのような現地法人は同時に高い生産性と大きな企業規模を達成していると考えられ，この実証結果からは後者の効果が大きくなっていると考えられる．

suura（2013）は，同じデータを用いて，過去に輸出（輸入）で FTA を利用したことがある現地法人ほど，輸出（輸入）で FTA を利用する傾向があることを明らかにしている．

3つ以上の国が広域の FTA を締結する場合，原産地規則に累積規定が導入されることがある．累積規定は，ある域内国から他の域内国に輸出する際，それ以外の域内国から部品・中間財を調達しても域内原産と認める制度である．累積規定を認めた場合，輸出企業の ROO の負担が小さくなり，上記のモデルでは θ の下落に対応する．Bombarda and Gamberoni（2013）は，理論モデルを構築しつつ，EU が中東欧諸国との FTA において導入した累積規定が，EU と中東欧諸国の間の貿易，および中東欧諸国間の貿易を増加させたことを実証した．Hayakawa（2014）は，タイから日本への品目レベルの輸出データを用いて，累積規定が適用されている日アセアンの FTA（注：タイも参加している）の利用と日タイ FTA の利用とを比較することにより，タイから日本への輸出は累積規定により約 4% 増えていることを明らかにしている．

4.2　その他の研究

FTA の利用以外に注目した研究も紹介しておこう．Duttagupta and Panagariya（2007）は，中間財の輸出国が FTA に参加する場合，FTA が締結される可能性が ROO により高まるものの，ROO による中間財貿易の歪みにより世界厚生を悪化させる FTA が締結されかねないことを示した．Panagariya and Krishna（2002）や Grinols and Silva（2011）は，FTA が域外国と域内国の厚生をどちらも上昇させるためには，域外関税が大山＝ケンプ＝ウァン関税を下回るだけでなく，ROO を適切に設定する必要があることを示した．Falvey and Reed（2002）は，ROO は域外からの中間財輸入の需要を減らすことを通じて，域内国の域外国に対する交易条件を改善する効果を生むため，域外国の犠牲の下に域内国に追加的な利益をもたらすことを指摘している．

ROO は，FTA の利用を目的に域内に生産拠点を設けている域外国企業にも適用されるため[33]，域外企業の利潤に影響を与えたり，その直接投資パ

ターンを変化させる可能性がある．例えば，Lopez-de-Silanes, Markusen, and Rutherford（1996）や Krueger（1999）は，RTA 域内で現地生産をしている域外企業の方が，域内企業よりも輸入中間財を高い割合で使用する場合，ROO は域外企業から域内企業へ利益を移転する戦略的な手段となりうることを明らかにした．Mukunoki（2013）は，域外企業の異質性を考え，FTA 域外で生産ネットワークを構築するなどして効率的な生産を行っている企業ほど，域内製の中間財を使用することの追加的なコスト増が大きいことに注目した．厳しい ROO を課す FTA の締結は，生産性の高い企業の直接投資を阻害しつつ，生産性が低い企業の直接投資を促進する「直接投資転換効果」（FDI diversion effect）を生むことが指摘されている．

逆に，ROO が域外企業に利益をもたらす場合もある．Ishikawa, Mukunoki, and Mizoguchi（2007）は，市場が不完全競争にあり域外企業に価格決定力がある場合，ROO が域外で生産された財の域内での価格裁定を防ぐという「市場分離効果」を生むことを指摘した．このとき，域外関税の差があまり大きくなく，域内国の市場規模の差が大きい場合には，ROO の存在は域外企業の利益となる．興味深いことに，ROO の存在が消費者の利益を犠牲にしつつ，域内企業と域外企業の両方に利益をもたらす場合もあれば，域内企業にむしろ損失を与えてしまう場合もある．

ROO の分析はまだ少なく，研究すべき課題が多く残されている．理論面では，FTA の域内国が ROO の最適な水準を選択できる状況で，FTA の厚生効果や域外関税の決定を再検討すべきである．実証面では，品目毎あるいは FTA 毎に ROO の厳しさが異なる理由は何か，あるいは政治的な要因がどこまで影響を与えているか，分析が深められることが期待される．

5. おわりに

本章では，RTA に関する近年の主要な研究について，域外関税の設定，

---

33) RTA が域外国の直接投資に与える影響を分析したものとしては，Motta and Norman（1996），Donnenfeld（2003），Raff（2004），Ekholm, Forslid, and Markusen（2007）などがある．

世界大の自由貿易の実現，および原産地規則という3つの研究トピックに焦点を当てつつ解説を行った．RTAは世界の貿易自由化を促進する面と阻害する面の両方を持ち合わせた「諸刃の剣」であり，その善し悪しについて確定的に結論づけることはできない．原産地規則がもたらす負の影響にも注視しつつ，世界のRTAネットワークの拡がりと多国間の貿易自由化を両立させるために必要なルールや制度を，さらに検討する必要があろう．

　本章を締めくくるにあたって，今後求められる研究課題について述べることにしよう．第1に，中間財貿易により注目する必要がある．第4章や第9章でも解説されているように，中間財部門の海外直接投資やアウトソーシングにより，多国籍企業が国境を越えた生産ネットワークを構築している．また，中間財市場を明示的に考慮したROOの分析も重要である．

　第2に，FTAとCUの選択について，分析を深める必要がある．既存研究の多くは，FTAとCUの分析を別々に行っている．しかし，FTAにするかCUにするか（あるいはPSにするか）は交渉する国の政府が選択をするものである．特に，理論的にはCUはFTAよりも大きな利得を生み出す傾向にあるにも関わらず，現実に締結されているRTAのほとんどはFTAであり，その理由を十分に説明できていない．数少ない研究の中で，Facchini, Silva, and Willmann（2013）は経済主体による投票行動を考慮したとき，FTAがCUよりも政治的に選択されやすいことを示している．FTAのみ重複協定の締結が可能であるため，将来追加的に締結されるFTAによる長期的な利益が，CU締結による短期的な利益を上回っている可能性も考えられる．

　第3に，貿易政策として，通常の関税以外の貿易障壁を考慮した研究が求められている．国家間には非関税障壁や技術的障壁が多く存在し，その削減が近年のRTAの目的の一つとなっている．例えばChen and Mattoo（2008）は，域内国間での財の安全基準や環境基準の統一や相互認証が，域内国の貿易と域外国の貿易に与える影響を検証している．また，第12章でも解説されるアンチダンピングについては，RTAの締結により域内国への発動が減る一方で域外国への発動が増えているという報告があり（Prusa and Teh 2010），その理由を検討すべきである．第10章で論じられたように，

関税以外の貿易コストの影響も考慮するべきであろう．

最後に，RTA の多くが財部門だけでなく GATS 5 条に基づいてサービス部門の自由化を行っているにも関わらず，サービス部門に注目した研究が理論的にも実証的にも進んでいない．また，2 国間投資協定（Bilateral Investment Treaty: BIT）の効果についても，世界で 3,000 に迫る数が締結されているにも関わらず，研究が進んでいない．貿易以外を自由化する RTA の効果について，今後の研究の進展が期待される．

参考文献

Aghion, Philippe, Pol Antràs, and Elhanan Helpman (2007), "Negotiating Free Trade," *Journal of International Economics*, Vol. 73 (1), pp. 1–30.

Anson, José, Olivier Cadot, Antoni Estevadeordal, Jaime de Melo, Akiko Suwa-Eisenmann, and Bolormaa Tumurchudur, (2005), "Rules of Origin in North-South Preferential Trading Arrangements with an Application to NAFTA," *Review of International Economics*, Vol. 13 (3), pp. 501–517.

Bagwell, Kyle and Robert W. Staiger (1999), "Regionalism and Multilateral Tariff Co-operation," in: John Piggott and Alan D. Woodland (eds.), *International Trade Policy and the Pacific Rim: Proceedings of the IEA Conference Held in Sydney, Australia*, New York: St. Martin's Press, pp. 157–185.

Baier, Scott L. and Jeffrey H. Bergstrand (2007), "Do Free Trade Agreements Actually Increase Members' International Trade?" *Journal of International Economics*, Vol. 71 (1), pp. 72–95.

Baldwin, Richard E. (1995), "A Domino Theory of Regionalism," in: Richard E. Baldwin, Pertti Haaparanta, and Jaakko Kiander (eds.), *Expanding Membership of the European Union*, New York: Cambridge University Press, pp. 25–53.

Bhagwati, Jagdish N. (1991), *The World Trading System at Risk*, Princeton: Princeton University Press.

Bohara, Alok K., Kishore Gawande, and Pablo Sanguinetti (2004), "Trade Diversion and Declining Tariffs: Evidence from Mercosur," *Journal of International Economics*, Vol. 64 (1), pp. 65–88.

Bombarda, Pamela and Elisa Gamberoni (2013), "Firm Heterogeneity, Rules of Origin, and Rules of Cumulation," *International Economic Review*, Vol. 54

(1), pp. 307–332.

Bond, Eric W., Raymond G. Riezman, and Constantinos Syropoulos (2004), "A Strategic and Welfare Theoretic Analysis of Free Trade Areas," *Journal of International Economics*, Vol. 64 (1), pp. 1–27.

Calvo-Pardo, Hector, Caroline Freund, and Emanuel Ornelas (2011), "The ASEAN Free Trade Agreement: Impact on Trade Flows and External Trade Barriers," in: Robert J. Barro and Jong-Wha Lee (eds.), *Costs and Benefits of Economic Integration in Asia*, Oxford: Oxford University Press, pp. 157–186.

Campa, J. Manuel and Timothy L. Sorenson (1996), "Are Trade Blocs Conducive to Free Trade?" *Scandinavian Journal of Economics*, Vol. 98 (2), pp. 263–273.

Chen, Maggie X. and Sumit Joshi (2010), "Third-country Effects on the Formation of Free Trade Agreements," *Journal of International Economics*, Vol. 82 (2), pp. 238–248.

Chen, Maggie X. and Aaditya Mattoo (2008), "Regionalism in Standards: Good or Bad for Trade?" *Canadian Journal of Economics*, Vol. 41 (3), pp. 838–863.

Daisaka, Hiroshi and Taiji Furusawa (2014), "Dynamic Free Trade Networks: Some Numerical Results," *Review of International Economics*, Vol. 22 (3), pp. 469–487.

Demidova, Svetlana and Kala Krishna (2008), "Firm Heterogeneity and Firm Behavior with Conditional Policies," *Economics Letters*, Vol. 98 (2), pp. 122–128.

Donnenfeld, Shabtai (2003), "Regional Blocs and Foreign Direct Investment," *Review of International Economics*, Vol. 11 (5), pp. 770–788.

Duttagupta, Rupa and Arvind Panagariya (2007), "Free Trade Areas and Rules of Origin: Economics and Politics," *Economics and Politics*, Vol. 19 (2), pp. 169–190.

Egger, Peter and Mario Larch (2008), "Interdependent Preferential Trade Agreement Memberships: An Empirical Analysis," *Journal of International Economics*, Vol. 76 (2), pp. 384–399.

Ekholm, Karolina, Rikard Forslid, and James R. Markusen (2007), "Exportplatform Foreign Direct Investment," *Journal of the European Economic Association*, Vol. 5 (4), pp. 776–795.

Endoh, Masahiro, Koichi Hamada, and Koji Shimomura (2013), "Can a Regional

Trade Agreement Benefit a Nonmember Country without Compensating It?" *Review of International Economics*, Vol. 21 (5), pp. 912–922.

Estevadeordal, Antoni, Caroline Freund, and Emanuel Ornelas (2008), "Does Regionalism Affect Trade Liberalization Toward Nonmembers?" *Quarterly Journal of Economics*, Vol. 123 (4), pp. 1531–1575.

Facchini, Giovanni, Peri Silva, and Gerald Willmann (2013), "The Customs Union Issue: Why Do We Observe so Few of Them?" *Journal of International Economics*, Vol. 90 (1), pp. 136–147.

Falvey, Rod and Geoff Reed (2002), "Rules of Origin as Commercial Policy Instruments," *International Economic Review*, Vol. 43 (2), pp. 393–407.

Freund, Caroline (2000a), "Different Paths to Free Trade: The Gains from Regionalism," *Quarterly Journal of Economics*, Vol. 115 (4), pp. 1317–1341.

Freund, Caroline (2000b), "Multilateralism and the Endogenous Formation of Preferential Trade Agreements," *Journal of International Economics*, Vol. 52 (2), pp. 359–376.

Fugazza, Marco and Alessandro Nicita (2013), "The Direct and Relative Effects of Preferential Market Access," *Journal of International Economics*, Vol. 89 (2), pp. 357–368.

Fugazza, Marco and Frédéric Robert-Nicoud (2014), "The 'Emulator Effect' of the Uruguay Round on US Regionalism," *Review of International Economics*, Vol. 22 (5), pp. 1049–1078.

Furusawa, Taiji and Hideo Konishi (2005), "Free Trade Networks with Transfers," *Japanese Economic Review*, Vol. 56 (2), pp. 144–164.

Furusawa, Taiji and Hideo Konishi (2007), "Free Trade Networks," *Journal of International Economics*, Vol. 72 (2), pp. 310–335.

Goyal, Sanjeev and Sumit Joshi (2006), "Bilateralism and Free Trade," *International Economic Review*, Vol. 47 (3), pp. 749–778.

Grinols, Earl L. and Peri Silva (2011), "Rules of Origin and Gains from Trade," *Economic Theory*, Vol. 47 (1), pp. 159–173.

Grossman, Gene M. and Elhanan Helpman (1995), "The Politics of Free-Trade Agreements," *American Economic Review*, Vol. 85 (4), pp. 667–690.

Hayakawa, Kazunobu (2014), "Impact of Diagonal Cumulation Rule on FTA Utilization: Evidence from Bilateral and Multilateral FTAs between Japan and Thailand," *Journal of the Japanese and International Economies*, Vol. 32 (C), pp. 1–16.

Hayakawa Kazunobu and Toshiyuki Matsuura (2013), "Firms' Use of FTA

Schemes in Exporting and Importing: Is There a Two-way Relationship?" Session report on the Japan Society of International Economics 72nd Annual Meeting.

Hayakawa, Kazunobu, Daisuke Hiratsuka, Kohei Shiino, and Seiya Sukegawa (2013), "Who Uses Free Trade Agreements?" *Asian Economic Journal*, Vol. 27 (3), pp. 245–264.

Ishikawa, Jota, Hiroshi Mukunoki, and Yoshihiro Mizoguchi (2007), "Economic Integration and Rules of Origin Under International Oligopoly," *International Economic Review*, Vol. 48 (1), pp. 185–210.

Ju, Jiandong and Kala Krishna (2002), "Regulations, Regime Switches and Non-monotonicity When Non-compliance Is an Option: An Application to Content Protection and Preference," *Economics Letters*, Vol. 77 (3), pp. 315–321.

Ju, Jiandong and Kala Krishna (2005), "Firm Behaviour and Market Access in a Free Trade Area with Rules of Origin," *Canadian Journal of Economics*, Vol. 38 (1), pp. 290–308.

Karacaovali, Baybars and Nuno Limão (2008), "The Clash of Liberalizations: Preferential vs. Multilateral Trade Liberalization in the European Union," *Journal of International Economics*, Vol. 74 (2), pp. 299–327.

Kawabata, Yasushi, Akihiko Yanase, and Hiroshi Kurata (2010), "Vertical Trade and Free Trade Agreements," *Journal of the Japanese and International Economies*, Vol. 24 (4), pp. 569–585.

Kemp, Murray C. and Wan, Henry Y., Jr. (1976), "An Elementary Proposition Concerning the Formation of Customs Unions," *Journal of International Economics*, Vol. 6 (1), pp. 95–97.

Kennan, John and Raymond Riezman (1990), "Optimal Tariff Equilibria with Customs Unions," *Canadian Journal of Economics*, Vol. 23 (1), pp. 70–83.

Ketterer, Tobias D., Daniel Bernhofen, and Chris Milner (2014), "Preferences, rent destruction and multilateral liberalization: The building block effect of CUSFTA," *Journal of International Economics*, Vol. 92 (1), pp. 63–77.

Krishna, Pravin (1998), "Regionalism and Multilateralism: A Political Economy Approach," *Quarterly Journal of Economics*, Vol. 113 (1), pp. 227–251.

Krueger, Anne O. (1999), "Free Trade Agreements as Protectionist Devices: Rules of Origin," in: James R. Melvin, James C. Moore, Raymond G. Riezman (eds.), *Trade, Theory and Econometrics: Essays in Honor of John S. Chipman*, New York: Routledge, pp. 91–102.

Lake, James (2016), "Free Trade Agreements as Dynamic Farsighted Networks," *Economic Inquiry*, forthcoming. http://people.smu.edu/jlake/pdfs/ftasDynamicNetworks.pdf

Levy, Philip I. (1997), "A Political-Economic Analysis of Free-Trade Agreements," *American Economic Review*, Vol. 87 (4), pp. 506–519.

Limão, Nuno (2006), "Preferential Trade Agreements as Stumbling Blocks for Multilateral Trade Liberalization: Evidence for the United States," *American Economic Review*, Vol. 96 (3), pp. 896–914.

Limão, Nuno (2007), "Are Preferential Trade Agreements with Non-Trade Objectives a Stumbling Block for Multilateral Liberalization?" *Review of Economic Studies*, Vol. 74 (3), pp. 821–855.

Long, Ngo V. and Antoine Soubeyran (1997), "Customs Union and Gains from Trade Under Imperfect Competition: Variation of a Kemp-Wan Theme," *Japanese Economic Review*, Vol. 48 (2), pp. 166–175.

Lopez-de-Silanes, Florencio, James R. Markusen, and Thomas F. Rutherford (1996), "Trade Policy Subtleties with Multinational Firms," *European Economic Review*, Vol. 40 (8), pp. 1605–1627.

Magee, Christopher S. P. (2008), "New Measures of Trade Creation and Trade Diversion," *Journal of International Economics*, Vol. 75 (2), pp. 349–362.

McLaren, John (2002), "A Theory of Insidious Regionalism," *Quarterly Journal of Economics*, Vol. 117 (2), pp. 571–608.

Motta, Massimo and George Norman (1996), "Does Economic Integration Cause Foreign Direct Investment?" *International Economic Review*, Vol. 37 (4), pp. 757–783.

Mrázová, Monika, David Vines, and Ben Zissimos (2013), "Is the GATT/WTO's Article XXIV Bad?" *Journal of International Economics*, Vol. 89 (1), pp. 216–232.

Mukunoki, Hiroshi (2004), "On the Optimal External Tariff of a Free Trade Area with Internal Market Integration," *Japan and the World Economy*, Vol. 16 (4), pp. 431–448.

Mukunoki, Hiroshi (2013), "On the Welfare Effect of FTAs in the Presence of FDIs and Rules of Origin," RIETI Discussion Paper Series, No. 13–E–053.

Mukunoki, Hiroshi (2015), "Preferential Trade Agreements, Technology Adoption, and the Speed of Attaining Free Trade," mimeo.

Mukunoki, Hiroshi and Kentaro Tachi (2006), "Multilateralism and Hub-and-Spoke Bilateralism," *Review of International Economics*, Vol. 14 (4), pp. 658

–674.

Mundell, Robert A. (1964), "Tariff Preferences and the Terms of Trade," *Manchester School of Economic and Social Studies*, Vol. 32 (1), pp. 1–13.

Nakanishi, Noritsugu (2011), "Farsightedly Stable FTA Structures," Discussion Papers from Graduate School of Economics, Kobe University, No 1114.

Ohyama, Michihiro (1972), "Trade and Welfare in General Equilibrium," *Keio Economic Studies*, Vol. 9 (2), pp. 37–73.

Ornelas, Emanuel (2005a), "Endogenous Free Trade Agreements and the Multilateral Trading System," *Journal of International Economics*, Vol. 67 (2), pp. 471–497.

Ornelas, Emanuel (2005b), "Rent Destruction and the Political Viability of Free Trade Agreements," *Quarterly Journal of Economics*, Vol. 120 (4), pp. 1475–1506.

Ornelas, Emanuel (2005c), "Trade Creating Free Trade Areas and the Undermining of Multilateralism," *European Economic Review*, Vol. 49 (7), pp. 1717–1735.

Ornelas, Emanuel (2007), "Exchanging Market Access at the Outsiders' Expense: The Case of Customs Unions," *Canadian Journal of Economics*, Vol. 40 (1). pp. 207–224.

Ornelas, Emanuel (2008), "Feasible Multilateralism and the Effects of Regionalism," *Journal of International Economics*, Vol. 74 (1), pp. 202–224.

Panagariya, Arvind and Ronald Findlay (1996), "A Political-Economy Analysis of Free Trade Areas and Customs Union", in: Robert C. Feenstra, Gene M. Grossman, and Douglas A. Irwin (eds.), *The Political Economy of Trade Policy: Papers in Honor of Jagdish Bhagwati*, Cambridge, Mass.: MIT Press, pp. 265–288.

Panagariya, Arvind and Pravin Krishna (2002), "On Necessarily Welfare-enhancing Free Trade Areas," *Journal of International Economics*, Vol. 57 (2), pp. 353–367.

Prusa, Thomas J., and Robert Teh (2010), "Protection Reduction and Diversion: PTAs and the Incidence of Antidumping Disputes," NBER Working Paper, No. 16276.

Raff, Horst (2004), "Preferential Trade Agreements and Tax Competition for Foreign Direct Investment," *Journal of Public Economics*, Vol. 88 (12), pp. 2745–2763.

Richardson, Martin (1993), "Endogenous Protection and Trade Diversion,"

Journal of International Economics, Vol. 34 (3-4), pp. 309-324.

Riezman, Raymond (1999), "Can Bilateral Trade Agreements Help to Induce Free Trade?" *Canadian Journal of Economics*, Vol. 32 (3), pp. 751-766.

Romalis, John (2007), "NAFTA's and CUSFTA's Impact on International Trade," *Review of Economics and Statistics*, Vol. 89 (3), pp. 416-435.

Saggi, Kamal (2006), "Preferential Trade Agreements and Multilateral Tariff Cooperation," *International Economic Review*, Vol. 47 (1), pp. 29-57.

Saggi, Kamal and Halis M. Yildiz (2009), "Optimal Tariffs of Preferential Trade Agreements and the Tariff Complementarity Effect," *Indian Growth and Development Review*, Vol. 2 (1), pp. 5-17.

Saggi, Kamal and Halis M. Yildiz (2010), "Bilateralism, Multilateralism, and the Quest for Global Free Trade," *Journal of International Economics*, Vol. 81 (1), pp. 26-37.

Saggi, Kamal and Halis M. Yildiz (2011), "Bilateral Trade Agreements and the Feasibility of Multilateral Free Trade," *Review of International Economics*, Vol. 19 (2), pp. 356-373.

Saggi, Kamal, Alan Woodland, and Halis M. Yildiz (2013), "On the Relationship between Preferential and Multilateral Trade Liberalization: The Case of Customs Unions 2600," *American Economic Journal: Microeconomics*, Vol. 5 (1), pp. 63-99.

Seidmann, Daniel J. (2009), "Preferential Trading Arrangements as Strategic Positioning," *Journal of International Economics*, Vol. 79 (1), pp. 143-159.

Stoyanov, Andrey (2009), "Trade Policy of a Free Trade Agreement in the Presence of Foreign Lobbying," *Journal of International Economics*, Vol. 77 (1), pp. 37-49.

Takahashi, Katsuhide and Shujiro Urata (2010), "On the Use of FTAs by Japanese Firms: Further Evidence," *Business and Politics*, Vol. 12 (1), pp. 1-17.

Takauchi, Kazuhiro (2014), "Rules of Origin and Strategic Choice of Compliance," *Journal of Industry, Competition and Trade*, Vol. 14 (2), pp. 287-302.

Trefler, Daniel (2004), "The Long and Short of the Canada-U.S. Free Trade Agreement," *American Economic Review*, Vol. 94 (4), pp. 870-895.

Viner, Jacob (1950), *The Customs Union Issue*, Washington, D.C.: Carnegie Endowment for International Peace.

Yanase, Akihiko, Hiroshi Kurata, and Yasushi Kawabata (2012), "Free Trade Agreement and Vertical Trade with a Manufacturing Base," *Review of International Economics*, Vol. 20 (5), pp. 1070-1081.

Yi, Sang-Seung (1996), "Endogenous Formation of Customs Unions Under Imperfect Competition: Open Regionalism Is Good," *Journal of International Economics*, Vol. 41 (1-2), pp. 153-177.

Yi, Sang-Seung (2000), "Free-Trade Areas and Welfare: An Equilibrium Analysis," *Review of International Economics*, Vol. 8 (2), pp. 336-347.

遠藤正寛 (2005), 『地域貿易協定の経済分析』東京大学出版会.

外務省経済局EPA交渉チーム［編］, 渡邊頼純［監修］(2007), 『解説FTA・EPA交渉』日本経済評論社.

第 12 章

貿易救済措置の経済分析
――定量評価による政策効果の検証

北 野 泰 樹

1. はじめに

　WTO，そしてその前身である GATT 体制の下で，多国間の貿易障壁は大きく削減されてきた．WTO 体制が確立した 1995 年時点においては，先進国における工業製品に通常適用される MFN 関税率は平均 6.3％ となり，そして以降 5 年間でさらに 40％ 削減し，平均 3.8％ となった．農産品を中心に高関税が維持されている品目が一部あるものの，多国間での自由貿易体制は一定の成果を挙げているように見える．

　しかし，こうした一貫した貿易障壁の削減の一方で，アンチダンピング (antidumping, 以下 AD) 関税，相殺関税，セーフガードといった貿易救済措置の利用が顕在化している．貿易救済措置は一定の条件の下でのみ発動が許される政策であるが，実際の運用においては，伝統的な保護貿易政策に代わる新たな保護の手段としての利用が懸念される．事実，Knetter and Prusa (2003)，Bown and Crowley (2013) は，為替レートや景気の変動に伴い貿易救済措置の調査件数が変動することを示しており，本来の目的とは必ずしも合致しない不況下における経済政策としての貿易救済措置の利用実態を指摘している．

　貿易救済措置の利用に伴う社会厚生の損失も重要な問題である．例えば，Gallaway, Blonigen, and Flynn (1999) によると，1993 年の米国での AD

＊本章の執筆にあたり，清田耕造氏（慶應義塾大学），および慶應義塾大学で開催された TCER ワークショップの参加者からいただいた有益なコメントに感謝したい．

関税，相殺関税の発動に伴う厚生の損失は 20〜40 億ドルに上る．

　本章では，WTO 体制下で貿易救済措置として利用可能な貿易政策である AD 関税措置，相殺関税措置，セーフガード措置に関する経済分析について，以下の 2 点に注目し，説明する．一つは，貿易救済措置の発動の主要な条件である損害認定に注目し，どのような要因によって認定が決まるのか，さらに損害認定がその制度の規定するように実施されているかを評価した研究を紹介する．もう一つは，貿易救済措置に伴う価格や貿易パターンの変化，イノベーションや技術導入を含む生産性の変化といった貿易救済措置の効果に関する研究である．貿易救済措置は，多くの場合，関税政策の形態をとるので，通常の貿易政策と変わりがないように見えるが，その制度上の要因から，通常の関税政策とは異なる効果を持つ．本章では，通常の関税政策としての効果に加え，貿易救済措置に特有な要因を考慮した経済分析を紹介する．

　国際貿易の研究では，実証的事実に基づく研究が重要な役割を果たす．特に，政策研究の観点からは，貿易救済措置を含む貿易政策の効果は実証分析に基づき定量的に評価される必要がある．貿易政策の実証分析では，政策が企業に与える影響を生産性などの指標を通じて見ることが多いが，近年では，企業あるいは工場レベルのデータ整備が進み，生産量と生産要素投入量に関連するデータがより詳細なレベルで利用可能である．こうしたデータを用いれば，生産関数を推定し，各企業あるいは工場レベルの生産性を測定できるので，貿易政策と生産性の関係を分析できる．一方，市場データと呼ばれる財の価格や販売数量などのデータが利用すれば，需要関数を推定し，その上で背後にある企業の費用構造を明らかにすることもできる．需要関数の推定結果を用いれば，いくつかの条件の下で各企業の設定する財のマークアップを計算できるので，データとして存在する財の価格からそのマークアップを差し引けば，各財の限界費用を導出できるからである．本章では，こうした貿易政策の評価を行う上で重要な，生産関数と需要関数の推定に関する近年の手法を紹介する．

　本章は以下，次のような構成となっている．次節では，貿易救済措置の発動条件を説明し，発動条件と政策の効果に分けて，制度の概要とともに近年の貿易救済措置の経済分析に係る研究を紹介する．第 3 節では，貿易政策の

分析で有用な生産関数の推定と需要関数の推定に基づく政策評価の手法を解説する．第4節では，貿易救済措置の具体的な事例の一つとして，1980年代の米国の大型二輪車の輸入に対するセーフガード措置を取り上げ，Kitano and Ohashi (2009) による損害認定の評価と，Kitano (2013) による政策が国内産業の技術導入に与えた影響を評価した分析を紹介する．第5節はまとめと今後の課題について述べる．

2. 貿易救済措置の発動条件と効果

貿易救済措置は，一定の条件を満たした下で発動が可能となる政策である．本節ではまず，その発動条件を説明する．その上で，貿易救済措置の発動の鍵となる損害認定に注目し，どのような要因で認定がされるのか，損害認定の決定要因と，損害認定が制度の規定するように正しく実施されているか，損害認定の評価に関連する分析を説明する．次に，貿易救済措置がもたらす効果を関連する研究成果とともに説明する．

2.1 貿易救済措置の発動条件

貿易救済措置を発動するには，WTOルールで示されるいくつかの条件を満たす必要がある．AD関税措置の発動のための条件の一つは，輸出企業が自国内よりも輸出国で安い価格設定を行っているかを判定するダンピング認定であり，相殺関税措置の発動の条件の一つは，輸出企業が自国内で補助金を受けているかを判定する補助金認定である[1]．

さらに，発動に際して貿易救済措置すべてで共通して必要となるのが，損害認定（injury determination）である．AD関税措置についてはダンピング輸出により，相殺関税措置については外国政府の補助金を受けた外国企業の

---

1) ダンピング認定，補助金認定では，それぞれ各国の機関が自国と輸出国間の価格差，補助金が輸出価格に与えた影響を計算し，関税率が示される．ただし，AD関税については，自国内の価格が存在しない場合，輸出企業の当該輸出国以外への輸出価格を参照したり，あるいは輸出企業の費用に関する情報から通常価格（normal value）を計算し，参照価格とすることもある．Baldwin and Moore (1991) が指摘するように，ダンピング関税率は参照価格の違いによって大きく異なることが知られている．

輸出により，国内企業が実質的な損害（material injury）を受けていたか，あるいはその恐れがあることが政策の発動のための必要条件となる．セーフガード措置は損害認定のみで発動が決まる政策であるが，国内企業が輸入の増加によって深刻な損害（serious injury）を受けていたか，あるいはその恐れがあることが認められる必要がある．なお，「深刻な損害」は「実質的な損害」よりも大きい損害を意味するが，認定のための条件の違いは明確ではない．また，損害認定は，ダンピング，補助金，輸入の増加と国内産業の損害の間に因果関係が存在する場合にのみ認められるものであるが，実際の政策の運用で厳密な経済分析，あるいは統計分析を適用した因果関係の評価は少ない．

これら認定は，各国でそれぞれ委任を受けた機関が担当する．米国の場合，損害認定機関は国際貿易委員会（International Trade Commission，以下ITC）で，ダンピング認定や補助金認定は商務省（Department of Commerce，以下DOC）が担当する[2]．米国では，1980〜1998年において，AD関税措置について，DOCは申請されたほぼすべてのケースでダンピングの存在を認定する一方，ITCによる損害認定については約60％にとどまっている（Blonigen and Bown 2003）．したがって，貿易救済措置の発動に関しては，ITCによる損害認定が重要な障害となる．そこで以下では，貿易救済措置の発動の鍵となる損害認定に注目し，関連する研究を紹介する．

損害認定に係る研究は数多く存在するが，2つの領域に分けることができる．一つは，多数の貿易救済措置の事例を用いて，制度が規定する要因以外も含めて損害認定の決定要因を探索するもの，もう一つは，特定のケースに注目し，それが正しい損害認定であったか，つまり制度の規定するように，輸入の増加と国内産業の損害の間の因果関係について正しい評価がなされていたかを検証するものである．

---

2) 米国と同様に異なる機関が損害認定とダンピング（補助金）認定を行う国としては，カナダが挙げられる．一方，日本，EU，オーストラリアは一つの機関が双方の認定を行っている．

(1) 損害認定の決定要因

決定要因の分析では，貿易救済措置に関する複数の事例を横断的に検証し，損害認定とさまざまな変数の相関関係から，どのような要因で損害が認められるのかを定性的，定量的に評価している．決定要因の分析は数多く存在するが，ここでは Blonigen and Prusa (2003) のサーベイでまとめられたいくつかの要因を紹介する[3]．

第1に，損害認定には，景気要因などのマクロ経済要因がその決定に影響する．例えば，不況下においては，国内企業が損失を出していることが多いため，損害が認定されやすい．もちろん，AD 措置の発動には，ダンピングと国内産業の実質的な損害の関係を立証する必要があるので，不況による国内産業の損失から損害が認定されることは名目上はない．しかし現実には，誤った因果関係の評価がなされたり，あるいは不況下の経済政策として貿易救済措置を利用するため，あえて誤った認定がなされてきた可能性が指摘されている．

第2に，政治的な要因は損害認定に大きな影響を与える．例えば，米国では，鉄鋼業などの規模が大きく，政治的な圧力を与えられる産業からの申請に対しては損害が認定されやすい．また，相手国の政治的圧力の存在が，損害認定に影響を与える．例えば，米国の AD 措置の場合，同様に貿易救済措置を活用している EU 各国などに対しては，報復の脅威（retaliation threat）が存在するため損害が認定されにくい一方で，貿易救済措置の利用が少ない日本や途上国に対しては，損害が認定されやすいことが知られている．

第3に，損害認定は ITC によって選定された委員の投票によって決まるが，委員によって投票の傾向が大きく異なる．つまり，担当する委員の違いによって損害認定の結果は異なりうるのである．これは，委員を選定する ITC が，賛成票を入れやすい委員を選ぶなどをすることにより，裁量的に損害認定を立証できる可能性を示している．このことは，貿易救済措置が，

---

[3] 損害認定だけでなく，貿易救済措置の申請の決定要因についての分析も数多く存在するが，ここでは紙面の制約のため省略する．Blonigen and Prusa (2003) を参照されたい．

その本来の目的と異なり，新たな保護貿易政策として利用可能な手段であることを示唆している．

(2) 損害認定の評価

損害認定は，輸入の増加が国内産業の損害の主要な要因だと認められることが原則である．しかしながら，実際の損害認定に際しては，経済分析を適用して輸入の増加と国内産業の損害の関係が検証されることはなく，輸入数量の変化と国内産業の生産量や雇用量などの時系列データを目視するといった大雑把な分析で判断されることが多い．よって，貿易救済措置は見せかけの相関による誤った発動がなされている可能性がある．

経済分析を適用し，損害認定の妥当性を検証した論文として，米国の鉄鋼産業が 1984 年に申請したセーフガード措置を分析した Grossman（1986）が挙げられる[4]．Grossman（1986）は，輸入が産業内の雇用量に与えた影響を分析し，産業内の雇用量に関する推定結果から，少なくとも業界が損害を受けたと主張する 1976 年の時点においては，為替レートの変化や関税率の下落など輸入競争に関連する指標の変化が主要な雇用の減少要因ではないことを示した上で，労働から機械設備への生産要素の代替といった長期的なトレンドで説明されうる要因が，雇用量の減少の主因であった可能性を議論している．その他の関連する研究としては，Kelly（1988）による木材と非ゴム製靴に関する分析，Pindyck and Rotemberg（1987）による銅産業に関する分析が挙げられる．いずれも，輸入の増加が国内企業に生じた損害の主たる要因ではないことを示している．

より最近の経済分析の手法を適用し，損害認定の評価を実施した研究としては，Kitano and Ohashi（2009）による 1983〜87 年の米国における 700 cc 以上の大型二輪車に対するセーフガード措置が挙げられる．分析の結果，セーフガード発動前に大きな輸入増加と国内企業の販売台数の減少があ

---

[4] Grossman（1986）の分析で扱われているのは，1974 年に締結された貿易協定に基づくセーフガード措置，あるいは免責条項（escape clause）に係るものなので，GATT・WTO 体制下でのセーフガード措置とは厳密には異なるが，その発動条件はほぼ同じである．

ったものの，それらは見せかけの相関であったことが示されている．この研究については第4節において詳細に説明する．

2.2 貿易救済措置の効果

貿易救済措置は，先に述べた条件が認められれば，多くの場合，関税の賦課という形で発動される．よって貿易救済措置の効果に関連するトピックとして，通常の関税政策でも分析される貿易転換効果や関税回避型海外直接投資，また近年特に注目される貿易政策と生産性の研究が挙げられる．ただし，貿易救済措置は，その制度上の特殊な要因により通常の関税とは異なる効果ももたらす．以下ではまず，貿易救済措置制度の特殊性がもたらす企業行動，特に価格設定行動に与える影響について，関連する研究を紹介し，次に通常の関税政策においても注目されているトピックに関連する研究を紹介する．

(1) 価格設定行動

貿易救済措置は，輸入競争による被害を主張する企業等の申請を受けて調査が開始され，その結果に応じて措置が発動される．関係する企業や政府は，発動に至るまでの制度上の要因により多様なインセンティブが付与され，通常の貿易政策とは異なる行動をとるといわれる．以下では，貿易救済措置の中で最も多く用いられるAD措置に注目し，申請前，調査期間中，政策の賦課後のそれぞれの期間に分けて，政策がもたらす効果を説明する．

申請前

AD措置の申請前，つまり，AD措置制度の存在そのものが企業行動に影響を与える．例えば，Vandenbussche and Zanardi (2010) は，将来のAD措置措置の発動を恐れる輸出企業による高価格設定といった萎縮効果 (chilling effect) が存在することを示している．なお申請前には，AD措置を利用する政府間では報復の脅威が存在する (Blonigen and Bown 2003) ため，萎縮効果は小さくなる．

調査期間中

調査期間中は AD 関税などの支払額が確定していないが,調査の結果によっては調査の開始時点にさかのぼり,関税を支払う必要が生じるため,企業は将来の関税徴収を考慮した価格設定行動をとる可能性がある.さらに,調査期間中の価格設定行動が損害認定の判定に影響する可能性もあるので,やはり輸出企業は調査期間中に価格設定を変化させうる.したがって,貿易救済措置は,先に述べた申請前の効果も含め,発動に至らずとも保護貿易政策としての効果を持つ可能性がある.Blonigen and Haynes(2002)は,パススルー分析(pass-through analysis)を用いて,調査期間中に DOC によって示された暫定税率[5]に反応し,輸出価格が引き上げられることを示している.同様に Staiger and Wolak(1994)は調査期間中の輸入総額が減少することを示している.

そのほか,AD 措置は調査の終了を待たずに取り下げられることが多いことが知られている.このような AD 措置の申請の取り下げ効果(withdrawal effect)に関する研究は,Prusa(1992)や Staiger and Wolak(1994)など,多数挙げられる.これらの研究が示す重要な結果の一つは,AD 措置の取り下げは,通常外国企業と国内企業間の価格約束(price undertaking)や共謀(collusion)などの合意に伴う反競争効果を持つという点である[6].

賦課後

AD 関税の賦課後,米国の場合には,DOC による administrative review と呼ばれる事後的な審査が存在する.事後審査では,一定の AD 関税の賦課期間を経た後,その期間中の AD 関税率を再計算する.その結果,輸出企業がダンピングを解消していると認められれば,新たな税率関税が還付されることになる.したがって,将来の還付を望む輸出企業は AD 関税の賦

---

[5] 米国では,DOC がまず予備調査の結果として暫定税率を発表し,その後 ITC が損害認定に係る予備調査の結果と最終結果を発表し,最後に DOC が最終決定と AD 関税率を発表する.AD 関税は調査期間中を含めて遡及的に賦課される可能性があるが,その結果は,ITC による最終決定時に発表される.

[6] 取り下げ効果については,数多くの研究がある.Blonigen and Prusa(2003)を参照されたい.

課期間において，価格を引き上げるインセンティブを持つ．Blonigen and Park（2004）は，AD関税下における還付を見越した輸出企業の動学的なインセンティブの存在を，レビューごとに更新されるAD関税率のデータを用いて示している[7]．

(2) 貿易パターンの変化と海外直接投資

貿易救済措置の効果を見るに当たっては，政策間の違いに注目することも重要な視点となる．AD関税措置においては個別企業ごとに異なる関税率が賦課され，また相殺関税措置では，補助金支出を行っている政府（国，地方）の下にある企業には同一の関税率が賦課されるため，ともに差別的な関税政策となる．一方，セーフガード措置は，すべての国に対して同一の政策を課す必要があるため，無差別な政策となる．例えばセーフガード措置として関税の賦課を行う場合，すべての国に対して共通の関税率としなければならない[8]．

貿易転換（import diversion）効果

セーフガード措置を除く貿易救済措置は，差別的に貿易障壁を高めるため，各国間，企業間の貿易パターンを変化させうる．Prusa（1997）は，米国でのAD措置はその対象企業からの輸入を減少させる一方，対象でない企業からの輸入を増加させる貿易転換効果が存在するため，AD措置の保護貿易の効果は小さくなることを示している．他方，EUにおいては，EUにおけるAD措置の調査に伴う貿易転換効果は小さい（Konings, Vandenbussche,

---

7) AD関税については企業間の合意により，輸出自主規制（voluntary export restraints：VER）に切り替えることがしばしば存在する．Blonigen and Park（2004）では，AD関税下における動学的なインセンティブに加え，Anderson（1992, 1993）にあるように，将来の輸出自主規制の発動を見越した行動が価格設定に与える影響についても評価している．輸出自主規制が将来発動されることを企業が予測する場合，輸出量の割当は通常過去の輸出量に依存して決まるため，輸出企業はむしろ価格を引き下げ，輸出量を増やすための行動をとる．Blonigen and Park（2004）は産業間で異なる将来のVERの発動確率を推定し，それらが価格設定に与える影響を見ることで，これら動学的インセンティブを評価している．

8) なお，セーフガード措置の場合，関税政策以外の政策，例えば数量割当などの政策を採用することもできるという点でも，AD措置，相殺関税措置とは異なる．

and Springael 2001) ものの，保護に伴う国内企業のマークアップの上昇を抑制する効果を持つ（Konings and Vandenbussche 2005）ことが示されている．

関連して Bown and Crowley（2007）は，AD 措置がその対象となった輸出企業の第三国への輸出へ与えた影響，貿易移転（trade deflection）の効果を非差別的なセーフガード措置との比較から検証している．分析の結果，1992〜2001 年において米国の AD 措置の対象となった日本の企業は，5〜7％程度第三国への輸出を増加させたことが示されている．

関税回避型海外直接投資（tariff-jumping FDI）

貿易パターンの歪みに加え，貿易救済措置は対象となる輸出企業に対し，関税回避のための海外直接投資をもたらす可能性も指摘されている．例えば，Blonigen（2002）は，日本を含めた各国の企業について米国における AD 措置の対象となった企業の米国に対する海外直接投資の実施確率を推定した．分析の結果，日本のような先進国においては関税回避型の海外直接投資の存在が示される一方で，途上国においては AD 措置に伴う関税回避型直接投資はあまりなされないことが示されている．

(3) 生産性

近年では，貿易政策，特に貿易自由化が生産性の上昇に寄与しうることが多くの理論研究，実証研究で示されている．このような生産性の上昇は，貿易の自由化を通じ，生産要素が非効率な企業から効率的な企業へ再配分されることを通じた変化（再分配効果，reallocation effect）と，企業のイノベーションや技術導入を通じた変化（企業内効果，within effect）に分けて説明される．こうした生産性の変化に注目した研究としては，Pavcnik（2002），Trefler（2004），Lileeva and Trefler（2010）などの実証研究が存在する．

再分配効果に関連する理論研究としては，Melitz（2003）による企業の異質性に注目した貿易理論が代表的な研究として挙げられ，数多くの関連する研究が存在する．一方，企業内効果については，Ederington and McCalman（2008）や Bustos（2011）による技術導入を通じた生産性の内生的な変化を考慮した理論モデルが挙げられる[9]．これらの研究では，自由貿易協定

など,双方向での貿易の自由化の効果に注目し,自由化による外国市場へのアクセスの改善と,国内市場の競争の強化を通じた生産性の変化が分析されている.

貿易救済措置の場合,外国の企業と比較して相対的に生産性が低い,保護を必要とする国内企業が分析対象となることが多いため,国内市場での競争のみに注目することが多い.また,苦境に陥っている国内企業の生産性の改善が政策上の目的であることが多いため,保護を受けた企業の生産性の変化,つまり企業内効果が重要となる.以下では,企業内効果に注目し,貿易救済措置が生産性に果たす役割を説明する.

理　論

貿易救済措置は,一時的に貿易障壁を引き上げる政策である.このような一時的な保護貿易政策と生産性の関係を分析した理論として,いわゆる古典的な幼稚産業保護（infant industry protection）の理論が挙げられる.この理論は,外国企業と生産性等で差がある国内産業を一時的に保護し,保護下での経験の蓄積により,学習効果等を通じて生産性格差が縮小できると主張する.つまり,幼稚産業保護の理論は,一時的な保護貿易政策を正当化するもので,途上国で勃興したての国内産業の保護を正当化する際によく用いられる.

しかし先進国についても,一度は発展を遂げたが現状では外国企業との生産性格差に直面する国内産業に対し,生産性格差の解消のため,一時的な保護貿易政策の有効性を主張する議論も存在する.関連する研究として,Rodrik (1992), Miyagiwa and Ohno (1995), Miyagiwa and Ohno (1999) は,保護貿易政策が国内企業の技術導入,イノベーションを通じて生産性の変化に与える影響を分析している.これらの研究は,一時的な保護貿易政策について,事前に政府が政策が一時的であることをコミットでき,国内企業が政策が一時的と理解していれば,政策はイノベーションや技術導入を促進

---

9) Bustos (2011) では理論分析に基づき,アルゼンチンにおける企業の研究開発投資活動に係るデータを用いて,南米諸国の関税同盟である MERCOSUR の形成に伴う域内での貿易自由化が企業の研究開発投資に与えた影響の実証分析も行っている.

しうることを示している．例えば，限界費用を減少させるようなイノベーションや技術導入から得られる収益は，その企業が直面する需要が大きいほど大きくなるので，保護貿易に伴う需要の増加は，保護の期間中の国内企業のイノベーションや技術導入のインセンティブを高めることになる．

一方，政策が一時的であることにコミットできない，つまり政策の終了にコミットできなければ，その帰結は大きく異なることになる．この場合，政府は保護の終了時点で再度，保護を継続するかの意思決定に直面する．その際，外国企業との生産性格差が解消されていなければ，やはり政府にとっては保護を継続することが望ましい．生産性格差のある現時点で保護が望ましいのならば，将来時点で同じ状況に直面すれば，やはり保護が望ましい政策となるからである[10]．また，将来時点で生産性の改善が実現していれば，保護貿易政策は終了することになるので，将来の政策の継続が期待される保護貿易政策の下では，国内企業にとって生産性の改善は将来の保護の継続に伴う便益を失うことを意味する．よって，一時的保護貿易政策はむしろ，国内企業にはイノベーションや技術導入の努力を怠るインセンティブを付与してしまう．その結果，当初「一時的」であった保護貿易政策は永続的な政策となり，また生産性を低迷させる原因となるのである．

実　証

以上で議論したように，一時的な保護貿易政策が生産性に与える影響については，正負双方の可能性が存在するため，どちらの帰結がより現実に当てはまるか，実証的に検証する必要がある．Konings and Vandenbussche (2008) は，EU内でAD措置により保護を受けた産業に属する企業の生産性の変化を分析している．分析の結果，政策下で保護を受けた企業の生産性は平均的には改善したことを示すものの，保護を受けていない産業に属する企業の生産性はより大きく上昇しており，これら産業間の生産性格差は，縮小していないことを明らかにした．

---

[10] これは，典型的な動学的不整合性（dynamic inconsistency）の問題である．貿易政策における動学的不整合性を議論したものとしては，Matsuyama (1990), Tornell (1991), Miyagiwa and Ohno (1999) が挙げられる．

Konings and Vandenbussche (2008) の結果は，AD 措置が生産性格差を解消させることはないことを示す証拠といえるが，保護を受けた企業の生産性の改善を示す証拠でもある．こうした生産性の改善を示す証拠に対し，Pierce (2011) は Konings and Vandenbussche (2008) が用いるマークアップの変化の影響を含んでしまう収入生産性（revenue productivity）の問題点を指摘し，物的生産性（physical productivity）を用いて AD 措置と生産性の関係について，米国の製造業を対象に評価を行った．分析の結果，Konings and Vandenbussche (2008) で見られたような保護貿易政策下での生産性の改善はなく，むしろ下落したことを示している．

なお，Konings and Vandenbussche (2008) と Pierce (2011) は異なる国を対象としているので単純な比較には問題があるが，生産性測定方法の違いがもたらす帰結の違いは，政策評価上，重要な視点である．収入生産性に関する最近の研究については，次節の生産関数の推定の説明において，紹介することとしたい．

上記の研究では，保護貿易政策を受けた企業と受けていない企業の生産性の変化に注目しているが，生産性がどのようなメカニズムで変化したのか，そしてそのメカニズムの中で政策がどのように機能したかについては明らかにされていない．こうした点に関連し，個別の産業に注目し，政策が生産性等に与えるメカニズムを考慮したモデルを構築し分析を行っている研究も存在する．これらの研究では，学習効果や技術導入がもたらす生産性の改善メカニズムに注目し，政策の効果を明らかにしているものが多い．例えば，半導体産業における分析として，カリブレーション分析を行った Baldwin and Krugman (1988)，また同じ半導体産業に注目し，同一世代内，世代間の半導体生産における学習効果の推定から産業政策が果たす役割を検討した Irwin and Klenow (1994) が挙げられる．また，Miravete (1998) はカリブレーション，Head (1994) と Ohashi (2005) は構造推定に基づき，保護貿易政策や輸出補助金政策が学習効果による生産性の改善を通じて産業成長に果たした役割を評価している．さらに，第 4 節で詳述する Kitano (2013) は，1980 年代の二輪車産業におけるセーフガード措置に注目し，政策下で行われた国内企業の技術導入について定量的な評価を試みている．

3. 貿易政策の定量評価手法

政策効果の定量評価については，Ackerberg *et al.*（2007）によるサーベイにあるように，近年の構造推定手法の発展とともに多くの新しいツールが導入されている．本節では，需要関数の推定と生産関数の推定方法を紹介し，それらを用いた貿易政策の定量評価の手続きを説明する．

3.1 生産関数の推定

近年，企業（あるいは事業所）レベルの大規模なミクロデータが日本を含めた各国で利用可能となっている．生産性の分析は古くからあるが，こうしたデータの出現により，さまざまな分野でミクロレベルの生産性の研究が活発となっている．国際経済学では，第2節で紹介したような貿易障壁の変化が生産性に与える影響を分析する研究が，数多く発表されている．これらの研究では，個別の企業あるいは工場の生産性を測定し，貿易障壁の変化が生産性に与えた影響を分析することが多い．特に生産量などでウェイトをつけて，個別の生産性（individual productivity）から産業レベルで集計された生産性（aggregate productivity）を計算し，第2節で述べた個別企業内の生産性の変化を示す企業内効果，あるいはそれを低生産性企業と高生産性企業間の生産量の再配分効果に分けて，生産性変動の源泉を探ることが試みられている．

本項では，生産性の測定の前提となる生産関数の推定方法を説明し，関連する生産性の研究を紹介する．特に，個別企業の生産性変化に注目し，関連する生産性の文献を概観する．生産性の計算にはここで紹介するような計量経済分析に基づくものだけでなく，生産性を指数として導く方法もあるが，紙面の都合上，ここでは説明は省略したい．また，生産性に係る最近のサーベイについてはSyverson（2011）を参照されたい．

まず，以下のコブ・ダグラス（Cobb-Douglas）型の生産関数を考えよう．

$$Y_j = A_j K_j^{\beta_k} L_j^{\beta_l}. \tag{1}$$

Y_j, K_j, L_{ij}は企業jのt時点での生産量，資本投入量，労働投入量で，A_jは

企業 i のヒックス中立的な生産性である．また，β_k，β_l はそれぞれ資本，労働投入係数である．ここで，$A_j = e^{\beta_0 + \varepsilon_j}$ として，（1）式に代入し，両辺について対数を取ると，以下の推定式を得ることができる．

$$y_j = \beta_0 + \beta_k k_j + \beta_l l_j + \varepsilon_j \tag{2}$$

なお，β_0 は定数項，小文字の変数は（1）式の大文字の変数を対数変換したもの，例えば $y_j = \ln(Y_j)$ を表している．ε_j は各企業の生産性の差を表す推定上の誤差項で，各企業間で異なる生産技術や経営手法，あるいは生産量に関する測定誤差や，災害や事故，機械の故障など生産量に影響を与えるさまざまな要因を反映するものと解釈できる．

　（2）式の推定を行う最も簡便な方法は最小二乗法だろう．しかしながら，最小二乗法による推定では，内生性の問題により，生産関数上のパラメータの推定値にはバイアスが生じる．Marschak and Andrews（1944）以来知られているように，各企業の資本や労働などの生産要素投入量は，自身の生産性について，全部ではなくとも一部は知っている企業によって決定されると考えられるので，生産性と生産要素投入量の間には相関が生じるためである．通常，高生産性，つまり ε_j が大きい企業ほどより多くの生産要素投入を行うので，説明変数である k_j，l_j の係数の推定値は正のバイアスを持つ．したがって，生産関数の推定では，内生性の問題に対処した分析方法を採用することが不可欠となる．

　本項ではまず，固定効果モデルに基づく内生性の解決法とその問題点を示す．次に，固定効果モデルにおける問題を解決する方法の一つである Olley and Pakes（1996）による生産関数の推定を説明し，そしてその問題点とともにそれを解決する最近の研究を紹介する．

　具体的な推定方法の説明の前に，推定に利用するデータについて述べる．まずここでは，パネルデータが利用可能な状況を考える．ここで，t を時間を表すインデックスとし，（2）式に企業の設立経過年数 a を説明変数（β_a がその係数）に追加して，推定式を以下のように修正する．

$$y_{jt} = \beta_0 + \beta_k k_{jt} + \beta_l l_{jt} + \beta_a a_{jt} + \omega_{jt} + \eta_{jt} \tag{3}$$

上式では，生産関数上の誤差項を $\varepsilon_{jt}=\omega_{jt}+\eta_{jt}$ と書き換えている．ω_{jt} は企業が生産要素投入量の意思決定の際に観察している生産性，η_{jt} は観察していない生産性である．ここで，前者は企業固有の生産技術，あるいは経営手法を表し，企業の生産要素投入量決定の際に考慮される．一方後者は災害など，事前には予測できない生産性のショックで，企業の生産要素投入量の決定の際には考慮されない．つまり，ω_{jt} は内生性の原因となる生産要素投入量と相関する誤差で，η_{jt} は通常の計量経済分析における誤差項の条件を満たす誤差となる．

加えて，本項では物的な生産量（physical output）に係るデータが利用可能であるとする．もちろん，生産関数の分析では，物的な生産量のデータが利用可能でないため，各企業の収入を y_{jt} に代入し，計量経済分析を実施することが多い．このような分析からは，先に述べた収入生産性が得られることになる．収入に基づく分析では，完全競争等の仮定が満たされれば物的生産量の分析と同様に正しく生産関数を推定できるが，不完全競争市場であれば，収入は各企業の設定するマークアップの水準に依存するため，正しく生産関数を推定できないことが知られている[11]．収入生産性に関する最近の研究については，本項の最後で触れることとしたい．

(1) 固定効果モデル

研究者によって観察することができない生産性が時間を通じて変化しない，つまり $\omega_{jt}=\omega_j$ である場合，生産関数の推定に係る内生性の問題は，固定効果モデルを用いれば解決できる．例えば（3）式について，1階の差分（first-differencing）をとると，

$$\Delta y_{jt} = \beta_a + \beta_k \Delta k_{jt} + \beta_l \Delta l_{jt} + \Delta \eta_{jt}$$

となり，内生性の原因である ω_j を除くことができる．なお，Δ は差分を取るオペレーターで，例えば $\Delta y_{jt}=y_{jt}-y_{jt-1}$ とするものである．

固定効果モデルの問題点は，ω が時間を通じて変化しないという仮定にあ

---

[11] 収入生産性の問題点については，Klette and Griliches（1996）を参照されたい．

る．当然ながら，企業の生産性は時間を通じて変化するはずだからである．もちろん，生産性の変化が企業間で共通であれば，時間ダミー等を用いてコントロールできるが，生産性の変化は通常，企業間で一様とはならない．特に，貿易政策がもたらす生産性変化の研究では，企業間の異質性に注目するので，企業ごとに異なる時間を通じた生産性の変化を考慮した生産関数の推定が不可欠となる．

このように，ω が時間を通じて変化する場合，標準的な解決方法の一つは Blundell and Bond（2000）に代表される動学パネルデータの分析である．これらの分析では，例えば固定効果に加え，1 階の自己回帰過程（AR（1））で企業の生産性が変化する状況での生産関数上のパラメータの推定が可能となる．

(2) Olley and Pakes（1996）モデル

ここでは，ω が時間を通じて変化することを許容するもう一つの方法である，Olley and Pakes（1996）（以下 OP）による生産関数の推定を説明する．OP は，ω の時間を通じた変化だけでなく，企業の参入・退出，つまりセレクションの問題も同時に解決できる方法であるが，本小項ではセレクションまでは考慮せず，時間を通じた ω の変化のみを許容した推定方法を紹介する．OP は Konings and Vandenbussche（2008），Pierce（2011）といった貿易政策の分析を含め，Pavcnik（2002），De Locker（2007）による貿易自由化や輸出を通じた学習（learning-by-exporting）の分析など，数多くの国際貿易の研究において用いられている方法である．

OP では，生産要素投入に係る企業の動学的な最適化問題に基づいているので，まず企業行動に関する，いくつかのモデルの設定について示す必要がある．ただし，ここでは推定方法に主眼を置くため，推定方法を理解する上で必要なモデルの要素のみを取り出し，説明する．

状態変数（state variable）

モデルにおける状態変数は生産性 ω_{jt}，操業年数 a_{jt}，資本 k_{jt} の 3 変数である．これらのうち，操業年数の推移は，（年次データであれば）当然ながら

第IV部　貿易障壁と貿易政策

$a_{jt}=a_{jt-1}+1$ となるので，以下ではその他の状態変数に係る設定を説明する．

まず，各企業の生産性 ω_{jt} は，前期の生産性 ω_{jt-1} にのみ依存する外生的なマルコフ過程に従うと仮定する．つまり，t 期の企業 j の条件付確率分布は $p(\omega_{jt}|\omega_{jt-1})$ とできる．さらに，ω_{jt} は ω_{jt-1} について確率的に増加（stochastically increasing），つまり前期の生産性が大きいほど，次期に実現する生産性が大きくなる確率が高くなると仮定する．このとき，$t-1$ 期における t 期の生産性に対する条件付期待値は，任意の関数 g について $E(\omega_{jt}|\omega_{jt-1})=g(\omega_{jt-1})$ とできる．よって，t 期に実現する生産性は，

$$\omega_{jt}=g(\omega_{jt-1})+\xi_{jt} \qquad (4)$$

と書ける．ここで，ξ_{jt} は $t-1$ 期には予測されていなかった生産性のショックで，i_{jt-1}, k_{jt} とは相関しない．

次に，各企業の資本の蓄積のプロセスは以下の通りである．

$$k_{jt}=(1-\delta)k_{jt-1}+i_{jt-1}$$

δ は資本減耗率で，i_{jt-1} は $t-1$ 期の企業 j の投資量の水準である．上式から明らかなように，投資量の水準は前期において決定されるので，今期においては資本投入量は変更できない．つまり，ある一時点を取り出したとき，資本は固定的な生産要素と仮定されている．

なお，資本投入量が今期の生産性の変化に依存せずに決まっている一方で，労働投入量は各期において企業が自由に調整できる可変的生産要素とする．

投資関数

企業の動学的最適化問題より，政策関数（policy function）として，各企業の投資関数が以下のように導出できる．

$$i_{jt}=i_t(k_{jt}, a_{jt}, \omega_{jt}) \qquad (5)$$

上式から明らかなように，投資関数は各企業の状態変数に依存して定まる．なお，各企業の投資の水準はこれら状態変数だけでなく，資本の価格，つまり生産要素価格にも依存して定まると考えられるだろう．(5) 式の投資関数

では，生産要素価格を独立変数として含む形で書かれていないが，投資関数は t のインデックスがつくことからもわかるように，時点ごとに異なる関数であることを許容している．通常，企業は時点間では異なる生産要素価格に直面するが，各時点においては同じ生産要素価格に直面するので，時点ごとに異なる投資関数を想定すれば，時間を通じた生産要素価格の変化は勘案されていることになる．

投資関数は，$i_{jt}>0$ の範囲において，ω_{jt} に関する増加関数となる．$p(\omega_{jt}|\omega_{jt-1})$ について，ω_{jt} が ω_{jt-1} に関して確率的に増加であるとの仮定の下では，今期に高い生産性を実現している企業は，全く同じ (k_{jt}, a_{jt}) を持つ企業と比べて，次期により高い生産性を実現する可能性が高いため，より多くの投資を行うからである．このように，(5) 式の投資関数が，ω_{jt} の増加関数であれば，以下のように逆関数 i_t^{-1} を取ることができる．

$$\omega_{jt} = i_t^{-1}(k_{jt}, a_{jt}, i_{jt}) \qquad (6)$$

上式から明らかなように，各企業の生産性は，状態変数を独立変数として持つ任意の関数となる．

ただし，このように逆関数を取るには，企業の投資は観察できる状態変数と，ただ一つの観察されない生産性 ω によってのみ定まる必要がある．つまり，同じ資本投入量，操業年数を持つ企業において投資水準が違うのであれば，その違いは生産性の違いによってのみ説明され，他の誤差，例えば投資量に関する測定誤差や，生産性以外の投資に影響を与える要因は存在しないと仮定されていることになる．したがって，(5) 式の右辺に誤差項を追加することは許容されない．

推定の手続き

以下，これまでに紹介したモデルに基づき，OP による推定の手続きを説明する．まず，(3) 式に (6) 式を代入すると，

$$y_{jt} = \beta_0 + \beta_k k_{jt} + \beta_l l_{jt} + \beta_a a_{jt} + i_t^{-1}(k_{jt}, a_{jt}, i_{jt}) + \eta_{jt}$$

が得られる．ここで，η_{jt} は通常の誤差項なので，右辺の変数 $(l_{jt}, k_{jt}, a_{jt}, i_{jt})$

とは相関しない．また，i_t^{-1} は任意の投資関数であるので，セミパラメトリック法（semi-parametric method）などを用いた推定が考えられるが，β_k, β_a は i_t^{-1} 内に含まれる変数と同じ変数の係数なので，上式を直接推定することはできない．例えば，多項近似（polynomial approximation）を用いて i_t^{-1} を近似する場合，多項近似式内で，k_{jt}, a_{jt} について線形の項を含む一方，生産関数内にも (k_{jt}, a_{jt}) についての線形の項が存在するからである．よってここでは $\phi_t(k_{jt}, a_{jt}, i_{jt}) = \beta_0 + \beta_k k_{jt} + \beta_a a_{jt} + i_t^{-1}(k_{jt}, a_{jt}, i_{jt})$ として，以下のように生産関数を表記する．

$$y_{jt} = \beta_l l_{jt} + \phi_t(k_{jt}, a_{jt}, i_{jt}) + \eta_{jt} \tag{7}$$

ϕ_t は (k_{jt}, a_{jt}, i_{jt}) についての任意の関数であるので，(7) 式はセミパラメトリック法による推定が可能となる．ϕ_t については，カーネル法（kernel method）による近似，あるいは多項近似を用いればよい．なお先に説明したように，投資関数は時点ごとに異なるので，ϕ_t については時間ごとに異なることを許容した上で近似を行う必要がある．これが OP における第 1 段階の推定で，β_l の推定値 $\widehat{\beta}_l$ と ϕ_{jt} の当てはめ値 $\widehat{\phi}_{jt}$ を得ることができる．

次に，OP の第 2 段階の推定を説明する．まず，(4) 式を (3) 式に代入し整理すると，

$$y_{it} - \beta_l l_{jt} = \beta_0 + \beta_k k_{jt} + \beta_a a_{jt} + g(\omega_{jt-1}) + \xi_{jt} + \eta_{jt}$$

が得られる．ここでさらに，$\omega_{jt-1} = \phi_{jt-1} - \beta_0 - \beta_k k_{jt-1} - \beta_a a_{jt-1}$ を代入すると，

$$\begin{aligned} y_{it} - \beta_l l_{jt} &= \beta_0 + \beta_k k_{jt} + \beta_a a_{jt} + g(\phi_{jt-1} - \beta_0 - \beta_k k_{jt-1} - \beta_a a_{jt-1}) + \xi_{jt} + \eta_{jt} \\ &= \beta_k k_{jt} + \beta_a a_{jt} + g(\phi_{jt-1} - \beta_k k_{jt-1} - \beta_a a_{jt-1}) + \xi_{jt} + \eta_{jt} \end{aligned} \tag{8}$$

とできる．第 2 段階の推定においても，生産性の推移確率を規定する関数 $g(\cdot)$ は任意であるので，セミパラメトリック法を用いる．第 1 式から第 2 式への変換は，第 1 段階の β_a, β_l に関連する議論と同様に，定数項の係数 β_0 の識別上の問題のためである．また上式において，β_l と ϕ_{jt-1} は第 1 段階の推定値 $(\widehat{\beta}_l, \widehat{\phi}_{jt-1})$ を用いる．なお，推定するパラメータ (β_k, β_a) は (8) 式において，$g(\cdot)$ 内と線形部分の双方に含まれている点には注意する

必要がある．例えば，$g(\cdot)$ を多項近似する場合であれば，非線形最小二乗法を用いた推定となる．

(3) その他の方法

ここでは，OP の仮定が満たされない状況での分析手法と，物的生産量が存在せず，収入のみが利用可能な状況における分析方法を簡単に紹介する．

まず，OP では各企業の投資の水準が正，つまり $i_{jt}>0$ である必要がある．しかしながら現実のデータでは，投資がゼロである企業が存在するため，投資の水準の違いを用いて生産性 ω をコントロールすることはできない．そこで Levinsohn and Petrin（2003）は，投資の代わりにその他の中間投入財を用いる方法を提案している．中間投入財としては，例えば電力の使用量など，すべての企業が正の投入となる変数を選ぶ必要がある．通常の生産関数を想定し，静学的な企業の最適化問題を考えれば，生産性の高い企業ほど高い中間財投入を行うことが示せるので，OP と同様に，中間財投入関数の逆関数を取ることで ω をコントロールできる．

Ackerberg, Caves, and Frazer（2006）は，OP と Levinsohn and Petrin（2003）に係る問題点，特に生産要素投入が状態変数に依存する場合，可変的な生産要素と仮定されている労働投入の係数の識別が困難となることを指摘している．ϕ は状態変数の関数とできるのであれば，同様に労働投入量も状態変数の関数となるため，いわゆる多重共線性の問題により，労働投入の係数の識別ができなくなるからである．また，Ackerberg, Caves, and Frazer（2006）は，労働投入量が可変的な生産要素でない状況も考慮し，代替的な推定の手続きを示している．

物的な生産量が存在しない場合，収入データを用いた生産性の測定を行うこともある．また，各企業が異質な財を生産している場合，あるいは多数の財を生産する状況では，物的生産量のデータは存在しない，あるいは生産要素投入と生産量の関係を結びつけることは適切ではない．そうした場合，収入データを用いた分析が不可欠となる．先に述べたように，収入生産性の問題の一つは，各企業のマークアップの変化が生産性の測定結果に反映されるという点である．分析期間中にマークアップの比率が一定であれば，固定効

第Ⅳ部　貿易障壁と貿易政策

果等の方法で企業のマークアップの影響を取り除けるが，ここで注目するような貿易政策の変化は，企業が直面する競争状況を変化させるため，当然ながらマークアップも変化する．このような問題に対し，De Locker（2011）は，需要関数を推定し，その推定結果を用いてマークアップの影響を取り除き，生産関数上のパラメータを推定する方法を提唱している．また，De Locker et al.（2016）は，需要関数の推定を行わずに，企業の費用最小化問題から得られる関係を用いて生産関数上のパラメータを推定する方法を提唱している．これらの研究を含め，生産関数の推定と国際貿易に関する最近のトピックについては，De Locker and Goldberg（2014）を参照されたい．

3.2　需要関数の推定を用いる政策分析

　政策の効果を分析する場合，先に述べた生産量や生産要素投入量などを用いた生産関数の推定，あるいは企業の費用情報を用いた費用関数の推定を用いる方法があるが，こうした企業情報を得ることは困難なこともある．特に，自動車市場などを分析対象とする場合，（プリウスやヴィッツなどの）モデルレベルの費用，特に限界費用等の情報が必要となることがあるが，モデルレベルの限界費用をデータとして得ることは難しいし，またモデルレベルでの生産関数の推定も，同様にデータの制約上難しい．こうした場合，価格や数量などの市場データを用いて需要関数を推定し，需要サイドの要因を取り除いた上で企業行動を規定する費用の情報を得る方法がある．例えば，不完全競争市場においては市場価格は限界費用とマークアップによって決まるので，限界費用は価格からマークアップを差し引いたものとなる．マークアップは需要関数によって決まるので，需要関数の推定結果があれば，通常は観察できない各企業の生産する財の限界費用を導出できる．また，需要関数を推定すれば，社会厚生に注目して政策の影響を定量的に評価できる点も特筆すべき点といえる．

　なお，需要関数という場合，すべての企業が同じ財を生産する同質財の市場も存在するが，現実には，競合する財が存在する差別化された財の市場がほとんどである．そこで本項では，差別化された財の需要関数の推定に絞った分析を紹介する．なお，差別化された財の分析においては利用可能なデー

タによって異なる推定手法が存在するが，ここでは，財の価格，数量，品質（特性）などの市場データが利用可能な状況を想定し説明する[12]．

差別化された財の需要関数の推定では，各財の自己価格弾力性，交差価格弾力性を推定することが目的となる．これら弾力性をパラメータとして持つ需要関数を定式化すると，財の種類が J 種類ある場合，推定するパラメータの数は J^2 個となる．よって，市場に多くの種類の財が存在する場合には，自由度の問題から，統計的な分析が困難となる．そこで，差別化された財の需要関数の分析では，財間の代替関係に一定の制約を置いて推定するパラメータの数を減らす方法を取る．通常，需要関数の背後にある効用関数を通じて，代替関係に制約を置く．

差別化された財の需要のモデルは，数多く存在する．例えば，CES（Constant Elasticity of Substitution）型の効用関数は，Dixit and Stiglitz (1977) に代表されるように，多くの経済分析で採用されている．CES モデルでは，すべての財の交差価格弾力性が等しくなるため，パラメータの数は非常に少なくなる．ただし，CES モデルは理論ではよく用いられるが，実証研究で用いられることは少ない．実証研究では，販売台数や価格に加え，財の特性，例えば自動車だと燃費や排気量のデータも利用可能であるため，特性データを伴う分析が可能な離散選択モデルが用いられることが多い．以下では，離散選択モデルに基づく需要関数の推定方法を紹介する[13]．

---

[12] 例えば，Berry, Levinsohn, and Pakes (2004) は，市場データに加え，個人データを組み合わせた分析手法を提示している．個人データとは，属性の情報を含む個人の財の選択行動を直接観察しているような情報を持つデータである．例えば，自動車市場であれば，所得 500 万円の消費者がプリウスを選択したという観測値を持つデータである．市場データのみを用いた分析では，個人属性の違いに応じた選択行動の違いを明らかとすることに限界があるが，この方法では個人データを追加することで，その問題を解決できる．その他の方法として，Petrin (2002) は，個人属性と市場データに関する集計されたデータ，例えば，ある所得階層の消費者の自動車のクラス（ミニバンなど）ごとの購入台数などのデータを用いて，個人属性の違いが財の選択に与える効果を識別することを試みている．

[13] その他のモデルとしては，Deaton and Muellbauer (1980) による AIDS (Almost Ideal Demand System) モデルがよく知られている．AIDS モデルを含め，需要関数の推定に係る分析手法の詳細は北野 (2012) を参照されたい．

(1) 離散選択モデルに基づく需要関数の推定

市場には J 種類の差別化された財が存在するとしよう．離散選択モデルにおいては，各消費者はそれら財の中から最も高い効用をもたらすものを選択する．消費者 i が財 j を選んだときに得られる間接効用関数は，以下のように定式化する．

$$u_{ij} = \alpha(y_i - p_j) + \sum_k \beta_{ik} x_{jk} + \xi_j + \varepsilon_{ij}, \quad j = 1, \cdots, J \tag{9}$$

上式の y_i は消費者 i の所得，p_j は財 j の価格で，$y_i - p_j$ はニューメレール財の消費量となる．α はニューメレール財から得られる限界効用で，推定されるパラメータである．よって右辺第1項はニューメレール財から得られる効用である．なお，この特定化は準線形の効用関数に対応するが，それ以外の特定化も可能である．例えば，$\alpha(y_i - p_j)$ の代わりに，$\alpha \ln(y_i - p_j)$ としてもよい．これは，コブ・ダグラス型の効用関数に対応し，自動車など所得効果を無視しえない市場の分析で用いられることが多い．第4節の二輪車市場の分析では，コブ・ダグラス型の効用関数を用いている．

(9) 式第2項は，定数項を含む各財の特性を表す変数 x_{jk} がもたらす効用を捉える項である．第4節の二輪車市場の分析では，二輪車の各モデルの特性として，排気量や乾燥重量などの変数が含まれている．消費者のインデックス i がついていることから明らかなように各特性の係数 β_{ik} は，消費者ごとに異なることを想定している．ここでは，

$$\beta_{ik} = \overline{\beta}_k + \sigma_k \nu_{ik} \tag{10}$$

として，ν_{ik} は標準正規分布に従う消費者 i の特性 k に対する嗜好を表す変数とする．このとき，特性 k の係数の期待値は $E(\beta_{ik}) = \overline{\beta}_k$，分散は $Var(\beta_{ik}) = \sigma_k^2$ となる．このように，各特性変数の係数がある確率分布に従うような係数はランダム係数と呼ばれる．さらに以下で仮定するように，ε_{ij} が第1種極値分布に従うとする場合，このクラスの離散選択モデルはランダム係数ロジットモデル（random coefficient logit model）となる．ここで，平均と標準偏差を示す $\overline{\beta}_k$, σ_k は推定されるパラメータである．

各財の特性が効用に与える影響のいくつかは観察可能（あるいは，測定可能）な変数から捉えられるが，消費者が財を選択する際に重視するような特性が，すべて観察可能なわけではない．例えば，財のデザインなどは財の選択の際に重要な要素となるが，測定可能な変数として取り扱うことは難しい．また品質以外に，財 j 固有の需要のショックが存在することもあるだろう．差別化された財の需要関数を推定する場合，このような観察不可能な品質や需要のショックを捉える ξ_j を推定上の誤差項として，それに係る積率条件から効用関数上のパラメータを推定する．

なお，消費者は必ずしも財を購入するとは限らないので，このモデルでは，財を購入しないという選択肢をアウトサイドオプション（$j=0$）として追加する．よって，各消費者はアウトサイドオプションを含め，$J+1$ 個の選択肢の中から最も高い効用をもたらす選択をする．アウトサイドオプションを選択した場合の間接効用関数は，以下のように定式化する．

$$u_{i0} = \alpha y_i + \xi_0 + \varepsilon_{ij}$$

右辺第1項から明らかなように，財を購入しなければ，すべての所得はニューメレール財への消費のために支出される．

最後に，ε_{ij} は消費者 i の財 j に対する嗜好の異質性を表す第1種極値分布に従う確率変数とする．このとき，消費者 i が財 j を選択する確率は，

$$s_{ij} = \frac{e^{\delta_j + \mu_{ij}}}{1 + \sum_{l=1}^{J} e^{\delta_l + \mu_{il}}}, \tag{11}$$

ただし，

$$\delta_j = -\alpha p_j + \sum_k \overline{\beta}_k x_{jk} + \xi_j, \quad \mu_{ij} = \sum_k \sigma_k \nu_{ik} x_{jk} \tag{12}$$

である．δ_j はすべての消費者に共通で，財 j の選択から得られる効用部分である．なお，アウトサイドオプションに関しては $\delta_0 = \xi_0 = 0$ と基準化している．そのため，(11) 式の分母の第1項は $e^0 = 1$ となっている[14]．一方，μ_{ij}

は消費者ごとの財 j から得られる効用部分である．これは，消費者ごとに財の特性 x_{jk} に対する嗜好の異質性を捉える項である．

$\mu=0$ を仮定する場合，ランダム係数ロジットモデルは通常のロジットモデルと一致する．よって，(11) 式で定義される個人の選択確率は個人 i に依存しない，つまり $s_{ij}=s_j$ となり，財 j の選択確率は，すべての消費者について共通で δ のみに依存する関数となるため，市場における選択確率，つまりマーケットシェアに一致する．ただし，ここでのマーケットシェアはアウトサイドオプションへの選択を考慮したものなので，一般に用いられる市場全体の販売数量に対するシェアではなく，潜在的な財の購入者に対するシェアとなる．潜在的な購入者を含む消費者数をマーケットサイズ M とすると，財 j の需要関数は，

$$q_j = M s_j, \quad j=1, \cdots, J$$

となる．マーケットサイズをどう定義するかは分析対象に依存する．自動車市場の分析の場合，家計を購入単位として，家計の総数をマーケットサイズとしている研究が多い．

なお，ロジットモデルにおいて導出されるシェア関数（需要関数）を用いて，任意の2つの財，例えば A と B の2つの財のシェア（需要量）の比率を取ると，$e^{\delta_A}/e^{\delta_B}$ となる．この関係から明らかなように，任意の2つの財のシェアの比率は，その他の財，例えば財 C（$C \neq A, B$）の価格や品質によらず，一定となる．これは，無関係な選択肢からの独立性（independence of irrespective alternatives：IIA）と呼ばれる性質で，ロジットモデルのもたらす強い制約として知られる．例えば，自動車市場を考える場合，トヨタのヴィッツ（コンパクトカー）とトヨタのエスティマ（ミニバン）のシェアの比率は，ヴィッツと同じコンパクトカーであるホンダのフィットの価格が変化によら

---

14) 離散選択モデルでは，各選択肢間の効用の差に注目しているので，何らかの基準化を行う必要がある．離散選択モデルに基づく差別化された財の需要関数の推定では，アウトサイドオプションの効用に関してこのような基準化を行うことが多い．これは，第1種極値分布の位置パラメータ（location parameter）の基準化に対応している．なお，数値計算上の理由から異なる基準化を提唱している研究も存在する（Davis and Schiraldi 2014）．

ず一定となる．通常，フィットの価格の下落はヴィッツのシェアを大きく引き下げる一方，エスティマのシェアにはあまり影響しないと考えられるが，IIAの下ではシェアの比率は変化しないのである．先ほど述べたように，多数財の需要関数の推定においては，財の代替関係に制約を置き，J^2問題の解決を試みるが，ロジットモデルではこのように非常に強い制約を置くことになる．ロジットモデルにおけるIIAの問題を緩和するモデルとしては，入れ子ロジットモデル（nested logit model），あるいは，より一般的なモデルとして，本小項で紹介している$\mu \neq 0$とするランダム係数ロジットモデルが挙げられる．

ロジットモデルの場合，アウトサイドオプションに対する財jのシェアの比率$s_j/s_0 = e^{\delta_j}/e^{\delta_0} = e^{\delta_j}$を用いると，推定式は以下のように導出できる．

$$\ln(s_j) - \ln(s_0) = \delta_j = -\alpha p_j + \sum_k \overline{\beta}_k x_{jk} + \xi_j \tag{13}$$

左辺の被説明変数は財jのシェアとアウトサイドオプションのシェアから計算できるので，上式はξ_jを誤差項とする線形の回帰式となる．

$\mu \neq 0$の場合には，マーケットシェアはνについての積分を取ることで導出できる．つまり，

$$s_j = \int_\nu s_{ij} dF(\nu) \tag{14}$$

で，$F(\cdot)$はνについての累積密度関数で，正規分布が仮定されている．ただしこの場合，(13)式のように解析的にδを導出し，推定式を導くことはできない．Berry, Levinsohn, and Pakes (1995)は，任意のμ上のパラメータベクトルの値として，$\sigma^0 (J \times 1)$が与えられたとき，縮小写像（contraction mapping）法を用いてそのσ^0の下でのδを求める方法を提示した．つまり，δは任意のσの関数，$\delta(\sigma)$とできるのである．よって，$\xi_j = \delta_j(\sigma) - (-\alpha p_j + \sum_k \overline{\beta}_k x_{jk})$とできるので，$\xi_j$として，パラメータ$(\sigma, \beta)$を推定できる[15]．

---

15) なお，入れ子ロジットモデルにおいては，ロジットモデル同様，線形の推定式を得ることができる．入れ子ロジットモデルにおける推定式の導出については，北野

効用関数上のパラメータについては，先に述べたように，効用関数上のパラメータは ξ_j を誤差項として推定される．ここで問題となるのは，需要のショック，あるいは観察不可能な品質は価格と相関するので，単純な最小二乗法に基づく推定では，内生性の問題が生じるという点である．特に，正の需要のショックは価格を引き上げるので，誤差項と価格には正の相関が存在し，その結果，価格の係数の推定値は正のバイアスを持つ．

そこで需要関数の推定では，適当な操作変数を用いて二段階最小二乗法，あるいは一般化積率法（generalized method of moment）等の推定方法を用いる．操作変数は，推定上の誤差項である ξ_{jt} と相関せず，一方で価格 p_{jt} と相関する変数である必要がある．具体的な操作変数の選定は紙面の都合上，ここでは省略する．詳しくは，北野（2012）を参照されたい．

なお，$\sigma=0$ であれば，ランダム係数ロジットモデルは通常のロジットモデルに一致する．よって，推定結果を見る際には，σ の推定値が統計的に有意な値か否かに注目する．この点は，第4節の事例研究の分析結果においても確認する．

(2) 企業行動モデルに基づく限界費用の導出と推定

ここでは，寡占競争市場を想定し，企業行動モデルを定式化する．企業 f が生産する財の集合を $\mathcal{J}_f$ とする．このとき，企業 f の利潤関数は以下のように書ける．

$$\pi_f = \sum_{j \in \mathcal{J}_f} p_j q_j - C(\mathbf{q}_f). \tag{15}$$

ここで，$C(\mathbf{q}_f)$ は企業 f の費用関数であり，企業が生産する財の生産量ベクトル $\mathbf{q}_f$ の関数となる．通常，加法分離型の費用関数，つまり，$c_j(q_j)$ を財 j の費用関数として，$C(\mathbf{q}_f) = \sum_{j \in \mathcal{J}_f} c_j(q_j)$ と仮定することが多い．以下では，この費用関数を仮定して分析を進めることとしたい．

ベルトラン競争を仮定すれば，利潤最大化の1階の条件は以下の通り導出

（2012）を参照されたい．

することができる．

$$s_j = \sum_{j \in \mathcal{J}_f} (p_l - mc_l) \frac{\partial s_l}{\partial p_j} = 0, \ \forall j \in \mathcal{J}_f, \ \forall f.$$

ここで，$mc_j = \partial c_j / \partial q_j$ であり，財 j の限界費用を表す．上式を用いると，以下のように価格式を導出することができる．

$$\mathbf{p} = \Delta^{-1}\mathbf{s} + \mathbf{mc} \tag{16}$$

$\mathbf{p}$, $\mathbf{s}$, $\mathbf{mc}$ はそれぞれ，価格，シェア，限界費用に関する $J \times 1$ ベクトルである．また，Δ は $J \times J$ 行列で，その (j, k) 要素は以下の通りである．

$$\Delta_{jk} = H_{jk} \times \left(-\frac{\partial s_k}{\partial p_j}\right).$$

ただし，H_{jk} は財 j と k が同じ企業で生産されている場合に 1，そうでない場合に 0 をとる指示関数である．H_{jk} は各企業の財の所有構造によって定まるので，それを (j, k) 要素として持つ $J \times J$ 行列は所有行列（ownership matrix）と呼ばれる．

（16）式の右辺第 1 項は各企業が設定するマークアップに対応する．マークアップは前述したように，財の所有構造と需要関数の傾き，そして各財のシェアに依存して定まる．よって，需要関数の推定結果が明らかであれば，観察可能なデータからマークアップを計算することができ，そして観察される価格からマークアップを差し引くことで，研究者が通常観察することができない各財の限界費用を明らかにできる．

上述したように限界費用を導出すれば，以下のように限界費用関数を定式化し，推定を行うことができる．

$$\begin{aligned}\ln(mc_j) &= \ln(p_j - b_j) \\ &= \gamma_0 + \sum_k \gamma_k w_{jk} + \zeta \ln(q_j) + \omega_j.\end{aligned}$$

ここで，b_j は財 j のマークアップで，$\Delta^{-1}\mathbf{s}$ の第 j 要素である．推定式内の

w_{jk} は財 j の特性 k を表す変数で，効用関数上の特性 x_{jk} と共通のものが含まれてもよい．$\gamma_0, \gamma_k, \zeta$ は推定されるパラメータであり，ω_j は推定上の誤差項で，（研究者にとって）観察できない限界費用に係る品質やショック，あるいは企業の最適化に係る誤差と解釈できる．ただし，企業は ω_j を観察できるので，例えば負の費用のショックを受けた財の生産量は増加するはずである．つまり，ω_j は生産量 q_j と相関するので，限界費用関数は適当な操作変数を用いて推定を行う必要がある．

なお，各財の限界費用が一定であると仮定すれば，限界費用関数の推定は実施しなくてもよい．導出された限界費用をそのまま用い，需要関数の推定結果と合わせて政策の効果等についてシミュレーション分析を実施できる．

（3）貿易政策の評価

ここまでは，貿易政策等が導入されていない状況で寡占競争モデルを定式化し，各モデルの限界費用を導出した．以下では，従量関税，従価関税，輸出自主規制，数量割当などが導入されている市場に対する政策分析の手続きを説明する．

これら政策はすべて企業行動に影響を与えるので，(15) 式で定義される各企業の利潤関数を政策導入下での利潤関数に書き換える必要がある．その上で，利潤最大化の 1 階の条件から，(16) 式と同様に，これら政策下での価格式を求め，限界費用を導出する．

まず，従量関税，従価関税についてはその手続きは単純である．t_j, τ_j を財 j に対する従量関税，従価関税とする場合，(15) 式における価格 p_j をそれぞれ $p_j - t_j, p_j/(1+\tau_j)$ に置き換えればよい．これらの価格は生産者価格で，p_j が（観察される）消費者価格となる．従量関税の下での価格式は，

$$\mathbf{p} = \Delta^{-1}\mathbf{s} + \mathbf{mc} + \mathbf{t}$$

で，$\mathbf{t}$ は第 j 要素に t_j をとる $J \times 1$ ベクトルである．従価関税の場合，

$$\mathbf{p} = (1+\tau)[\Delta^{-1}(1+\tau)^{-1}\mathbf{s} + \mathbf{mc}] \tag{17}$$

となる．ここで，$(1+\tau) = \mathrm{diag}(1+\tau_1, \cdots, 1+\tau_J)$ である J 次元対角行列で

ある．政策の評価は，上式から限界費用を導出し，政策なし，つまり $t=0$ あるいは $\tau=0$ として，カウンターファクチュアルにおける市場均衡を導けばよい．

関税政策を分析している研究としては，Clerides (2008) によるキプロスにおける中古自動車の輸入自由化の分析，また，第4節で紹介する Kitano and Ohashi (2009)，Kitano (2013) における二輪車市場におけるセーフガードの分析が挙げられる．

輸出自主規制や数量割当（quota）は，企業行動モデルでは制約条件付の利潤最大化問題として定式化される．利潤最大化の1階の条件から，価格式は以下の通りである．

$$\mathbf{p}=\Delta^{-1}\mathbf{s}+\mathbf{mc}+\lambda \mathbf{I}$$

上式において，λ はラグランジュ乗数であり，制約条件に係るシャドープライス，あるいは従量税換算された規制の効果を表している．$\mathbf{I}$ は $J\times 1$ ベクトルで，第 j 要素 I_j は財 j が数量規制の対象である場合，1を取るダミー変数である．なお，ラグランジュ乗数は推定されるパラメータとなるので，以下のような非線形の推定式が得られる．

$$\begin{aligned}\ln(mc_j)&=\ln(p_j-b_j-\lambda I_j)\\&=\gamma_0+\sum_k \gamma_k w_{jk}+\zeta\ln(q_j)+\omega_j.\end{aligned}$$

数量規制の評価を行う場合には，まず λ を推定し，$\lambda=0$ として各財の限界費用を導出する必要がある．政策の評価はこのようにして導出された限界費用を用いて実施できる．

数量規制に関する分析としては，Berry, Levinsohn, and Pakes (1999) による1980年代の米国への日本の自動車の輸出に関する輸出自主規制，また，Goldberg and Verboven (2001) によるヨーロッパ各国の日本車に対する数量割当が挙げられる．

4. セーフガード措置の経済分析

本節では，前節で紹介した需要関数の推定方法の応用例として，1983年から1987年にかけて米国において導入された，大型二輪車（700 cc 以上）の輸入に対するセーフガード措置の分析である Kitano and Ohashi（2009）と Kitano（2013）を紹介する．Kitano and Ohashi（2009）は，セーフガード措置の発動に係る損害認定の評価についての研究で，Kitano（2013）は貿易政策と技術導入に関する研究である．以下ではまず，これらの研究で注目する4つの事実を紹介する．

4.1　4つの事実

1980年代の米国の二輪車市場では，国内企業としては唯一ハーレーダビッドソン（Harley-Davidson，以下 HD）が存在し，その他の主要なプレーヤーは日本のホンダ，ヤマハ，カワサキ，スズキの4社であった．この年代の米国二輪車市場については，以下の4つの特徴的な事実を集計データから観察できる．

(1) 販売台数の回復

最初の事実は，HD の V 字型の販売台数の回復である．図12-1には，1970年代後半から1990年代前半の HD の販売台数（新規登録台数）と二輪車市場におけるマーケットシェアの推移が示されている．図が示すように，HD の販売台数は1970年代後半は5万台を超えていたが，1983年にかけては3万台を下回り，40% を超える減少であった．しかしながら，HD の販売台数の減少は1983年に反転し，その後大幅な販売増を達成している．1993年の販売台数は，8万台に迫り，1983年に比べて3倍程度の水準となっている．

なお，図が示すように，HD の回復は市場全体の二輪車の販売台数のトレンドによるものではない．市場全体のトレンドであれば，HD のマーケットシェアはあまり変化しないはずであるが，期間中，HD のシェアは販売台数と同様に V 字型のトレンドを持つからである．

第12章 貿易救済措置の経済分析

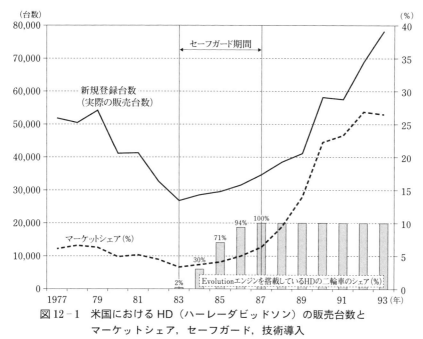

図12-1 米国におけるHD(ハーレーダビッドソン)の販売台数と
マーケットシェア，セーフガード，技術導入

出所：Kitano (2013).

(2) 輸入台数の下落と輸入価格の上昇

2つ目の事実は，日本からの二輪車の輸入台数の下落と輸入価格の上昇である．図12-2は，米国における1970年代後半から1980年代後半にかけての790 cc以上の日本からの大型二輪車の輸入台数と輸入価格（＝輸入総額／輸入台数）の推移である[16]．図から明らかなように，1970年代後半から1980年にかけて，輸入量は急激に上昇している．1980年から1982年にかけては輸入量の上昇は止まったものの，12万台程度と，高い水準を保っていた．しかしながら，輸入台数は1983年を境に減少に転じ，その後一貫して

---

16) なお，セーフガードの対象となったのは700 cc以上の二輪車であるので，図12-2の790 cc以上の輸入量はセーフガードの対象となった二輪車の輸入量とイコールではない．図12-2の輸入台数は図12-1で示されるHDの販売台数と比較して小さいが，日本企業は750 cc程度の二輪車を数多く発売していたので，700～790 ccの二輪車の販売台数を含めれば，HDの販売台数と比較して輸入台数は小さくないと推察できる．

453

第Ⅳ部　貿易障壁と貿易政策

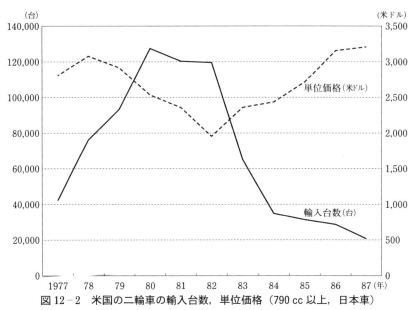

図12-2　米国の二輪車の輸入台数，単位価格（790 cc 以上，日本車）

注：単位価格（Unit value）は Value／Quantity．
出所：米国貿易統計（TSUSA コード：6925075）から作成．

減少する．一方，輸入価格は逆の動き，つまり減少傾向にあった輸入価格は1983年に上昇に転じ，以降上昇を続けている．

(3) セーフガード措置

　3つ目の事実は，セーフガードの導入である．苦境に直面していた1980年代前半において，HD は ITC に対して輸入競争による深刻な損害を主張し，セーフガード措置の申請を行った．先の2つの事実に鑑みると，輸入数量の急増が HD の販売台数の減少を招き，1980年代前半の HD の苦境を招いたという関係が見て取れる．ITC はこうした事実を踏まえ深刻な損害があると認定し，1983年から 700 cc 以上の大型二輪車に対するセーフガード措置を発動した．セーフガードは関税割当の形を取り，通常の MFN 関税率である 4.4％ に加え，1983年4月から，6,000台を超える輸入については45％ の追加関税が課されることとなった．ただし，関税率，割当数量は年度を通じて一定ではなく，1984年度には 35％，7,000台，1985年度には

454

20%，8,000台，1986年度には15%，9,000台，1987年度には10%，10,000台とされていた．これらのスケジュールは，セーフガード発動時点に決定されたものである．

なお，1983年以降，セーフガード措置に伴う関税率の減少にもかかわらず，輸入価格が増加し続けている．これは，1985年のプラザ合意による日本円の米ドルに対する大幅な為替の切り上げが関連している可能性がある．もちろん，為替の変動は二輪車市場における政策介入とは独立なイベントと考えられるので，分析上は外生変数と取り扱う．言い換えれば，本節で示す分析は為替の動きを所与とした下で，セーフガードの効果を明らかとするものといえる．

(4) 技術導入

最後に，HDによる技術導入である．Reid（1990）によると，販売台数が低下の一途をたどっていた時期には，運転時の振動や，深刻なオイル漏れなど，HDの二輪車には性能上の大きな問題があり，競争相手であった日本企業の二輪車との差は大きかった．しかしこうした性能上の問題は，1983年に導入したエボリューション（Evolution）と名付けられた電子制御装置を備えた新しいエンジンにより，大幅な改善が見られた．図12-1における棒グラフは，HDの二輪車の販売台数に占めるエボリューションを搭載した二輪車の比率を示している．図から明らかなように，エボリューションエンジンは即座にすべてのモデルに導入されたのではなく，1986年までは徐々に販売するモデルの中でその比率を増加させた．HDは1987年以降にはすべてのモデルにエボリューションを搭載し，以降100%の比率が続いている．

4.2 セーフガード措置の評価

以上の4つの事実から，2つの問いが立てられる．まず，(1)，(2)の事実が示すように，1980年代前半は確かに輸入が増加し，それと時期を同じくしてHDが苦境に陥っていた．よって，(3)の事実であるセーフガード措置の発動は，集計されたデータから判断する限り正当性があるように見える．しかしながら，第2節でも議論したように，こうしたデータの動きは必

ずしも因果関係を意味するものではない．よって，第1の問いは，HDの1980年代前半の販売台数の落ち込みは，日本企業との競争が主たる要因なのか，という損害認定の評価に関するものである．

次に，(1)，(3)，(4)の事実が示すように，HDは一時的保護貿易政策の期間中に技術の導入（普及）を実現し，販売台数の回復を実現している．これは，保護貿易論者による一時的保護貿易政策の正当性を主張する議論をまさに支持する結果である．しかし，当然ながら，こうした技術導入と一時的保護貿易政策の間に因果関係が示されているわけではない．そこで第2の問いは，セーフガード措置が技術導入を促したのかという，貿易政策と生産性に関するものである．もちろん，この技術導入が本当にHDの販売台数の回復に寄与したかをまず定量的に検証しなければならない．その上で，セーフガード措置が技術導入に与えた影響を見る必要がある．そこで，以下の需要関数，限界費用関数の推定では，技術導入が需要，限界費用に与えた影響に注目する．

これらの問いに答えるため，本項では，第3節で説明した需要関数の推定を行い，多数財のベルトラン競争の仮定の下で限界費用を導出し，シミュレーション分析に基づき，その評価を行う．以下ではまず，ランダム係数ロジットモデルに基づく需要関数の推定結果，および，限界費用関数の推定結果を報告する．なお，推定では，所得効果のある効用関数に基づくランダム係数ロジットモデルを用いる．このとき，(9)式における右辺第1項は$-\alpha_i p_j$とする．ここで，$\alpha_i = \alpha / y_i$で，y_iは消費者iの所得である．この特定化では，消費者の価格感応度は所得と逆相関する．またこのとき，各財のシェアである (14) 式はνに加え，所得分布を用いて積分を取る形に修正される．所得分布はMotorcycle Industry Councilが示す統計情報を用いた．

需要関数の推定で用いるデータは，モデルごと（例えば，HDだとFXST Softtailなど）の価格，販売台数（新規登録台数）と排気量，乾燥重量などの品質のデータである．データは各年3期間（1〜4月，5〜8月，9〜12月）の頻度で，1983年の第1期から1987年の第3期まで，計13期間を含んでいる．なお，図12-1にも示されているように，HDの総販売台数に関してはより長期間のデータも利用可能であるが，モデルレベルのデータは基本的には先

に述べたセーフガードの期間中のもののみが利用可能であったため，13期間での分析となっている．データの詳細については，Kitano and Ohashi（2009），Kitano（2013）を参照されたい．

表 12-1 は，需要関数の推定結果である．(i) は技術導入の効果を示すエボリューション搭載ダミーを含まず，(ii) はそれを含む推定式で，それぞれ Kitano and Ohashi（2009），Kitano（2013）で用いたものである．推定はランダム係数ロジットモデルを用いたため，各変数に対して，平均 $\bar{\beta}$ と標準偏差 σ を表すパラメータの推定値が存在する．ランダム係数はすべての品質の変数に対してでなく，HD ダミー，排気量，定数項の 3 つのみとした．

表から明らかなように，平均，標準偏差については一部を除き，統計的に有意な推定結果を得ている．特に，標準偏差の推定結果は真のモデルが $\mu=0$ となるロジットモデルであるという帰無仮説を棄却していると解釈できる．価格の係数 $-\alpha$ は (i)，(ii) ともに統計的に有意に負であり，その他，品質に係る変数は妥当な結果が得られている．2 つ目の問いで注目する (ii) のエボリューション搭載ダミーは，統計的に有意に正の値を取っており，新しいエンジンが需要を高めたことがわかる．

表 12-2 は限界費用関数の推定結果である．需要関数の推定結果と同様に，(i) はエボリューション搭載ダミーを含まない推定式，(ii) はそれを含む推定式で，被説明変数である限界費用はそれぞれ需要関数の推定結果 (i) と (ii) に基づき，(17) 式を用いて導出している．表から明らかなように，その他の変数の推定値は妥当な結果である．エボリューション搭載ダミーに注目すると，係数は正，つまり新しいエンジンは古いものよりも限界費用が大きい．したがって，これら推定結果は新しいエンジンは需要を引き上げると同時に限界費用も引き上げることを示すので，技術導入による販売台数への影響は，これらトレードオフを勘案して評価する必要がある．

(1) 損害認定の評価

ここでは，第 1 の問いに関連し，輸入の増加により，国内企業が深刻な損害を受けたか否か，損害認定の評価を行う．ただし，損害認定の評価は

第Ⅳ部　貿易障壁と貿易政策

表 12-1　需要関数の推定結果

変数	(i) エボリューション無		(ii) エボリューション有	
	平均 ($\bar{\beta}$)	標準偏差 (σ)	平均 ($\bar{\beta}$)	標準偏差 (σ)
HD	−0.173	3.197***	0.479	2.847**
	[1.262]	1.347	[1.374]	1.322
排気量	4.523**	2.612***	4.019*	2.456***
	[2.092]	[0.620]	[2.085]	[0.600]
定数項	12.594***	0.999	−11.864***	1.138*
	[1.660]	[0.671]	[1.621]	[0.661]
エボリューション	—	—	1.306***	
			[0.419]	
乾燥重量	14.208***	—	12.837***	—
	[4.730]		[4.709]	
変速（前進）段数	0.628***		0.514***	
	[0.110]		[0.092]	
シリンダー	−0.084		0.037	
	[0.1044]		[0.0540]	
車齢	−0.081***		0.076***	
	[0.0180]		[0.0179]	
価格 (−α)	−56.038		−52.192	
	[22.963]		[23.431]	
観測数	785		785	

注：***，**，*はそれぞれ1%，5%，10%水準で統計的に有意であることを示している．また，（　）内は標準誤差である．

表 12-2　限界費用関数の推定結果

変数	(i) エボリューション無	(ii) エボリューション有
エボリューション	—	0.047**
		[0.020]
排気量	0.461***	0.549***
	[0.059]	[0.064]
乾燥重量	0.995***	0.925***
	[0.097]	[0.109]
変速（前進）段数	0.215***	0.303***
	[0.083]	[0.093]
シリンダー	0.081***	0.070**
	[0.028]	[0.030]
定数項	8.698***	8.424***
	[0.163]	[0.176]
観測数	785	785

注：***，**，*はそれぞれ1%，5%，10%水準で統計的に有意であることを示している．また，（　）内は標準誤差である．

表 12-3 セーフガード措置の効果

年	(i) HD (ハーレーダビッドソン)		(ii) 日本企業	
	販売台数	販売台数に対する効果(%)	販売台数	販売台数に対する効果(%)
1983	26,675	8.92	324,652	−61.56
1984	26,636	11.50	305,399	−62.86
1985	27,564	3.92	231,966	−50.92
1986	29,940	2.39	186,820	−36.73
1987	33,426	1.09	191,496	−28.70
平均	28,848	5.57	248,067	−48.15

出所：Kitano and Ohashi (2009).

1983年以前のセーフガード導入前の状態で評価するものであるが，セーフガード措置発動前のデータは利用可能ではない．そこで，ここではセーフガード導入後の状況，つまりセーフガード措置が輸入を減少させ，そしてそれが1983年以降の特徴的な事実であるHDの販売台数の回復を説明するかどうかを評価することで，損害認定の正当性について考察することとしたい．

表12-3は，セーフガード措置がない場合をシミュレーション分析により導出し，政策による輸入台数，HDの生産台数の変化を求めた結果である．表から明らかなように，セーフガード措置は日本車の販売台数を平均約50%と大きく減少させた．これは，セーフガード措置が4.1節の2つ目の事実，つまり1983年以降の輸入台数の下落を説明すると解釈できる．

一方で，HDの販売台数への効果はわずか平均5.57%程度と，1977年以降の大幅な（40%以上）販売台数の下落からV字回復した販売台数のトレンドを説明できるものではない[17]．これは，輸入台数の変化とHDの販売台数の変化は，集計されたデータが示すほどの強い相関を持たないことを意味している．この結果は，ITCは1970年代後半からの日本車の輸入の増加に鑑みて，深刻な損害を認定し，セーフガード措置を発動したが，その損害認

---

[17] 表12-3にある平均5.57%という数字は，需要関数の推定結果から導かれたシミュレーション結果によるものであるが，推定値には誤差があるため，本来はシミュレーション分析に係る誤差も考慮した上で分析結果を示す必要がある．Kitano and Ohashi (2009) では，シミュレーション結果の標準誤差を含む数値として，95%信頼区間の上限値である約13%という結果が示されている．いずれにせよ，HDの販売台数の回復を説明するほどの大きさとはいえない．

定は，1983年以前の輸入台数の増加とHDの販売台数の減少の間の見せかけの相関による誤ったものであることを示唆している．

(2) 技術導入に与えた効果

　損害認定の政策分析は，セーフガード措置に伴う日本車の価格変化が，HDの販売台数に与えた影響のみに注目した評価，つまり価格以外の要因を一定とした評価となっている．しかしながら，第2節で説明したように，保護貿易論者の議論によると，政策が与える間接的な効果，例えば，技術導入やイノベーションを通じた生産性を改善させる効果があった可能性はある．ここでは，第2の問いに関連し，セーフガード措置が技術導入，特にエボリューションエンジンの普及に果たした役割に注目し，分析を行う．

　需要関数の推定結果で示したように，HDが1983年に導入したエンジン，エボリューションの導入は需要関数を上方にシフトさせた一方，限界費用を引き上げている．したがってエボリューションエンジンの搭載がHDの販売台数に与えた影響を評価するには，こうしたトレードオフを勘案する必要がある．図12-3には，セーフガード措置の価格を通じた直接的な効果（シミュレーション1）に加え，1983～1987年の期間中，エンジンの搭載が全くないケースについてのシミュレーション分析結果（シミュレーション2）が示してある．図から明らかなように，セーフガード措置による直接的な効果は，HDの特徴的な1983年を境とする販売台数の回復に大きく寄与しているとは言い難い．しかし，エボリューションの導入がない場合，HDの販売台数は1970年代後半から続く生産台数の減少トレンドに引き続き，1983年以降も減少を続けることが示されている．つまり，1983年からの販売台数の回復は，新しいエンジンの導入によるものといってよいだろう．したがって，もし政策がエンジンの普及を促したのであれば，第2節で説明した保護貿易論が想定するような一時的保護貿易政策の有効性を支持するものとなる．以下では，政策がエボリューションの導入に与える効果を勘案し，政策の評価を行う．

　Kitano（2013）では，第3節の需要関数の推定に基づく貿易政策の分析を発展させ，HDの技術導入の意思決定を内生化し，セーフガード措置が技

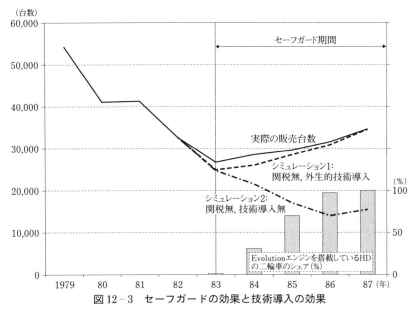

図 12-3　セーフガードの効果と技術導入の効果

注：外生的技術導入とは，セーフガード措置がエンジンの導入には影響しない状況，つまり，セーフガード措置がなくても，実際と全く同じように技術導入がなされると仮定した下でのシミュレーション結果である．
出所：Kitano (2013)．

術導入に与える効果を含めて政策効果の測定を可能とするモデルを構築した．具体的には，第1段階がHDによるモデルごとのエボリューションの導入の意思決定，第2段階が第3節で紹介した多数財の価格競争モデルとなる，2段階のモデルを定式化した．このモデルの第1段階は，HDが販売する各モデルの技術導入に伴う便益と，技術導入の費用が主要な構成要素となる．技術導入の便益は，第2段階の多数財の価格競争モデルの推定結果から計算できる．一方，技術導入の費用は，HDの（観察された）技術導入の意思決定と計算された技術導入の便益から推定することができる．

なお，導入費用の推定の際には，新製品の導入の際に重要かつ，一時的な保護貿易政策の正当性の根拠ともなる学習効果を通じた費用の下落を勘案した．

セーフガード措置は，技術導入の便益を変化させるため，政策の有無により，技術の普及のペースは異なってくる．以下では，こうした政策効果に係

第Ⅳ部　貿易障壁と貿易政策

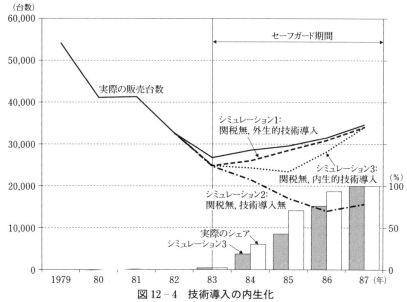

図12-4　技術導入の内生化

注：内生的技術導入とは，セーフガード措置により内生的にHDが生産する各モデルへの技術導入が決定されることを勘案した下でのシミュレーション結果である．また，図の棒グラフは右の白いグラフが実際のエボリューションエンジンを搭載している二輪車のシェア，左のグレーのグラフが内生的技術導入の下で，シミュレーション分析により導かれたシェアを示している．
出所：Kitano（2013）．

るシミュレーション分析結果の概要を説明する．

図12-4は分析の結果を示すものである．図12-3と比較して，ここでは技術導入を内生化した下でのセーフガード措置の効果（シミュレーション3）が示されている．まず，図の棒グラフは，HDの販売台数に占めるエボリューションを搭載した二輪車の比率である．図から明らかなように，セーフガード措置はエボリューションの普及を促進させる．ただし，セーフガードの終了時点である1987年においてはセーフガード措置の有無によらず，エボリューションの普及は完了することが見て取れる．この結果は，エボリューションの導入を内生化した下でのHDの販売台数は，回復の時期が1983年から1985年となるという違いがあるが，1987年の時点では，セーフガード措置がある状況と同様に，販売台数の回復を達成したことを示している．

なお，Kitano（2013）では，統計的に有意かつ大きい学習効果の存在を

確認しているが，セーフガード措置を通じた学習効果の蓄積が，HD の復活の鍵ではなかったことを示している．よって HD の事例は，保護貿易論が示すような，一時的保護貿易下において技術導入を実施し販売台数が回復する典型的な事例のように見えるが，分析結果が示す通り，一時的保護貿易政策の有無によらず販売台数は回復するため，いわゆる見せかけの効果を示したものといえる．

5. おわりに

AD 関税措置，相殺関税措置，セーフガード措置といった貿易救済措置は，WTO 体制下における保護貿易政策の手段として，多くの国々で利用されているといわれている．本章では，これまでの貿易救済措置の経済分析に係る近年の研究とともに，貿易救済措置の分析に不可欠な貿易政策の定量分析手法の説明を行った．以下では，貿易救済措置に関して，政策上の課題，政策と研究の双方の課題について紹介したい．

政策上の課題としては，貿易救済措置を発動する際の要件である損害認定を実施する際には，精緻な経済分析手法は活用されてこなかった点が挙げられる．貿易救済措置がその目的に沿って使われているかを検証し，不要な貿易障壁が築かれないようにするためには，経済分析の活用がまさに必要であり，研究者による今後の貢献が期待される分野といえる[18]．特に，日本の場合，これまで数多くのケースで貿易救済措置の被発動国となっていた．外国からの貿易救済措置の発動実態を監視し，適切な経済分析で問題点を指摘することの重要性は大きい．

政策と研究双方における重要な課題として，以下の点が挙げられる．まず，近年では貿易の自由化と生産性の関係について分析している研究は数多く存在するものの，貿易救済措置が生産性に与える影響についての検証は，さら

---

[18] 特に，近年では競争政策を中心に，本章で紹介したような分析手法が多くの場面で活用されている．例えば，競争政策における経済分析手法の解説としては，Davis and Garcés（2009）が挙げられる．損害認定の評価の場合，輸入財と国内企業が生産する財の代替関係が評価を行う上での鍵となるので，競争政策における競合する財の範囲を決める市場画定の議論と関連性が深いといってよいだろう．

なる研究が必要である．本章で紹介した Konings and Vandenbussche (2008), Pierce (2011) は重要な先行研究であるが，生産関数の推定については新たな方法が提唱されており，こうした方法を用いて貿易救済措置の効果を検証する必要があるだろう．例えば，De Locker (2011) は，マークアップの影響を考慮した生産関数の推定に基づく場合，貿易自由化の生産性に与える効果が小さくなることを示している．貿易救済措置の効果についても，同様の検証が望ましい．

最後に，貿易救済措置と生産性に関する分析は，政策導入の前後，あるいは導入された企業とされていない企業の比較に基づくことが多いが，どのようなメカニズムで生産性の変化が起こるのか，例えば，生産性の変化の源泉となる企業の研究開発投資行動等を明示的に考慮した分析なども重要である．最近の研究では，Aw, Roberts, and Xu (2011) などが，企業の研究開発投資の問題に関する動学的意思決定を含む構造推定モデルを定式化し，分析を行っている．貿易救済措置がもたらす長期的な効果についても，このような生産性の変化のメカニズムに注目した分析が望ましいであろう．

参考文献

Ackerberg, Daniel A., Kevin Caves, and Garth Frazer (2006), "Structural Identification of Production Functions," MPRA Paper, No. 38349. https://mpra.ub.uni-muenchen.de/38349/1/MPRA_paper_38349.pdf

Ackerberg, Daniel, C. Lanier Benkard, Steven Berry, and Ariel Pakes (2007), "Econometric Tools for Analyzing Market Outcomes," in: James J. Heckman and Edward E. Leamer (eds.), *Handbook of Econometrics, Volume 6, Part A*, London: North-Holland, pp. 4171–4276.

Anderson, James E. (1992), "Domino Dumping, I: Competitive Exporters," *American Economic Review*, Vol. 82 (1), pp. 65–83.

Anderson, James E. (1993), "Domino Dumping II: Anti-dumping," *Journal of International Economics*, Vol. 35 (1–2), pp. 133–150.

Aw, Bee Yan, Mark J. Roberts, and Daniel Yi Xu (2011), "R&D Investment, Exporting, and Productivity Dynamics," *American Economic Review*, Vol. 101 (4), pp. 1312–1344.

Baldwin, Richard E. and Paul R. Krugman (1988), "Market Access and International Competition: A Simulation Study of 16K Random Access Memories," in: Robert C. Feenstra (ed.), *Empirical Methods for International Trade*, Cambridge, Mass.: MIT Press, pp. 179–200.

Baldwin, Robert E. and Michael O. Moore (1991), "Political Aspects of the Administration of the Trade Remedy Laws," in: Richard Boltuck and Robert E. Litan (eds.), *Down in the Dumps: Administration of the Unfair Trade Laws*, Washington, D.C.: Brookings Institution, pp. 253–280.

Berry, Steven, James Levinsohn, and Ariel Pakes (1995), "Automobile Prices in Market Equilibrium," *Econometrica*, Vol. 63 (4), pp. 841–890.

Berry, Steven, James Levinsohn, and Ariel Pakes (1999), "Voluntary Export Restraints on Automobiles: Evaluating a Trade Policy," *American Economic Review*, Vol. 89 (3), pp. 400–430.

Berry, Steven, James Levinsohn, and Ariel Pakes (2004), "Differentiated Products Demand Systems from a Combination of Micro and Macro Data: The New Car Market," *Journal of Political Economy*, Vol. 112 (1), pp. 68–105.

Blonigen, Bruce A. (2002), "Tariff-jumping Antidumping Duties," *Journal of International Economics*, Vol. 57 (1), pp. 31–49.

Blonigen, Bruce A. and Chad P. Bown (2003), "Antidumping and Retaliation Threats," *Journal of International Economics*, Vol. 60 (2), pp. 249–273.

Blonigen, Bruce A. and Stephen E. Haynes (2002), "Antidumping Investigations and the Pass-through of Antidumping Duties and Exchange Rates," *American Economic Review*, Vol. 92 (4), pp. 1044–1061.

Blonigen, Bruce A. and Jee-Hyeong Park (2004), "Dynamic Pricing in the Presence of Antidumping Policy: Theory and Evidence," *American Economic Review*, Vol. 94 (1), pp. 134–154.

Blonigen, Bruce A. and Thomas J. Prusa (2003), "Antidumping," in: E. Kwan Choi and James Harrigan (eds.), *Handbook of International Trade*, Malden, Mass.: Blackwell Publishing, pp. 251–284.

Blundell, Richard and Stephen Bond (2000), "GMM Estimation with Persistent Panel Data: An Application to Production Functions," *Econometric Reviews*, Vol. 19 (3), pp. 321–340.

Bown, Chad P. and Meredith A. Crowley (2007), "Trade Deflection and Trade Depression," *Journal of International Economics*, Vol. 72 (1), pp. 176–201.

Bown, Chad P. and Meredith A. Crowley (2013), "Import Protection, Business Cycles, and Exchange Rates: Evidence from the Great Recession," *Journal of

International Economics, Vol. 90 (1), pp. 50–64.

Bustos, Paula (2011), "Trade Liberalization, Exports, and Technology Upgrading: Evidence on the Impact of MERCOSUR on Argentinian Firms," *American Economic Review*, Vol. 101 (1), pp. 304–340.

Clerides, Sofronis (2008), "Gains from Trade in Used Goods: Evidence from Automobiles," *Journal of International Economics*, Vol. 76 (2), pp. 322–336.

Davis, Peter J. and Eliana Garcés (2009), *Quantitative Techniques for Competition and Antitrust Analysis*, Princeton: Princeton University Press.

Davis, Peter J. and Pasquale Schiraldi (2014), "The Flexible Coefficient Multinomial Logit (FC-MNL) Model of Demand for Differentiated Products," *RAND Journal of Economics*, Vol. 45 (1), pp. 32–63.

De Loecker, Jan (2007), "Do Exports Generate Higher Productivity? Evidence From Slovenia," *Journal of International Economics*, Vol. 73 (1), pp. 69–98.

De Loecker, Jan (2011), "Product Differentiation, Multiproduct Firms, and Estimating the Impact of Trade Liberalization on Productivity," *Econometrica*, Vol. 79 (5), pp. 1407–1451.

De Locker, Jan and Pinelopi K. Goldberg (2014), "Firm Performance in a Global Market," *Annual Review of Economics*, Vol. 6, pp. 201–227.

De Locker, Jan, Pinelopi K. Goldberg, Amit K. Khandelwal, and Nina Pavcnik (2016), "Prices, Markups, and Trade Reform," *Econometrica*, Vol. 84 (2), pp. 445–510.

Deaton, Angus and John Muellbauer (1980), "An Almost Ideal Demand System," *American Economic Review*, Vol. 70 (3), pp. 312–326.

Dixit, Avinash K. and Joseph E. Stiglitz (1977), "Monopolistic Competition and Optimum Product Diversity," *American Economic Review*, Vol. 67 (3), pp. 297–308.

Ederington, Josh and Phillip McCalman (2008), "Endogenous Firm Heterogeneity and the Dynamics of Trade Liberalization," *Journal of International Economics*, Vol. 74 (2), pp. 422–440.

Gallaway, Michael P., Bruce A. Blonigen, and Joseph E. Flynn (1999), "Welfare Costs of the U.S. Antidumping and Countervailing Duty Laws," *Journal of International Economics*, Vol. 49 (2), pp. 211–244.

Goldberg, Pinelopi K. and Frank Verboven (2001), "The Evolution of Price Dispersion in the European Car Market," *Review of Economic Studies*, Vol. 68 (4), pp. 811–848.

Grossman, Gene M. (1986), "Imports as a Cause of Injury: The Case of the U.S.

Steel Industry," *Journal of International Economics*, Vol. 20 (3-4), pp. 201-223.

Head, Keith (1994), "Infant Industry Protection in the Steel Rail Industry," *Journal of International Economics*, Vol. 37 (3-4), pp. 141-165.

Irwin, Douglas A. and Peter J. Klenow (1994), "Learning-by-Doing Spillovers in the Semiconductor Industry," *Journal of Political Economy*, Vol. 102 (6), pp. 1200-1227.

Kelly, Kenneth (1988), "The Analysis of Causality in Escape Clause Cases," *Journal of Industrial Economics*, Vol. 37 (2), pp. 187-207.

Kitano, Taiju (2013), "Did Temporary Protection Induce Technology Adoption? A Study of The US Motorcycle Industry," Unpublished working paper, Hitotsubashi University. https://sites.google.com/site/taijuk/research/adoption.pdf?attredirects=0

Kitano, Taiju and Hiroshi Ohashi (2009), "Did US Safeguards Resuscitate Harley-Davidson in the 1980s?" *Journal of International Economics*, Vol. 79 (2), pp. 186-197.

Klette, Tor J. and Zvi Griliches (1996), "The Inconsistency of Common Scale Estimators when Output Prices are Unobserved and Endogenous," *Journal of Applied Econometrics*, Vol. 11 (4), pp. 343-361.

Knetter, Michael M. and Thomas J. Prusa (2003), "Macroeconomic Factors and Antidumping Filings: Evidence from Four Countries," *Journal of International Economics*, Vol. 61 (1), pp. 1-17.

Konings, Jozef and Hylke Vandenbussche (2005), "Antidumping Protection and Markups of Domestic Firms," *Journal of International Economics*, Vol. 65 (1), pp. 151-165.

Konings, Jozef and Hylke Vandenbussche (2008), "Heterogeneous Responses of Firms to Trade Protection," *Journal of International Economics*, Vol. 76 (2), pp. 371-383.

Konings, Jozef, Hylke Vandenbussche, and Linda Springael (2001), "Import Diversion under European Antidumping Policy," *Journal of Industry, Competition and Trade*, Vol. 1 (3), pp. 283-299.

Levinsohn, James and Amil Petrin (2003), "Estimating Production Functions Using Inputs to Control for Unobservables," *Review of Economic Studies*, Vol. 70 (2), pp. 317-341.

Lileeva, Alla and Daniel Trefler (2010), "Improved Access to Foreign Markets Raises Plant-level Productivity…For Some Plants," *Quarterly Journal of*

Economics, Vol. 125 (3), pp. 1051-1099.

Marschak, Jacob and William H. Andrews, Jr. (1944), "Random Simultaneous Equations and the Theory of Production," *Econometrica*, Vol. 12 (3-4), pp. 143-205.

Matsuyama, Kiminori (1990), "Perfect Equilibria in a Trade Liberalization Game," *American Economic Review*, Vol. 80 (3), pp. 480-492.

Melitz, Marc (2003), "The Impact of Trade on Intra-Industry Reallocations and Aggregate Industry Productivity," *Econometrica*, Vol. 71 (6), pp. 1695-1725.

Miravete, Eugenio J. (1998), "Infant-industry Tariff Protection with Pressure Groups," *International Journal of Industrial Organization*, Vol. 16 (6), pp. 749-784.

Miyagiwa, Kaz and Yuka Ohno (1995), "Closing the Technology Gap Under Protection," *American Economic Review*, Vol. 85 (4), pp. 755-770.

Miyagiwa, Kaz and Yuka Ohno (1999), "Credibility of Protection and Incentives to Innovate," *International Economic Review*, Vol. 40 (1), pp. 143-163.

Ohashi, Hiroshi (2005), "Learning by Doing, Export Subsidies, and Industry Growth: Japanese Steel in the 1950s and 1960s," *Journal of International Economics*, Vol. 66 (2), pp. 297-323.

Olley, G. Steven and Ariel Pakes (1996), "The Dynamics of Productivity in the Telecommunications Equipment Industry," *Econometrica*, Vol. 64 (6), pp. 1263-1297.

Pavcnik, Nina (2002), "Trade Liberalization, Exit, and Productivity Improvements: Evidence from Chilean Plants," *Review of Economic Studies*, Vol. 69 (1), pp. 245-276.

Petrin, Amil (2002), "Quantifying the Benefits of New Products: The Case of the Minivan," *Journal of Political Economy*, Vol. 110 (4), pp. 705-729.

Pierce, Justin R. (2011), "Plant-level Responses to Antidumping Duties: Evidence from U.S. Manufacturers," *Journal of International Economics*, Vol. 85 (2), pp. 222-233.

Pindyck, Robert S. and Julio J. Rotemberg (1987), "Are Imports to Blame? Attribution of Injury under the 1974 Trade Act," *Journal of Law and Economics*, Vol. 30 (1), pp. 101-122.

Prusa, Thomas J. (1992), "Why are So Many Antidumping Petitions Withdrawn?" *Journal of International Economics*, Vol. 33 (1-2), pp. 1-20.

Prusa, Thomas J. (1997), "The Trade Effects of U.S. Antidumping Actions," in: Robert C. Feenstra (ed.), *The Effects of US Trade Protection and Promotion*

Policies, Chicago: University of Chicago Press, pp. 191–213.

Reid, Peter C. (1990), *Well Made in America: Lessons from Harley-Davidson on Being the Best*, New York: McGraw-Hill.

Rodrik, Dani (1992), "Closing the Productivity Gap: Does Trade Liberalization Really Help?" in: Gerald K. Helleiner (ed.), *Trade Policy, Industrialization, and Development: New Perspectives*, Oxford: Clarendon Press, pp. 155–175.

Staiger, Robert W. and Frank A. Wolak (1994), "Measuring Industry Specific Protection: Antidumping in the United States," *Brookings Papers on Economic Activity: Microeconomics*, Vol. 1, pp. 51–103.

Syverson, Chad (2011), "What Determines Productivity?" *Journal of Economic Literature*, Vol. 49 (2), pp. 326–365.

Tornell, Aaron (1991), "Time Inconsistency of Protectionist Programs," *Quarterly Journal of Economics*, Vol. 106 (3), pp. 963–974.

Trefler, Daniel (2004), "The Long and Short of the Canada-U.S. Free Trade Agreement," *American Economic Review*, Vol. 94 (4), pp. 870–895.

Vandenbussche, Hylke and Maurizio Zanardi (2010), "The Chilling Trade Effects of Antidumping Proliferation," *European Economic Review*, Vol. 54 (6), pp. 760–777.

北野泰樹（2012），「需要関数の推定 CPRCハンドブックシリーズ No.3」CPRC（公正取引委員会競争政策研究センター）ディスカッションペーパー，No. CPDP-58-J. http://www.jftc.go.jp/cprc/discussionpapers/h24/cpdp_58_j_abstract.files/CPDP-58-J.pdf

終　章

今後の研究課題

木 村 福 成
椋　　　寛

1. 各章の延長線上の研究課題

　本書の各章では，国際経済学のフロンティアに位置する研究を様々な視点から紹介してきた．国際経済学の分野の研究はますます活発化しており，そのフロンティアは絶えず拡大していくことだろう．以下では，各章で取り扱ったトピックに関する今後の研究課題や関連文献を挙げておきたい．

　第1章「企業の異質性と国際貿易──メリッツ・モデルと国際貿易研究の新展開」（鎌田伊佐生）では，新新貿易理論の形成の契機となったメリッツ・モデルの概要や，それが発展する背景となった実証分析やその後の展開について，詳しい解説がなされた．そこでは，高生産性などの企業パフォーマンスの高さが輸出につながるという「輸出企業プレミア」に関する議論のみならず，海外市場における競争が事後的に企業の生産性を高めるとする「学習効果仮説」や，貿易が生産性の低い企業の退出を促しつつ生産性の高い企業への資源配分を強化し，国・産業レベルでの生産性を向上させるとする「再配分効果」についても，実証研究と絡めつつ議論された．さらに，メリッツ・モデル以降の理論的な展開について，比較優位構造や多品種企業の導入，労働市場への影響や内生的な生産性の決定など，多くのトピックが取り上げられた．一方で，新新貿易理論に基づく貿易の厚生効果については，従来の貿易理論と比較しつつ検討する研究が近年進んでいるが，本書では十分に扱われていない（第1章の最後にいくつか論文が紹介されている）．また，新新貿易理論をベースにしつつも，望ましい貿易政策や企業支援のあり方を探るなど，

新新貿易理論の分析結果から得られる政策含意についてもより深く検討をする必要がある．新新貿易理論について解説した田中（2015）を併せて読むと，理解がさらに深まるであろう．

　第 2 章「比較優位論と重力モデル――伝統的国際貿易理論の進展」（西岡修一郎）では，伝統的な国際貿易理論が実証研究と結びつきながら発展してきた経緯を学んだ．リカード・モデルやヘクシャー＝オリーン・モデルといった伝統的なモデルに基づく実証研究は，現実の貿易パターンの解明に関して過去から現在まで一定の説明力を有している．その反面，レオンチェフ・パラドックスや Missing Trade といった謎も同時に生み出してきた．しかしそれらの謎が，中間財貿易を通じた産業内の生産特化，産業内貿易の発生，国家間の需要面の違いの導入など，多くの要素を実証研究に取り込むことにより，少しずつ解明されていることが明らかにされた．また，近年研究が盛んな「貿易に体化される付加価値（trade in value added）の計測」の研究にも応用されるなど，伝統的な貿易理論に基づく実証研究が引続き重要であることが理解できたであろう．さらに，国際貿易の伝統的な実証モデルである重力モデルが，財の異質性を考慮したクルーグマン・モデルや，第 1 章で説明された企業の異質性を考慮したメリッツ・モデルの要素などを取り込みつつ，精緻化され続けていることが説明された．本章で紹介された重力モデルについては，本文中にも注記されているように，相対価格指数の導入やゼロ貿易を考慮するなど，精緻化が進んでいる．重力モデルについてのより詳細な議論については Head and Mayer（2014）などで補足してほしい．

　第 3 章「多国籍企業と海外直接投資――企業別データの充実による実証研究の発展」（松浦寿幸）では，日本や世界の対外直接投資・対内直接投資の動向を俯瞰しつつ，直接投資の動機を目的別（水平的 or 垂直的），形態別（新規投資 or M&A）に分類しつつ議論した．また，「対日直接投資の少なさ」という政策的に注目されているトピックについても，その原因を探った．さらに，第 1 章で解説した生産性などの企業特性の違いは，輸出決定のみならず，企業の海外直接投資の決定とも密接に関わっており，企業の異質性と輸出・海外直接投資の選択に関する代表的な研究が解説された．海外直接投資が投資国・被投資国の経済に及ぼすインパクトについても，特に投資国の輸出と雇

用に及ぼす影響と被投資国の経済成長に与える影響に注目しつつ，重要な研究が紹介された．第3章の参考文献にある Antràs and Yeaple（2014）などで，実証研究のみならず理論研究の進展も並行してより詳しく学ぶと，直接投資研究に関する理解を深めることができるだろう．

第4章「アウトソーシングとオフショアリング——中間財貿易の原動力」（荒知宏）では，企業のアウトソーシングと垂直統合の選択，国内生産とオフショアリングの選択が，熟練労働者の集約度などの生産技術の特性，企業特殊的な中間財の存在と契約の不完備性，および企業の異質性などが複雑に絡み合いつつ決定されていることが明らかにされた．契約の不完備性は各国の法制度の整備の程度と関連しており，中間財貿易に関する比較優位の獲得には，伝統的な要因のみならず各国の制度も重要な影響を与えていることが示唆される．情報技術のさらなる進歩により，オフショアリングを通じた中間財貿易は今後も拡大することが予想されるが，本章でその背景にあるメカニズムを理解することができたであろう．一方，本文中にも言及されているように，現実には同一の企業であっても中間財の性質により異なる組織形態を選択しているが，既存の理論はそれを十分に説明できていない．第4章の参考文献に挙げられた Grossman and Rossi-Hansberg（2008）を代表とする，タスク（task）貿易と熟練労働・非熟練労働の賃金格差の問題も，重要な関連トピックである．本分野の研究を解説した Antràs（2015）も，併せて読むとよい．

第5章「空間ソーティング・セレクション——企業の異質性を導入した新たな産業集積の分析」（大久保敏弘）では，産業集積の問題に企業の異質性を導入することにより，グローバル化による企業数（財のバラエティの数）の変化のみならず，産業の平均生産性に与える影響が同時に考慮された．その結果，地域振興や産業集積を目的とした法人税の減免や移転補助金，テクノポリス政策といった政府の政策の効果も，従来指摘されたものとは異なっていることがわかった．また，集積の進行が地域の平均生産性に違いをもたらすと考えるならば，企業行動や生産性に関する地域格差が説明され，景気循環などのマクロ経済ショックの影響の地域間差異を理解することにもつながることが明らかにされた．ここで議論した空間ソーティングの問題は，海外直

接投資に関する一連の研究や，国際生産ネットワークの構築，地域貿易協定（RTA）の締結による企業立地の変化など，様々な研究分野へ応用可能であると考えられ，さらなる研究の進展が求められる．

第6章「国際貿易と経済成長——貿易自由化は経済成長を促進するか」（内藤巧）では，メリッツ・モデルやイートン＝コータム・モデルといった最新の貿易理論を動学化し，貿易自由化と経済成長の関係を考察する最先端の研究が紹介された．貿易自由化が経済成長を高めるか否かは複雑な要素が絡み合い，その関係は確定できない．本章では，（1）短期的効果か長期的効果か，（2）国家間に非対称性があるかどうか，（3）貿易自由化が特恵的か否かなど，貿易自由化と経済成長の関係を紐解くための重要な視点が提供されている．特に，貿易自由化の厚生効果が，経済成長を考慮した貿易モデルとそれを考慮しない貿易モデルとで異なることが指摘されており，貿易利益の判定に動学的な視点を導入することの重要性が明らかになった．本章では各国が技術革新を行うモデルのみが紹介されたが，先進国の技術が模倣などを通じて途上国へ伝播する経済成長の南北モデルの研究も進んでいる．今後，南北モデルに企業の異質性が導入した研究が期待される．

第7章「多国籍企業の海外進出決定要因——生産性の差異はなぜ重要なのか」（伊藤由希子）では，企業ごとに海外への進出形態や活動内容が異なるという現象の解明に，企業の異質性を導入した最先端の分析がいかに貢献してきたかを解説している．また，米国アップル社のiPhoneやiPadといった情報機器や，米国ボーイング社の最新鋭航空機などに代表される，グローバル・バリュー・チェーンの構築に関する議論もなされた．一つの製品の製造に多数の国，多数の企業，多数の人々が関わる状況では，バリュー・チェーンの各段階で生じる貿易は，各製造工程に必要なタスクを体化することとなる．すなわち，多国籍企業の活動の境界は，様々なタスクを企業内で行うか，それとも他企業にアウトソーシングするかの選択に帰結する．本章により，海外直接投資を通じた多国籍企業の進出要因を包括的に理解することができる．今後求められる研究課題としては，多国籍企業が保有する技術などの経営資源を外国企業にライセンス契約により提供する方法（ライセンシング）と直接投資との比較が挙げられる．冨浦（2014）は日本企業のアウトソーシン

グを詳細に分析した研究書であり，本章の内容と補完的な関係にある．

第8章「多国籍企業の経済効果——投資国・被投資国に対する影響」（早川和伸）では，海外直接投資が投資国・被投資国に与える影響について，企業の海外進出が当該企業の活動を通じて与える直接的影響と，他社の海外進出をすることにより生じる間接的影響とで区別しつつ，解説している．具体的には，①当該企業の母国におけるパフォーマンス（生産性・雇用など）にどのように影響を与えるか，②クロスボーダー M&A により買収先の地場企業との間でシナジー効果を生み出しているか，③技術や経営手法の模倣や移転を通じて当該企業以外の地場企業の経営パフォーマンスを改善するか，の3点に絞って，既存の実証研究の成果を分かりやすくまとめている．①についてはプラス・マイナス両方の結果が得られているものの，②については総じてプラスの効果，③についても下流産業の直接投資が連関効果を通じて上流産業にプラスの効果をもたらすことが明らかにされている．海外展開を模索するビジネス界のみならず，対日直接投資の拡大を目指す日本政府の政策形成にあたっても，本章の解説は大いに参考にされるべきだろう．直接投資の影響の実証研究は多数あり，その結果も多岐にわたる．執筆者が指摘するように，メタ解析により複雑に絡む要因を紐解き，より一般性のある結論を導くことが今後求められる．関連書として，実証研究をもとに日本企業の海外直接投資の影響を分析した清田（2015）がある．

第9章「多国籍企業の生産ネットワーク——新しい形の国際分業の諸相と実態」（木村福成・安藤光代）では，東アジアが先行する機械産業を中心とする生産ネットワークを取り上げ，概念枠組み，実証的把握，政策論の3つの観点から，これまでの関連研究動向を鳥瞰している．フラグメンテーション理論，第2のアンバンドリング，産業集積形成と2次元のフラグメンテーション理論は，それぞれ理論としての成熟度は低いが，生産ネットワークのメカニズムを理解するための概念枠組みとしては有効に機能する．離れて置かれる生産ブロックを結ぶサービス・リンクの重要性，生産ブロックが切り出される際に存在する自由度の持つ意味，第2のアンバンドリングに必要となる政策環境などは，これらの概念枠組みによって明らかとなる．実証的把握においては，国際貿易データなどを用いた分析を通じ，生産ネットワークに

参加している国・地域と，していない国・地域が峻別されることが示される．また，生産ネットワーク内取引の地理的階層構造と産業集積の形成をめぐる実証的観察についても，議論される．政策論については，生産ネットワークのメカニズムを積極的に活用する開発戦略が東アジア諸国によって採用されてきていること，東アジアの経済統合もその文脈で理解されるべきであること，また，生産ネットワークの展開が先進国側に与える影響の分析やショックに対する耐性の分析も蓄積されつつあることが示される．本分野に興味がある読者は，木村ほか（2016）を併読するとよい．

第 10 章「貿易コストの実証分析――経済活動における重要性と変動要因」（武智一貴）では，主に地理的な要因により発生する貿易コストの測定と評価を行っている．具体的には，「貿易コストが大きいために輸送がなされない」ケースがデータとして得られないことから生じる推定バイアスを考慮し，（地域間価格差ではなく）産地と消費地の価格差のデータを利用して貿易費用を適切に識別すると，距離が貿易コストに与える影響は従来指摘されてきたものよりも大きくなることが明らかにされた．また，外生的なショックによるインフラ整備の影響を，価格データに基づいて分析すると，インフラ整備が貿易コストに与える影響が大きいことがわかった．さらに，生産財の品質に関する企業の異質性を考慮することにより，高品質企業ほど距離の遠い市場に供給するという行動が実証された．貿易コストの大きさには，国境を越えた輸送の手段（海運・空運等）や国際運送部門の競争状況など，他にも様々な要因が絡むと考えられ，今後も研究の余地が大きい．

第 11 章「地域貿易協定の経済分析――RTA の活発化は多国間の貿易自由化を実現するか」（椋寛）では，RTA の締結と多国間の貿易自由化の関係に関して，「RTA の締結は被締結国に対する関税の引き下げをもたらすか」，「RTA が多国間の自由貿易の達成を容易にするか」という 2 つの視点から，理論・実証研究を整理した．典型的な国際経済学の理論モデルでは 2 国間モデルが用いられるが，RTA の分析は少なくとも 3 カ国以上の多数国モデルで行うことが求められる．そのため，RTA の影響の分析には複雑な要素が絡み，その結果も多様である．本章では，異なるモデルを用いた複数の研究成果を，統一的な理論モデルを用いて簡略化することによってそのメカニズ

ムを比較可能なものとし，RTA と多国間の貿易自由化が補完的となる条件を整理した．また，自由貿易協定（FTA）締結に付随する原産地規則が輸出企業の FTA 利用に与える影響も論じられた．RTA の分析には様々な分析課題があるが，分析モデルの面では RTA の研究に企業の異質性が導入された研究が未だ少なく，さらなる研究の進展が求められる．また，貿易協定のなかでも RTA に分析を絞っており，GATT や WTO における多国間貿易協定に関する分析については取り扱っていない．貿易協定一般に興味がある読者は，Maggi（2014）のサーベイを併せて参照してほしい．

第 12 章「貿易救済措置の経済分析――定量評価による政策効果の検証」（北野泰樹）では，貿易救済措置の代表的な発動条件である損害認定について，その妥当性を評価する研究が紹介された．また，貿易救済措置が企業の価格設定や貿易パターン，海外直接投資，あるいは生産性に与える影響について，既存の議論をまとめている．本章の最大の特徴は，セーフガードの政策評価の研究を紹介しながら，構造推定と呼ばれる近年発展が著しい計量分析手法が詳細に解説されたことである．例えば，集計データで判断するとセーフガード措置が国内企業のシェア回復や技術導入に大きく寄与したように見えても，企業のミクロ・データを用いた構造推定により評価するとその貢献度は小さくなることが明らかになった．最新の政策評価手法を用いることにより，政策評価の精度が大きく改善している．一方，貿易救済措置の経済分析のなかでも，その効果についての説明に焦点が絞られており，貿易救済措置の発動要因に関する分析の解説は省かれている．本テーマに興味がある読者は，第 12 章の参考文献に挙げられた Blonigen and Prusa（2003）などを併せて参照するとよいだろう．

2. その他の研究課題

本書では，国際経済学の先端的な研究に関して，様々なトピックを取り上げて解説してきた．しかし，本書が全ての研究トピックを網羅できているわけではない．以下では，本書では取り上げることができなかった研究課題について，代表的なものをいくつか挙げておこう．

終　章　今後の研究課題

　近年は，新新貿易理論のモデルを応用しつつ，国際貿易論でこれまで考慮されてこなかった新たな要素，特に様々な市場の不完全性を加えた分析も進んでいる．資本市場の不完全性の導入がその一つである．企業の資金調達の問題を扱う企業金融の分野では，情報の不完全性などにより資金が効率的な投資機会に行き渡らない場合に，いかにしてビジネス機会を活かすための企業の資金調達を行うかが分析されてきた．輸出や直接投資は国内活動よりもリスクが大きく，またコストの負担から利益が生み出されるまでタイムラグも長く，さらに外部からの資金調達が必要となりやすい．そのため，資本市場の不完全性が企業の市場への参入や輸出の決定，輸出量に影響を与え，したがって銀行などの金融機関の行動も企業の国際化に影響を与えることとなる．本研究トピックについては，Foley and Manova（2015）が明快なサーベイを執筆している．

　このような市場の不完全性に着目した研究は，広い意味で各国の制度 (institution) が比較優位の決定や貿易利益に影響を与えることを示唆している．第 1 章で議論された労働市場の不完全性や，第 4 章で議論された契約の不完備性も，制度が関わる市場の不完全性の一部である．今後も国際経済学以外の分野の知見を取り入れつつ，制度的な側面に焦点を当てた分析を深める必要がある．

　また，本書では国際経済学のなかでも国際貿易論に分類される分野の研究のみを対象としており，外国為替取引や海外証券投資に代表される国際金融取引を扱う国際金融論の分野の研究は取り扱っていない．国際金融論の分野の先端的な研究については，例えば Gopinath, Helpman and Rogoff（2014）の第 7 章から第 12 章を参照してほしい．

　さらに，地球温暖化問題などのグローバルな環境問題が深刻化するなか，国際貿易や直接投資と環境問題の関係についての研究が進んでいる．少し古いが，重要な論文をまとめたサーベイとして Karp and Zhao（2005）がある．有村・蓬田・川瀬（2012）は，炭素税，排出量取引や国境調整措置など，地球温暖化問題と国際貿易に関わる様々な政策の有効性について，経済学的のみならず法学的に議論している良書である．

　他にも，移民や国際労働移動に関する研究や，貿易政策決定の政治経済学

終 章 今後の研究課題

的側面に焦点を当てた分析，サービス貿易に関する分析，耐久財と中古品貿易に焦点を当てた研究など，本書では扱えなかった研究課題があるが，それらの解説については他書に譲りたい．

3. おわりに

　グローバリゼーションが拡大し，国家間の経済的なつながりが緊密化するなか，国際経済学も絶えまなく変化を続けている．グローバル化の影響を適切に理解するためのツールとして，また貿易や直接投資に関わる望ましい政策を立案するための基盤として，国際経済学の役割はますます大きくなっている．

　その一方で，理論モデルや実証分析の手段はますます複雑化し，その成果を現実のビジネスの現場や政策立案などに広くフィードバックすることが，困難になってきている．多くの大学や大学院においても，最新の研究成果を十分に教育現場に反映できないというのが現状であろう．

　本書は，国際経済学の先端研究について可能な限り初学者にも分かりやすく，かつ専門性が高い内容であっても理解に必要不可欠な箇所は削らない方針で，執筆がなされている．国際経済学の最新の知見を広く世に伝えることに，本書が貢献できれば幸いである．また，本書を手にした若手の研究者がさらに新しい国際経済学の構築に貢献し，近い将来に国際経済学研究のフロンティアを解説する書籍が再び出版されることを期待したい．

参考文献

Antràs, Pol (2015), *Global Production: Firms, Contracts, and Trade Structure*, Princeton: Princeton University Press.

Foley, C. Fritz and Kalina Manova (2015), "International Trade, Multinational Activity, and Corporate Finance," *Annual Review of Economics*, Vol. 7 (1), pp. 119–146.

Gopinath, Gita, Elhanan Helpman, and Kenneth Rogoff (eds.) (2014), *Handbook of International Economics, Volume 4*, Oxford, U.K. : North Holland.

Head, Keith and Thierry Mayer (2014), "Gravity Equations: Workhorse, Toolkit, and Cookbook," in: Gita Gopinath, Elhanan Helpman, and Kenneth Rogoff (eds.), *Handbook of International Economics, Volume 4*, Oxford, England: North Holland, pp. 131–195.

Karp, Larry and Jinhua Zhao (2005), "The Dynamic Effects of Trade Liberalization and Environmental Policy Harmonization," in: E. Kwan Choi and James C. Hartigan (eds.), *Handbook of International Trade: Economic and Legal Analyses of Trade Policy and Institutions*, Oxford, U.K.: Blackwell Publishing, pp. 499–525.

Maggi, Giovanni (2014), "International Trade Agreements," in: Gita Gopinath, Elhanan Helpman, and Kenneth Rogoff (eds.), *Handbook of International Economics, Volume 4*, Oxford, England: North Holland, pp. 317–390.

有村俊秀・蓬田守弘・川瀬剛志［編］(2012)，『地球温暖化対策と国際貿易——排出量取引と国境調整措置をめぐる経済学・法学的分析』東京大学出版会．

木村福成・大久保敏弘・安藤光代・松浦寿幸・早川和伸 (2016)，『東アジア生産ネットワークと経済統合』慶應義塾大学出版会．

清田耕造 (2015)，『拡大する直接投資と日本企業』NTT出版．

田中鮎夢 (2015)，『新々貿易理論とは何か——企業の異質性と21世紀の国際経済』ミネルヴァ書房．

冨浦英一 (2014)，『アウトソーシングの国際経済学——グローバル貿易の変貌と日本企業のミクロ・データ分析』日本評論社．

付　録　貿易や海外直接投資に関する統計資料

椋　寛（監修）

　統計資料が各国で整備され，貿易や海外直接投資のデータはインターネット等を通じて容易にアクセスができるようになった．ウェブサイト等を通じて公的にアクセスが可能な資料を以下に列挙するので，参考にしてほしい．

　これらの統計資料のサイトは，インターネット上で読者自身が検索することが可能であるため，サイトのアドレスは本書には掲載していない．筆者が作成した本書の情報サイト（https://sites.google.com/site/tcerfie/）からアクセスすることも可能である．なお，この統計資料のリストは各章の執筆者により提案されたものを，編者がまとめたものである．

貿易関連の統計

　貿易関連の統計については，日本貿易振興機構（JETRO）による「世界各国の貿易統計情報リンク集」が，各国の統計局等のウェブサイトをまとめている．また，Peter K. Schott 氏による International Economics Resource Page など，個人の研究者が自身の研究に用いたデータベースを公開している場合も多い．学術論文の実証研究に用いられたデータに興味がある場合は，著者のサイトを探してみると良いだろう．

　以下，代表的なデータベースを列記する．

- 貿易統計（財務省）
  ：日本の品目別・相手国別の貿易額が手に入る．ウェブでは 1988 年から月次データで検索が可能．税関別・運送形態別の統計や，貿易指数のデータも入手できる．

付　録　貿易や海外直接投資に関する統計資料

- UN Comtrade Database（United Nations）
：世界各国の品目別の貿易額が 1962 年からは年次データで，2010 年からは月次データで手に入る．
- Statistics on International Trade in Services（OECD）
：サービス貿易に関するデータが，OECD 諸国を中心に国別・相手国別・サービス部門別に提供されている．
- Trade in Value Added（TiVA）Database（OECD-WTO）
：国際産業連関表を用いて計算された，付加価値貿易に関するデータベースである．国際産業連関表自体は，World Input-Output Database（WIOD）から入手できる．経済産業省のサイトでも，日本といくつかの外国との国際産業連関表が公開されている．
- Enterprise Surveys（World Bank）
：135 カ国，13 万の企業について，輸出の有無や外国産の中間財の投入割合などのデータを収集している．貿易データ以外にも，外国からの資本参加や，女性労働者の割合など，様々な項目について企業レベルのデータが公開されている．日本，米国，カナダや多くの西欧諸国のデータは現時点では含まれていない．学術的な研究を目的とする場合にのみ，集計されていない個表データにアクセスすることができ，研究プロジェクトの内容とともに申請する必要がある．
- EU-EFIGE/Bruegel-UniCredit dataset（EFIGE Project）
：欧州 7 カ国（イギリス・イタリア・オーストリア・スペイン・ドイツ・ハンガリー・フランス）の 1 万 3,000 の企業について，輸出・輸入・直接投資・アウトソーシングなどのデータを，2007 年から 2009 年について収集している．データの利用には E メールを通じて申請する必要がある．
- International Trade Data Set（Katherine Barbieri）
：19 世紀後半から 20 世紀まで（1870～2000 年）の，2 国間の貿易データを公開している．

海外直接投資関連の統計

海外直接投資関連のデータについて，世界の直接投資と日本の直接投資に

分けて列挙する．近年は特に企業別のデータが重要となっている[1]．

世界の直接投資

- Foreign Direct Investment Database (UNCTAD)
  ：約200カ国の対外・対内直接投資の年次データをフロー（1970年～），ストック（1980年～）で手に入れることができる．
- Foreign Direct Investment (FDI) Statistics (OECD)
  ：OECD諸国の対外・対内直接投資の年次データが，フロー・ストックの両方で1980年から利用できる．ウェブでの閲覧にはOECD iLibraryにアクセスできる環境が必要．

日本の直接投資

- 財政金融統計月報（財務省）
  ：「対内外民間投資」の項目により，対外・対内直接投資のフロー・ストックの年次データが手に入る．
- 海外事業活動基本調査（経済産業省）
  ：日本国内の海外現地法人を所有する企業，並びに日本企業が所有する海外現地法人を対象とする調査である．売上額，従業員数といった基本情報に加え，販売地域別販売額や調達地域別仕入額など豊富な情報が得られる．
- 企業活動基本調査（経済産業省）
  ：日本国内の従業員50人以上，かつ資本金3,000万円以上の企業を対象とする調査．外資系企業と国内企業の比較，海外子会社を有する企業の比較が可能．売上額，従業員数といった基本情報に加え，研究開発投資額や輸出入の状況など豊富な情報が得られる．集計データは刊行物，あるいはウェブページで公開されている．

---

1) 日本における個別企業の調査情報は，公益性を有する学術研究であり，公的機関からの委託研究，共同研究，ならびに公的機関からの公募による補助を受けた研究などの条件を満たす場合に，利用申請することができる．詳しくは，総務省政策統括官（統計基準担当）のサイトを参照のこと．

付　録　貿易や海外直接投資に関する統計資料

- 外資系企業動向調査（経済産業省）
  ：海外に親会社を有する企業，外資比率 33% 以上の企業を対象とする調査である．
- 事業所・企業統計調査・経済センサス（総務省）
  ：日本国内の全事業所・企業が調査対象．外資系企業と国内企業の比較，海外子会社を有する企業の比較が可能．2006 年までは「事業所・企業統計調査」として行われていたものが，2009 年以降「経済センサス」に衣替えして売上額などについても調査が行われるようになった．
- 海外進出企業総覧（東洋経済）
  ：日本側出資比率 10% 以上の海外現地法人を対象とする調査で，国別編と企業別編の両方が出版されている．売上や従業者数に欠損値が多いが，出資企業の構成など進出形態に関する詳細な情報が得られる．
- 外資系企業総覧（東洋経済）
  ：資本金 5,000 万円以上かつ外資比率 49% 以上の外資系企業を対象としたデータベース．ソースデータは，テキストファイル版で販売されている．廉価な Web 版や CD-ROM 版もあるが外部ファイル抽出に制限があるので注意して欲しい．

　その他，各国の企業レベルの海外直接投資データについては，第 3 書の参考文献に挙げられている Navaretti and Venables（2004）の Appendix A を参照するとよい．また，一部の途上国では調査票情報を研究者に開放している．各国の工業統計や企業統計から外資系企業を特定することで地場企業と外資系企業の比較分析などが可能となる．例を 2 つ挙げておこう．

- Large and Medium Industrial Statistics Indonesia（インドネシア）
  ：従業員 20 人以上を対象とした工場レベルデータが入手可能である．問い合わせ先は http://www.bps.go.id/
- 中国工業企業統計（中国）
  ：中国や香港の調査会社などで販売されている．また，日本国内の中国書籍の専門書店などでも代理店契約を結び，販売を行っている．

付　録　貿易や海外直接投資に関する統計資料

貿易政策関連のデータベース

　各国の関税率についてのデータベースは，日本貿易振興機構（JETRO）「世界各国の関税情報源リンク集」が各国の税関のウェブサイトなどの情報源をまとめている．代表的なものを3つ挙げておこう．

- World Tariff（FedEx Trade Networks）
  ：世界175カ国の品目別の関税率を，輸出国別に検索できる．関税のみならず，付加価値税などの輸入時にかかる税率も検索できる．日本国居住者であれば，上記の日本貿易振興機構（JETRO）で登録すれば，無料でアクセスできる．
- 輸入統計品目表「実行関税率表」（財務省）
  ：日本の関税率について，基本税率・WTO協定税率・途上国に対する特恵税率・FTA締結相手国への適用税率などを，9桁レベルでの関税率で公開している．
- Trade Analysis Information System［TRAINS］（UNCTAD）
  ：関税番号6桁レベルで，品目別の関税率や非関税障壁の大きさをまとめている．
- World Tariff Profile（WTO）
  ：各国の関税率について，平均実行税率や，平均譲許税率，高関税品目の割合，非従価税の割合などをまとめている．

　関税以外の各国の貿易政策や直接投資政策の動向に関しては，世界貿易機関（WTO）のウェブサイトで多くのデータが公開されている．本書に関連するデータベースとして，以下を挙げる．

- FDI Regulatory Restrictiveness Index（OECD）
  ：直接投資に影響を与える政策について，OECD諸国を中心に部門別，項目別（資本制限・審査認可・外国人雇用制限など）に規制の強さの程度をスコア化している．1997年，2003年，2006年のデータが手に入り，

485

2010年以降は毎年公開されている．

- Services Trade Restrictiveness Index（OECD）
  ：サービス貿易の制限についてを，OECD諸国を中心にサービス部門別・項目別に制限の強さの程度をスコア化している．
- Trade Facilitation Indicators（OECD）
  ：関税の支払い以外にも，税関手続きには多くの物理的・時間的コストがかかり，貿易コストを上昇させる要因となる．同データベースは，OECD諸国を中心に貿易手続きの円滑さを項目別に評価したものである．
- Regional Trade Agreements Information System［RTA-IS］（WTO）
  ：地域貿易協定の数や，分類，締結状況が公開されている．
- Temporary Trade Barriers Database（World Bank）
  ：各国のアンチダンピング，セーフガード，相殺関税などの貿易救済措置のデータベースである．
- International Investment Agreement Navigator（UNCTAD）
  ：各国の2国間投資協定（Bilateral Investment Treaty: BIT）の締結状況に関するデータベースである．協定文の内容も見ることが出来る．
- Global Trade Alert（GTA）
  ：世界各国の貿易制限政策を項目別にリポートしており，最新の保護措置の導入が速報されている．
- L-TIP Services（WTO-World Bank）
  ：サービスに関する各国の自由化への取り組みについて，協定別に分類しつつ整理している．

国・地域レベルの経済指標のデータベース

実証分析を行う際には，国・地域レベルの様々な経済指標が必要となる場合も多い．代表的なデータベースを挙げておく．

- World Development Indicator（World Bank）
  ：214カ国・地域における様々な経済指標を1960年から公開している．

付　録　貿易や海外直接投資に関する統計資料

- Penn World Table
  ：Robert C. Feenstra 氏らの研究者により整備されている，世界各国・地域の実質 GDP およびそれに関連するデータ．1950 年から手に入る．

また，貿易の代表的な実証手法である重力モデルで用いられる多くの変数が，以下のサイトで公開されている．

- Geography Database（CEPII）
  ：2 国間の距離，地続きの国境の有無，植民地支配の歴史の有無，言語が共通か否かなど，同サイトでは，品目別・国別の貿易単価や，比較優位指数など貿易に関わる有用なデータも掲載されている．

索　引

ア　行

アーミントン仮説　354
アウトサイドオプション（外部機会）　140, 445, 446
アウトソーシング　47, 68, 95, 104, 133, 134, 138, 144, 298, 411, 482
　　――率　136, 137, 147, 152
　　国際――　5, 158, 159
　　国内――　158, 159
アセアン経済共同体（AEC）　320
新しい空間経済学　→空間経済学
新しい経済地理学　→経済地理学
アブソープション・キャパシティ（技術吸収力）　121, 272, 278
アンチダンピング（antidumping）　103, 411, 486
　　――関税（AD 関税）　421, 422
イートン・コータム・モデル　202, 213, 218
域外関税　376, 379
　　共通――　380, 381
　　最適な――率　380
　　最適な共通――　382
域外国の最適関税　385
閾値　146, 147, 152, 157, 158, 234
域内関税　→関税
異質財　59, 60, 75, 78, 80, 83
異質性の度合　178
萎縮効果（chilling effect）　427
1 次確率支配（first-order stochastically dominate）　238
一物一価の法則（Law of One Price: LOP）　341, 350

1 階の差分（first-differencing）　436
1 階の自己回帰過程（AR（1））　437
一致推定量　281
一般化ガンマ分布関数　183
一般化積率法（generalized method of moment）　448
一般比較優位理論　→比較優位
一方的貿易自由化　→貿易自由化
移転補助金　185
イノベーション　42, 43, 248, 259, 319, 422, 430
　　――投資　43
入れ子ロジットモデル（nested logit model）　447, 448
因果関係　424
インテンシブマージン　→内延
インフラストラクチャー（インフラ）　311, 338
　　インフラ影響　357
　　インフラ効果　353
　　インフラ整備　312, 339, 358, 368
迂回輸出　405
ウルグアイ・ラウンド　387, 390
越境生産共有（cross-border production sharing）　298
大山＝ケンプ＝ウァン関税　→関税
オフショアリング（offshoring：海外委託）　133, 135, 138, 150
　　――率　136, 137, 152
オンショアリング（onshoring）　135, 137, 150, 158

カ　行

カーネル法（kernel method）　283, 440

索　引

外延（extensive margin）　204, 236, 305, 326
　　貿易の――（extensive margin of trade）　202, 204, 205, 209, 210, 213
　　輸出の――　212, 217
　　輸入の――　212
外縁（spoke）　232, 243
海外委託　→オフショアリング
海外拠点（海外子会社，海外現地法人）　95, 98, 484
『海外事業活動基本調査』　120, 296, 316
海外進出企業プレミア　100
海外進出支援　259
海外直接投資　→直接投資
外資系企業　484
外部機会　→アウトサイドオプション
外部性内部化効果（externality-internalizing effect）　381
価格裁定　410
　　――行為　384
価格指数（multilateral resistance term）　344, 345, 355
価格約束（price undertaking）　428
学習効果（learning-by-exporting）　42, 461
　　――仮説　29, 30, 47
確率分布　211, 438
確率密度関数　20, 25
加重平均生産性　→生産性
寡占競争市場　233, 448
寡占モデル　377
カットオフ　177, 178
　　――生産性　407
合併・買収（M&A）　109, 260, 271, 315
　　既存企業の買収（cross-border M&A）　109, 267
カリブレーション　433
為替変動　235
為替レートディスコネクト（exchange rate disconnect）パズル　340
関係特殊的な投資　390

関税　234, 335
　　アンチダンピング――　→アンチダンピング
　　域外――　→域外関税
　　域内――　379
　　大山＝ケンプ＝ウァン――　383, 409
　　――回避型海外直接投資　→直接投資
　　――構造の熟練バイアス（skill bias of tariff structure）　204
　　――同盟（Customs Union: CU）　321, 376
　　――補完効果（tariff-complementarity effect）　219, 382, 394
　　――率　485
　　協力――　385
　　従価――　450
　　従量――　450
　　相殺――　421, 422, 486
　　特恵――率　277
　　非――障壁　234, 339, 411
　　AD――　→アンチダンピング
　　MFN――　→MFN関税
間接効用関数　444, 445
間接的影響　261
完全競争　58, 74
　　――下　58
環太平洋パートナーシップ協定（TPP）　2, 320
完備契約　144, 145
『企業活動基本調査』　17, 120, 322
企業間資源再配分効果（inter-firm reallocation）　25, 26, 32
企業間垂直分業　299
企業間取引　296
　　――関係　247
　　――関係のデータ　123
企業間の戦略的行動　122
企業間の賃金格差　41, 42
企業間貿易（inter-firm trade／arm's length trade）　135, 143, 148, 150
企業・事業所レベルのデータ（企業・事業

490

所別のマイクロ・データ）　183, 274, 322
企業選別　23, 46
企業特殊的な中間財　→中間財
企業内効果（within effect）　430, 431
企業内取引　296
企業内の再配分効果　40
企業内貿易（intra-firm trade）　47, 68, 93, 104, 135, 143, 148, 150, 252
企業の異質性　4, 5, 15, 46, 58, 60, 76, 78, 82, 83, 85-87, 109, 112, 153, 167, 174, 208, 225, 228, 237, 294, 327, 341, 401
企業の境界　143
企業の研究開発投資　464
企業の生産性　→生産性
企業の選択効果と規模効果　75
企業レベルのデータ　17, 161, 225, 361, 362, 482
技術移転　93, 327
技術吸収力　→アブソープション・キャパシティ
技術導入　430, 455, 456, 460
技術のスピルオーバー　→スピルオーバー
既存企業の買収　→合併・買収
期待固定費用（expected fixed cost of getting a winner）　207
期待利潤　24
技能労働者比率（専門的・管理的労働者の比率）　108
規模効果　78
規模に関して収穫逓増（Increasing Return to Scale: IRS）　76
規模の経済性　230, 233, 250, 264, 275, 293
　――の喪失　102
競争政策　464
共通域外関税　→域外関税
共謀（collusion）　428
協力関税　→関税
距離弾力性　346, 347, 349, 352, 366
金融市場の統合度　191

空間経済学　122, 167
　新しい――　169, 194
空間ソーティング・セレクション　167, 170, 183, 188, 191, 193
空間的依存関係　236
空間的クラスター　235
空間リーディング・セレクション効果　170
グラヴィティ・モデル　→重力モデル
クラスター　168
グリーンフィールド投資　267
クルーグマンモデル　57, 74-78, 81, 83, 85
グローバル・バリュー・チェーン（Global Value Chain: GVC）　227, 241, 244, 295, 309
クロスセクション回帰　204, 205
クロスボーダーM&A　→既存企業の買収
経営資源配分　264
経営ノウハウ　269
経営能力（capability）　109, 110
経営パフォーマンス　260, 262
傾向スコア・マッチング法（Propensity Score Matching: PSM）　264, 280
経済成長　201
　――の南北モデル　474
経済地理学
　新しい――　3
経済統合協定（Economic Integration Agreement: EIA）　377
掲載バイアス　276
経済連携協定（Economic Partnership Agreement: EPA）　377
契約の履行性の問題　153
限界費用関数の推定　450, 457
原産地規則（Rules of Origin: ROO）　320, 376, 405
原産地証明　406
現地・域内販売率　98
現地市場向けの投資　98
コア　168, 176, 178

索　引

交易条件　214, 215, 217, 218, 375
交差価格弾力性　443
工場レベルのデータ　183, 422
厚生　216
構造推定　433
　　──手法　434
　　──モデル　464
構造パラメータ　346
工程間分業　106, 250, 263, 266, 308
高品質財　→財
後方連関　230, 245
　　──効果　179, 275, 277
効率的資源配分　338
国際アウトソーシング　→アウトソーシング
国際寡占モデル　385
国際産業連関　244, 295
　　──表　244, 251
国際垂直統合　159
国際的生産・流通ネットワーク　1, 291
国際貿易委員会（International Trade Commission: ITC）　424
国際労働移動　478
国内アウトソーシング　→アウトソーシング
国内雇用　263, 321
国内事業　263
国内垂直統合　159
国内生産性閾値　→生産性
誤差項　435, 436, 445, 448, 450
国境効果（border effect）　337, 353, 354, 356
固定効果　360
　　──モデル　203, 435, 436
固定費用　20, 43, 140, 144, 154, 173, 206, 232, 343, 353, 407
コブ・ダグラス（Cobb-Douglas）型の効用関数　444
コブ・ダグラス（Cobb-Douglas）型の生産関数　434
個別の生産性　→生産性

雇用者・従業者接続データ（employer-employee matched database）　276
雇用創出・喪失分析　322

サ　行

サーチ・マッチング理論　42
サービス業　266, 280
サービス部門の自由化　412
サービス貿易　482, 486
　　──に関する一般協定（General Agreements of Trade in Services: GATS）　377
サービス・リンク　291, 292
　　──・コスト　1, 293, 310
最近傍（nearest-neighbor）法　283
最恵国待遇（Most Favored Nation: MFN）　219
　　──の原則　379
最小自乗法（最小二乗法）　350, 435
裁定（arbitrage）条件　347
最適 MFN 関税　→MFN 関税
最適通貨圏　189
最適な域外関税率　→域外関税
最適な共通域外関税　→域外関税
財
　　──に体化された（embodied な）知識　243
　　──に体化されない（disembodied な）知識　243
　　──の多様化による利益（gains from variety）　27
　　──の品質　209, 337, 360
　差別化──　138, 204, 345, 442
　高品質──　361
　中間──　→中間財
　同質──　58-60, 74, 78, 138, 204, 442
　比較優位──　→比較優位
　最も貿易されていない──（least-traded goods）　205
再配分による利益（gains from（intra-

industry) reallocation) 26
再分配効果（reallocation effect） 430
最尤法 366
サプライヤー 261
差分の差分法（差の差のモデル）（difference-in-differences（DID）method） 203, 264, 284
差別化財 →財
サポーティング・インダストリー 299
産業間スピルオーバー効果 →スピルオーバー効果
産業集積 167, 296, 316
産業組織論 228, 249
産業内・産業間（industrial）開発格差 319
産業内スピルオーバー効果 →スピルオーバー効果
産業内分業の理論 70
産業内貿易 3, 68, 70, 77, 167, 305
産業の空洞化 264
産業要素貿易 66
　　――量 66, 67
産業レベルのデータ 261
産業連関表 63, 66, 67, 70, 71, 74, 105, 247, 339, 482
三段階最小二乗法 121
暫定税率 428
参入障壁 226
参入のための埋没費用 20
サンプルセレクションの問題 350, 356
サンプルセレクション・バイアス 240
ジェネリック品 209
時系列データ 426
自己価格弾力性 443
自国市場効果（home market effect） 167
自己選別（self-selection）仮説 18, 29, 30, 42, 47
市場アクセス動機（market access motive） 101
市場インフラ整備 335

市場ごとの価格付け（pricing to market） 357
市場参加条件 350
市場浸透費用（market penetration cost） 40
市場統合 384
市場特性 115
市場の近接性 102
市場の不完全性 478
市場分離効果 410
市場への接近性（proximity to market） 102
実質賃金 26
実質的な損害 →損害
地場企業 269
資本減耗率 438
資本市場の不完全性 478
資本集約度 143
仕向地別売上 316
ジャスト＝イン＝タイム 309
従価（ad valorem）型のコスト 343
従価関税 →関税
従価コスト 365
集計された生産性 →生産性
集計レベルのデータ 119
自由参入条件（free-entry condition） 23, 24, 206, 207
重商主義論 2
集積の経済（外部経済） 170
集積レント課税 184
収入生産性（revenue productivity） →生産性
重複FTA →自由貿易協定
周辺 168, 176, 178
自由貿易協定（Free Trae Agreement: FTA／FTAs） 2, 219, 295, 320, 376, 430
　重複FTA 392
　重複FTAによる拡大 393
　2国間FTAネットワーク 394
　メガFTAs 321

493

索　引

FTA 利用率　406
自由貿易ネットワーク　394
従量関税　→関税
従量コスト　365
重力モデル（グラヴィティ・モデル）
　（gravity model）　57, 60, 74, 76–84,
　86, 231, 236, 308, 336, 344, 352, 354, 355,
　487
縮小写像（contraction mapping）　447
熟練労働者　271
　非——　271
熟練労働集約度　204
授権条項（enabling clause）　377
需要関数の推定　434, 442, 456
準線形の効用関数　175
準内生成長モデル（semi-endogenous
　growth model）　208
ジョイントベンチャー投資　267
状態変数（state variable）　437
消費者の多様性選好（love of variety）
　22
情報獲得費用　335, 368
商務省（Department of Commerce:
　DOC）　424
処置群（treatment group）　203
ショックへの耐性　324
所有行列（ownership matrix）　449
所有権アプローチ　138, 141, 143
新技術の採用　401
新規投資（green field investment）
　109, 315
深刻な損害　→損害
新古典派理論　16
進出企業　264
　非——　264
新新貿易理論（new-new trade theory）
　4, 5, 15, 167, 178
新貿易理論（new trade theory）　3, 5,
　16, 167, 250
垂直的産業内貿易　305
垂直的製品差別化　305

垂直的直接投資（VFDI）　→直接投資
垂直統合（vertical integration）　135,
　141, 144
垂直分業　297
水平的産業内貿易　305
水平的・垂直的直接投資（HFDI, VFDI）
　→直接投資
水平的直接投資（HFDI）　→直接投資
数量規制　451
数量割当（quota）　451
スキルプレミアム　69, 70
スタンブリング・ブロック（stumbling
　block）　376, 388, 390, 395, 401
頭脳立地政策　186
スピルオーバー（裨益）　170, 261, 273
　技術の——　116
　知識の——　208
スピルオーバー効果　46, 273, 276, 278
　産業間——　275
　産業内——　275
正規分布　447
生産関数の推定　434
生産工程・タスク　295
　——単位の国際分業　291
生産工程の分割　→フラグメンテーション
生産性
　加重平均——　26
　カットオフ——　→カットオフ
　企業の——　20
　国内——閾値　23, 26
　個別の——（individual productivity）
　　434
　集計された——（aggregate productiv-
　　ity）　434
　収入——（revenue productivity）
　　433, 441
　——閾値　23, 238
　——改善効果　272
　——格差　115, 431
　——カットオフ水準　115
　——の差異　247

——の分布　239
　　　——の変化　422, 430, 464
　　　——プレミア（生産性プレミアム）
　　　　47, 181
　　　——分布　23, 173, 226, 238, 240
　　全要素——　→全要素生産性
　　付加価値労働——　→付加価値
　　物的——（physical productivity）
　　　433
　　平均——　170, 181, 185, 187, 188
　　輸出——閾値　23, 40
　　輸出を通じた企業の——向上　31
　　労働——　267, 274
生産に伴う固定費用　22
生産ネットワーク　291, 301, 410, 411
生産のフラグメンテーション　→フラグメンテーション
生産ブロック　293
生産要素市場　233
生産要素の再配分効果　39
生産要素貿易　64, 72
政治的な要因　425
製造業
　　——の空洞化　324
　　非——　47, 48, 272
制度の質　340
製品内生産特化　84
製品の品質の異質性　337
政府へのロビー活動　382
セーフガード　421, 422, 486
　　——措置　426, 429, 452, 454, 455
世界全体の自由貿易（Global Free Trade: GFT）　388
世界貿易機関（World Trade Organization: WTO）　2, 295, 320, 375, 485
セミパラメトリック法（semi-parametric method）　440
セレクション効果　170
ゼロカットオフ利潤条件　206
ゼロ貿易　83, 85
線形需要関数　177

選択効果　78
　　——と規模効果　76
前方・後方連関　243
前方連関　230, 244
　　——効果　171, 275, 277
全要素生産性（Total Factor Productivity: TFP）　29, 32, 121, 240, 267, 274
戦略的位置取り（strategic positioning）　398
戦略的な補完関係　384
戦略的貿易政策（strategic trade policy）　3
相殺関税　→関税
操作変数　448, 450
　　——固定効果モデル　121
　　——法　264
組織選択　135
租税競争モデル　185
損害
　　実質的な——（material injury）　424
　　深刻な——（serious injury）　424, 454, 457
損害認定（injury determination）　422, 423, 457
　　——の決定要因　425
　　——の評価　426

タ　行

第1のアンバンドリング　295
第1種極値分布　444-446
対外直接投資　→直接投資
対照群（control group）　203
代替弾力性　19, 233, 240, 345-347, 352
対内直接投資　→直接投資
対日直接投資　→直接投資
第2のアンバンドリング　1, 294
代表的企業　16
"大"輸出企業　→輸出企業

495

索　引

多項近似（polynomial approximation）　440
多国間協定　389, 403
多国間交渉　397
多国間貿易協定　→貿易協定
多国間貿易交渉　→貿易交渉
多国籍企業　93, 134, 138, 150, 225, 259, 291, 315
　　――の境界　138, 162
多重共線性　441
多数国成長モデル　210, 213
タスク（task）　246
　　――貿易（task trade）　246, 247, 473
多品種企業（multi-product firms）　38
ダミー変数　451
単一製品企業　38
単一の RTA の逐次的な拡大　393
ダンピング　103
　　――認定　423
地域間価格差　338-340, 348
地域間の景気変動　188
地域金融　191
　　――の発達度　191
地域の異質性　188, 189, 191
地域貿易協定　→貿易協定
地球温暖化問題　478
逐次的な貿易交渉　→貿易交渉
知識資本（knowledge capital）　230, 242
　　――モデル　106
知識ストック　207
知識の限界費用　207
知識のスピルオーバー　→スピルオーバー
中間財　441
　　企業特殊的な――　138, 139
　　企業特殊的な――のホールドアップ問題　146
　　――のホールドアップ問題　155
　　――の国際取引　63
　　――の国際貿易　71
　　――貿易　5, 69, 133, 134, 292, 302, 409

　　――輸出　116
　　ハイテクな――　139
　　ローテクな――　139
中古品貿易　479
中小企業比率　191
中心拠点（hub）　243
長期成長率　208
調達元別仕入　316
懲罰効果　385
チョーク価格　45, 46
直接的影響　261
直接投資　93, 134, 315, 482
　　海外――（Foreign Direct Investment: FDI）　93, 180, 429, 482
　　関税回避型海外――（tariff-jumping FDI）　427, 430
　　垂直的――（VFDI）　68, 94, 104, 105, 230, 266, 315
　　水平的・垂直的――（HFDI, VFDI）　315
　　水平的――（HFDI）　94, 101, 230, 261, 266, 315
　　対外――　95, 96, 261
　　対内――　95, 96, 259
　　対日――　110
　　――転換効果（FDI diversion effect）　410
　　比較優位動機に基づく――　→比較優位
　　輸出基地型――（export platform FDI）　102, 230
　　輸出志向型の――　98
　　Complex VFDI　316
　　networked FDI　316
　　pure outward processing FDI　316
　　Tariff-Jumping FDI　234
地理的近接性　277, 278
地理的な（geographical）開発格差　319
賃金格差　133, 152
通常価格（normal value）　423
定常状態（steady state）　206, 207, 214

索　引

テクノポリス　186
　──政策　186
撤退　243
伝統的貿易理論　3, 36, 153
動学的意思決定　206
動学的最適化問題　437, 438
動学的なインセンティブ　429
動学的な逐次交渉ゲーム　392
動学的不整合性（dynamic inconsistency）　432
動学パネルデータ　437
投資国　93, 95, 228, 234, 261
　被──　93, 95, 228, 234, 267
投資コスト　108
同質財　→財
投資の自由化　180
投入産出係数　251
独占的競争　58, 76, 78, 113, 167, 226, 233, 344
　──市場　364
　──モデル　202, 390
特化と交換による利益　27
特恵関税率　→関税
特恵的貿易自由化　→貿易自由化
特恵貿易協定　→貿易協定
ドミノ効果（domino effect）　321, 389
トランスファー　394, 397, 398
取り下げ効果（withdrawal effect）　428
取引費用アプローチ　142
取引レベルデータ　17, 33
トレンド項　360

ナ　行

内延（intensive margin）　204, 236, 326, 361
　貿易の──（intensive margin of trade）　202
内製・購入選択（make-or-buy decision）　134, 135, 138, 147, 154, 158

内生成長モデル　201
内生的経済成長理論　3
内部化（internalization）　143
ナッシュ交渉　140, 141
南北モデル（north-south model）　220
2国間FTAネットワーク　→自由貿易協定
2国間投資協定（Bilateral Investment Treaty: BIT）　412, 486
2次元のフラグメンテーション　297, 309
21世紀グローバリゼーション　1
二段階最小二乗法　448
ネットワーク・セットアップ・コスト　310
ノウハウ　273
能力（ability）　38, 39

ハ　行

ハイテクな産業　137, 152, 153, 158
ハイテクな中間財　→中間財
パススルー分析（pass-through analysis）　428
パフォーマンス指標　99
ハブ＆スポーク型の貿易協定　→貿易協定
バブル経済崩壊　191
パレート分布（pareto distribution）　18, 173, 177, 226, 239
半径（radius）法　283
裨益　→スピルオーバー
比較優位　3, 36, 74–76, 230, 487
　一般──理論　59, 60
　──財　59
　──産業　266
　──動機（comparative advantage motive）に基づく直接投資　104
　──の実証研究　64, 72
　──の実証分析　61
　──理論　57, 59, 60, 68, 77, 291, 294

497

索　　引

東アジア地域包括的経済連携協定
　　（RCEP）　321
非関税障壁　→関税
非熟練労働者　→熟練労働者
非進出企業　→進出企業
非製造業　→製造業
非線形最小二乗法　441
非相似拡大型（non-homothetic）の効用
　　関数　122
被投資国　→投資国
非貿易関連措置　387
非輸出企業　→輸出企業
氷山型（iceberg type）の貿易コスト（氷
　　塊型貿易費用）　21, 45, 113, 208, 211,
　　235, 342, 359
ビルディング・ブロック（building
　　block）　376, 388, 397, 400, 401, 404
品質異質性のモデル　363
品質コスト弾力性　366, 367
品質選抜（quality sorting）　337
　　——のモデル　361
品目拡大型 R&D　206, 208
付加価値　262
　　——の産業連鎖　74
　　——貿易（trade in value added）　74,
　　315
　　——労働生産性（value-added per
　　worker）　29
不完全競争　75
不完備契約　138, 145
　　——理論　138
物的生産性　→生産性
物的な生産量（physical output）　436
部品・中間財中心の国際貿易　291
部分領域協定　376
フラグメンテーション（生産工程の分割）
　　（fragmentation）　106, 148, 298
　　生産の——　1
　　——理論　292
プラザ合意　455
ブランド力（attribute）　38, 39

フリーライド　394, 395, 401, 404
フレシェ（fréchet）分布　44
プレミア　99
プロビットモデル　85
分布関数　20, 44, 154, 209
分布のゆがみ　183
分離市場　378, 384
平均処置効果（Average Treatment
　　Effect on Treated: ATT）　281
平均生産性　→生産性
平均賃金　41
ヘクシャー＝オリーン　36, 292
　　——モデル　2, 5, 57-59, 61, 64, 67, 77,
　　153, 390
ヘクシャー＝オリーン＝バネック　62
　　——モデル　→HOV モデル
ヘックマンの二段階回帰　356
ベルトラン競争　44, 448
貿易移転（trade deflection）の効果
　　430
貿易救済措置　421, 463, 486
　　——の発動条件　423
貿易協定
　　自由——　→自由貿易協定
　　多国間——　395, 397
　　地域——（Regional Trade Agreement:
　　RTA）　2, 219, 375, 486
　　特恵——（Preferential Trade Agree-
　　ment: PTA）　377
　　ハブ＆スポーク型の貿易協定　392,
　　398
貿易交渉
　　多国間——　385, 393
　　逐次的な——　397
貿易コスト　58, 108, 335, 338, 486
　　——の影響の評価　336
　　——の測定　336
貿易自由化
　　一方的——　216
　　特恵的——　217
　　——の厚生効果　201

――の短期的効果　215, 217
――の長期的効果　215, 217
貿易消失（missing trade）　339
貿易障壁　58, 202, 203, 230, 421
貿易政策決定の政治経済学　478
貿易政策の定量評価　434
貿易創出効果（trade creation effect）　217, 375
貿易転換効果（trade (import) diversion effect）　217, 375, 406, 427, 429
貿易による企業間の資源再配分の利益（gains from inter-firm reallocation）　50
貿易の外延　→外延
貿易の厚生効果　50
貿易の内延　→内延
貿易の利益（gains from trade）　226
法人税　183
　　――改革　183
　　――競争　184
報復の脅威（retaliation threat）　425, 427
ホームバイアス（home bias）パズル　340
補助金仮説　185, 187
補助金認定　423

マ　行

マークアップ　21, 43, 45, 174, 209, 233, 240, 253, 344, 422, 430, 433, 441, 449
マーシャルの外部経済　170
マイクロデータ　→ミクロレベルのデータ
埋没費用　38
マクロレベルのデータ　247
ミクロレベルのデータ（マイクロデータ）　17, 46, 119
無関係な選択肢からの独立性（Independence of Irrespective Alternatives: IIA）　446
メガ FTAs　→自由貿易協定

メタ解析　267, 273, 276
メリッツ・モデル（Melitz モデル）　4, 5, 17, 18, 36, 83, 85, 94, 137, 201, 206, 380, 407
最も貿易されていない財　→財
模倣　277

ヤ　行

輸出相手国数　34
輸出加工区　317
輸出企業　16, 41, 43, 49, 202
　"大"――　35, 40
　非――　16, 41, 43, 49, 202
　――数　35
　――プレミア　28, 29, 41, 44, 45, 48, 100
　"零細"――　34, 40
輸出基地型直接投資　→直接投資
輸出志向型の直接投資　→直接投資
輸出自主規制（Voluntary Export Restraint: VER）　429, 451
輸出生産性閾値　→生産性
輸出入比率　302
輸出の外延　→外延
輸出のための固定費用（輸出に伴う固定費）　4, 22, 40, 113, 179
輸出品目数　34, 35
輸出を通じた学習（learning-by-exporting）　437
輸出を通じた企業の生産性向上　→生産性
輸送サービス　343
輸送費の異質性　180
輸送費用　167, 174, 230, 243, 335
輸入代替型工業化　317
輸入の外延　→外延
輸入品免税措置（duty-drawback system）　317
要素価格均等化定理　144
幼稚産業保護（infant industry protection）　317, 431

索　引

ラ・ワ行

ライセンス　95
ラグランジュ乗数　451
ランダム係数（random coefficient）　444
　――ロジットモデル（random coefficient logit model）　444, 446-448, 456
利益性（profitability）　48
リカード・モデル　2, 5, 44, 58, 59, 77, 152, 153, 202, 210, 359
離散選択モデル　443, 444, 446
立地選択　135, 138, 150, 170
立地の優位性　299, 308, 310
立地補助金　185
流通費用　368
累積規定　409
累積密度関数　447
"零細"輸出企業　→輸出企業
レオンチェフパラドックス　61, 62, 64, 71
連結性（connectivity）　318, 319, 326
レント破壊効果（rent-destruction effect）　382, 386
労働集約度　143
労働生産性　→生産性
労働市場の不完全性　42
ローカル・コンテント規制　406
ローテクな産業　136, 152, 153, 158
ローテクな中間財　→中間財
ロジスティックス・パフォーマンス・インデックス（LPI）　308
ロビー活動　387, 393
割引率　24, 213

アルファベット

administrative review　428
AD関税　→アンチダンピング
AD措置　427
Alchian-Allen効果　337, 362
Baldwin and Okuboモデル　171, 179
CES（Constant Elasticity of Substitution：代替弾力性が一定）　239
　――型効用関数　19, 45, 78, 79, 172, 226, 233, 240, 344, 350, 354, 443
CLMV　305
Co-agglomeration（共存）効果　179, 183
Complex Integration　236
Complex VFDI　→直接投資
Core＝Peripheryモデル　171
Differences in Differences（DD）推定　358
Dixit-Stiglitz型の独占的競争　138, 172
EMS（Electronics Manufacturing Services）企業　298
extensive margin　→外延
FOB（free on board）価格　343, 347, 361
Footloose Capitalモデル　171, 178
FTA／FTAs　→自由貿易協定
FTA利用率　→自由貿易協定
GATT 24条　377, 379, 381
HFDI　→水平的直接投資
HMR　86
　――モデル　83, 85, 86
HOVモデル（ヘクシャー＝オリーン＝バネックモデル）（HOV理論）　61-66, 68, 70-73
intensive margin　→内延
M&A　→合併・買収
Melitzモデル　→メリッツモデル
MFN関税　382, 387, 421
　最適――　380
　――率　454
Missing Trade　64, 71-73
Multilateral Resistance　236
networked FDI　→直接投資

OEM（original equipment manufacturer）契約　298
Proximity　233
Proximity-Concentration Trade-offs　233
PSM-DID 法　284
pure outward processing FDI　→直接投資

Sachs-Warner 指数　203
Tariff-Jumping FDI　→直接投資
TFP　→全要素生産性
TPP　→環太平洋戦略的経済連携協定
Vertical Linkage モデル　179
VFDI　→垂直的直接投資
WTO　→世界貿易機関

編者・執筆者紹介

［編　者］

木村福成（きむら　ふくなり）　序章，第 9 章，終章
慶應義塾大学大学院経済学研究科委員長・経済学部教授
東アジア・アセアン経済研究センター（ERIA）チーフエコノミスト
1982 年，東京大学法学部卒業．1991 年，ウィスコンシン大学マディソン校にて Ph. D.（経済学）取得．
〈主要業績〉
『東アジア生産ネットワークと経済統合』（大久保敏弘・安藤光代・松浦寿幸・早川和伸との共著），慶應義塾大学出版会，2016 年．
『国際経済学入門』日本評論社，2000 年．
"International Production and Distribution Networks in East Asia: Eighteen Facts, Mechanics, and Policy Implications," *Asian Economic Policy Review*, Vol. 1 (2), pp. 326–344, 2006.

椋　寛（むくのき　ひろし）　序章，第 11 章，終章
学習院大学経済学部教授
1997 年，横浜国立大学経済学部経済学科卒業．2002 年，東京大学大学院経済学研究科博士課程単位取得退学．博士（経済学）．
〈主要業績〉
『国際経済学をつかむ（第 2 版）』（石川城太・菊地徹との共著），有斐閣，2013 年．
"FDI in Post-Production Services and Product Market Competition," (with J. Ishikawa and H. Morita), *Journal of International Economics*, Vol. 82 (1), pp. 73–84, 2010.
"Economic Integration and Rules of Origin Under International Oligopoly," (with J. Ishikawa and Y. Mizoguchi), *International Economic Review*, Vol. 48 (1), pp. 185–210, 2007.

［執筆者］（掲載順）

鎌田伊佐生（かまた　いさお）　第 1 章
神戸大学大学院経済学研究科准教授
1994 年，東京大学法学部卒業．1998 年，ロチェスター大学大学院公共政策分析専攻

修士課程修了．2008 年，ミシガン大学大学院経済学研究科博士課程修了．Ph. D.（経済学）．

〈主要業績〉

"Regional Trade Agreements with Labor Clauses: Effects on Labor Standards and Trade," RIETI Discussion Paper Series, No. 14–E–012, 2014.

"Comparative Advantage, Firm Heterogeneity, and Selection of Exporters," University of Wisconsin-Madison La Follette School Working Paper, No. 2010–005, 2010.

"Revisiting the Revisited: An Alternative Test of the Monopolistic Competition Model of International Trade," University of Wisconsin-Madison La Follette School Working Paper, No. 2010–007, 2010.

西岡修一郎（にしおか しゅういちろう） 第 2 章
ウェストバージニア大学准教授
1998 年，横浜国立大学経済学部経済学科卒業．2007 年，コロラド大学ボルダー校経済学博士課程修了．Ph. D.（経済学）．

〈主要業績〉

"Recasting the Iron Rice Bowl: The Reform of China's State Owned Enterprises," (with D. Berkowitz and H. Ma), *Review of Economics and Statistics*, forthcoming 2016.

"International Differences in Production Techniques: Implications for the Factor Content of Trade," *Journal of International Economics*, Vol. 87 (1), pp. 98–104, 2012.

"International Differences in Emissions Intensity and Emissions Content of Global Trade" (with S. Douglas), *Journal of Development Economics*, Vol. 99 (2), pp. 415–427, 2012.

松浦寿幸（まつうら としゆき） 第 3 章
慶應義塾大学産業研究所准教授
1998 年，慶應義塾大学総合政策学部卒業．2003 年，慶應義塾大学大学院商学研究科博士課程単位取得退学．博士（商学）．

〈主要業績〉

"Trade Liberalization in Asia and FDI Strategies In Heterogeneous Firms: Evidence from Japanese Firm-level Data," (with K. Hayakawa), *Oxford Economic Papers*, Vol. 67 (2), pp. 494–513, 2015.

"International Productivity Gaps and the Export Status of Firms: Evidence from

France and Japan," (with F. Bellone, K. Kiyota, P. Musso, and L. Nesta), *European Economic Review*, Vol. 70, pp. 56–74, 2014.

"Reconsidering the Backward Vertical Linkage of Foreign Affiliates: Evidence from Japanese Multinationals," (with K. Kiyota, S. Urata, and Y. Wei), *World Development*, Vol. 36 (8), pp. 1398–1414, 2008.

荒　知宏（あら　ともひろ）　第4章
福島大学経済経営学類准教授
2004年，一橋大学経済学部経済学科卒業．2013年，ニューサウスウェールズ大学 Ph. D. 取得．Ph. D.（経済学）．
〈主要業績〉
"Tariffs, Vertical Specialization and Oligopoly," (with A. Ghosh), *European Economic Review*, Vol. 82, pp. 1–23, 2016.

"Comparative Advantage, Monopolistic Competition, and Heterogeneous Firms in a Ricardian Model with a Continuum of Sectors," RIETI Discussion Paper, No. 15-E-023, 2015.

"Global Sourcing in Industry Equilibrium," *Japanese Economic Review*, Vol. 65 (1), pp. 93–115, 2014.

大久保敏弘（おおくぼ　としひろ）　第5章
慶應義塾大学経済学部教授
2005年，スイス・ジュネーブ大学及び国際高等問題研究所（国際・開発研究大学院）修了．Ph. D.（国際関係学，経済学）．
〈主要業績〉
"On the Development Strategy of Countries of Intermediate Size — An Analysis of Heterogeneous Firms in a Multi-region Framework" (with R. Forslid), *European Economic Review*, Vol. 56 (4), pp. 747–756, 2012.

"The Spatial Selection of Heterogeneous Firms," (with P. M. Picard and J.-F. Thisse), *Journal of International Economics*, Vol. 82 (2), pp. 230–237, 2010.

"Heterogeneous Firms, Agglomeration and Economic Geography: Spatial Selection and Sorting," (with R. E. Baldwin), *Journal of Economic Geography*, Vol. 6 (3), pp. 323–346, 2006.

内藤　巧（ないとう　たくみ）　第6章
早稲田大学政治経済学術院教授
1996年，早稲田大学政治経済学部卒業．1999年，大阪大学大学院経済学研究科博士

後期課程修了．博士（経済学）．

〈主要業績〉

"A Ricardian Model of Trade and Growth with Endogenous Trade Status," *Journal of International Economics*, Vol. 87 (1), pp. 80–88, 2012.

"Growth, Revenue, and Welfare Effects of Tariff and Tax Reform: Win-win-win Strategies," *Journal of Public Economics*, Vol. 90 (6–7), pp. 1263–1280, 2006.

"Tariff and Tax Reform: Dynamic Implications," *Journal of International Economics*, Vol. 68 (2), pp. 504–517, 2006.

伊藤由希子（いとう　ゆきこ）　第 7 章

東京学芸大学人文社会科学系経済学分野准教授

2001 年，東京大学経済学部卒業．2001 年，東京大学社会情報研究所（現大学院情報学環）教育部修了．2006 年，米国ブラウン大学大学院経済学博士課程修了．Ph. D.（経済学）．

〈主要業績〉

『私たちの国際経済（新版）』（東京経済大学国際経済グループとしての共編著），有斐閣，2009 年．

"Is Starting FDI More Productive Than Staying at Home? Manufacturing and Service Sectors in Japan," *Journal of International Trade and Economic Development: An International and Comparative Review*, Vol. 24 (1), pp. 105–131, 2015.

"Are There Trade-offs between the Existing and New Foreign Activities?" RIETI Discussion Paper, No. 15–E–101, 2015.

早川和伸（はやかわ　かずのぶ）　第 8 章

日本貿易振興機構アジア経済研究所主任研究員

2003 年，慶應義塾大学経済学部卒業．2008 年，慶應義塾大学大学院経済学研究科博士課程修了．博士（経済学）．

〈主要業績〉

"Measuring the Costs of FTA Utilization: Evidence from Transaction-Level Import Data of Thailand," (with N. Laksanapanyakul and S. Urata), *Review of World Economics*, Vol. 152 (3), pp. 559–575, 2016.

"Trade Liberalization in Asia and FDI Strategies In Heterogeneous Firms: Evidence from Japanese Firm-level Data," (with T. Matsuura), *Oxford Economic Papers*, Vol. 67 (2), pp. 494–513, 2015.

"Globalization and Productivity: A Survey of Firm-level Analysis," (with F.

編者・執筆者紹介

Kimura and T. Machikita), *Journal of Economic Surveys*, Vol. 26 (2), pp. 332–350, 2012.

安藤光代（あんどう　みつよ）　第9章
慶應義塾大学商学部教授
1999年，慶應義塾大学経済学部卒業．2005年，慶應義塾大学大学院経済学研究科博士課程修了．博士（経済学）．
〈主要業績〉
『東アジア生産ネットワークと経済統合』（木村福成・大久保敏弘・松浦寿幸・早川和伸との共著），慶應義塾大学出版会，2016年．
『東アジアにおける国際的な生産・流通ネットワーク──機械産業を中心に』三菱経済研究所，2006年．
"Globalization and Domestic Operations: Applying the JC/JD Method to Japanese Manufacturing Firms," (with F. Kimura), *Asian Economic Papers*, Vol. 14 (2), pp. 1–35, 2015.

武智一貴（たけち　かずたか）　第10章
法政大学経済学部教授
1997年，早稲田大学政治経済学部卒業．1999年，東京大学大学院経済学研究科修士課程修了．2005年，ブリティッシュコロンビア大学経済学研究科博士課程修了．Ph. D.（経済学）．
〈主要業績〉
"Exaggerated Death of Distance: Revisiting Distance Effects on Regional Price Dispersions," (with K. Kano and T. Kano), *Journal of International Economics*, Vol. 90 (2), pp. 403–413, 2013.
"Firm Organizational Heterogeneity and Market Structure: Evidence from the Japanese Pesticide Market," (with K. Higashida), *International Journal of Industrial Organization*, Vol. 30 (2), pp. 193–203, 2012.
"What is Driving the Manufacturing FDI Wave in Asia?" *Review of Development Economics*, Vol. 15 (1), pp. 33–47, 2011.

北野泰樹（きたの　たいじゅ）　第12章
青山学院大学国際マネジメント研究科准教授
2002年，上智大学経済学部経済学科卒業．2009年，東京大学大学院経済学研究科博士課程単位取得退学．博士（経済学）

〈主要業績〉

「携帯電話におけるスイッチング・コストの定量分析――番号ポータビリティ制度の評価」（齋藤経史，大橋弘との共著），『日本経済研究』第63号，29-57頁，2010年.

"Disguised Protectionism? Environmental Policy in the Japanese Car Market," RIETI Discussion Paper Series, No. 13-E-059, 2013.

"Did US Safeguards Resuscitate Harley-Davidson in the 1980s?" (with H. Ohashi), *Journal of International Economics*, Vol. 79 (2), pp. 186-197, 2009.

国際経済学のフロンティア
グローバリゼーションの拡大と対外経済政策

2016 年 9 月 15 日　初　版

［検印廃止］

編　者　木村福成・椋　寛

発行所　一般財団法人　東京大学出版会
代表者　古田元夫
153-0041　東京都目黒区駒場 4-5-29
http://www.utp.or.jp/
電話　03-6407-1069　Fax　03-6407-1991
振替　00160-6-59964

印刷所　株式会社理想社
製本所　牧製本印刷株式会社

Ⓒ 2016 Fukunari Kimura and Hiroshi Mukunoki, Editors
ISBN 978-4-13-040276-7　Printed in Japan

JCOPY　〈(社)出版者著作権管理機構　委託出版物〉
本書の無断複写は著作権法上での例外を除き禁じられています．複写される場合は，そのつど事前に，(社)出版者著作権管理機構（電話 03-3513-6969，FAX 03-3513-6979, e-mail: info@jcopy.or.jp）の許諾を得てください．

編著者	書名	判型	価格
小川 英治 編	世界金融危機と金利・為替 通貨・金融への影響と評価手法の再構築	A5	4000 円
小川 英治 編	ユーロ圏危機と世界経済 信認回復のための方策とアジアへの影響	A5	3900 円
福田 慎一 小川 英治 編	国際金融システムの制度設計 通貨危機後の東アジアへの教訓	A5	5200 円
遠藤 正寛 著	地域貿易協定の経済分析	A5	5400 円
花崎 正晴 寺西 重郎 編	コーポレート・ガバナンスの経済分析 変革期の日本と金融危機後の東アジア	A5	5200 円
小西 秀樹 著	公共選択の経済分析	A5	4500 円
有村 俊秀 蓬田 守弘 川瀬 剛志 編	地球温暖化対策と国際貿易 排出量取引と国境調整措置をめぐる経済学・法学的分析	A5	4800 円
矢野 誠 編	法と経済学 市場の質と日本経済	A5	2800 円
松下 満雄 米谷 三以 著	国際経済法	A5	8800 円

ここに表示された価格は本体価格です．ご購入の際には消費税が加算されますのでご了承ください．